Boa economia para tempos difíceis

Abhijit V. Banerjee e Esther Duflo

Boa economia
para tempos difíceis

Tradução:
Afonso Celso da Cunha Serra

Revisão técnica:
Norberto Montani Martins

Copyright © 2019 by Abhijit V. Banerjee e Esther Duflo
Proibida a venda em Portugal, Moçambique e Angola.

*Grafia atualizada segundo o Acordo Ortográfico da Língua Portuguesa de 1990,
que entrou em vigor no Brasil em 2009.*

Título original: Good Economics for Hard Times
Capa: Celso Longo + Daniel Trench
Preparação: Diogo Henriques
Índice remissivo: Luciano Marchiori
Revisão: Huendel Viana, Ana Maria Barbosa

Dados Internacionais de Catalogação na Publicação (CIP)
(Câmara Brasileira do Livro, SP, Brasil)

Banerjee, Abhijit V.
    Boa economia para tempos difíceis / Abhijit V. Banerjee e Esther Duflo ; tradução Afonso Celso da Cunha Serra ; revisão técnica Norberto Montani Martins.
— 1ª ed — Rio de Janeiro : Zahar, 2020.

    Título original: Good Economics for Hard Times
    ISBN 978-85-378-1886-2

    1. Economia 2. Globalização I. Duflo, Esther. II. Martins, Norberto Montani.
III. Título.

20-37099   CDD: 330

Índice para catálogo sistemático:
1. Economia 330
Cibele Maria Dias — Bibliotecária — CRB-8/9427

[2020]
Todos os direitos desta edição reservados à
EDITORA SCHWARCZ S.A.
Praça Floriano, 19, sala 3001 — Cinelândia
20031-050 — Rio de Janeiro — RJ
Telefone: (21) 3993-7510
www.companhiadasletras.com.br
www.blogdacompanhia.com.br
www.zahar.com.br
facebook.com/editorazahar
instagram.com/editorazahar
twitter.com/editorazahar

A nossos filhos, Noemie e Milan, com a esperança de que o mundo deles venha a ser mais justo e humano, e para Sasha, que não teve essa chance.

Sumário

Prefácio   9

1. Tornar a economia grande novamente   11

2. Fugindo da boca do tubarão   22

3. O ônus do comércio internacional   71

4. Preferências, desejos e necessidades   126

5. O fim do crescimento?   183

6. Em água quente   256

7. Pianola   278

8. Legit.gov: governo legítimo   321

9. Dinheiro e cuidado   338

Conclusão: A boa e a má economia   393

Agradecimentos   399
Notas   401
Índice remissivo   450

Prefácio

Dez anos atrás, publicamos um livro sobre o trabalho que fazemos. Para nossa surpresa, ele teve leitores. Ficamos lisonjeados, mas consideramos que era isso e ponto. Economistas na verdade não escrevem livros, muito menos livros que seres humanos conseguem ler. Nós o fizemos e de alguma maneira escapamos impunes; era hora de voltar à nossa produção habitual, que é escrever e publicar artigos acadêmicos.

E era o que estávamos fazendo quando a luz da aurora dos primeiros anos de Obama foi substituída pela loucura psicodélica do Brexit, dos coletes amarelos e do muro de Trump — e ditadores empertigados (ou seus equivalentes eleitos) substituíram o confuso otimismo da Primavera Árabe. A desigualdade está explodindo, catástrofes ambientais e desastres políticos globais assomam, mas contamos com pouco mais que platitudes para confrontar esses perigos.

Escrevemos este livro para não perder a esperança. Para contar a nós mesmos uma história do que deu errado e por quê, mas também para nos lembrar de tudo o que deu certo. Um livro não apenas sobre os problemas, mas também sobre como o nosso mundo pode ser reconstruído, contanto que sejamos honestos no diagnóstico. Um livro sobre onde a política econômica deu errado, onde a ideologia nos cegou, onde não percebemos o óbvio, mas também um livro sobre onde e por que a boa economia é útil, sobretudo no mundo de hoje.

O fato de um livro assim precisar ser escrito não significa que somos nós as pessoas certas para escrevê-lo. Muitas das questões que assolam o mundo neste exato momento são particularmente evidentes no Norte rico, e nós passamos a vida estudando pessoas pobres em países pobres.

Era óbvio que teríamos de imergir em muitas literaturas novas, e sempre haveria a chance de deixar passar alguma coisa. Levamos inclusive um bom tempo para nos convencermos de que valeria a pena tentar.

Acabamos decidindo dar esse mergulho, em parte porque ficamos cansados de assistir de longe enquanto o diálogo público sobre questões econômicas centrais — imigração, comércio, crescimento, desigualdade ou meio ambiente — se torna cada vez mais desordenado. Mas também porque, à medida que refletíamos, fomos percebendo que os problemas enfrentados pelos países ricos eram de fato sinistramente semelhantes àqueles que costumamos estudar no mundo em desenvolvimento — pessoas preteridas pelo desenvolvimento, desigualdade galopante, descrença no governo, sociedades e Estados politicamente fragmentados e assim por diante. Aprendemos muito no processo, que reforçou nossa fé no que nós, como economistas, aprendemos a fazer de melhor: ser realistas quanto aos fatos, céticos diante de respostas prontas e fórmulas mágicas, modestos e honestos com relação àquilo que sabemos e compreendemos, e, talvez o mais importante, dispostos a experimentar ideias e soluções e constatar que estamos errados, contanto que isso nos leve ao objetivo final de construir um mundo mais humano.

1. Tornar a economia grande novamente

> Uma mulher ouve do médico que tem apenas seis meses de vida. O médico a aconselha a se casar com um economista e se mudar para Dakota do Sul.
>
> MULHER: "Isso vai curar a minha doença?".
>
> MÉDICO: "Não, mas os seis meses parecerão bem longos".

VIVEMOS NUMA ÉPOCA DE POLARIZAÇÃO crescente. Da Hungria à Índia, das Filipinas aos Estados Unidos, do Reino Unido ao Brasil, da Indonésia à Itália, o debate público entre a esquerda e a direita tornou-se cada vez mais um confronto de vitupérios e insultos em altos decibéis, no qual palavras ásperas, ditas deliberadamente com intuito maldoso, deixam pouco espaço para a retratação. Nos Estados Unidos, onde vivemos e trabalhamos, o índice de pessoas que votam em mais de um partido numa mesma eleição chegou ao nível mais baixo já registrado.[1] Entre as pessoas que se identificam com um partido, 81% têm opinião negativa sobre o outro.[2] Entre os democratas, 61% dizem ver os republicanos como racistas, sexistas ou fanáticos. Entre os republicanos, 54% acusam os democratas de rancorosos e hostis. Um terço de todos os americanos ficaria decepcionado se um membro próximo da família desposasse alguém do outro lado do espectro político.[3]

Na França e na Índia, dois países onde também passamos muito tempo, a ascensão da direita política é analisada, no mundo da elite "esclarecida" em que vivemos, em termos cada vez mais apocalípticos. Há um sentimento claro de que a civilização como a conhecemos, baseada na democracia e no debate, está sob ameaça.

Como cientistas sociais, nosso trabalho é oferecer fatos e análises dos fatos que colaborem, esperamos, para mediar essas clivagens, ajudando cada lado a compreender o que o outro está dizendo e, assim, chegar a algum desacordo sensato, se não a um consenso. A democracia pode conviver com o dissenso, desde que haja respeito de parte a parte. Respeito, porém, exige algum grau de compreensão.

O que torna a situação atual especialmente preocupante é que o espaço para essas conversas parece estar encolhendo. Parece haver em curso um processo de "tribalização" das opiniões, não só sobre política, mas também sobre a natureza dos principais problemas sociais e sobre como resolvê-los. Uma pesquisa em larga escala revelou que as visões dos americanos sobre um amplo espectro de questões se aglomeram como cachos de uvas.[4] Pessoas que compartilham algumas crenças centrais — sobre papéis de gênero ou a relação entre o trabalho árduo e sucesso, por exemplo — parecem ter as mesmas opiniões sobre uma gama de questões, da imigração ao comércio, da desigualdade à tributação, até o papel do governo. Essas crenças centrais funcionam melhor do que seu nível de renda, grupo demográfico ou local de moradia para se prever suas opiniões políticas.

De certa forma, essas questões são proeminentes e centrais no discurso político, e não só nos Estados Unidos. Imigração, comércio, tributação e papel do governo são temas igualmente contestados na Europa, na Índia, na África do Sul ou no Vietnã. Todavia, as opiniões sobre esses tópicos com muita frequência se baseiam inteiramente na afirmação de valores pessoais específicos ("Sou a favor da imigração porque sou uma pessoa generosa", ou "Sou contra a imigração porque os imigrantes ameaçam a nossa identidade como nação"). E, quando são motivadas por alguma coisa, trata-se em geral de números manipulados ou interpretações superficiais dos fatos. Ninguém reflete em profundidade sobre as questões em si.

Isso é realmente desastroso, pois parece que entramos em tempos difíceis. Os anos dinâmicos de crescimento global, alimentado pela expansão do comércio internacional e pelo espantoso sucesso econômico da China, talvez tenham terminado, com o crescimento chinês desacelerando e guerras comerciais estourando por toda parte. Os países que prospera-

Tornar a economia grande novamente 13

ram com essa boa maré — na Ásia, na África e na América Latina — estão começando a se perguntar o que os espera em seguida. Evidentemente, na maioria dos países do Ocidente rico o crescimento lento não é nada novo a esta altura; porém, o que torna a situação especialmente preocupante é o rápido esgarçamento do contrato social que vemos nesses países. Parece que voltamos ao mundo descrito por Charles Dickens em *Tempos difíceis*, no qual aqueles que têm se confrontam com aqueles que nada têm despossuídos cada vez mais alijados, sem solução à vista.[5]

Questões de economia e de política econômica são centrais na atual crise. Há algo que se possa fazer para impulsionar o crescimento? Isso deveria ser uma prioridade para o Ocidente rico? E o que mais? Como combater a explosão da desigualdade por toda parte? O comércio internacional é o problema ou a solução? Quais são os seus efeitos sobre a desigualdade? Como será o comércio internacional no futuro — será que os países com custos de mão de obra mais baixos poderão tirar da China parte da manufatura global? E quanto às migrações? Existe mesmo um excesso de migrantes subqualificados? E quanto às novas tecnologias? Deveríamos, por exemplo, nos preocupar com os avanços da inteligência artificial (IA) ou promovê-la deliberadamente? E, talvez mais urgente, como poderá a sociedade ajudar todas essas pessoas que os mercados deixaram para trás?

As respostas a esses problemas requerem mais que um tuíte. Portanto, o impulso é simplesmente contorná-las. E, em parte como resultado dessa perplexidade, os países estão fazendo muito pouco para resolver os desafios mais prementes de nossa época; os governos continuam a fomentar a raiva e a desconfiança que nos polarizam, o que nos deixa ainda mais incapazes de dialogar, de pensar juntos, de fazer alguma coisa a respeito. A sensação, diversas vezes, é a de um círculo vicioso.

Os economistas têm muito a dizer sobre esses grandes problemas. Eles estudam a imigração, para analisar seus efeitos sobre os salários; os impostos, para verificar se desestimulam o empreendedorismo; a redistribuição de renda, para compreender se ela promove a indolência. Eles refletem sobre as relações comerciais entre os países e fazem previsões úteis sobre quem serão os prováveis vencedores e perdedores. Eles trabalham com afinco para compreender por que alguns países crescem e outros não, e o que os governos podem fazer — se é que podem fazer alguma coisa — para ajudar no enfrentamento desse desafio. Eles juntam dados sobre o que torna as pessoas generosas ou receosas, o que faz alguém deixar sua casa em busca de um lugar estranho, e como as mídias sociais jogam com os nossos preconceitos.

Os resultados das pesquisas mais recentes, como se vê, costumam ser surpreendentes, sobretudo para quem está acostumado às respostas pré-fabricadas dos "economistas" de televisão e dos manuais de economia. As soluções inspiradas nesses resultados podem lançar nova luz sobre esses debates.

Infelizmente, muito pouca gente confia o bastante nos economistas para escutar com atenção o que eles têm a dizer. Nos prenúncios do plebiscito do Brexit, nossos colegas do Reino Unido tentaram por todos os meios advertir o público de que a saída da União Europeia custaria caro, mas perceberam que o esforço era inútil. E tinham razão. Ninguém estava prestando muita atenção. No começo de 2017, a YouGov conduziu uma pesquisa de opinião no Reino Unido em que se perguntou: "Entre os profissionais abaixo, em quais você mais confia quando opinam sobre suas áreas de conhecimento?". Profissionais de enfermagem vieram em primeiro lugar, com 84% das respostas. Políticos ficaram em último, com 5% (embora os membros locais do Parlamento merecessem um pouco mais de confiança, com 20%). Economistas despontaram um pouco acima dos políticos, com 25%. Meteorologistas mereceram o dobro de confiança.[6] No outono de 2018, fizemos a mesma pergunta (e várias outras sobre opiniões referentes a questões econômicas, cujas respostas usamos em vários pontos deste livro) a 10 mil pessoas nos Estados Unidos.[7] Mais uma vez, apenas 25% dos respondentes demonstraram confiança nos economistas como especialistas. Só os políticos se situaram abaixo.

Esse déficit de confiança se reflete no fato de que o consenso profissional dos economistas, quando existe, costuma ser sistematicamente diferente das opiniões dos cidadãos comuns. A Booth School of Business da Universidade de Chicago pede com regularidade a um grupo de quarenta economistas acadêmicos, líderes reconhecidos na profissão, que opinem

Tornar a economia grande novamente

sobre importantes tópicos econômicos. Neste livro, muitas vezes citamos essas entrevistas como respostas do painel IGM Booth. Selecionamos dez perguntas feitas aos respondentes do IGM Booth e as repetimos aos participantes de nossa enquete. Na maioria das questões, os economistas e os nossos entrevistados deram opiniões completamente diferentes. Por exemplo, todos os membros do painel IGM Booth discordaram da proposição de que "a imposição pelos Estados Unidos de novas tarifas sobre a importação de aço e alumínio irá melhorar o bem-estar dos americanos".[8] Apenas pouco mais de um terço de nossos respondentes expressou a mesma opinião.

Em geral, nossos entrevistados tendiam a ser mais pessimistas que os economistas: 40% dos economistas concordaram com a proposição de que o "influxo de refugiados na Alemanha, a partir do verão de 2015, traria benefícios econômicos para o país nos dez anos seguintes", e a maioria dos demais se disse em dúvida ou não opinou (apenas um discordou).[9] Em contraste, só um quarto de nossos respondentes mostrou-se de acordo com essa proposição, e 35% discordaram. Nossos entrevistados também se mostraram mais propensos a acreditar que o avanço da robótica e da inteligência artificial acarretaria uma situação de desemprego generalizado, e muito menos inclinados a crer que esses mesmos fatores gerariam uma riqueza adicional suficiente para compensar aqueles que foram prejudicados.[10]

E isso acontece não porque os economistas sejam sempre mais favoráveis ao laissez-faire do que o resto do mundo. Um estudo anterior comparou como economistas e mil americanos comuns respondiam às mesmas vinte perguntas.[11] Constatou-se que os economistas eram (muito) mais favoráveis ao aumento de impostos federais (97,4%, contra 66% dos americanos comuns). Eles também demonstraram muito mais fé nas políticas adotadas pelo governo depois da crise de 2008 (socorro a bancos, estímulos etc.) do que o público em geral. Por outro lado, 67% dos americanos comuns, mas só 39% dos economistas profissionais, concordaram com a ideia de que os CEOS de grandes empresas recebiam remuneração excessiva. A principal descoberta do estudo foi que, em geral, o economista acadêmico típico pensa de maneira muito diferente de um americano médio. Em todas as vinte perguntas, há um abismo de 35% entre quantos economistas concordam com determinada proposição e quantos americanos comuns comungam o mesmo ponto de vista.

Além disso, informar aos entrevistados a opinião de economistas eminentes sobre determinado assunto não altera o ponto de vista que eles têm da questão. Em três perguntas nas quais a opinião dos especialistas era muito diferente das do público, os pesquisadores variaram a maneira de formular o questionamento. Para alguns respondentes, eles primeiro afirmaram "Quase todos os especialistas concordam que...", antes de apresentar a pergunta em si; para outros, simplesmente fizeram a pergunta sem preâmbulos. Essa variação não fez diferença nas respostas obtidas. Por exemplo, na pergunta sobre se o Tratado Norte-Americano de Livre-Comércio havia aumentado o nível de bem-estar do cidadão comum, 95% dos economistas disseram que sim; entre os respondentes informados previamente da opinião dos economistas sobre o assunto, esse número foi de 51%, caindo para 46% no caso daqueles que não haviam recebido a informação. Uma pequena diferença, na melhor das hipóteses. A julgar por isso, parece que boa parte do grande público parou completamente de ouvir os economistas sobre economia.

Nem por um momento achamos que, quando economistas e o público têm opiniões diferentes, os primeiros estão sempre certos. Nós, os economistas, geralmente nos emaranhamos em nossos modelos e em nossos métodos, e às vezes esquecemos onde a ciência termina e a ideologia começa. Respondemos às perguntas sobre políticas econômicas com base em suposições que se tornaram instintivas, exatamente por serem os pilares de nossos modelos, embora isso não signifique que eles estejam sempre certos. Mas nós, os economistas, também possuímos expertise útil que ninguém mais tem. O (modesto) objetivo deste livro é compartilhar parte dessa expertise e reabrir o diálogo sobre os tópicos mais urgentes e polêmicos de nossos tempos.

Para tanto, precisamos compreender o que solapa a confiança das pessoas nos economistas. Parte da resposta é que há muita economia de má qualidade por aí. Os supostos representantes dos economistas no debate público não costumam ser os indivíduos que participam do painel IGM

Tornar a economia grande novamente 17

Booth. Os autoproclamados economistas da televisão e da imprensa — economistas-chefes do Banco X ou da Empresa Y — são, com importantes exceções, basicamente porta-vozes dos interesses econômicos de suas organizações, que, em geral, se sentem livres para ignorar o peso das evidências empíricas. Além disso, eles têm uma inclinação relativamente previsível para o otimismo de mercado a todo custo — que é o que o público associa aos economistas, em geral.

Infelizmente, em termos de como se apresentam (paletó e gravata) e da maneira como falam (muitos jargões), é difícil distinguir os economistas que aparecem nas telas de tv só dos ombros para cima dos economistas acadêmicos. A diferença mais importante talvez seja a disposição para opinar e prever, o que, infelizmente, os torna ainda mais autoritários. O fato, porém, é que eles fazem um trabalho muito ruim em suas previsões, em parte porque prever costuma ser quase impossível, razão pela qual a maioria dos economistas acadêmicos mantém distância da futurologia. Uma das tarefas do Fundo Monetário Internacional (FMI) é prever a taxa de crescimento da economia mundial no futuro próximo. Sem muito sucesso, convém acrescentar, por mais competente que seja a sua numerosa equipe de economistas de excelente formação. A revista *The Economist* calculou certa vez até que ponto as previsões do FMI se afastaram da média real no período de 2000 a 2014.[12] Dois anos depois da previsão (digamos, a taxa de crescimento em 2014 prevista em 2012), o erro médio nas previsões foi de 2,8%. Esse resultado é um pouco melhor do que a escolha ao acaso de números entre −2% e 10% todos os anos, mas tão ruim quanto assumir uma taxa de crescimento constante de 4%. Receamos que esse tipo de coisa contribua substancialmente para o ceticismo geral em relação aos economistas.

Outro importante fator que contribui para essa falta de confiança é que os economistas acadêmicos dificilmente se empenham em explicar o raciocínio, não raro complexo, subjacente às suas conclusões matizadas. Como eles analisaram as muitas interpretações alternativas das evidências? Quais foram os pontos, geralmente oriundos de domínios diferentes, que eles tiveram de interligar para chegar a uma resposta plausível? Em que medida a resposta é mesmo plausível? Convêm aplicá-la na prática, ou devemos esperar e ver? Hoje, a cultura midiática não oferece espaço suficiente para explicações sutis ou longas. Nós dois tivemos de insistir com âncoras de TV, durante entrevistas e debates, para expor todo o nosso raciocínio, que não raro era editado, com cortes; por isso, compreendemos por que os economistas acadêmicos geralmente resistem em expor suas opiniões. É preciso muito esforço para ser ouvido com atenção e interesse, e sempre há o risco de parecer incompleto, ou de que as palavras cuidadosamente escolhidas sejam manipuladas de modo a terem outro sentido.

Obviamente, há quem fale claro, sem rodeios e evasivas, mas esses tendem a ser, com importantes exceções, os que têm opiniões fortes e pouca paciência para se dedicar aos melhores trabalhos da economia moderna. Outros, comprometidos demais com alguma ortodoxia para prestar atenção em qualquer coisa que destoe dela, repetem velhas ideias como um mantra, embora estas há muito tenham sido desmentidas. Outros se apresentam apenas para escarnecer da economia convencional, ridicularizando-a, às vezes merecidamente; o que por vezes os leva a relutar em expor e defender as melhores pesquisas econômicas da atualidade.

Nossa percepção é a de que a melhor economia costuma ser a menos estridente. O mundo já é tão complicado e incerto que quase sempre a contribuição mais valiosa que os economistas têm a oferecer não são as conclusões a que chegaram, mas sim o caminho que seguiram para alcançá-las — os fatos de que tinham conhecimento, a maneira como os interpretaram, o processo dedutivo que percorreram, as fontes de incerteza remanescentes. Isso está ligado ao fato de economistas não serem cientistas no sentido estrito da palavra, como os físicos, e geralmente terem poucas certezas absolutas para compartilhar. Quem quer que tenha assistido na TV à série cômica *The Big Bang Theory* sabe que os físicos menosprezam os engenheiros. Os físicos desenvolvem raciocínios profundos, enquanto os engenheiros mexem com os materiais e tentam dar forma às ideias complexas dos físicos; ou pelo menos é assim que a série apresenta a realidade. Se algum dia houvesse uma série de TV que zombasse dos economistas, acho que ficaríamos vários degraus abaixo dos engenheiros, ou pelo menos do tipo de engenheiros que constroem foguetes. Ao contrário dos engenheiros (ou pelo menos os de *The Big Bang Theory*), não contamos com um físico que defina exatamente o necessário para que um foguete escape da força de gravidade da Terra. Os economistas são mais como encanadores; resolvemos problemas com uma combinação de intuição baseada em ciência, alguma adivinhação ajudada pela experiência e uma alta dose de pura tentativa e erro.

Em consequência, os economistas muitas vezes compreendem as coisas de forma equivocada. E, sem dúvida, o faremos muitas vezes neste livro. Não só quanto às taxas de crescimento, em grande medida um exercício infrutífero, mas também em questões mais específicas, tipo quanto os impostos sobre o carbono ajudam a atenuar a mudança climática, como um aumento acentuado das alíquotas tributárias afetaria a remuneração dos CEOs, ou o que a renda básica universal faria com a estrutura do emprego. Os economistas, porém, não são os únicos a cometer equívocos. Todo mundo erra. O perigoso não é se equivocar, mas apaixonar-se de tal forma pelas próprias opiniões a ponto de não admitir a interferência dos fatos. Para progredir, precisamos constantemente voltar aos fatos, reconhecer nossos erros e avançar.

Além do mais, há muita economia de boa qualidade por aí. A boa economia começa com fatos incômodos, faz algumas conjecturas com base no que já conhecemos do comportamento humano e em teorias que aparentemente funcionam, usa dados para testar essas conjecturas, refina (ou altera radicalmente) a forma de atacar o problema com base no novo conjunto de fatos e, por fim, com alguma sorte, chega a uma solução. Nesse sentido, o nosso trabalho é muito semelhante à pesquisa médica. O maravilhoso livro de Siddhartha Mukherjee sobre a luta contra o câncer, *O imperador de todos os males*, conta uma história de combinação entre conjecturas inspiradas e experimentos cuidadosos, além de sucessivas rodadas de refinamento, até um novo medicamento chegar ao mercado.[13] Grande parte do trabalho dos economistas é muito semelhante a esse processo de lançar novos medicamentos. Como na medicina, nunca estamos certos de que chegamos à verdade, só sabemos que temos fé suficiente em uma resposta para agir com base nela, conscientes de que talvez seja necessário mudar de opinião mais adiante. Também como na medicina, nosso trabalho não para quando concluímos a ciência básica e estabelecemos a ideia central: inicia-se, então, o processo de lançar a proposta no mundo real.

Em certo nível, podemos pensar neste livro como um relatório preparado nas trincheiras onde se desenvolvem esse tipo de pesquisa: o que a melhor economia de hoje nos diz sobre as questões fundamentais com que se defrontam as nossas sociedades? Descrevemos como os melhores economistas da atualidade refletem sobre o mundo; não apenas as conclusões a que chegaram, mas também como chegaram lá, o tempo todo tentando discernir entre fatos e ilusões, hipóteses ousadas e resultados robustos, o que esperamos e o que sabemos.

É importante que, nesse projeto, sejamos orientados por uma noção ampla do que os seres humanos desejam e em que consiste a vida boa. Os economistas tendem a adotar um conceito de bem-estar geralmente estreito demais, alguma versão de renda e consumo material. E, no entanto, todos precisamos de muito mais que isso para viver uma vida gratificante: o respeito da comunidade, o conforto da família e de amigos, dignidade, leveza, prazer. O foco exclusivo na renda não é apenas um atalho conveniente. É uma visão distorcida que, muitas vezes, levou os economistas mais inteligentes a caminhos equivocados, formuladores de políticas a decisões inadequadas, e muitos de nós a obsessões erradas. É o que convence muita gente de que todo mundo está à espreita, junto à porta, para surrupiar nosso emprego bem remunerado. É o que levou a um foco obstinado em restaurar o passado glorioso de crescimento econômico acelerado dos países ocidentais. É o que a um só tempo nos deixa profundamente desconfiados de quem não tem dinheiro e simplesmente apavorados de nos vermos na mesma situação. É também o que faz o *trade-off* entre crescimento econômico e sobrevivência do planeta parecer tão duro.

Uma conversa melhor deve começar pelo reconhecimento do profundo anseio humano por dignidade e convivência social, tratando-o não como fator dispersivo, mas como meio mais eficaz de compreendermos uns aos outros e de nos libertarmos do que parecem ser oposições incontornáveis.

Restabelecer a dignidade humana, recolocando-a em seu lugar central, como argumentamos neste livro, desencadeia uma reformulação profunda das prioridades econômicas e das maneiras como as sociedades cuidam de seus membros, em especial quando em situação de carência.

Dito isto, qualquer que seja o tema que abordemos neste livro, ou talvez em todos os temas aqui abordados, é possível que você chegue a uma conclusão diferente da nossa. Esperamos persuadi-lo a concordar conosco não de maneira irrefletida, mas pela decisão consciente de adotar alguns de nossos métodos e compartilhar um pouco de nossas esperanças e temores — e talvez ao fim disso estejamos realmente dialogando.

2. Fugindo da boca do tubarão

A MIGRAÇÃO É A GRANDE NOTÍCIA, grande o bastante para movimentar a política de boa parte da Europa e dos Estados Unidos. Entre as hordas imaginárias, mas tremendamente impactantes, de migrantes mexicanos assassinos do presidente Trump e a retórica xenófoba do partido político alemão Alternative für Deutschland, do francês Rassemblement National e da turma do Brexit, para não mencionar os partidos dominantes na Itália, na Hungria e na Eslováquia, essa talvez seja a questão política mais influente nos países mais ricos do mundo. Até políticos dos principais partidos europeus estão tendo dificuldade para reconciliar as tradições liberais que querem preservar com as ameaças que estão vendo em suas praias. O problema é menos visível no mundo em desenvolvimento, mas os confrontos envolvendo refugiados zimbabuanos na África do Sul, a crise do povo rohingya em Bangladesh e o projeto de lei da cidadania em Assam, na Índia, foram igualmente horripilantes para os seus alvos.

Por que o pânico? A fração dos migrantes internacionais na população mundial em 2017 era mais ou menos a mesma de 1960 ou de 1990: 3%.[1] A União Europeia (UE) recebe anualmente em média entre 1,5 milhão e 2,5 milhões de migrantes vindos do restante do mundo; 2,5 milhões é menos de 0,5% da população total do bloco. A maioria desses migrantes é legal, pessoas com ofertas de emprego, ou as que chegam para se juntar à família. Houve um influxo inusitado de refugiados em 2015 e 2016, mas, em 2018, o número de pessoas buscando asilo na UE retornou a 638 mil, e apenas 38% dos pedidos foram atendidos.[2] Isso representa cerca de um para cada 2500 residentes da UE. Nada mais. De modo algum uma inundação.

O alarmismo racista, induzido pelo medo da mistura de raças e pelo mito da pureza étnica, não tem ouvidos para os fatos. Uma enquete rea-

Fugindo da boca do tubarão

lizada com 22500 nativos de seis países onde a imigração tem sido uma questão política determinante (França, Alemanha, Itália, Suécia, Reino Unido e Estados Unidos) revelou percepções equivocadas generalizadas sobre o número e a composição dos imigrantes.[3] Na Itália, por exemplo, a atual fatia de imigrantes na população é de 10%, mas a percepção média sobre essa participação é de 26%.

Além disso, os respondentes superestimam demais a proporção de imigrantes não só muçulmanos, mas também oriundos do Norte da África e do Oriente Médio. Na opinião deles, os imigrantes são menos educados, mais pobres e mais propensos ao desemprego e a viver de ajuda governamental do que realmente são.

Os políticos alimentam esses receios fazendo mau uso dos fatos. Nos dias anteriores à eleição presidencial francesa de 2017, Marine Le Pen alegava, a todo momento, que 99% dos imigrantes eram homens adultos (na verdade, eram 58%) e que 95% dos migrantes que se estabeleceram na França "viviam às custas do país", porque não trabalhavam lá (na verdade, 55% dos migrantes na França estavam empregados).[4]

Dois experimentos recentes mostram que essa é uma tática eleitoral vitoriosa, mesmo num mundo de verificação sistemática dos fatos. Em um estudo feito nos Estados Unidos, os pesquisadores trabalharam com dois conjuntos de perguntas. Um deles pedia aos entrevistados *opiniões* sobre a migração; o outro conferia o *conhecimento factual* deles sobre a quantidade e as características dos migrantes.[5] Os que responderam primeiro às perguntas factuais e depois ao pedido de opinião (antes, portanto, de se lembrarem de suas próprias percepções distorcidas a respeito dos migrantes) se mostraram muito mais propensos a ser contra a imigração. Quando eram informados previamente dos verdadeiros números, a maneira como percebiam os fatos mudava, mas não a visão final que tinham da imigração. Na França, um experimento similar revelou algo parecido. As pessoas deliberadamente expostas às falsas alegações de Marine Le Pen eram mais propensas a querer votar nela.[6] Infelizmente, essa tendência persistiu mesmo depois da checagem factual das declarações da candidata para os respondentes. A verdade não influenciou suas opiniões. A ideia em si de migração já torna as pessoas mais limitadas. Elas não permitem que os fatos interfiram em seus preconceitos.

Há uma razão importante para que os fatos sejam ignorados, e ela se baseia em um raciocínio econômico à primeira vista tão absolutamente autoevidente que para muita gente é impossível abandoná-lo, mesmo quando as evidências demonstram o contrário. A análise econômica da imigração geralmente redunda em um silogismo sedutor. O mundo está cheio de pobres que, obviamente, ganhariam muito mais caso se estabelecessem aqui (não importa o lugar), onde a situação é muito melhor; logo, se tiverem a menor chance, eles efetivamente deixarão seus locais de origem e virão para a nossa terra, e essa invasão irá reduzir os nossos salários e piorar a situação da maioria de nós, que já vivemos aqui.

O mais notável nesse argumento é a sua fidelidade à exposição convencional da lei da oferta e da demanda, como a aprendemos no ensino médio. As pessoas querem mais dinheiro e, portanto, vão para onde os salários são mais altos (a oferta sobe). Uma vez que a curva de demanda de mão de obra é negativamente inclinada, um aumento na oferta de mão de obra irá reduzir os salários de todos. Os migrantes podem se beneficiar, mas os trabalhadores nativos irão sofrer. Esse é o sentimento que o presidente Trump tenta explorar, ao insistir que o país está "lotado". O raciocínio é tão simplório que cabe em qualquer guardanapo bem pequeno, como mostra a Figura 2.1.

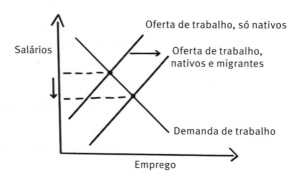

FIGURA 2.1 "Economia de guardanapo". Por que os imigrantes deixarão todos nós mais pobres

Fugindo da boca do tubarão

A lógica é simples, sedutora e equivocada. Primeiro, as diferenças de salário entre os países (ou localidades, de forma mais geral) na verdade têm relativamente pouco a ver com a migração. Embora muitas pessoas estejam de fato desesperadas para sair de onde estão, como veremos, o enigma que persiste é por que tantas outras *não* se mudam quando podem.

Em segundo lugar, não existem evidências confiáveis de que mesmo influxos relativamente grandes de migrantes de baixa qualificação prejudiquem a população local, inclusive os indivíduos mais parecidos com esses migrantes em termos de qualificação. Com efeito, a migração parece contribuir para deixar a maioria das pessoas, migrantes e locais, em melhor situação. Isso tem muito a ver com a natureza peculiar do mercado de trabalho. Muito pouco da realidade do mercado de trabalho se encaixa na história convencional da oferta e da demanda.

Deixando o lar

Warsan Shire, poeta somali-britânica, escreveu:

> *no one leaves home unless*
> *home is the mouth of a shark*
> *you only run for the border*
> *when you see the whole city running as well*
> *your neighbors running faster than you*
> *breath bloody in their throats*
> *the boy you went to school with*
> *who kissed you dizzy behind the old tin factory*
> *is holding a gun bigger than his body*
> *you only leave home*
> *when home won't let you stay.*[7]*

---

* Em tradução livre: "ninguém deixa o lar, a menos/ que o lar seja a boca de um tubarão/ você só corre para a fronteira/ quando vê toda a cidade correndo também/ os vizinhos indo mais

Ela sem dúvida sabia de uma coisa. Os lugares que as pessoas parecem mais ansiosas por abandonar — países como Iraque, Síria, Guatemala e até o Iêmen — estão longe de ser os mais pobres do mundo. A renda per capita do Iraque, ajustada pelas diferenças de custo de vida (o que os economistas denominam *paridade do poder de compra* ou PPC), é cerca de vinte vezes superior à da Libéria, e pelo menos dez vezes mais alta que a de Moçambique ou Serra Leoa. Em 2016, apesar de uma queda dramática na renda, o Iêmen ainda era três vezes mais rico do que a Libéria (não há dados para anos mais recentes). O México, alvo favorito do presidente Trump, é um país que se situa no estrato superior dentre os países de renda média, com um sistema de bem-estar social muito elogiado e imitado.

Aqueles que tentam sair desses lugares provavelmente não enfrentam a pobreza extrema esmagadora com que se defronta o habitante típico da Libéria ou de Moçambique. O que acontece é que eles consideram a vida intolerável, em razão do colapso da normalidade do dia a dia: a imprevisibilidade e a violência impostas pelas guerras do narcotráfico no Norte do México, o pavor da junta militar na Guatemala e as guerras civis no Oriente Médio. Um estudo realizado no Nepal mostrou que mesmo os piores anos na agricultura não levaram muitos nepaleses a sair do país.[8] Na verdade, menos pessoas saíram nos piores anos, porque não tinham condições financeiras de custear a viagem. Só quando a longa insurgência dos maoistas degringolou em violência é que as pessoas começaram a emigrar. Elas estavam fugindo da boca do tubarão. E, quando isso acontece, é quase impossível contê-las, porque, na cabeça delas, não existe lar para onde retornar.

Obviamente também há o oposto: o migrante ambicioso, que precisa sair a todo custo. Esse é *Apu*, o protagonista de *Aparajito*, o segundo filme da maravilhosa trilogia Apu, de Satyajit Ray, oprimido entre a mãe solitária, em sua aldeia natal, e as muitas possibilidades empolgantes oferecidas

---

rápido que você/ hálito sangrento na garganta/ o garoto com quem você ia pra escola/ que beijou você, zonza, atrás da velha fábrica de estanho/ segura uma arma maior que o próprio corpo/ você só deixa o lar/ quando o lar não deixa você ficar". (N. T.)

pela cidade.[9] Esse é o migrante da China que trabalha em dois empregos e faz das tripas coração para que os filhos, um dia, estudem em Harvard. Todos sabemos que pessoas assim existem.

E há os que se encontram no meio, a vasta maioria que não está sujeita a coerções internas ou externas para migrar. Elas não parecem estar à cata de qualquer tostão. Mesmo onde não há postos de fronteira ou agentes de imigração, essas pessoas ficam onde estão, na área rural, por exemplo, apesar da grande desigualdade de salários entre o campo e a cidade *dentro de um mesmo país*.[10] Em Delhi, uma enquete realizada com moradores de favelas, muitos deles migrantes recentes de Bihar e Uttar Pradesh, dois enormes estados a leste da cidade, revelou que, depois de pagar pela moradia, uma família típica vivia com pouco mais de 2 dólares por dia (valor ajustado pela PPC).[11] Essa quantia é bem superior ao que sobra para os 30% na base da pirâmide de renda em ambos os estados, que contam com menos de 1 dólar por dia (valor ajustado pela PPC). No entanto, o restante da população muito pobre desses lugares (cerca de 100 milhões de pessoas) não optou por migrar para Delhi e mais do que dobrar sua renda.

Não é só nos países em desenvolvimento que as pessoas não se mudam para tirar proveito de melhores condições econômicas. Segundo as estimativas, menos de 350 mil gregos emigraram entre 2010 e 2015, o auge da crise econômica que abalou a Grécia.[12] Essa cifra representa no máximo 3% da população do país, embora a taxa de desemprego estivesse em 27% entre 2013 e 2014 e os gregos, como membros da União Europeia, tenham condições de trabalhar e de migrar livremente dentro da Europa.

A loteria da migração

Mas talvez não haja nenhum enigma aqui; é possível que estejamos superestimando os benefícios da migração. Um problema importante e comum na avaliação dos benefícios da migração é que, em geral, centramos nossa atenção nos salários de quem escolheu migrar, ignorando as muitas razões que os levaram a isso e os numerosos fatores que contribuíram para que o fizessem com sucesso. Os migrantes talvez tenham habilidades especiais e níveis de energia incomuns, que lhes propiciariam maiores ganhos mesmo se tivessem continuado em seu país. Ainda que os migrantes exerçam muitas atividades que não requerem qualificação específica, seu trabalho quase sempre envolve grande esforço físico, o que exige resistência e persistência (por exemplo em setores como o da construção civil e a colheita de frutas, trabalhos a que se dedicam muitos migrantes da América Latina nos Estados Unidos). Nem todos têm condições físicas para essa labuta diária.

Logo, não há como comparar ingenuamente os ganhos dos migrantes com os ganhos dos remanescentes no país de origem e concluir, como fazem muitos incentivadores das migrações, que os benefícios de mais migrações serão enormes. Isso é o que os economistas denominam *problema de identificação*. Para afirmar que a diferença nos salários é *causada* pela diferença de localidade e nada mais, precisamos estabelecer uma conexão exata de causa e efeito.

Uma maneira fácil de fazê-lo é estudar a loteria de vistos. Vencedores e perdedores em loterias tendem a ser semelhantes em todos os aspectos, exceto pela sorte nessa situação específica, e, portanto, a diferença nos rendimentos decorrente de ganhar na loteria de vistos não pode ser atribuída senão à mudança de localidade que ela facilita. Ao comparar os ganhadores e perdedores da loteria de vistos da Nova Zelândia entre emigrantes de Tonga, ilha minúscula do Pacífico Sul, a maioria deles muito pobre, um estudo concluiu que, um ano depois da mudança, os ganhadores mais do que triplicaram a sua renda.[13] Na outra ponta do espectro de ganhos, profissionais de software da Índia que foram trabalhar nos Estados Unidos depois de serem contemplados na loteria de vistos ganhavam seis vezes mais do que seus colegas que continuaram na Índia.[14]

Bombas de lava

O problema com esses números é também o que os torna fáceis de interpretar: eles se baseiam em comparações entre os que *concorrem* nas loterias

Fugindo da boca do tubarão

de visto. Os indivíduos que não concorrem, no entanto, podem ser muito diferentes. Talvez tenham pouco a ganhar com a migração, por exemplo, por não terem as qualificações apropriadas. Há, porém, alguns estudos muito esclarecedores sobre pessoas forçadas a se mudar por alguma circunstância inteiramente fortuita.

Em 23 de janeiro de 1973, ocorreu uma erupção vulcânica nas Ilhas Westman, um próspero arquipélago de pesca na costa da Islândia. Os 5200 habitantes das ilhas foram evacuados em quatro horas e somente uma pessoa morreu, mas a erupção durou cinco meses, e a lava destruiu cerca de um terço das casas locais. As habitações destruídas eram as da banda oriental (diretamente no curso da lava), além de algumas outras atingidas ao acaso pelas "bombas de lava". Não é possível construir casas resistentes a lava, portanto a destruição foi totalmente determinada pela localização e pela má sorte. Parecia não haver nada de diferente nas casas da banda oriental; as casas atingidas tinham o mesmo valor de mercado das que ficaram intactas, e os habitantes eram do mesmo tipo de gente. Isso é o que os cientistas chamam de *experimento natural*: a natureza lançou os dados, e podemos afirmar seguramente que não havia nada diferente, ex ante, entre aqueles que tiveram suas casas destruídas e aqueles que não.

Na sequência dos eventos, todavia, houve uma diferença importante. Aqueles que tiveram suas casas destruídas receberam indenizações correspondentes ao valor da habitação e do terreno, que puderam usar para reconstruir a casa, comprar outra ou se mudar para onde quisessem. Entre os desafortunados, 42% preferiram se mudar (e, entre os afortunados cujas casas não foram destruídas, 27% também optaram por se mudar, de qualquer maneira).[15] A Islândia é um país pequeno, mas bem organizado, e com base em registros tributários e outros é possível seguir as trajetórias econômicas de longo prazo de todos os habitantes originais das Ilhas Westman. Igualmente impressionante, dados genéticos detalhados também permitem chegar a todos os descendentes dos atingidos pela erupção.

Usando esses dados, os pesquisadores descobriram que, para quem tinha menos de 25 anos quando da erupção, a perda da casa resultou em *grande ganho econômico*.[16] Em 2014, aqueles cuja casa dos pais havia sido destruída ganhavam acima de 3 mil dólares por ano a mais do que aqueles cuja casa dos pais não havia sido destruída, mesmo que nenhum deles tivesse se mudado. O efeito se concentrou naqueles que eram jovens à época da erupção, em parte porque era maior a probabilidade de que tivessem feito faculdade. Além disso, parece que a necessidade de se mudar tornava mais provável que encontrassem um trabalho em que fossem bons, em vez de conformar-se em serem pescadores, a principal atividade da maioria das pessoas nas Ilhas Westman. Essa escolha teria sido muito mais fácil para um jovem que ainda não tivesse investido muito tempo no aprendizado da arte da pesca. No entanto, as pessoas precisaram ser forçadas a se mudar, por conta da lava; a maioria daqueles que mantiveram suas casas continuou levando a vida de sempre, a exemplo de tantas gerações anteriores, pescando e deixando o tempo passar.

Exemplo ainda mais marcante desse tipo de inércia ocorreu na Finlândia, nos anos seguintes à Segunda Guerra Mundial. Por ter combatido ao lado da Alemanha, derrotada, a Finlândia foi forçada a ceder parte substancial de seu território à União Soviética. Toda a população da área cedida, cerca de 430 mil pessoas, 11% da população finlandesa, teve de ser evacuada e reassentada em outras áreas do país.[17]

Antes da guerra, a população desalojada era talvez menos urbanizada e menos apta a conseguir emprego formal do que o resto da população do país, mas, sob outros aspectos, não diferia muito dela. Passados 25 anos, apesar dos traumas dessa saída inesperada e caótica, a população deslocada era mais rica que a do resto da Finlândia, sobretudo porque tendia a ter mais mobilidade, a residir na cidade e a trabalhar em empregos formais. A mudança forçada parece ter afrouxado suas amarras e incitado seu espírito de aventura.

O fato de um cenário de desastre ou uma guerra serem necessários para incentivar movimentos migratórios para áreas com salários mais altos mostra que as motivações econômicas por si só muitas vezes não são suficientes para fazer as pessoas se mexerem.

Será que eles sabem?

Evidentemente, uma possibilidade é que as pessoas mais pobres simplesmente não tenham consciência das oportunidades de melhorar a própria situação econômica mudando-se para outra localidade. Um experimento de campo interessante em Bangladesh deixa claro que essa não é a única razão pela qual elas não se mudam.

Não há barreiras à migração dentro de Bangladesh. Todavia, mesmo durante o período de escassez, a chamada *monga* ("estação da fome"), quando são raras as oportunidades de ganhar dinheiro nas áreas rurais, poucas pessoas migram para as cidades, que oferecem chances de emprego de baixa qualificação no setor da construção civil e dos transportes, ou mesmo para áreas rurais vizinhas, com ciclos de safras diferentes. Para justificar e encorajar as migrações sazonais, os pesquisadores decidiram experimentar outras maneiras de estimular deslocamentos durante a monga em Rangpur, no norte de Bangladesh.[18] Alguns aldeões foram escolhidos ao acaso por uma ONG local para ou receber informações sobre os benefícios da migração (basicamente, sobre o valor dos salários nas cidades), ou receber as mesmas informações mais 11,50 dólares, em dinheiro ou crédito (essa quantia era mais ou menos o custo de uma viagem para a cidade e uns dois dias de comida), *mas só se migrassem.*

A oferta encorajou cerca de um quarto (22%) de todas as famílias — que, do contrário, não teriam agido assim — a enviar um migrante. A maioria dos migrantes conseguiu encontrar emprego. Em média, cada um deles recebeu 105 dólares durante o período de migração, bem mais do que teriam conseguido se tivessem ficado em casa. E eles enviaram ou levaram de volta para casa 66 dólares. Em consequência disso, as famílias que enviaram um migrante extra consumiram em média surpreendentes 50% a mais de calorias com a renda adicional, passando da quase inanição para um nível confortável de consumo de alimentos.

Mas por que os migrantes precisaram de um empurrãozinho da ONG para fazer a viagem? Por que a inanição em si não foi um impulso suficiente?

Nesse caso, fica muito claro que a informação não era a restrição impeditiva. Quando a ONG constituiu um grupo escolhido ao acaso e prestou esclarecimentos sobre a disponibilidade de trabalho (mas sem fornecer incentivo financeiro), a informação sozinha não exerceu absolutamente nenhum efeito. Além disso, entre as pessoas que receberam apoio financeiro e fizeram a viagem, somente cerca da metade voltou a migrar durante a *monga* seguinte, apesar da experiência pessoal anterior de encontrar trabalho e ganhar dinheiro. Para esses indivíduos, pelo menos, não podia ser o ceticismo sobre as oportunidades de trabalho o que os retinha em casa.

Em outras palavras, apesar do ganho econômico daqueles que realmente migram, forçados ou não, é difícil levar a sério a ideia de que a maioria das pessoas está apenas esperando a ocasião propícia para abrir mão de tudo e partir para um país mais rico. Considerando o tamanho das recompensas econômicas, os migrantes são muito menos numerosos do que seria de esperar. Alguma outra coisa deve retê-los — voltaremos a esse enigma mais tarde. Antes, porém, é útil compreender como funciona o mercado de trabalho para os migrantes, e, em especial, se os ganhos destes são obtidos à custa dos nativos, como muita gente parece acreditar.

Benefício de todos?

Essa questão tem sido objeto de vigoroso debate entre os economistas, mas, em regra, as evidências parecem sugerir que até surtos de imigração exercem muito pouco impacto negativo sobre as perspectivas de salários ou emprego da população à qual os migrantes se juntam.

O debate prossegue sobretudo porque, em geral, não é fácil explicar a questão. Os países restringem as migrações e, em particular, são menos propensos a permitir a entrada de imigrantes quando a economia não vai bem. As pessoas também migram por insatisfação com as condições de vida, e sua tendência natural é ir para onde há melhores opções. Para uma combinação desses dois motivos, se fizermos uma representação gráfica dos salários de não migrantes nas cidades contra a fatia de mi-

Fugindo da boca do tubarão

grantes nas cidades, o resultado será uma bela linha positivamente inclinada; quanto mais numerosos forem os migrantes, mais altos serão os salários. Boa notícia para a perspectiva pró-migração, mas talvez seja totalmente espúria.

Para descobrir o verdadeiro impacto da imigração sobre os salários dos nativos, precisamos olhar para as mudanças nos fluxos migratórios que não são resposta direta aos salários numa cidade. E mesmo isso talvez não seja suficiente, pois os atuais residentes e empresas também podem se deslocar caso insatisfeitos. É possível que, por exemplo, o influxo de migrantes afaste tantos trabalhadores nativos da cidade que os salários acabem por não cair para aqueles que permanecerem. Se considerarmos somente os salários dos nativos que decidiram continuar nas cidades nas quais os migrantes se estabeleceram, não perceberíamos de modo algum a dor daqueles que decidiram deixá-las. Também é possível que a nova população de migrantes atraia empresas para uma cidade em detrimento de outras, e tampouco perceberíamos o custo para os trabalhadores dessas outras cidades.

Uma tentativa inteligente de lidar com algumas dessas questões é o estudo de David Card sobre o êxodo de Mariel.[19] Entre abril e setembro de 1980, 125 mil cubanos, a maioria com pouca ou nenhuma instrução, chegaram a Miami depois que Fidel Castro, inopinadamente, fez um discurso autorizando-os a emigrar, se assim desejassem. A reação foi imediata. O discurso ocorreu em 20 de abril e, ao final do mês, muita gente já estava partindo. Muitos dos retirantes ficaram para sempre em Miami. A força de trabalho na cidade americana aumentou em 7%.

O que aconteceu com os salários? Para descobrir isso, Card adotou o método que veio a ser denominado "diferença em diferenças". Ele comparou a evolução dos salários e da taxa de emprego dos trabalhadores preestabelecidos em Miami, antes e depois da chegada dos migrantes, ao ocorrido com as mesmas variáveis para os residentes de quatro outras cidades "semelhantes" dos Estados Unidos (Atlanta, Houston, Los Angeles e Tampa). A ideia era averiguar se o crescimento dos níveis de salário e emprego de todos os já residentes em Miami quando da chegada dos *ma-*

rielitos fora inferior ao crescimento dos níveis de salário e emprego entre os residentes comparáveis nessas quatro outras cidades.

Card não encontrou diferenças nem imediatamente após a chegada dos imigrantes, nem alguns anos depois: os salários dos nativos não foram afetados pela chegada dos *marielitos*. A situação se manteve mesmo quando ele analisou especificamente os salários dos imigrantes cubanos que haviam chegado antes do êxodo de Mariel, que tendiam a ser os mais parecidos com os da onda migratória e, portanto, os mais propensos a serem afetados negativamente pelo novo influxo de imigrantes.

Esse estudo foi um passo importante para oferecer uma resposta convincente à questão do impacto das migrações. Miami não foi escolhida por suas oportunidades de emprego; era apenas o ponto de desembarque mais próximo para os cubanos. Como o êxodo foi inesperado, os trabalhadores e empresas não tiveram a chance de reagir, pelo menos no curto prazo (os trabalhadores saindo e as empresas entrando). O estudo de Card foi muito influente, tanto pela abordagem quanto pela conclusão. Foi o primeiro a mostrar que o modelo de oferta e demanda convencional talvez não se aplicasse diretamente à imigração.

Sem dúvida como consequência disso, também foi amplamente debatido, com várias rodadas de contestação e ratificação. Talvez nenhum outro estudo empírico em economia tenha gerado tantos argumentos e contra-argumentos e despertado tanta paixão. Crítico persistente do estudo sobre o êxodo de Mariel é George Borjas, um prolixo defensor de políticas de fechamento de fronteiras para migrantes de baixa qualificação. Borjas reanalisou o episódio de Mariel, inclusive ampliando o conjunto de cidades para comparação e focando especificamente em egressos do ensino médio não hispânicos do sexo masculino, partindo do pressuposto de que eles seriam o grupo mais preocupante.[20] Nessa amostra, ele descobriu que os salários em Miami começaram a diminuir de maneira bastante acentuada após a chegada dos migrantes, em comparação com o que estava ocorrendo nas cidades de controle. Uma reanálise subsequente, porém, mostrou que esses resultados eram mais uma vez revertidos quando se incluíam dados sobre egressos do ensino médio hispânicos do sexo masculino (que pareciam ser

Fugindo da boca do tubarão

o grupo mais óbvio a ser comparado com os migrantes cubanos, mas que por alguma razão foi omitido por Borjas) e mulheres (também omitidas por Borjas sem nenhum motivo claro).[21] Além disso, os estudos continuam a não detectar efeitos sobre os níveis de salário e emprego quando se compara Miami com um conjunto diferente de cidades em que os níveis de salário e emprego apresentavam tendências muito semelhantes às de Miami antes do êxodo.[22] Borjas, todavia, continua cético, e o debate sobre o êxodo de Mariel ainda não chegou ao fim.[23]

Quem não se sente totalmente seguro quanto ao que fazer a respeito de tudo isso não está sozinho. Com franqueza, não ajuda nada o fato de que ninguém, de um lado ou de outro, jamais mude de ideia e que as opiniões pareçam alinhadas com visões políticas. De qualquer maneira, parece absurdo condicionar o futuro da política migratória a um episódio que ocorreu trinta anos atrás, em uma única cidade.

Felizmente, inspirados pelo trabalho de Card, muitos outros acadêmicos tentaram identificar situações parecidas, em que migrantes ou refugiados foram enviados para algum lugar com pouca preparação e nenhum controle sobre o destino. Há um estudo examinando a repatriação à França de argelinos de origem europeia em consequência da independência da Argélia em 1962.[24] Outro considerou o impacto da imigração maciça da União Soviética para Israel depois que os soviéticos suspenderam as restrições à emigração em 1990, o que aumentou a população de Israel em 12% no período de quatro anos.[25] Um terceiro estudo considerou o grande influxo de imigrantes europeus nos Estados Unidos durante a era da grande migração (1910-30).[26] Em todos esses casos, os pesquisadores encontraram muito pouco impacto negativo sobre a população local. Na verdade, em certas ocasiões, os efeitos foram até positivos. Por exemplo, os europeus que migraram para os Estados Unidos ampliaram o nível de emprego total na população nativa, aumentaram a probabilidade de os nativos se tornarem supervisores ou gerentes e aumentaram a produção industrial.

Também há evidências semelhantes sobre o impacto do influxo mais recente de refugiados de todo o mundo sobre a população nativa da Europa Ocidental. Um estudo especialmente intrigante considera o caso da Dinamarca.[27] A Dinamarca é um país notável sob muitos aspectos, e um deles é manter registros detalhados de cada membro da população. Historicamente, os refugiados eram enviados para diferentes cidades, sem levar em conta as preferências e a empregabilidade de cada um. Tudo o que importava era a disponibilidade de habitação pública e a capacidade administrativa de ajudá-los a se estabelecer. Entre 1994 e 1998, ocorreu no país um grande influxo de imigrantes de países diversos, como Bósnia, Afeganistão, Somália, Iraque, Irã, Vietnã, Sri Lanka e Líbano, e eles acabaram sendo espalhados, mais ou menos ao acaso, por todo o país. Quando se abandonou a política de realocação, em 1998, os imigrantes passaram a ser direcionados, com mais frequência, para onde já se encontravam muitos migrantes da mesma origem. Assim, por exemplo, os lugares aonde chegaram mais ou menos por mero acaso os primeiros migrantes iraquianos são os locais de destino dos novos migrantes do Iraque. Por isso, algumas regiões da Dinamarca acabaram recebendo muito mais migrantes do que outras simplesmente pelo fato de que, em algum momento entre 1994 e 1998, dispunham de capacidade ociosa para reassentamento.

Esse estudo chegou à mesma conclusão dos anteriores. Comparando a evolução dos níveis de salário e emprego de nativos com escolaridade baixa em cidades sujeitas a receber esses influxos aleatórios de imigrantes à situação de nativos nas mesmas condições em outras cidades do país, não se encontraram evidências de impacto negativo.

Cada um desses estudos sugere que os imigrantes de baixa qualificação geralmente não prejudicam os níveis de salário e emprego dos nativos. No entanto, os níveis de fervor retórico no atual debate político, com ou sem o apoio factual, torna difícil ver além dos interesses políticos das pessoas envolvidas. Onde, então, encontrar uma voz moderada e metódica? Os leitores interessados na arte sutil da construção de consensos em economia talvez queiram perscrutar a página 267 de um relatório gratuito sobre o impacto da imigração editado pela Academia Nacional de Ciências dos Estados Unidos, a organização acadêmica mais respeitada do país.[28]

Fugindo da boca do tubarão

De tempos em tempos, ela convoca comitês para sintetizar o consenso científico sobre uma questão. O comitê para o relatório sobre imigração tinha alguns defensores e alguns detratores da imigração, entre os quais George Borjas. Eles tinham de cobrir os aspectos bons, os maus e os feios do tema, e suas sentenças percorrem um longo e sinuoso caminho, mas sua conclusão se aproxima do inequívoco tanto quanto é possível em um grupo de economistas:

> Pesquisas empíricas nas últimas décadas sugerem que os resultados continuam, em regra, consistentes com as do New Americans National Research Council (1997), no sentido de que, quando medido ao longo de um período superior a dez anos, o impacto da imigração sobre os salários dos nativos costuma ser muito pequeno.

O que há de tão especial nos imigrantes?

Por que será que a teoria clássica da oferta e da demanda (quanto maior a quantidade de algo, mais baixo é o preço) não se aplica à imigração? É importante chegar ao fundo da questão, porque, mesmo sendo inequivocamente verdadeiro que os salários dos trabalhadores pouco qualificados não são afetados pela imigração, a menos que saibamos *por quê*, ficaremos sempre nos perguntando se havia algo especial nas circunstâncias ou nos dados.

Muitos fatores que acabam sendo relevantes são varridos para debaixo do tapete pelo modelo da oferta e demanda. Primeiro, o influxo de um novo grupo de trabalhadores tipicamente deslocará a curva da demanda para a direita, o que ajudará a desfazer o efeito da inclinação negativa. Os recém-chegados gastam dinheiro: vão a restaurantes, frequentam cabeleireiros e fazem compras. Tudo isso aumenta a demanda e cria emprego para outros trabalhadores de baixa qualificação. Como mostra a Figura 2.2, essa mudança tende a aumentar os salários e, assim, a compensar o deslocamento da oferta de mão de obra, deixando os níveis de salário e emprego inalterados.

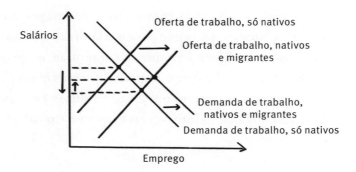

FIGURA 2.2 Economia de guardanapo em nova versão. Por que mais migrantes nem sempre levam a salários mais baixos.

De fato, há evidências de que, se também o canal de demanda for fechado, a migração pode realmente exercer o efeito negativo "esperado" sobre os nativos. Durante um breve período de tempo, os trabalhadores tchecos foram autorizados a trabalhar na Alemanha, no outro lado da fronteira. No pico, nas cidades fronteiriças da Alemanha, até 10% da força de trabalho vinha da República Tcheca. Nessas condições, poucas foram as alterações nos salários dos nativos, mas ocorreu grande queda no número de empregos, porque, diferentemente dos outros episódios já analisados aqui, os tchecos voltavam para casa para gastar seus rendimentos. Portanto, os efeitos em cadeia [knock-on effects] sobre a demanda de trabalho na Alemanha não aconteceram. Os imigrantes podem não gerar crescimento para as suas novas comunidades se não gastarem nelas os rendimentos lá auferidos; se o dinheiro for repatriado, a comunidade anfitriã perde os benefícios econômicos da imigração.[29] Nessas condições, voltamos ao caso da Figura 2.1, em que nos movimentamos ao longo da curva de demanda de trabalho negativamente inclinada, sem um deslocamento da curva para compensar.

Uma segunda razão pela qual a migração de baixa qualificação é capaz de impulsionar a demanda de trabalho é o fato de ela desacelerar o processo de mecanização. A promessa de uma oferta confiável de trabalhadores de baixa remuneração torna menos atraente a ideia de adotar tecnologias poupadoras de mão de obra. Em dezembro de 1964, trabalhadores agrícolas mexicanos imigrantes nos Estados Unidos, os *braceros*, foram expulsos da Califórnia justamente sob a alegação de estarem jogando para baixo os salários dos trabalhadores nativos. Sua expulsão de nada adiantou: os níveis de salário e emprego não aumentaram.[30] A razão foi que, tão logo os *braceros* foram expulsos, as fazendas situadas em localidades que dependiam muito deles fizeram duas coisas. Primeiro, mecanizaram a produção. No caso do tomate, por exemplo, máquinas colhedoras capazes de dobrar a produtividade por trabalhador existiam desde a década de 1950, mas a adoção foi muito lenta; na Califórnia, as taxas de adoção dessas máquinas passaram de quase 0% em 1964, exatamente quando os *braceros* partiram, para 100% em 1967, enquanto em Ohio, onde *braceros* não estiveram em questão, os níveis de adoção não tiveram qualquer alteração no mesmo período. Segundo, substituíram as plantações para as quais não havia mecanização. E foi assim que os californianos, pelo menos durante algum tempo, abriram mão de iguarias como aspargos, morangos frescos, alface, aipo e pepinos para conserva.

Um terceiro ponto estreitamente correlato é a hipótese de os empregadores desejarem reorganizar a produção para utilizar de maneira mais eficiente os novos trabalhadores, criando, assim, novas funções para a população nativa pouco qualificada. No caso que discutimos acima, os trabalhadores dinamarqueses de baixa qualificação acabaram ganhando com o influxo de migrantes, em parte porque ele possibilitou que mudassem de ocupação.[31] Nas localidades com mais migrantes, mais trabalhadores nativos de baixa qualificação foram promovidos de trabalhos manuais para trabalhos não manuais e mudaram de empregador. Nessas movimentações, também foram transferidos para funções com tarefas mais complexas, que envolviam mais comunicação e conteúdo técnico; essa tendência é compatível com o fato de os imigrantes dificilmente falarem dinamarquês ao chegarem à Dinamarca, não competindo com os nativos nessas posições. O mesmo tipo de melhoria também ocorreu durante a grande migração europeia para os Estados Unidos em fins do século xix e princípios do século xx.

Em termos gerais, tudo isso sugere que nativos e imigrantes de baixa qualificação não são concorrentes diretos. Eles podem executar tarefas diferentes, com os imigrantes se especializando no que exige menos comunicação e os nativos se concentrando em funções mais interativas. A disponibilidade de imigrantes pode de fato encorajar as empresas a contratar mais trabalhadores; os imigrantes executam as tarefas simples e os nativos são mais bem aproveitados em trabalhos complementares e mais gratificantes.

Quarto, outra maneira pela qual os migrantes complementam os nativos, em vez de competirem com eles, é a disposição para executar tarefas que estes últimos relutam em desempenhar: aparar gramados, fritar hambúrgueres, cuidar de bebês, idosos e doentes. Portanto, quando há mais migrantes, o preço desses serviços tende a diminuir, o que ajuda os trabalhadores nativos e os libera para atuar em outras funções.[32] Em especial, mulheres altamente qualificadas tornam-se mais propensas a poder trabalhar fora quando há mais migrantes disponíveis.[33] A entrada de mulheres altamente qualificadas no mercado de trabalho, por sua vez, impulsiona a demanda por mão de obra pouco qualificada (cuidar de crianças, refeições, limpeza) nos lares ou nas empresas que elas gerenciam ou conduzem.

Os efeitos produzidos pelos migrantes também dependerão, de maneira crucial, de suas características. Se forem os mais empreendedores a migrar, é possível que constituam negócios que criarão empregos para os nativos. Se forem os menos qualificados, é provável que engrossem a massa indiferenciada com a qual terão de competir os trabalhadores nativos de baixa qualificação.

O tipo de pessoa que migra costuma depender das barreiras que é preciso superar. Quando o presidente Trump comparou os migrantes de "países de merda" com os migrantes bons vindos da Noruega, ele provavelmente não sabia que, muito tempo atrás, os imigrantes noruegueses eram parte das *"huddled masses"* ["massas encurraladas"] de que Emma Lazarus fala.[34]* Há, efetivamente, um estudo de caso sobre os migrantes

---

* A menção é ao poema de Lazarus "The New Colossus", inscrito na base da Estátua da Liberdade. (N. T.)

Fugindo da boca do tubarão

noruegueses que vieram para os Estados Unidos na era das migrações em massa, em fins do século XIX e primórdios do século XX.[35] À época, não havia nada que impedisse as migrações além do preço da passagem. O estudo comparou as famílias dos migrantes com as famílias nas quais ninguém havia migrado, e constatou que os migrantes tendiam a vir das famílias mais carentes; seus pais eram muito mais pobres que a média. E, assim, por uma dessas grandes ironias com que os historiadores (e os economistas) se deleitam, os migrantes noruegueses eram justamente o tipo de pessoa que Trump instintivamente preferiria manter à distância. Aos seus olhos, eles seriam as "pessoas de merda" daqueles tempos.

Em contraste, os que hoje migram dos países pobres precisam do dinheiro para pagar os custos da viagem e da determinação (ou de escolaridade avançada) para superar um sistema de controle de imigração tipicamente voltado contra eles. Por isso, muitos deles trazem talentos excepcionais — habilidades, ambição, paciência e energia — que os ajudam a se tornar criadores de empregos, ou a educar filhos que serão criadores de empregos. Um relatório do Center for American Entrepreneurship revelou que, em 2017, dentre as quinhentas maiores empresas dos Estados Unidos em termos de receita (a lista Fortune 500), 43% foram fundadas ou cofundadas por imigrantes ou filhos de imigrantes. Além disso, as empresas fundadas por imigrantes representam 52% das 25 maiores empresas, 57% das 35 maiores empresas e nove das treze marcas mais valiosas.[36] Henry Ford era filho de um imigrante irlandês. O pai biológico de Steve Jobs era da Síria, Sergey Brin nasceu na Rússia. Jeff Bezos recebeu o nome do pai adotivo, o imigrante cubano Mike Bezos.

E, mesmo entre os menos especiais, o fato de ser imigrante em um país estrangeiro, sem os laços sociais que tornam a vida mais rica mas também impõem limites à busca obstinada da própria carreira, talvez seja liberador e permita que essas pessoas tentem algo novo e diferente. Abhijit conhece muitos bengalis de classe média que como ele nunca tinham lavado a própria louça antes de deixarem a casa dos pais, mas, ao se verem com pouco dinheiro e muito tempo livre em alguma cidade britânica ou americana, acabaram limpando mesas em restaurantes e descobrindo que até gostavam de realizar tarefas mais braçais do que o trabalho administrativo que haviam imaginado para si próprios. Talvez o contrário tenha acontecido com os pretensos futuros pescadores islandeses que, ao se verem em um lugar estranho onde muito mais gente ia para a faculdade, concluíram que, afinal, essa ideia não deveria ser tão ruim.[37]

Portanto, um problema muito sério da análise de oferta e demanda aplicada à imigração é que o influxo de migrantes aumenta a oferta de trabalhadores ao mesmo tempo que aumenta a demanda por trabalho. Por isso é que os salários não caem quando há mais migrantes. Um problema mais profundo reside na própria natureza dos mercados de trabalho: a lei da oferta e da demanda simplesmente não descreve muito bem como eles realmente funcionam.

Trabalhadores e melancias

Viajando por Dhaca, Delhi ou Dakar, de manhã cedo, veem-se às vezes grupos de pessoas, na maioria homens, agachadas nas calçadas nas imediações de cruzamentos importantes. São pessoas em busca de emprego, esperando ser escolhidas por alguém que precise delas para algum trabalho, geralmente na construção civil.

Para um cientista social, o impressionante, contudo, é como são raros esses mercados físicos de trabalho. Considerando que há cerca de 20 milhões de pessoas na área metropolitana de Delhi, seria de supor que toda esquina tivesse agrupamentos como esse. Na verdade, é preciso procurá-los para encontrá-los.

Anúncios de emprego também são relativamente raros em Delhi ou Dakar. Há diversos anúncios em websites e em portais de emprego, mas a maioria das ofertas está muito fora do alcance do pastor de cabras rural médio. Em contraste, em Boston, o metrô está cheio de ofertas de emprego, mas os anúncios desafiam os candidatos a resolver alguns enigmas aparentemente insolúveis, para comprovar sua inteligência. Eles querem os trabalhadores, mas não querem facilitar demais as coisas. Isso reflete uma característica muito fundamental dos mercados de trabalho.

Fugindo da boca do tubarão   43

Contratar empregados é diferente de comprar, por exemplo, melancias em um mercado atacadista, por pelo menos duas razões. A primeira é que o relacionamento com o funcionário tem efeitos muito mais duradouros que os da compra de uma saca de melancias; você pode trocar de fornecedor na semana seguinte, se não gostar das frutas. Mas, mesmo nos lugares onde a legislação não dificulta a demissão de trabalhadores, dispensar alguém é no mínimo desagradável, e talvez perigoso, se o empregado desgostoso ficar enfurecido. Por conseguinte, as empresas, na maioria, não contratarão simplesmente qualquer pessoa disposta a prestar-lhes serviços. Elas querem saber se o funcionário chegará na hora, se terá um desempenho satisfatório, se brigará com os colegas, insultará um cliente importante ou quebrará um equipamento caro. A segunda razão é que a qualidade dos funcionários é mais difícil de julgar do que a das melancias (que os vendedores profissionais de melancias são muito bons em avaliar).[38] Não obstante o que Karl Marx tivesse a dizer, a mão de obra não é como qualquer mercadoria.[39]

As empresas, portanto, precisam fazer algum esforço para saber quem estão contratando. No caso de trabalhadores mais bem remunerados, terão de gastar tempo e dinheiro com entrevistas, testes, referências e assim por diante. Trata-se de processos dispendiosos para as empresas e os trabalhadores, e parecem ser universais. Na Etiópia, um estudo revelou que o simples fato de se candidatar a um trabalho burocrático de nível médio consome vários dias e sucessivas viagens. Cada candidatura custa ao pretendente um décimo do salário mensal da posição almejada, com baixa probabilidade de contratação, motivo pelo qual poucas pessoas se candidatam.[40] Por isso, no caso de trabalhadores com baixa remuneração, as empresas não raro pulam a entrevista e confiam nas recomendações. São relativamente poucas as empresas que admitem alguém que simplesmente se apresenta na portaria e pede emprego, *mesmo se a pessoa disser que aceitaria um salário mais baixo*. Obviamente, esse critério colide de frente com o modelo tradicional da oferta e da demanda. É muito oneroso, porém, pôr-se numa posição em que o empregador talvez queira se livrar de um trabalhador. Em um exemplo contundente, ao abordarem empresas na

Etiópia dispostas a contratar pessoas de maneira aleatória, pesquisadores sondaram mais de trezentas empresas e só encontraram *cinco* que se propuseram a participar do experimento.[41] Embora os empregos em questão não exigissem qualificações específicas, as empresas ainda desejavam exercer algum controle sobre quem admitiam. Evidências de outros estudos na Etiópia sugerem que 56% das empresas insistem em exigir experiência anterior, mesmo para trabalhos braçais,[42] e também é comum que peçam referências de outro empregador.[43]

Daí decorrem várias implicações importantes. Primeiro, os trabalhadores estabelecidos estão muito menos sujeitos à concorrência de migrantes do que sugere o modelo puro de oferta e demanda. O empregador conhece e confia neles; a titularidade e efetividade na função são enormes vantagens.

Do ponto de vista do migrante, isso não é bom. Uma segunda implicação piora ainda mais a situação. Pense no que um empregador pode fazer para punir um trabalhador cujo desempenho seja insatisfatório; na pior das hipóteses, ele pode demiti-lo. A demissão, porém, só será uma punição adequada se a remuneração for atrativa o suficiente para que o trabalhador realmente queira mantê-la. Como Joe Stiglitz, que viria a ganhar o prêmio Nobel, observou muitos anos atrás, as empresas não querem pagar aos trabalhadores o mínimo aceitável, justamente para evitar a situação descrita por uma velha piada soviética: "Eles fingem que pagam, nós fingimos que trabalhamos".

Essa lógica significa que o salário a ser pago pela empresa para induzir os empregados a trabalhar deve ser alto o bastante para que a demissão seja sentida. É o que os economistas denominam *salário de eficiência*. Em consequência, a diferença entre o que as empresas pagam aos trabalhadores estabelecidos e o que precisariam pagar aos recém-chegados não deve ser muito grande, para que elas não corram o risco de pagar pouco demais aos recém-chegados.[44]

Nessas condições, os incentivos para contratar um migrante em busca de trabalho são ainda mais fracos. Além disso, os empregadores também relutam em manter grandes diferenças salariais em suas organizações,

Fugindo da boca do tubarão

receosos de baixar o moral da equipe. As evidências sugerem que os trabalhadores detestam a desigualdade dentro das empresas, mesmo que ela decorra de diferenças de produtividade, pelo menos quando a relação entre remuneração e desempenho não seja imediatamente óbvia e transparente.[45] E trabalhadores infelizes não contribuem para locais de trabalho produtivos. Isso é uma das razões pelas quais trabalhadores nativos não são substituídos com rapidez por imigrantes mais baratos.

Essa discussão se encaixa muito bem com outra descoberta do estudo tcheco sobre migração já mencionado: para os nativos, perder o emprego não era realmente uma perda; representava, na verdade, ganhos menores (em comparação com regiões da Alemanha para onde os tchecos não iam).[46] As empresas alemãs não substituíam o pessoal existente por migrantes da República Tcheca. Quem já estava empregado na Alemanha ainda tinha o benefício da familiaridade. O que aconteceu foi que, em vez de contratar novos trabalhadores nativos, que elas não conheciam, as empresas alemãs às vezes contratavam tchecos, que também não conheciam.

A visão de que não há muita oportunidade para os migrantes tirarem o emprego dos nativos, mesmo oferecendo-se para trabalhar por salários mais baixos, também permite compreender mais facilmente por que os imigrantes acabam em funções rejeitadas pelos nativos, ou em cidades para as quais ninguém quer ir. Nessas condições, os migrantes não estão roubando o trabalho de ninguém; essas funções continuariam vagas se não houvesse migrantes dispostos a executá-las.

O conjunto de trabalhadores qualificados

Até agora, falamos a respeito do impacto de migrantes não qualificados sobre os nativos. No entanto, mesmo os que se opõem à migração não qualificada geralmente são favoráveis a migrantes qualificados. Muitos de nossos argumentos para explicar por que migrantes pouco qualificados não competem com nativos pouco qualificados não se aplicam aos migrantes qualificados. Para começar, a remuneração destes últimos costuma ser muito superior ao salário mínimo. Talvez não seja necessário lhes pagar um salário de eficiência, porque o trabalho que eles executam já é em si animador, e ter a chance de executá-lo e fazê-lo bem já seria em si gratificante. Portanto, paradoxalmente, há mais chance de migrantes qualificados pressionarem a remuneração dos nativos para baixo. Em segundo lugar, no caso de trabalhadores qualificados, o empregador se importa relativamente mais com o conjunto de habilidades do indivíduo em vias de contratação do que com a sua personalidade ou confiabilidade. A maioria dos hospitais, por exemplo, ao contratar enfermeiros, está principalmente preocupada em saber se os candidatos cumprem os requisitos legais para o exercício da função (em especial, se foram aprovados no exame de certificação da categoria profissional). Se um enfermeiro estrangeiro, com a certificação adequada, estiver disponível por menos, o hospital tem poucas razões para não o contratar. Além disso, ninguém contrata trabalhadores especializados sem uma série de entrevistas e testes, nivelando os trabalhadores desconhecidos com os já conhecidos ou recomendados.

Portanto, não admira que um estudo nos Estados Unidos tenha revelado que, para todo enfermeiro estrangeiro qualificado e certificado numa cidade, haja entre um e dois enfermeiros nativos a menos.[47] Em parte, isso ocorre porque estudantes nativos que concorrem com enfermeiros nascidos e formados no exterior relutam em submeter-se ao exame de certificação nos respectivos estados.

Portanto, apesar do amplo apoio com que conta, inclusive de pessoas como o presidente Trump, a imigração de trabalhadores qualificados está mais para um saco de surpresas do ponto de vista do seu impacto sobre a população do país. Ela ajuda os nativos pouco qualificados, que se beneficiam de serviços mais baratos (a maioria dos médicos que atuam nos cantos mais pobres dos Estados Unidos são migrantes de países em desenvolvimento), ao custo de piorar as perspectivas do mercado de trabalho da população nativa com habilidades semelhantes (enfermeiros, médicos, engenheiros e professores universitários).

Fugindo da boca do tubarão

Que caravana?

Os mitos sobre a imigração estão desabando. Não há evidências de que a migração de trabalhadores pouco qualificados para países ricos puxe para baixo os níveis de salário e emprego dos nativos; os mercados de trabalho tampouco são parecidos com mercados de frutas, e não estão sujeitos às leis de oferta e demanda. Mas a outra razão que faz com que a imigração seja um tema tão explosivo do ponto de vista político é a ideia de que o número de possíveis imigrantes é excessivo, de que há uma enxurrada de estrangeiros, uma horda de alienígenas, uma cacofonia de línguas e costumes exóticos à espreita para derramar-se sobre nossas fronteiras monoculturais imaculadas.

Todavia, como vimos, não há evidências de que as hordas estejam à espera da chance de desembarcar nas praias dos Estados Unidos (ou do Reino Unido, ou da França) e de que é preciso mantê-las à distância pelo uso da força (ou pela construção de muros). O fato é que, afora um desastre que as expulse além-fronteiras nacionais, a maioria das pessoas pobres prefere ficar na própria terra. Elas simplesmente não estão batendo na nossa porta, elas preferem seus próprios países. Não querem necessariamente ir nem mesmo para a capital local. As pessoas nos países ricos acham isso tão contraintuitivo que se recusam a acreditar, mesmo quando confrontadas com os fatos. Qual é a explicação?

Sem conexões

Muitas são as razões pelas quais as pessoas não se mudam. Tudo o que dificulta aos novos imigrantes competir com os residentes de longa data em busca de trabalho também os desestimula a se mudar. Em especial, como vimos, não é fácil para um imigrante encontrar um bom emprego. A exceção é quando o empregador é um parente ou amigo, ou amigo de um amigo, ou, pelo menos, da mesma etnia: alguém que conheça ou ao menos compreenda o migrante. Por isso, os migrantes tendem a ir para lugares onde tenham conexões; conseguir emprego é mais fácil e eles contam com ajuda para começar bem na nova cidade. É claro que não faltam razões para as perspectivas de emprego para os migrantes de uma mesma localidade se correlacionarem ao longo do tempo; por exemplo, se determinada vila ou aldeia produz ótimos encanadores, tanto as gerações recentes de migrantes quanto as anteriores encontrarão emprego como encanadores. A força do parentesco, no entanto, é ainda mais forte. Kaivan Munshi, professor da Universidade de Cambridge e talvez não por coincidência membro de uma pequena e muito coesa comunidade de indianos zoroastrianos também conhecida como pársis, demonstrou que os migrantes mexicanos procuram explicitamente pessoas que talvez conheçam.[48]

Ele observou que, a despeito das oportunidades nos Estados Unidos, a falta de chuvas (secas) sempre empurrou as pessoas para fora do México. Quando não chove em determinada vila ou aldeia, um grupo de pessoas parte em busca de outras oportunidades. Muitas acabam nos Estados Unidos, e, em consequência, outros migrantes da mesma vila ou aldeia passam a ter conexões nos Estados Unidos, pessoas com empregos seguros e em condições de ajudá-los a encontrar trabalho. Kaivan conjecturou que, ao se comparar duas aldeias no México com clima semelhante em determinado ano, *uma das quais enfrentara grave seca vários anos antes* (levando alguns aldeões a emigrar) *e a outra não*, seria mais fácil para um residente da aldeia que sofreu com a seca encontrar emprego (inclusive empregos melhores) do que para um residente da outra aldeia. Ele esperava ver mais migrantes, mais migrantes empregados e mais migrantes bem remunerados. Foi exatamente isso que os dados demonstraram. As conexões de rede são importantes.

Essas mesmas observações se aplicam ao reassentamento de refugiados. Os mais propensos a encontrar emprego são aqueles que foram enviados para lugares com muitos refugiados mais velhos do mesmo país.[49] Estes geralmente não conhecem seus novos compatriotas, mas ainda assim se sentem compelidos a ajudá-los.

Essas conexões são obviamente úteis para quem as tem, mas o que acontece com os menos bem relacionados? Eles por certo estarão em desvantagem. Na verdade, a presença de algumas pessoas que chegam com muitas recomendações pode arruinar as chances de todos os demais. Um empregador acostumado a receber trabalhadores com recomendações tende a suspeitar de qualquer um que não as tenha. Sabendo disso, qualquer pessoa que possa conseguir uma recomendação prefere esperar para obtê-la (talvez surja alguma ligação com um possível empregador; talvez um amigo comece um negócio), e só quem não conhece ninguém que possa recomendá-lo (talvez porque não seja realmente um bom profissional) sairá por aí, de porta em porta, procurando emprego. Nesse caso, porém, o empregador estaria certo ao se recusar a recebê-lo.

O mercado nessa situação está se *esgarçando*. Em 1970, George Akerlof, outro futuro laureado do Nobel, mas então apenas um recém-doutor, escreveu um artigo, "The Market for 'Lemons'" ["O mercado para 'limões'"], no qual argumenta que o mercado de carros usados poderia simplesmente acabar, porque as pessoas têm incentivos para vender os piores carros. Essa tendência desencadeia a espécie de raciocínio autoconfirmável que vimos no caso dos recém-chegados ao mercado de trabalho; quanto mais desconfiados os compradores se tornam em relação aos carros velhos à venda, menos se dispõem a pagar neles.[50] O problema é que, quanto menos os compradores se dispuserem a pagar, mais os proprietários de carros usados em bom estado desejarão retê-los (ou vendê-los a amigos que os conhecem e confiam neles). Só quem souber que seu carro está prestes a pifar se disporá a vendê-lo no mercado aberto. Esse processo em que apenas os piores carros ou os piores trabalhadores ficam no mercado é denominado *seleção adversa*.[51]

As conexões supostamente ajudam as pessoas, mas o fato de algumas terem conexões e outras não pode, com efeito, acabar com um mercado que funcionaria bem se ninguém tivesse conexões. O jogo fica nivelado se ninguém tem conexões. Se alguns as têm, o mercado pode se esgarçar, tornando a maioria das pessoas não empregável.

Os confortos de casa

Abhijit certa vez perguntou a migrantes em favelas de Delhi do que eles gostavam na vida na cidade.[52] Muitas eram as coisas de que essas pessoas gostavam: mais opções de boa educação para os filhos, assistência médica de melhor qualidade, mais facilidade para encontrar emprego. A única coisa de que não gostavam era do meio ambiente. Isso não surpreende. A atmosfera de Delhi é uma das piores do planeta.[53] Ao serem questionadas sobre quais problemas ambientais do cotidiano gostariam de resolver primeiro, 69% mencionaram fossas e esgotos e 54% se queixaram da remoção de lixo. A combinação de fossas obstruídas, redes de esgoto inexistentes e acúmulo de lixo é geralmente o que dá às favelas da Índia (e de outros lugares) um odor característico, algo entre o azedo e o putrescente.

Por motivos óbvios, muitos moradores de favelas hesitam em levar a família com eles. Em vez disso, quando as coisas se tornam insuportáveis, como logo acontece, eles voltam para casa. Na área rural do Rajastão, o aldeão típico que migra para ganhar dinheiro volta para casa uma vez por mês.[54] Apenas um em cada dez episódios de migração dura mais do que três meses. Em outras palavras, os migrantes tendem a ficar perto da aldeia natal, o que, provavelmente, limita os tipos de trabalho que podem conseguir e os tipos de qualificação que adquirem.

Mas por que eles precisam morar em favelas, ou ainda pior? Por que não alugam algo um pouco melhor? Geralmente, mesmo que eles tenham condições, essa opção não existe. Em muitos países em desenvolvimento, faltam muitos degraus na escada da habitação. O degrau seguinte ao da favela talvez seja o pequeno flat aconchegante, completamente inalcançável.

Existe uma razão para isso. A maioria das cidades do Terceiro Mundo carece da infraestrutura indispensável para servir à população. De acordo com um relatório recente, só a Índia precisa de cerca de 4,5 trilhões de dólares para investimentos em infraestrutura, entre 2016 e 2040, enquanto o Quênia necessita de 223 bilhões e o México, de 1,1 trilhão.[55] Como consequência, as áreas relativamente pequenas da maioria das cidades com infraestrutura decente são sempre objeto de enorme demanda, a preços

Fugindo da boca do tubarão

astronômicos. Alguns dos imóveis mais caros do mundo, por exemplo, se situam na Índia. Carente de investimentos, o restante da cidade se desenvolve a esmo, com o pobre geralmente ocupando qualquer área que por acaso esteja ociosa, não importando que tenha ou não rede de esgoto e abastecimento de água potável. Desesperados por um lugar onde morar, mas receosos de serem expulsos a qualquer hora como invasores, eles constroem moradias improvisadas, que marcam a paisagem urbana como cicatrizes. São as famosas favelas do Terceiro Mundo.

Para piorar ainda mais as coisas, argumentou Ed Glaeser em seu maravilhoso *O triunfo da cidade*, entram em cena os urbanistas que resistem a construir bairros densos, com torres residenciais, para a classe média, almejando, ao contrário, criar "cidades-jardim".[56] A Índia, por exemplo, impõe limites draconianos à altura dos prédios, muito mais rigorosos do que os de Paris, Nova York ou Cingapura. Essas restrições resultam em grande dispersão urbana e em longos deslocamentos diários na maioria das cidades indianas. O mesmo acontece na China e em muitos outros países, ainda que de maneira menos exacerbada.[57]

Para o indivíduo de baixa renda que aspira a migrar, esse conjunto de más escolhas de políticas públicas dá origem a uma escolha nada invejável. Ele pode se amontoar numa favela (se tiver sorte), passar muitas horas do dia em longos deslocamentos ou resignar-se à miséria diária de dormir sob uma ponte, no chão do prédio onde trabalha, no seu riquixá ou sob o seu caminhão, ou na calçada, protegido talvez pela marquise de uma loja. Se tudo isso já não for desanimador o suficiente, pelas razões já discutidas, os imigrantes de baixa qualificação sabem que, pelo menos no início, os trabalhos que estarão ao seu alcance são aqueles que ninguém mais quer. Se acontecer de você ir parar em um lugar estranho e não tiver escolha, pode ser que você aceite um trabalho desses, mas a perspectiva de abandonar amigos e família, parar no fim do mundo, dormir sob uma ponte, no chão frio ou em pontos de ônibus não é nada animadora. Tipicamente, só os migrantes com a capacidade de imaginar além dos obstáculos e agruras do momento e contemplar a ascensão de ajudante de garçom para dono de cadeia de restaurantes aceitam essa situação.

A atração do lar vai além dos confortos materiais. As pessoas pobres vivem, em regra, uma vida muito vulnerável. A renda tende a ser muito volátil e a saúde, ainda mais precária, o que torna providencial a possibilidade de procurar alguém e pedir ajuda, em caso de necessidade. Quanto mais conectada é uma pessoa, menos exposta ela ficará, caso algo ruim aconteça. As pessoas precisam de uma rede onde quer que estejam, mas essa rede tende a ser mais profunda e mais forte no lugar onde cresceram. Você e a sua família podem perder acesso a essa rede se forem embora. Por conseguinte, só os mais desesperados e os mais afortunados têm condições de correr o risco de partir.

Conforto e conexões exercem o mesmo papel limitador para possíveis migrantes internacionais, só que com muito mais intensidade. Quando partem, eles geralmente vão sozinhos, deixando para trás tudo o que lhes é familiar ou valioso, por muitos e muitos anos.[58]

Laços familiares

A natureza da vida em comunidades tradicionais talvez seja outro obstáculo importante às migrações. O economista caribenho Arthur Lewis, um dos pioneiros na economia do desenvolvimento e ganhador do prêmio Nobel de 1979, fez a seguinte observação simples em um famoso trabalho publicado em 1954.[59] Suponha que os empregos na cidade paguem 100 dólares por semana. Na aldeia não há emprego, mas, trabalhando nas terras da família, você ganha a sua fatia da renda semanal de 500 dólares; como são quatro pessoas na família, cada uma fica com 125 dólares por semana. Se você for embora, os seus irmãos não dividirão a renda com você. Por que, então, você iria para a cidade, sobretudo se a carga horária for a mesma e se o trabalho for igualmente penoso? O insight de Lewis foi o de que esse argumento se mantém seja você necessário ou não na fazenda. Suponha que a produção das terras totalizaria os mesmos 500 dólares, trabalhando você lá ou não, mas você poderia acrescentar 100 dólares ao caixa da família indo para a cidade. Você não fará isso, porque não o ajuda: você acabará

Fugindo da boca do tubarão 53

com os seus 100 dólares e os seus três irmãos dividirão os 500 dólares das terras. Evidentemente, hoje, talvez não sejam terras; um negócio de táxi da família teria a mesma probabilidade de mantê-lo em casa.

O ponto de Lewis era que todos na família ficariam em melhor condição se, por exemplo, seus irmãos pudessem lhe prometer 50 dólares das terras para ficar longe, de modo que você teria um total de 150 dólares, e cada um deles também. Mas talvez eles não possam; talvez essas promessas sejam logo esquecidas. Depois que você for embora, talvez lhe neguem a sua parte no negócio da família. E assim você fica, para garantir o seu direito. E, em consequência, pensou Lewis, a integração da força de trabalho rural no setor urbano mais produtivo, no país ou no exterior, será muito lenta. No cenário de Lewis, a migração é bem pequena.

O ponto geral aqui é que as conexões de rede, das quais a família é um exemplo específico, servem para resolver problemas específicos, mas isso não significa que promovam o bem social geral. Ocorre, por exemplo, que os pais que receiam ser abandonados na velhice podem estrategicamente negligenciar a educação dos filhos, para evitar que tenham a opção de mudar-se para a cidade. No estado de Haryana, não muito longe de Delhi, os pesquisadores se associaram a empresas de recrutamento para empregos na área administrativa, no intuito de prestar informações sobre essas oportunidades aos aldeões.[60] Os empregos faziam duas exigências: mudança para a cidade e escolaridade de nível médio. Para as meninas, a resposta dos pais às campanhas publicitárias foi inequivocamente benéfica; em comparação com as meninas de aldeias que não receberam informações da campanha, as meninas de aldeias que participaram da campanha eram mais bem-educadas, casaram mais tarde e, talvez o mais impressionante, eram mais bem alimentadas e mais altas.[61] Para os meninos, no entanto, não houve aumento na escolaridade média; os meninos que se esperava que deixassem a aldeia para ganhar dinheiro se beneficiaram da intervenção, muito como as meninas, mas aqueles cujos pais queriam que ficassem em casa para cuidar deles na velhice acabaram com escolaridade mais *baixa*. Os pais, na verdade, optaram por prejudicar os filhos para que estes ficassem em casa.

Insone em Katmandu

No experimento em que os aldeões receberam a oferta de 11,50 dólares para viajar e explorar o mercado de trabalho em uma das grandes cidades de Bangladesh, muitos participantes acabaram tão mais prósperos que teriam ficado felizes em pagar do próprio bolso para ter a oportunidade.[62] Contudo, alguns poucos teriam acabado em piores condições se tivessem tido de pagar a viagem com recursos próprios: os que não conseguiram emprego e voltaram de mãos vazias. A maioria das pessoas não gosta de riscos, sobretudo aquelas mais próximas do nível de subsistência, uma vez que qualquer perda pode empurrá-las para a fome. Será por isso que tanta gente prefere não tentar?

O problema dessa explicação é que outra alternativa para migrantes potenciais seria poupar 11,50 dólares antes de fazer a viagem. Então, se não conseguissem emprego, poderiam voltar para casa e não ficariam em piores condições do que se não tivessem poupado e tentado, que é o que a maioria parece fazer. Além disso, as evidências sugerem que eles realmente poupam para outras coisas, e 11,50 dólares estão bem dentro de suas possibilidades. Assim, por que não o fizeram? Uma razão possível é superestimar os riscos. Um estudo do Nepal enfatiza esse aspecto.

Hoje, mais de um quinto da população masculina economicamente ativa do país já foi ao exterior pelo menos uma vez, em grande parte a trabalho. A maioria trabalha em países como Malásia, Catar, Arábia Saudita ou Emirados Árabes Unidos. Tipicamente, eles costumam ficar fora por alguns anos, com um contrato de trabalho vinculado a um empregador específico.

Esse é um contexto em que se supõe que os migrantes seriam muito bem-informados sobre os custos e benefícios potenciais da migração, uma vez que é preciso uma oferta de emprego para conseguir o visto. Entretanto, as autoridades do governo nepalês com que conversamos expressaram a preocupação de que os migrantes não sabiam no que estavam entrando. Eles nutriam expectativas exageradas sobre ganhos e não tinham ideia de como as condições de vida no exterior poderiam ser ruins.

Fugindo da boca do tubarão

Maheshwor Shrestha, nepalês que é nosso aluno de doutorado, decidiu investigar se as autoridades estavam certas.[63] Ele se reuniu à pequena equipe do escritório de passaportes em Katmandu, onde os migrantes potenciais solicitavam o documento. Nessas condições, entrevistou mais de 3 mil trabalhadores, fazendo-lhes perguntas detalhadas sobre quanto achavam que iriam ganhar, aonde estavam indo e como imaginavam que seriam as condições de vida no exterior.

Maheshwor concluiu que os possíveis migrantes estavam de fato um pouco otimistas demais quanto às perspectivas de rendimentos. Especificamente, eles superestimavam o potencial de rendimentos em mais ou menos 25%, o que podia ocorrer por várias razões, inclusive pela possibilidade de os recrutadores terem mentido para eles. Porém, o grande erro que cometiam era superestimar a chance de morrer enquanto no exterior. O típico candidato à migração achava que, de cada mil migrantes, durante um período de dois anos, cerca de dez voltariam num caixão. Esse número é na realidade apenas 1,3.

Maheshwor, então, forneceu a alguns potenciais migrantes nepaleses informações sobre as verdadeiras faixas de salário ou os efetivos riscos de morrer (ou ambos). Comparando as decisões sobre migração dos que estavam informados e dos que ignoravam a realidade (só porque sua seleção aleatória não os incluiu), ele encontrou fortes evidências de que as informações eram úteis. Os que haviam sido informados sobre os salários tinham reduzido as suas expectativas, enquanto os que foram esclarecidos sobre a taxa de mortalidade também as revisaram para baixo. Além disso, eles agiram com base no que haviam aprendido; quando Maheshwor os procurou, várias semanas depois, para verificar o andamento das coisas, os que haviam sido informados sobre os salários se mostraram mais propensos a ficar no Nepal, enquanto os que haviam sido esclarecidos sobre a mortalidade, por outro lado, eram mais propensos a já terem partido. Portanto, em média, ao contrário do que acreditava o governo nepalês, a má informação estava mantendo os migrantes em casa.

Por que será que as pessoas sistematicamente superestimaram o risco de morrer? Maheshwor oferece uma resposta, mostrando que a morte de uma única pessoa de determinado distrito (uma área pequena) no Nepal reduz significativamente os fluxos migratórios desse distrito específico para o país onde ocorreu a morte.[64] Sem dúvida, os migrantes potenciais prestam atenção às informações locais. O problema, ao que parece, é que, ao relatar o falecimento de pessoas oriundas de determinada região, a mídia não informa simultaneamente o número de trabalhadores migrantes dessa mesma região. Assim, os trabalhadores não têm como saber se aquela foi uma morte em cem ou em mil, e, na falta dessa informação, tendem a ter uma reação exagerada.

Se nem no Nepal as pessoas têm as informações certas, apesar das muitas agências de emprego do país, de seus vastos fluxos de entrada e saída de trabalhadores e de um governo genuinamente preocupado com o bem-estar de seus migrantes internacionais, é fácil imaginar como deve ficar confusa a maioria dos migrantes potenciais de outros países. Obviamente, a confusão atua nos dois sentidos, retendo as migrações, como no Nepal, ou incentivando-as, se a ignorância estimular o excesso de otimismo. Por que, então, há um preconceito sistemático contra as saídas?

Risco versus incerteza

Talvez a percepção exagerada da mortalidade relatada pelos respondentes de Maheshwor deva ser lida como uma metáfora do senso geral de mau agouro. Migrar, afinal, é deixar a família para abraçar o desconhecido, e o desconhecido é mais que apenas uma lista de diferentes resultados potenciais associados às respectivas probabilidades, como os economistas gostam de descrevê-lo. Na verdade, uma longa tradição em economia, que remonta a Frank Knight, distingue entre risco quantificável (50% de probabilidade de que isso aconteça, 50% de probabilidade de que aquilo aconteça) e o resto, o que Donald Rumsfeld memoravelmente chamou de "desconhecidos desconhecidos",[65] e os economistas knightianos denominam *incerteza*.[66]

Frank Knight estava convicto de que os humanos reagem de maneira muito diferente ao risco e à incerteza. A maioria das pessoas não gosta de

Fugindo da boca do tubarão

lidar com os "desconhecidos desconhecidos" e se empenhará ao máximo para não tomar decisões nos casos em que ignoram os contornos exatos do problema.

Do ponto de vista dos possíveis migrantes da área rural de Bangladesh, a cidade (e, obviamente, qualquer país estrangeiro) é um atoleiro de incertezas. Além de não saberem como o mercado avaliará seu conjunto específico de qualificações, eles também precisam descobrir onde encontrar empregadores potenciais, se enfrentarão concorrência na prestação de serviços ou se serão explorados por um único empregador, os tipos de referências necessárias, quanto tempo levarão para encontrar emprego, como sobreviverão enquanto esperam, onde irão morar e assim por diante. Eles têm pouca ou nenhuma experiência para orientá-los; é preciso estimar as probabilidades. Portanto, não admira que tantos migrantes potenciais tendam a hesitar.

Como em um espelho distorcido

A migração é um mergulho no desconhecido, o que pode deixar as pessoas muito relutantes em empreendê-la, mesmo que, em princípio, elas sejam capazes de poupar o suficiente para cobrir as várias contingências financeiras possíveis. Mais que arriscada, é uma situação incerta. Além disso, há boas evidências de que as pessoas detestam particularmente os erros que elas mesmas cometem. O mundo está apinhado de incertezas, muitas das quais fogem a qualquer tipo de controle. Esses caprichos as deixam infelizes, mas talvez não tanto quanto ficariam ao fazerem uma escolha deliberada que, como resultado de pura má sorte, as deixa em condições piores do que se não tivessem feito nada. O status quo, a consequência de deixar tudo como está, serve como uma referência natural. Qualquer perda em relação a esse marco de referência é particularmente dolorosa. Esse conceito foi denominado *aversão à perda* por Daniel Kahneman e Amos Tversky, dois psicólogos incrivelmente influentes nos estudos de economia (Kahneman ganhou o prêmio Nobel de economia, em 2002, e Tversky provavelmente também teria sido premiado, não fosse a sua morte prematura).

Desde que o trabalho original desses dois autores foi publicado, uma vasta literatura demonstrou a existência da aversão à perda e como ela é capaz de explicar muitos comportamentos à primeira vista estranhos. Por exemplo, a maioria das pessoas paga um prêmio enorme pelo seguro da casa para reduzir a franquia do seguro.[67] Dessa maneira, evitam o momento doloroso em que, depois de algum acidente na casa, ainda teriam de pagar do próprio bolso uma franquia exorbitante. Em comparação, pagar agora um prêmio muito mais alto (pela apólice com franquia baixa) é indolor, pois elas nunca saberão se cometeram um erro. A mesma lógica explica por que compradores ingênuos acabam adquirindo "garantias estendidas" ultrajantemente dispendiosas. Em essência, a aversão à perda nos deixa extremamente preocupados com qualquer risco, mesmo pequeno, que resulte de nossas escolhas deliberadas. A migração, a não ser que todos estejam migrando, é uma dessas escolhas, e uma escolha importante; é fácil imaginar que muitos fiquem receosos de tentar.

Por fim, fracassar na migração é algo que as pessoas levam para o lado pessoal. Tantas são as histórias de sucesso, em narrativas épicas de migrantes vencedores, que é impossível não atribuir o fiasco a alguma falha grave nelas próprias, se não no mundo. Em 1952, o avô de Esther, Albert Granjon, veterinário que dirigia um matadouro em Le Mans, na França, levou a esposa e quatro filhos pequenos para a Argentina, na época uma viagem marítima de várias semanas. Ele foi inspirado por um desejo de aventura, e tinha um plano um tanto vago de formar uma parceria para criação de gado com alguns conhecidos. O plano fracassou menos de um ano depois da chegada da família. As condições na fazenda eram mais duras do que ele havia imaginado, e ele brigou com os sócios no negócio, que se queixavam de que ele não havia trazido dinheiro suficiente para financiar o empreendimento. A jovem família se viu no meio do nada, em um país que não conhecia, sem renda. Voltar para a França teria sido relativamente fácil àquela altura. Nos anos prósperos do pós-guerra, o avô de Esther teria encontrado um emprego com facilidade. Ele tinha dois irmãos de classe média, em boas condições econômicas, que poderiam ter pagado a viagem de volta. Mas ele preferiu não recorrer à família. Sua esposa, Evelyne, disse a Esther, muitos anos depois, que voltar de mãos vazias, depois de implorar aos irmãos que financiassem as passagens, era uma humilhação inaceitável. Assim, a família resistiu às privações sem esmorecer, vivendo por mais de dois anos em extrema pobreza, agravada por um inapropriado senso de superioridade em relação aos nativos. As crianças não podiam falar espanhol em casa. Violaine, mãe de Esther, concluiu os estudos por meio de um curso por correspondência francês — ela nunca foi à escola na Argentina —, e passava as horas vagas realizando tarefas domésticas, cerzindo furos nos calçados de tecido que as crianças usavam. A situação financeira da família só melhorou quando Albert finalmente conseguiu um emprego, administrando uma fazenda experimental para o Institut Mérieux, uma empresa francesa do ramo farmacêutico. E, assim, eles ficaram na Argentina por mais de dez anos, antes de irem para o Peru, a Colômbia e o Senegal. Albert voltou para a França depois que sua saúde deteriorou (embora ainda fosse bastante jovem), mas, naquelas circunstâncias, sua carreira profissional podia ser descrita com muita plausibilidade como uma aventura vitoriosa. No entanto, a vida de agruras cobrou seu preço, e ele morreu pouco depois do retorno.

O medo do fracasso é um desestímulo substancial ao embarque numa aventura arriscada. Muita gente prefere não tentar. Afinal, quase todos queremos preservar nossa autoimagem de indivíduos inteligentes, trabalhadores e moralmente íntegros, não só porque não é agradável admitir que somos de fato estúpidos, preguiçosos e inescrupulosos, mas também porque reforçar a autoestima revigora a motivação para continuar tentando, em face das adversidades com que nos defrontamos na vida.

E se é importante cultivar uma boa autoimagem, também é proveitoso aprimorá-la. Fazemos isso ativamente, filtrando as informações negativas. Outra opção é simplesmente evitar agir de maneira que tenha alguma chance de comprometer nossa reputação. Se atravesso a rua para não passar por um mendigo, não terei de revelar a mim mesmo que não sou generoso. Um bom aluno talvez deixe de estudar para um exame para ter uma desculpa pronta que preservará sua percepção de ser inteligente se, por acaso, não se sair bem. Um aspirante a migrante que fica em casa pode sempre sustentar a ficção de que, se tivesse ido, teria sido bem-sucedido.[68]

É preciso sonhar (Albert, avô de Esther, estava em busca de aventura, e não fugindo de uma situação ruim), ou ter uma alta dose de autoconfiança, para superar a tendência de persistir no status quo. Talvez seja por isso que os migrantes, pelo menos aqueles que não foram empurrados pelo desespero, tendem a ser não os mais ricos nem os mais bem-educados, mas aqueles que têm alguma energia especial, o que explica por que encontramos tantos empreendedores bem-sucedidos entre eles.

Depois de Tocqueville

Os americanos seriam supostamente a exceção a essa regra. A maioria deles está disposta a assumir riscos e a buscar oportunidades, ou pelo menos esse foi sempre o mito. Alexis de Tocqueville foi um aristocrata francês do século XIX que via os Estados Unidos como um modelo do que poderia ser uma sociedade livre. Para ele, a inquietação era um dos fatores que tornava o país especial: as pessoas se movimentavam o tempo todo, tanto entre setores quanto entre ocupações profissionais. Tocqueville atribuía essa inquietação à combinação de uma falta de estrutura de classe hereditária e um desejo constante de acumulação.[69] Todos tinham a chance de ficar ricos, e, portanto, cabia a cada um ir atrás das oportunidades, onde quer que estivessem.

Os americanos ainda acreditam nesse sonho americano, embora, na verdade, a hereditariedade desempenhe hoje um papel *mais importante* nos destinos dos americanos que no dos europeus.[70] E isso talvez tenha algo a ver com o declínio da inquietação americana. Pois, ao mesmo tempo que se tornaram menos tolerantes com relação às migrações internacionais, eles próprios também passaram a se movimentar menos. Nos anos 1950, 7% da população dos Estados Unidos mudava de município todos os anos. Esse número foi inferior a 4% em 2018. O declínio começou na década de 1990

Fugindo da boca do tubarão

e se acelerou em meados dos anos 2000.[71] Além disso, há uma mudança marcante no padrão das migrações internas.[72] Até meados da década de 1980, os estados ricos do país apresentavam taxas de crescimento demográfico muito mais altas. Em algum momento depois de 1990 essa relação desapareceu; em média, os estados ricos deixaram de ser polo de atração populacional. Trabalhadores de alta qualificação continuam a se mudar dos estados pobres para os estados ricos, mas, agora, os trabalhadores de baixa qualificação, na medida em que ainda se mudam, parecem estar se deslocando na direção oposta. Essas duas tendências indicam que, desde a década de 1990, o mercado de trabalho dos Estados Unidos tornou-se cada vez mais segregado pelo nível de qualificação. As costas, leste e oeste, atraem cada vez mais trabalhadores instruídos, enquanto os menos instruídos parecem se concentrar no interior, sobretudo nas velhas cidades industriais do leste, como Detroit, Cleveland e Pittsburgh. Essa tendência contribuiu para as disparidades de rendimentos, estilos de vida e padrões de votação no país, e para uma sensação de ruptura, com algumas regiões regredindo enquanto outras progridem.

A força de atração de Palo Alto, na Califórnia, ou Cambridge, em Massachusetts, sobre trabalhadores com escolaridade alta nos ramos da informática e da biotecnologia não surpreende. Nessas cidades, os trabalhadores qualificados recebem salários mais altos e encontram com mais facilidade amigos e as conveniências que tanto apreciam.[73]

Mas por que será que os trabalhadores com escolaridade baixa não os seguem? Afinal, advogados precisam de jardineiros, cozinheiros e garçons. A concentração de trabalhadores qualificados deve criar demanda por trabalhadores não qualificados, encorajando-os a se deslocar. E estamos falando dos Estados Unidos, onde, diferentemente de Bangladesh, quase todo mundo tem dinheiro para pagar passagens de ônibus estaduais e interestaduais. O nível de informação é muito melhor e todos sabem quais são as cidades mais prósperas.

Parte da resposta é que nas cidades mais prósperas os ganhos salariais são menores para trabalhadores que têm apenas o ensino médio do que para aqueles com alta qualificação.[74] Isso, porém, explica apenas uma parte da história. Existe também um incentivo salarial para trabalhadores de baixa qualificação. De acordo com websites que apresentam informações sobre salários, um barista do Starbucks recebe por hora cerca de 12 dólares em Boston e 9 dólares em Boise.[75] Esse valor é inferior aos ganhos dos trabalhadores de alta qualificação, mas de modo algum desprezível (e, além disso, em Boston, eles precisam ter compostura).

Todavia, precisamente porque existe uma grande demanda por parte dos cada vez mais numerosos trabalhadores de alta qualificação, os custos de habitação explodiram em Palo Alto, Cambridge e outros lugares semelhantes. Um advogado e um faxineiro ganham mais em Nova York do que no Deep South, embora a diferença entre os salários num lugar e no outro seja maior para o advogado (45%) do que para o faxineiro (32%). Os custos de habitação, no entanto, são de apenas 21% do salário de um advogado em Nova York, enquanto chegam a 52% do salário de um faxineiro. Assim, o salário real, depois de subtraído o custo de vida, é realmente muito mais alto para o advogado em Nova York do que no Deep South (37%), mas o oposto é verdade para o faxineiro (ele ganharia 6% a mais no Deep South). Não faz sentido para o faxineiro mudar-se para Nova York.[76]

O Mission District, em San Francisco, tornou-se um símbolo desse fenômeno. Até finais da década de 1990, ele era um bairro da classe trabalhadora, habitado sobretudo por imigrantes hispânicos recém-chegados, mas sua localização o tornava atraente para jovens trabalhadores da indústria de tecnologia. Os aluguéis médios de apartamentos de um quarto têm subido de maneira acentuada, de 1900 dólares, em 2011, para 2675 dólares, em 2013, e 3250 dólares, em 2014.[77] Hoje, o aluguel médio de um apartamento no Mission District torna-o impraticável para alguém que receba um salário mínimo.[78] O Mission Yuppie Eradication Project, um derradeiro e desesperado esforço para afastar os trabalhadores da indústria tecnológica por meio da vandalização de automóveis, atraiu muita atenção para a gentrificação do bairro, embora, no fim das contas, tenha sido ineficaz.[79]

Obviamente, é possível construir mais casas nas imediações de cidades prósperas, mas esse é um processo demorado. Além disso, muitas das cidades mais antigas dos Estados Unidos possuem regras de zoneamento

Fugindo da boca do tubarão

com o objetivo de restringir novas construções e dificultar o adensamento. Os novos prédios não podem ser muito diferentes dos existentes, os terrenos devem ter um tamanho mínimo e assim por diante. Isso torna mais difícil a transição para bairros de alta densidade populacional quando a demanda por habitação aumenta. Como no mundo em desenvolvimento, essas limitações impõem aos novos migrantes um conjunto terrível de escolhas: morar muito longe do trabalho ou pagar um preço exorbitante.[80]

O crescimento recente nos Estados Unidos tem se concentrado em locais com instituições educacionais fortes. Esses lugares também tendem a ser as cidades mais antigas, com estoques de imóveis dispendiosos e de difícil expansão. Muitos deles são cidades mais "europeias", que tendem a oferecer mais incentivos para a preservação de seu patrimônio histórico contra as forças do desenvolvimento e, assim, impõem zoneamento restritivo e aluguéis elevados. Essa talvez seja uma das razões pelas quais o americano médio não se muda para onde o crescimento está acontecendo.

Se um trabalhador que ficou desempregado porque a sua região foi atingida por alguma queda na atividade econômica está pensando em se mudar para um lugar onde seja mais fácil conseguir emprego, a questão imobiliária torna-se ainda mais complexa. Se ele tiver casa própria, ainda que o valor de revenda seja muito baixo, ele pelo menos poderá morar nela. Se não tiver, ainda é verdade que se beneficiará mais da queda dos aluguéis, resultante do colapso da economia local, do que um trabalhador de alta qualificação, uma vez que as despesas com habitação representam grande parte de seu orçamento.[81] O colapso do mercado imobiliário local, que costuma acompanhar a queda na atividade econômica, tende a, de maneira perversa, impedir que o pobre se mude para outro lugar.

Há outras razões para não se mudar, mesmo que as oportunidades sejam mais escassas em casa do que em outros lugares. Cuidar de crianças, em especial, é dispendioso nos Estados Unidos, em virtude de uma combinação de normas rigorosas e falta de subsídios públicos. Para alguém com um emprego de baixa remuneração, contratar alguém para tomar conta dos filhos a preços de mercado costuma ser impossível; o único recurso são os avós, ou, na falta destes, outros parentes ou amigos. E, a não ser que os cuidadores o acompanhem na mudança, mudar-se é impensável. Nada disso era um problema quando a maioria das mulheres não trabalhava fora e tomava conta das crianças, mas no mundo de hoje esse pode ser um fator decisivo.

Além disso, o emprego pode não ser duradouro. A perda do emprego pode resultar em despejo, e então fica mais difícil conseguir outro emprego se você não tiver um endereço.[82] Nessas condições, a família também representa uma rede de segurança, financeira e emocional; o jovem desempregado volta para a casa dos pais. Entre homens desempregados no auge da idade produtiva, em 2015 67% moram com os pais ou com um parente próximo (em comparação com 46% em 2000).[83] É fácil compreender por que alguém relutaria em deixar todo esse conforto e segurança para trás e se mudar para outra cidade.

Para quem acabou de perder o emprego numa fábrica, por exemplo, depois de passar a maior parte da carreira trabalhando em sua cidade natal para um único empregador, isso é agravado pelo trauma de ter de começar tudo de novo. Em vez de deixar um emprego confortável para desfrutar de uma aposentadoria segura, como provavelmente ocorreu com seus pais, o que se pede dessa pessoa é que reformule suas expectativas, vá para uma cidade onde não conhece ninguém e ninguém a conhece e comece tudo da estaca zero, em um novo emprego jamais imaginado. Não admira que seja melhor ficar parado.

Comeback Cities Tour

Se é difícil para as pessoas se mudarem de áreas desoladas, por que os empregos não vão até elas? As empresas certamente poderiam aproveitar essa força de trabalho disponível, por salários mais baixos e aluguéis mais baixos, em áreas onde outras empresas fecharam. Essa ideia já foi lançada. Em dezembro de 2017, Steven Case, o bilionário fundador da AOL, e J. D. Vance, autor de *Era uma vez um sonho*, um lamento pelas terras perdidas na região central da América, criaram o fundo de investimentos Rise of

Fugindo da boca do tubarão

the Rest. Ele foi financiado por alguns dos bilionários mais conhecidos dos Estados Unidos (de Jeff Bezos a Eric Schmidt) para focar em estados tradicionalmente ignorados por investidores em tecnologia. Uma excursão de ônibus (a Comeback Cities Tour) levou um grupo de investidores do Vale do Silício a lugares como Youngstown e Akron, em Ohio; Detroit e Flint, no Michigan; e South Bend, em Indiana. Os promotores do fundo se apressaram em salientar que não se tratava de uma iniciativa de impacto social, mas de um empreendimento tradicional para ganhar dinheiro. No *New York Times*, ao falarem sobre a viagem[84] e sobre o fundo em si,[85] muitos investidores do Vale do Silício enfatizaram o congestionamento, a insularidade e o alto custo de morar na Bay Area, e as grandes oportunidades oferecidas pelas terras na região central do país.

No entanto, apesar de todo o burburinho, não faltavam razões para ceticismo. O fundo era de apenas 150 milhões dólares — uma ninharia para as pessoas nesse grupo. Bezos apoiou o empreendimento, mas não o suficiente para incluir Detroit entre as finalistas de possíveis sedes da HQ_2 da Amazon. A expectativa consistia exatamente em promover alguma efervescência, iniciar algum empreendimento e promover alguma agitação em torno dos primeiros investidores para encorajar outros. Se funcionou no Harlem, por que não em Akron? Só que o Harlem fica em Manhattan, carente de espaço, com toda a sua empolgação e suas inúmeras conveniências. O renascimento do Harlem estava destinado a acontecer em algum momento. Somos menos otimistas quanto a Akron (ou South Bend, ou Detroit). É difícil para esses lugares oferecer os tipos de conveniências sedutoras que tanto atraem grande parte da juventude rica de nossos dias: bons restaurantes, bares efervescentes e cafés onde é possível comprar *espressos* a preços exorbitantes de baristas pretensiosos. Em outras palavras, estamos diante de um dilema do tipo "o ovo e a galinha": trabalhadores jovens com alto nível de escolaridade não virão sem essas conveniências, mas essas conveniências não poderão prosperar sem trabalhadores com esse perfil.

Na verdade, empresas de quase todos os setores tendem a formar clusters, ou agrupamentos. Imagine lançar dardos a esmo em um mapa dos Estados Unidos. Você irá perceber que os furos deixados pelos dardos estarão distribuídos de maneira mais ou menos uniforme por todo o mapa. O mapa real de qualquer indústria, porém, não se parece nada com isso; é como se alguém tivesse lançado todos os dardos no mesmo lugar.[86] Em parte, isso se deve provavelmente à reputação; os compradores podem suspeitar de uma empresa de software no meio de uma plantação de milho. Também seria difícil recrutar trabalhadores se, sempre que precisasse de um novo empregado, você tivesse de convencer alguém a viajar pelo país, em vez de simplesmente pegar alguém do vizinho. Também há razões regulatórias: as leis de zoneamento geralmente tentam concentrar indústrias poluidoras em um lugar e restaurantes e bares em outro. Por fim, as preferências de pessoas de um mesmo setor tendem a ser semelhantes (tecnólogos gostam de café, financistas gostam de se exibir com garrafas de vinho caras). A concentração torna mais fácil providenciar as comodidades que elas apreciam.

Por todos esses motivos, a formação de agrupamentos faz sentido, mas também significa que é muito mais difícil começar pequeno e crescer. Destacar-se como a única empresa de biotecnologia nos Apalaches será sempre difícil. Esperamos que a Comeback Cities Tour seja um sucesso, mas não estamos contando com isso (nem comprando imóveis em Detroit).

Eisenhower e Stálin

A verdadeira crise migratória não decorre do excesso de migração internacional. Na maioria das vezes, as migrações ocorrem sem custo econômico para a população nativa e geram alguns benefícios claros para os migrantes. O verdadeiro problema é que geralmente as pessoas não conseguem ou não querem se deslocar, dentro ou fora do país natal, para aproveitar oportunidades econômicas. Essa tendência por acaso sugere que um governo progressista deveria recompensar quem se muda e, talvez, até punir quem não se mexe?

A questão pode parecer extravagante, considerando que o atual debate está focado principalmente em como limitar as migrações, mas, na

Fugindo da boca do tubarão

década de 1950, os governos dos Estados Unidos, Canadá, China, África do Sul e União Soviética estavam profundamente envolvidos em políticas de remanejamento mais ou menos forçado. Essas políticas em geral tinham objetivos políticos não declarados, mas brutais (a supressão de grupos étnicos problemáticos era um deles), e tendiam a se disfarçar sob a linguagem da modernização, que enfatizava as deficiências dos arranjos econômicos tradicionais. A agenda de modernização nos países em desenvolvimento não raro se inspirava nesses exemplos.

Há também uma longa tradição dos governos de países em desenvolvimento em usar políticas de preços e tributárias para beneficiar a população urbana em detrimento da população rural. Muitos países da África, na década de 1970, constituíram o que denominavam conselhos de comercialização agrícola. Era uma ironia cruel, uma vez que muitos desses órgãos tinham o intuito de *evitar* a comercialização da produção, para que fosse possível comprá-la a preços mais baixos, de modo a estabilizar os preços para os habitantes das cidades. Outros países, como a Índia e a China, proibiam a exportação de produtos agrícolas para manter os preços em níveis satisfatórios para os consumidores urbanos. Um subproduto dessas políticas foi tornar a agricultura não lucrativa, encorajando a população rural a deixar suas terras. Evidentemente, essas políticas prejudicaram os mais pobres, os pequenos agricultores e os trabalhadores rurais sem terra, que talvez não tivessem recursos para se mudar.

Essa história infeliz, contudo, não deveria nos cegar às razões econômicas para promover a migração. A mobilidade (doméstica e internacional) é um canal importante para o nivelamento do padrão de vida entre regiões e países e para a absorção das altas e baixas das economias regionais. Movimentando-se, os trabalhadores aproveitam os efeitos positivos das oportunidades e evitam os choques negativos das adversidades. É assim que as economias absorvem as crises e se ajustam às transformações estruturais.

Para aqueles de nós (inclusive a maioria dos economistas) que já vivem nos países mais ricos e nas cidades mais prósperas, parece tão óbvio ser muito melhor continuar onde estamos que presumimos que todos os outros queiram vir também. Para os economistas, o magnetismo econômico das áreas pujantes é em grande parte um fator positivo. Para as populações urbanas dos países em desenvolvimento ou para os residentes dos países ricos, por outro lado, a suposição de que todo mundo será atraído para o seu quintal é uma perspectiva assustadora. Eles imaginam massas de pessoas chegando e lutando pelos escassos recursos locais, como empregos, moradias em conjuntos habitacionais e vagas em estacionamentos. A preocupação central — de que os imigrantes reduzam os salários e as perspectivas de emprego para os nativos — é descabida, mas o medo da superlotação, sobretudo nas cidades precárias do Terceiro Mundo, não é de todo injustificado.

O pavor de ser "esmagado" é também o que dá origem a receios de assimilação. Se indivíduos demais de uma cultura diferente afluem pelas fronteiras (como camponeses movimentando-se pelo território indiano ou mexicanos assentando-se nos Estados Unidos), será que eles assimilarão ou transformarão a cultura anfitriã? Ou, aliás, absorverão tão bem a cultura local que a sua própria desaparecerá, deixando-nos com uma mistura globalizada insípida e pasteurizada? A utopia de um movimento perfeito e instantâneo em resposta a qualquer diferença de oportunidades econômicas pode se tornar sua própria distopia.

O fato, porém, é que estamos longe dessa utopia/distopia. Longe de sentirem essa atração irresistível pelos lugares economicamente prósperos, as pessoas que enfrentam dificuldades em suas terras originárias geralmente preferem ficar em casa.

Essa realidade sugere que encorajar as migrações, tanto internas quanto externas, deve ser realmente uma prioridade em termos de políticas públicas, mas que a maneira certa de fazê-lo consiste não em forçar os deslocamentos nem em distorcer os incentivos econômicos, como foi feito no passado, mas em remover alguns dos principais obstáculos.

É importante agilizar todo o processo e divulgá-lo de maneira mais eficiente, para que os trabalhadores compreendam melhor os custos e as recompensas da migração. Facilitar a movimentação de dinheiro, nos dois sentidos, entre os migrantes e suas famílias também seria útil, de modo a atenuar o isolamento de quem migra. Considerando o medo desmesurado

Fugindo da boca do tubarão

de fracassar, oferecer aos migrantes alguma garantia contra reveses também seria uma hipótese. Quando se criou algo parecido em Bangladesh, os efeitos foram quase tão importantes quanto os da oferta de bilhetes de ônibus.[87]

Todavia, a melhor maneira de ajudar (e, portanto, também de encorajar) os migrantes, além de tornar a população local mais receptiva, é, provavelmente, facilitar a sua integração. Oferecer assistência habitacional (subsídios ao aluguel?), empregabilidade pré-migração, ajuda no cuidado das crianças e assim por diante garantiria que qualquer recém-chegado encontrasse mais rapidamente um lugar na sociedade. Essas iniciativas se aplicam tanto à mobilidade doméstica quanto à mobilidade internacional. Elas induziriam os indecisos a fazer a viagem e os ajudaria a integrar-se mais depressa no tecido das comunidades anfitriãs. Hoje, estamos quase na situação oposta. À exceção do trabalho de algumas organizações dedicadas ao auxílio de refugiados, nada realmente é feito para facilitar o processo de adaptação. Os migrantes internacionais enfrentam uma verdadeira corrida de obstáculos para conseguir o direito de trabalhar. Os migrantes internos não têm onde ficar e, geralmente, lutam para conseguir o primeiro emprego, mesmo quando parece haver muitas oportunidades.

Obviamente, não podemos esquecer que a má política de resposta às migrações não decorre apenas da incompreensão da economia, mas também de considerações identitárias. Não há nada novo na desconexão entre economia e política. As cidades americanas que receberam a maioria dos imigrantes europeus na era de ouro das migrações se beneficiaram economicamente desse influxo. Mesmo assim, porém, os imigrantes suscitaram reações políticas generalizadas e hostis. As cidades reduziram impostos e gastos públicos em resposta à imigração. Os cortes de gastos públicos foram particularmente profundos no caso de serviços mais propensos a promover contatos interétnicos (como escolas) ou que ajudavam os imigrantes de baixa renda (como sistema de esgoto, coleta de lixo etc.). Nas cidades que recebiam mais migrantes, o Partido Democrata, favorável à imigração, obteve menos votos, incentivando a eleição de políticos mais conservadores, em especial os que apoiavam o National Origins Act, de 1924, que pôs um fim à era da imigração irrestrita nos Estados Unidos.

Os eleitores estavam reagindo à distância cultural entre eles e os novos migrantes; à época, católicos e judeus eram considerados estranhos irremediáveis, até, obviamente, serem assimilados.[88]

O fato de a história repetir-se não a torna menos desagradável na segunda ou na terceira vez. Mas talvez nos ajude a compreender melhor como reagir a essa raiva. Voltaremos a essa questão no capítulo 4.

Em última análise, também precisamos nos lembrar de que muitas pessoas, quaisquer que sejam os incentivos, optarão por não se mudar. Essa imobilidade, que vai contra todos os instintos dos economistas sobre o comportamento humano, tem implicações profundas para toda a economia. Ela afeta as consequências de uma ampla gama de políticas econômicas, como veremos ao longo de todo este livro. No próximo capítulo, por exemplo, veremos que ela explica, em parte, por que o comércio internacional tem gerado muito menos benefícios do que se esperava; e, no capítulo 5, analisaremos como ela afeta o crescimento econômico. Tudo isso exige uma reformulação das políticas sociais que leve em conta essa imobilidade, algo que tentaremos fazer no capítulo 9.

3. O ônus do comércio internacional

No início de março de 2018, o presidente Trump promulgou novas tarifas sobre o aço e o alumínio, cercado de trabalhadores da indústria siderúrgica com seus capacetes. Pouco depois, o painel IGM Booth, sobre o qual falamos na Introdução, perguntou ao seu plantel de especialistas, todos professores de economia veteranos de importantes instituições de ensino, republicanos e democratas, se a "imposição de novas tarifas sobre o aço e o alumínio irá melhorar o nível de bem-estar dos americanos". Deles, 65% discordaram "veementemente" da afirmação. Todos os outros apenas "discordaram". Ninguém concordou. Ninguém ao menos se disse em dúvida.[1] Quando perguntados se "a incidência de novos encargos ou o aumento dos já existentes sobre a importação de produtos como condicionadores de ar, carros e biscoitos (para estimular os produtores a fabricá-los nos Estados Unidos) seria uma boa ideia", mais uma vez todos concordaram que não.[2] Paul Krugman, o porta-bandeira da economia liberal, aprecia a ideia de comércio internacional, mas também Greg Mankiw, professor de Harvard que chefiou o Conselho de Assessores Econômicos do presidente George W. Bush, crítico frequente das opiniões de Krugman.

Em contraste, nos Estados Unidos, a opinião do grande público sobre o comércio internacional é diversificada, na melhor das hipóteses, e hoje, com mais frequência, negativa. Quanto às tarifas sobre o aço e o alumínio, as opiniões se dividem. Em uma pesquisa realizada no outono de 2018, na qual fizemos a mesma pergunta do painel IGM Booth a uma amostra representativa de americanos, apenas 37% das pessoas discordaram ou discordaram veementemente da proposta de Trump de aumentar as tarifas; 33% concordaram.[3] De maneira geral, porém, o sentimento parece ser, tanto entre a direita quanto entre a esquerda, de que os Estados Unidos são abertos demais a mercadorias de outros países. Dos respondentes, 54% concordaram que impor tarifas mais altas a produtos estrangeiros para estimular a produção nos Estados Unidos seria uma boa ideia. Apenas 25% discordaram.

Os economistas falam principalmente sobre os ganhos do comércio internacional. A ideia de que o livre-comércio é benéfico talvez seja uma das propostas mais antigas da economia moderna. Como o inglês David Ricardo, corretor de ações e membro do Parlamento, explicou dois séculos atrás, uma vez que o livre-comércio possibilita que cada país se especialize no que faz melhor, a renda total deve aumentar em todos os lugares onde o comércio ocorre, e, em consequência, os ganhos para quem lucra com o comércio devem superar as perdas para quem tem prejuízo com ele. Os últimos duzentos anos nos deram a chance de refinar essa teoria, mas raros são os economistas que não se sentem compelidos por sua lógica básica. De fato, ela está tão enraizada em nossa cultura que às vezes nos esquecemos de que o argumento em favor do livre-comércio não é, de modo algum, evidente em si mesmo.

Para começar, o grande público por certo não está convencido. As pessoas, em geral, veem os bônus do comércio, mas também os ônus. Percebem as vantagens de comprar barato no exterior, mas receiam que, pelo menos para as vítimas diretas das importações baratas, os ganhos sejam engolfados pelos custos. Em nossa enquete, 42% dos respondentes opinaram que os trabalhadores de baixa qualificação eram prejudicados quando os Estados Unidos comercializavam com a China (21% opinaram que eram favorecidos) e apenas 30% acharam que todos ganhavam com a queda dos preços (27% disseram achar que todos perdiam).[4]

Assim, o público é simplesmente ignorante ou teriam os respondentes intuído alguma coisa que os economistas não perceberam?

O desafio de Stan Ulam

Stanislas Ulam foi um matemático e físico polonês, um dos coinventores das modernas armas termonucleares. Ele não tinha a economia em alta conta, talvez porque subestimasse a capacidade dos economistas de explodir o mundo, ainda que à maneira deles. Ulam desafiou Paul Samuelson, nosso colega já falecido e um dos grandes nomes da economia do século xx: "Apresente-me uma proposição, de qualquer uma das ciências sociais, que seja ao mesmo tempo verdadeira e não trivial".[5] Samuelson respondeu-lhe com a ideia da vantagem comparativa, conceito central da teoria do comércio internacional. "Que ela é logicamente verdadeira não precisa ser argumentado com um matemático; que não é trivial se constata pelos milhares de homens importantes e inteligentes que nunca conseguiram apreender a doutrina em si, nem a aceitar como verdadeira, depois de lhes ter sido explicada."[6]

Vantagem comparativa é a ideia de que os países devem fazer aquilo em cuja execução são *relativamente* melhores que os demais. Para compreender como o conceito é poderoso, vale a pena contrastá-lo com o de *vantagem absoluta*. O significado de vantagem absoluta é simples. Não há cultivo de uvas na Escócia, e a França não possui o solo turfoso ideal para a produção de uísque. Portanto, faz sentido a França exportar vinho para a Escócia e a Escócia exportar uísque para a França. A situação fica confusa quando um país como a China, hoje, parece ser muito melhor em produzir tudo o que a maioria dos outros países produz. Assim, será que ela não acabará simplesmente inundando todos os mercados com os seus produtos e deixando todos os outros países sem ter o que mostrar como produção própria?

David Ricardo argumentou, em 1817, que mesmo se a China (ou, naquela época, Portugal) fosse mais produtiva em tudo, ela talvez não pudesse vender toda a sua produção, porque, nesse caso, os possíveis países compradores não venderiam nada e, efetivamente, não teriam dinheiro para comprar nada da China, nem de qualquer outro lugar.[7] Isso implica que nem todas as indústrias da Inglaterra do século xix encolheriam se houvesse livre-comércio. Assim, era evidente que, se alguma indústria inglesa estivesse destinada a encolher por causa do comércio internacional, seriam as menos produtivas.

Com base nesse argumento, David Ricardo concluiu que, mesmo se Portugal fosse mais produtivo que a Inglaterra *tanto em vinho quanto em roupas*, depois da abertura do comércio entre os dois países ambos acabariam se especializando no produto em que desfrutavam de *vantagem comparativa*, ou seja, em que tinham produtividade alta *em comparação com a produtividade em outro setor*: vinho para Portugal, roupas para a Inglaterra. E o fato de os dois países fabricarem os produtos em que eram relativamente mais produtivos e importarem os produtos em que eram relativamente menos produtivos (em vez de desperdiçar recursos fabricando produtos de maneira inepta) contribuiria para aumentar o produto nacional bruto (PNB), o valor total dos bens finais que são consumidos em cada país.

O insight de David Ricardo enfatiza por que não há como pensar em comércio sem considerar todos os mercados em conjunto. A China poderia vencer em *cada mercado avulso*, e, mesmo assim, não teria como vencer em *todos* os mercados.

Evidentemente, o fato de o PNB aumentar tanto na Inglaterra quanto em Portugal não significa que não haja perdedores. Com efeito, um dos trabalhos mais famosos de Paul Samuelson propõe-se a nos dizer exatamente quem são os perdedores. Toda a análise de David Ricardo partia do pressuposto de que a produção exigia apenas trabalho, e que todos os trabalhadores eram idênticos; portanto, quando a economia ficava mais próspera, todos se beneficiavam. No entanto, quando passa a haver capital e trabalho, as coisas ficam um pouco mais complexas. Num estudo publicado em 1941, quando tinha apenas 25 anos, Samuelson lança as ideias que ainda são a base do que aprendemos e do que pensamos sobre o comércio internacional.[8] A lógica, depois que a compreendemos, como geralmente ocorre com os melhores insights, é de uma clareza ofuscante.

A produção de certos bens exige relativamente mais trabalho e menos capital que a de outros; pense em tapetes feitos à mão e em carros feitos por robôs. Se dois países têm acesso às mesmas tecnologias de produção de ambos os bens, deve ser óbvio que o país com mais abundância de mão de obra terá vantagem comparativa na fabricação de produtos intensivos em trabalho.

Esperaríamos, portanto, que um país com mão de obra abundante se especializasse em produtos intensivos em trabalho e evitasse os produtos intensivos em capital. Isso deveria aumentar a demanda por trabalho em relação a quando não havia comércio ou a quando este era menos intenso e, assim, aumentar os salários. Ao contrário, nos países com relativa abundância de capital, deveríamos esperar, em vez disso, que o preço do capital aumentasse (e os salários diminuíssem) quando estes comercializassem com parceiros que dispõem de mão de obra mais abundante.

Como os países com mão de obra abundante tendem a ser pobres, e os trabalhadores são geralmente mais pobres que os empregadores, isso implica que a liberalização do comércio deve ajudar os pobres nos países mais pobres, reduzindo a desigualdade. O oposto seria verdade nos países ricos. Logo, a abertura comercial entre os Estados Unidos e a China *deve* prejudicar o salário dos trabalhadores americanos e beneficiar os trabalhadores chineses.

Isso não significa que os trabalhadores nos Estados Unidos devam sempre acabar em pior situação. Isto porque, como Samuelson mostrou em um trabalho posterior, o fato de o livre-comércio aumentar o PNB significa que haverá mais para todos, e, portanto, mesmo os trabalhadores nos Estados Unidos devem acabar em melhores condições, *se a sociedade tributar os que ganham com o livre-comércio e distribuir esse dinheiro para os que perdem.*[9] O problema é que existe aqui um grande "se", que deixa os trabalhadores à mercê do processo político.

Beleza é verdade, verdade é beleza[10]

O teorema de Stolper-Samuelson (como esse resultado é amplamente conhecido em economia, em homenagem a Samuelson e seu coautor, Stolper) é belo, pelo menos tanto quanto é belo qualquer resultado teórico em economia. Mas será verdadeiro? A teoria tem duas implicações claras e animadoras, e uma terceira que é menos alentadora. A abertura para o comércio internacional deve aumentar o PNB de todos os países, e nos países pobres a desigualdade deve diminuir; entretanto, nos países ricos, a desigualdade pode aumentar (pelo menos antes de qualquer distribuição que venha a ser promovida pelo governo). O porém é que as evidências frequentemente se recusam a cooperar.

A China e a Índia costumam ser retratadas como modelos de crescimento do PNB impulsionado pelo comércio. A China abriu os seus mercados em 1978, depois de trinta anos de comunismo. Durante grande parte desses trinta anos, ela mal admitiu a existência do mercado internacional. Quarenta anos depois, é a potência exportadora do mundo, na iminência de arrebatar dos Estados Unidos a posição de maior economia do planeta.

A história da Índia é menos impressionante, mas talvez forneça um exemplo melhor. Durante cerca de quarenta anos, até 1991, seu governo controlou o que chamava de "os setores estratégicos da economia". As importações exigiam licenças que eram concedidas com muita relutância e estavam sujeitas a tarifas que podiam *quadruplicar* o preço do produto.

Entre os itens impossíveis de importar estavam os carros. Estrangeiros que visitavam a Índia escreviam sobre o Ambassador, "bonitinho", réplica mal atualizada do modelo de 1956 do Morris Oxford, sedã britânico sem nenhuma distinção especial que ainda era o carro mais popular nas estradas indianas. Cintos de segurança eram dispositivos inteiramente desconhecidos. Abhijit ainda se lembra do dia em que dirigiu uma Mercedes-Benz 1936 (isto deve ter sido por volta de 1975) e da euforia que sentiu por estar em um carro com um motor realmente poderoso.

Mil novecentos e noventa e um foi o subsequente à invasão do Kuwait por Saddam Hussein, que acabou levando à Guerra do Golfo. Daí resultou a interrupção dos fluxos de petróleo do Iraque e do Golfo, fazendo disparar os preços do petróleo. Em decorrência disso, a conta de importação de petróleo da Índia sofreu um enorme abalo, agravado pelo impacto simultâneo do êxodo, em função da guerra, de indianos que haviam emigrado para o Oriente Médio, os quais, portanto, deixaram de enviar dinheiro para seus entes queridos em casa. Por todas essas razões; o país sofreu uma escassez aguda de divisas estrangeiras.

A Índia foi forçada a pedir ajuda ao Fundo Monetário Internacional (FMI), oportunidade que o FMI estava esperando. China, URSS, Europa Ocidental, México e Brasil, entre outros, começavam a tomar iniciativas sérias para deixar que os mercados decidissem quem deveria produzir o quê. A Índia, na época, era o último dos grandes retardatários, uma economia que continuava a professar a ideologia antimercado que havia estado na moda nos anos 1940 e 1950.

A proposta do FMI mudaria tudo isso. A Índia poderia ter os recursos necessários, mas só se abrisse a economia ao comércio internacional. O governo não tinha escolha. O regime de licenciamento de importações e exportações foi abolido, e as tarifas de importação foram reduzidas com muita rapidez, da média de 90% para algo próximo a 35%, em parte porque muitas das figuras mais importantes dos ministérios econômicos ansiavam pela chance de fazer isso havia muito tempo, e não deixariam passar aquela oportunidade.[11]

Como era de esperar, não faltou quem previsse que a iniciativa levaria a um desastre. A indústria indiana, que cresceu protegida por altas barreiras tarifárias, era ineficiente demais para competir com as demais potências do mundo. O consumidor indiano, sequioso por importações, mergulharia numa orgia de compras e levaria o país à falência. E assim por diante.

Não podiam ter passado mais longe. Depois de uma forte queda em 1991, já em 1992 o crescimento do PIB retornava aos níveis de 1985-90, de mais ou menos 5,9% ao ano.[12] A economia não despencou, nem arremeteu em forte ascensão. No total, no período entre 1992 e 2004 o crescimento subiu para 6%, e então saltou para 7,5% em meados da década de 2000, onde mais ou menos se manteve desde então.

Assim, será que a Índia deveria ser incluída entre os exemplos fulgurantes da sensatez da teoria do comércio ou alguma coisa próxima do oposto disso? Por um lado, esse crescimento propiciou uma transição sem sobressaltos, ressoando as previsões dos otimistas em relação ao comércio internacional. Por outro, parece um pouco decepcionante que, depois de 1991, o crescimento tenha levado mais de uma década para acelerar.[13]

Sobre o que não se pode falar, deve-se calar[14]

Esse debate em particular não tem solução real. Há apenas uma Índia, com uma história. Como alguém poderia saber se o crescimento pré-1991 perduraria se não tivesse ocorrido a crise e as barreiras comerciais não tivessem caído? Para complicar a questão, o comércio vinha sendo liberado gradualmente desde a década de 1980; em 1991 só ocorreu uma (forte) aceleração. Seria o big bang realmente necessário? Nunca saberemos, a menos que possamos recuar na história e deixá-la tomar outro rumo.

No entanto, e não há surpresa nisso, os economistas têm dificuldade em abandonar esse tipo de questão. O tema tem menos a ver com a Índia em si. Não há como tergiversar sobre o fato de que houve uma grande inflexão no próprio crescimento da Índia, em algum momento dos anos 1980 ou 1990, associada à mudança de uma espécie de socialismo para o capitalismo. O crescimento era de cerca de 4% na Índia em meados da década de 1980. Agora, está próximo de 8%.[15] Essas mudanças são raras, e ainda mais raro é que a mudança parece ter se sustentado.

Ao mesmo tempo, a desigualdade aumentou drasticamente.[16] Algo semelhante, talvez mais dramático, aconteceu na China, em 1979; na Coreia, no começo da década de 1960; e no Vietnã, nos anos 1990. É claro que o tipo de controle estatal extremo dessas economias, antes da liberalização, foi muito eficaz em manter a desigualdade baixa, mas a um custo alto em termos de crescimento.

O ponto em que há mais desacordo e, portanto, o que oferece mais oportunidade para aprendizado é quanto à melhor maneira de dirigir a economia depois que o país desiste do controle governamental extremo. Quão importante é livrar-se das proteções tarifárias remanescentes na Índia, que atuam como significativas barreiras ao comércio, embora muito menos restritivas do que as anteriores? Isso seria capaz de acelerar ainda mais o crescimento? O que acontecerá com a desigualdade? Será que as tarifas de Trump irão solapar todo o crescimento nos Estados Unidos? E será que poderão de fato ajudar as pessoas que Trump deliberadamente está tentando proteger?

O ônus do comércio internacional

Para responder a essas perguntas, os economistas geralmente comparam países. A ideia básica é simples: alguns países, como a Índia, liberalizaram o comércio em 1991, porém outros mais ou menos semelhantes não o fizeram. Que grupos cresceram com maior rapidez, nos anos imediatamente subsequentes a 1991, em termos absolutos ou talvez em relação às próprias taxas de crescimento anteriores a 1991? Os que liberalizaram, os que sempre foram abertos ou os que se mantiveram fechados o tempo todo?

É vasta a literatura sobre essa questão, o que talvez não seja de admirar, dada a importância do livre-comércio para os economistas e sua popularidade na imprensa dedicada aos negócios. As respostas se estendem por todo o espectro de opiniões quanto aos efeitos do comércio sobre o PIB, desde as mais entusiásticas às mais céticas, embora deva ser dito que há pouca ou nenhuma evidência de efeitos fortemente negativos.

O ceticismo emana de três fontes distintas. Primeiro, a questão da causalidade reversa. A Índia ter liberalizado o comércio, ao contrário de outros países semelhantes, pode refletir o fato de que ela já estivesse pronta para a transição e que teria crescido mais rápido que esses outros países *mesmo sem a mudança na política comercial*. Em outras palavras, será que foi o crescimento (ou o potencial de crescimento) que provocou a liberalização do comércio, e não o contrário?

Segundo, fatores causais omitidos. A liberalização na Índia foi parte de um conjunto de mudanças muito mais amplo. Entre elas incluía-se o fato de o governo não mais tentar dizer aos empresários o que produzir e onde. Ocorreu também uma transformação muito mais nebulosa, porém talvez igualmente importante, na atitude da burocracia e do sistema político em relação às empresas: a ideia de que os negócios eram atividades legítimas de pessoas honestas, algo que podia até ser "legal". É basicamente impossível separar os efeitos de todas essas mudanças, de um lado, e os resultados da liberalização do comércio, de outro.

Terceiro, é difícil identificar o que nos dados constitui liberalização do comércio. Quando as tarifas são de 350%, não há importações; portanto, mesmo um grande corte tarifário tem impacto muito pequeno. Como distinguir mudanças relevantes nas políticas comerciais de ações irrelevantes? Ademais, tarifas tão estratosféricas estimulam a sonegação; os contribuintes descobrem maneiras criativas de contorná-las. Em resposta, os governos geralmente estabelecem normas enigmáticas para pegar os sonegadores. Muitas dessas coisas mudaram quando o país se tornou mais liberal, mas coisas diferentes mudaram a velocidades diferentes em países diferentes. Como definir que países se tornaram mais liberais, uma vez que diferentes países optaram por reformas diferentes?

Todos esses problemas tornam a comparação entre países particularmente difícil e confusa. As razões pelas quais diferentes pesquisadores chegam a diferentes respostas a respeito dos efeitos da política comercial sobre o crescimento econômico têm muito a ver com as diversas escolhas que esses pesquisadores fazem em relação a cada uma dessas questões — como mensurar mudanças na política comercial e quais das muitas possíveis fontes de confusão sobre a causalidade estamos dispostos a tolerar.

Por isso, é bem difícil confiar muito nos resultados. Sempre haverá milhões de maneiras de fazer comparações entre países, a depender exatamente das hipóteses audazes que alguém está disposto a aceitar.

As mesmas restrições interferem na capacidade de testar as outras previsões da teoria de Stolper e Samuelson. Será que a desigualdade cai nos países mais pobres que se abrem ao comércio? Há relativamente poucos estudos comparativos entre países sobre esse tema, repetindo um padrão que veremos reiteradas vezes. Os economistas especializados em comércio tendem a evitar a reflexão sobre a maneira como o bolo é dividido, apesar (ou talvez por causa) da advertência preliminar de Samuelson de que, pelo menos nos países ricos, o comércio pode se desenvolver às expensas dos trabalhadores.

Há exceções, mas nenhuma que inspire confiança. Um relatório de pesquisa recente de dois membros da equipe do FMI mostra que países próximos de muitos outros países, e que portanto comercializam mais, tendem a ser mais ricos e igualitários. Eles ignoram o fato inconveniente de que é na Europa que estão muitos países pequenos que comercializam muito uns com os outros, e que tendem a ser mais ricos e igualitários, mas provavelmente não pelo simples fato de comercializarem muito entre si.[17]

Outro motivo para questionar essa conclusão um tanto otimista é que ela contraria o que sabemos a partir de uma série de países em desenvolvimento. Nas últimas três décadas, muitos países de rendas baixa e média se abriram para o comércio internacional. Surpreendentemente, o que aconteceu com a distribuição de renda nesses países, nos anos subsequentes, quase sempre foi de encontro ao que sugere a lógica básica de Stolper-Samuelson. O salário dos trabalhadores de baixa qualificação, que são abundantes nesses países (e que, portanto, deveriam ter recebido ajuda), ficaram muito aquém dos salários de seus colegas de alta qualificação ou escolaridade alta.

Entre 1985 e 2000, México, Colômbia, Brasil, Índia, Argentina e Chile abriram-se para o comércio exterior, promovendo unilateralmente cortes generalizados em suas tarifas. No mesmo período, a desigualdade aumentou em todos esses países, e a cronologia desses aumentos parece estar relacionada a episódios de liberalização do comércio. Por exemplo, entre 1985 e 1987, o México reduziu maciçamente tanto a abrangência do seu regime de cotas de importação quanto a alíquota média das tarifas de importação. Entre 1987 e 1990, os trabalhadores de chão de fábrica perderam 15% de seus salários, enquanto seus colegas do escritório tiveram um aumento salarial na mesma proporção. Outras métricas de desigualdade seguiram o mesmo rumo.[18]

O mesmo padrão — liberalização seguida de aumento nos ganhos dos trabalhadores qualificados em comparação com os dos não qualificados, bem como em outras métricas de desigualdade — foi encontrado na Colômbia, no Brasil, na Argentina e na Índia. Por fim, a desigualdade explodiu na China, à medida que o país se abria gradualmente a partir da década de 1980, até ingressar na Organização Mundial do Comércio, em 2001. De acordo com a equipe do World Inequality Database, em 1978 os 50% da base e os 10% do topo da população da China levavam para casa a mesma proporção da renda do país (27%). A diferença entre as duas fatias começou a se ampliar naquele ano, com os 50% mais pobres levando cada vez menos e os 10% mais ricos levando cada vez mais. Em 2015, os 10% do topo recebiam 41% da renda chinesa, enquanto os 50% da base ficavam com 15%.[19]

Evidentemente, correlação não é causalidade. Talvez a globalização em si não tenha provocado o aumento na desigualdade. Os processos de liberalização do comércio quase nunca ocorreram no vácuo; em quase todos esses países, às reformas do comércio exterior foram parte de um pacote de reformas mais amplo. A mais drástica liberalização da política comercial na Colômbia, em 1990 e 1991, coincidiu com mudanças na regulação do mercado de trabalho, com o propósito de aumentar substancialmente sua flexibilidade. A reforma comercial do México, em 1985, ocorreu em meio a um processo de privatização, de reforma do mercado de trabalho e de desregulamentação.

Como mencionamos, a reforma comercial na Índia, em 1991, foi acompanhada pela eliminação do regime de licenciamento industrial, pela reforma do mercado de capitais e por um amplo deslocamento de poder e influência para o setor privado. A liberalização do comércio na China foi, evidentemente, a pedra angular da revolução empreendida por Deng Xiaoping, que legitimou a empresa privada numa economia em que durante trinta anos ela fora quase proibida.

Também é verdade que o México e outros países da América Latina se abriram exatamente na mesma época em que a China, e, portanto, todos enfrentaram a concorrência de uma economia com maior abundância de mão de obra. Talvez tenha sido isso que prejudicou os trabalhadores desses países.

Mostrar alguma coisa definitiva sobre o comércio simplesmente comparando países é difícil, porque tanto o crescimento quanto a desigualdade podem depender de muitos fatores diferentes, sendo o comércio apenas um desses ingredientes, ou, na verdade, um efeito em vez de uma causa. Há, no entanto, alguns fascinantes estudos de países que sem dúvida lançam uma sombra sobre o teorema de Stolper-Samuelson.

O fato que pode não ser

Considerar diferentes regiões dentro de um mesmo país sem dúvida reduz o número de coisas potenciais acontecendo ao mesmo tempo que pode

O ônus do comércio internacional

obscurecer os efeitos do comércio; há, geralmente, um único regime político, uma história compartilhada e um contexto político comum, o que torna as comparações mais convincentes. O problema é que as previsões centrais da teoria do comércio, por sua própria natureza, abrangem todos os mercados e regiões da economia, e não apenas aqueles onde entram importações ou de onde saem exportações.

Na visão de mundo de Stolper e Samuelson, há um único salário para todos os trabalhadores com as mesmas qualificações. O salário de um trabalhador não depende do setor ou região, mas somente do que ele tem a contribuir. E assim é porque um operário da indústria siderúrgica na Pensilvânia que perde o emprego por força da concorrência externa deve mudar-se imediatamente para qualquer outro lugar onde encontre emprego, como Montana ou Missouri. Depois de breves transições, todos os trabalhadores com as mesmas qualificações terão a mesma remuneração.

Se isso fosse verdade, o único objeto de comparação legítimo para informação sobre o impacto do comércio internacional seria toda a economia. Nada aprenderíamos comparando trabalhadores da Pensilvânia com trabalhadores de Missouri ou Montana, porque todos teriam o mesmo salário.

De maneira um tanto paradoxal, portanto, caso se acredite nas premissas da teoria, é quase impossível testá-las, porque o único impacto que se observa é o que acontece no nível nacional, e acabamos de demonstrar as muitas armadilhas das comparações entre países e dos estudos de casos de países em particular.

No entanto, como vimos ao tratar das migrações, os mercados de trabalho tendem a ser *rígidos*. As pessoas não se mudam mesmo quando as condições do mercado de trabalho sugerem que deveriam fazê-lo, e, assim, os salários não se equalizam de maneira automática e transversal por toda a economia. Há, com efeito, muitas economias dentro do mesmo país, e é possível aprender muito comparando-as, desde que as mudanças na política comercial que afetam essas subeconomias não sejam as mesmas.

Uma jovem economista, Petia Topalova, na época aluna de doutorado no Instituto de Tecnologia de Massachusetts, resolveu levar essa ideia a sério e partir da premissa de que as pessoas podem ficar presas numa mesma localidade ou linha de comércio. Em um importante trabalho, ela estudou o que aconteceu na Índia depois da grande liberalização do comércio, em 1991.[20] Ocorre que, ainda que pensemos em termos de "liberalização da Índia", muitas mudanças diferentes na política comercial indiana afetaram diferentes partes do país. Isso porque, embora, no final das contas, todas as tarifas tenham sido reduzidas para aproximadamente o mesmo nível, como certas indústrias eram muito mais protegidas do que outras, as *reduções* foram bem maiores nas tarifas de algumas delas. Além disso, a Índia tem mais de seiscentos distritos enormemente diferentes quanto aos tipos de negócios que desenvolvem. Alguns são basicamente agrícolas; outros têm usinas siderúrgicas ou fábricas de tecidos. Uma vez que diferentes indústrias atuam de maneira diferente, a liberalização acarretou reduções muito diferentes nas tarifas de diferentes distritos. Topalova criou para cada distrito indiano uma métrica de como ele foi afetado pela liberalização. Por exemplo, se um distrito produzia principalmente aço e outros produtos industrializados, cujas tarifas caíram de quase 100% para cerca de 40%, ela diria que esse distrito foi muito afetado pela liberalização. Um distrito que cultivava apenas cereais e oleaginosas, cujas tarifas pouco mudaram, quase não foi afetado.

Usando essa métrica de exposição, ela examinou o que aconteceu antes e depois de 1991. A taxa de pobreza nacional caiu rapidamente nos anos 1990 e 2000, de cerca de 35%, em 1991, para 15%, em 2012.[21] Entretanto, contra esse pano de fundo cor-de-rosa, a maior exposição à liberalização do comércio nitidamente desacelerou a redução da pobreza. Ao contrário do que a teoria de Stolper e Samuelson nos diria, quanto mais exposto ao comércio um distrito era, *mais lenta* teria sido a redução da pobreza. Em um estudo subsequente, Topalova descobriu que a incidência de trabalho infantil caía *menos* em distritos mais expostos ao comércio do que no resto do país.[22]

A reação às descobertas de Topalova entre os economistas foi surpreendentemente brutal. Ela enfrentou uma rajada de comentários muito hostis, sugerindo que suas respostas estavam erradas, ainda que os seus métodos estivessem corretos. Como poderia o comércio efetivamente aumentar a

O ônus do comércio internacional 85

pobreza? A teoria ensina que o comércio é bom para os pobres de países pobres; portanto, os dados de Topalova deveriam estar errados. Excluída pela elite acadêmica, Topalova finalmente aceitou um emprego no FMI, que, um tanto paradoxalmente (dado que o FMI fora um grande incentivador da liberalização), se revelou muito mais aberto à pesquisa dela do que a comunidade acadêmica.

O trabalho de Topalova também foi rejeitado pelos principais periódicos acadêmicos sobre economia, não obstante, no final das contas, ter inspirado nova literatura referente ao debate. Muitos já são os trabalhos que aplicam a abordagem de Topalova em outros contextos e, a propósito, encontram os mesmos resultados em países como Colômbia, Brasil e, conforme veremos, até os Estados Unidos.[23] Só vários anos depois ela mereceu alguma retratação de economistas acadêmicos, quando seus achados foram agraciados com o Best Paper Award pelo periódico em que o trabalho havia sido publicado.

A rigidez econômica

Topalova sempre insistira que não tinha a intenção de afirmar que alguém tinha sido prejudicado pela liberalização. Como estava comparando regiões dentro do mesmo país, tudo o que podia dizer era que algumas áreas, as mais afetadas pelo comércio, tinham menos sucesso em reduzir a pobreza do que outras. Isso é inteiramente consistente com a possibilidade, que o estudo dela é cuidadoso em salientar, de que a maré da liberalização tenha sido favorável a todos, porém mais a uns do que a outros. E o trabalho dela não sugere que a desigualdade aumentou na Índia como um todo, somente que teve um aumento maior nos distritos mais afetados pelo comércio. De fato, como os locais mais atingidos pela liberalização tendiam a ser um pouco mais ricos, o fato de neles as consequências da liberalização não terem sido as mais favoráveis reduziu a desigualdade em todo o país. Em outros trabalhos, Topalova e seus colegas demonstraram algumas consequências notoriamente positivas da liberalização do comércio na Índia em todo o âmbito da economia. Por exemplo, as empresas indianas, diante do desafio de encontrar novos mercados, começaram a lançar novos produtos que agora podiam vender no exterior. Ademais, o fato de poderem importar insumos mais baratos e de melhor qualidade, que antes nem mesmo conseguiam encontrar no país, significava que podiam fabricar novos produtos para os mercados doméstico e internacional.[24] Isso aumentou sua produtividade e, junto com outras reformas empreendidas pelo governo no início da década de 1990 (e alguma sorte com a aceleração do crescimento mundial), contribuiu para o crescimento rápido da economia indiana desde a década de 1990.

Entretanto, é fácil ver por que os economistas dedicados ao estudo do comércio se sentiram ameaçados pelo trabalho de Topalova. Os benefícios do comércio na teoria tradicional decorrem da realocação dos recursos. O próprio fato de Topalova descobrir alguma diferença entre distritos mais e menos expostos indica que os recursos, ou seja, os trabalhadores, mas também o capital, não se deslocam com facilidade, como já observamos. Do contrário, os salários em todos os lugares seriam mais ou menos os mesmos. E ela não foi a única a chegar a essa conclusão; vários outros estudos também encontraram poucas evidências de realocação de recursos.[25] Mas se rejeitarmos a ideia de que as pessoas e o dinheiro procuram oportunidades, como manter a crença de que o comércio é bom?

Se os trabalhadores se movimentam com lentidão entre os distritos, também é plausível que sejam igualmente vagarosos em transferir-se de um emprego a outro. Essa afirmação é totalmente compatível com o que sabemos sobre os mercados de trabalho. Na Índia, Topalova descobriu que o efeito negativo da liberalização comercial sobre a pobreza era exacerbado em estados onde leis trabalhistas rigorosas tornavam muito difícil demitir trabalhadores e eliminar empresas pouco lucrativas ou deficitárias, permitindo que as mais rentáveis as substituíssem no mercado.[26]

Há também um robusto corpo de evidências mostrando que, pelo menos nos países em desenvolvimento, a terra não muda de mão com facilidade. O capital também tende a ser um fator rígido.[27] Os banqueiros demoram não só a cortar o crédito de empresas com mau desempenho, mas também

O ônus do comércio internacional

a oferecer financiamento a empresas com bom desempenho, pela simples e única razão de que muitos analistas de crédito, os profissionais que tomam as decisões sobre empréstimos, têm pavor de serem responsabilizados pela inadimplência dos devedores. A maneira mais fácil de evitar contratempos é não decidir; apenas chancelar quaisquer decisões que tenham sido tomadas por outros no passado, e deixar que terceiros lidem com os empréstimos no futuro. A única exceção é quando os financiamentos em curso estão a ponto de vencer com risco de calote — nessas situações, os banqueiros efetivamente concedem às empresas enfermas novos empréstimos para pagar os anteriores, na esperança de adiar a inadimplência e talvez beneficiar-se de uma reversão inesperada da situação. No linguajar dos bancos, esse é o fenômeno da renovação perpétua de empréstimos [*evergreening*], uma das principais razões para tantos bancos com demonstrações financeiras aparentemente impecáveis se depararem de uma hora para outra com um desastre iminente. Graças à rigidez na oferta de empréstimos, empresas agonizantes que deveriam ter fechado as portas continuam a sobreviver. Ao mesmo tempo, novos negócios têm dificuldade em levantar capital, sobretudo no contexto de incerteza que acompanha, por exemplo, uma liberalização comercial, uma vez que os analistas de crédito relutam em assumir novos riscos.

Considerando essas várias formas de rigidez, é plausível que, diante de más notícias, na forma de maior concorrência externa, em vez de se ajustar e de remanejar recursos para o melhor uso possível, a tendência seja se acomodar e esperar que o problema se resolva por si só. Trabalhadores são demitidos, os que se aposentam não são substituídos, e os salários começam a cair. Os empresários sofrem grande impacto no lucro, os empréstimos são renegociados, tudo no intuito de preservar tanto quanto possível o *status quo ex ante*. Não há melhoria na eficiência, apenas queda no lucro de todos ligados aos setores que perdem sua proteção.

Essa situação talvez pareça extrema, mas Topalova encontra algo parecido nos dados sobre a Índia. Para começar, bem poucas foram as migrações oriundas de distritos afetados pela liberalização.[28] Ainda que dentro de uma mesma região, os recursos se moviam muito lentamente entre os diferentes setores.

Mais impressionante ainda, esse processo se repetia *dentro* das empresas. Muitas empresas na Índia fabricam mais de um produto; portanto, seria de esperar que fechassem as linhas de produtos que competissem com importações mais baratas e reorientassem os recursos para aqueles que enfrentassem menos desvantagens. Não há nada para deter essa tendência, mesmo onde as leis trabalhistas dificultam a demissão de trabalhadores, mas a pesquisa de Topalova revelou existir muito pouca "destruição criativa". Parece que as empresas nunca eliminam linhas de produtos que tenham ficado obsoletas, talvez porque os gestores considerem muito oneroso o processo de transição: os trabalhadores precisam receber nova formação, novas máquinas precisam ser compradas e instaladas.[29]

Proteção para quem?

Não obstante essas barreiras internas, os recursos acabaram por se movimentar (pelo menos em alguns países), e as exportações explicam em grande parte as notáveis histórias de sucesso no Leste Asiático em particular. Apesar do que o presidente Trump e outros dizem, isso não aconteceu porque os países ricos ingenuamente recebiam de bom grado essas exportações. Os países ricos possuem uma forte regulação sobre os produtos que importam, que precisam cumprir normas rigorosas de segurança, qualidade do trabalho e impacto ambiental.

Já se argumentou que a regulação muitas vezes serve para bloquear as importações. Os produtores de abacate da Califórnia fizeram um bem-sucedido lobby para impedir por legislação federal a importação de abacate hass do México, de 1914 a 1997. A justificativa foi impedir a entrada de pragas mexicanas, embora o território do México seja adjacente ao dos Estados Unidos e as pragas não precisem de visto de entrada para cruzar a fronteira. Em 1997, a proibição pela legislação federal foi revogada, mas a proibição pela legislação da Califórnia continuou em vigor até 2007. Mais recentemente, pesquisadores descobriram que, durante a crise financeira dos Estados Unidos de 2008, a Food and Drug Administration de repente

O ônus do comércio internacional

passou a impedir com mais frequência a entrada em território americano de alimentos importados de países em desenvolvimento, sob a alegação de segurança alimentar; para os exportadores desses países, o custo de transporte associado ao embargo desses produtos quadruplicou durante o período! Obviamente, a qualidade dos alimentos exportados pelo México não podia ter mudado em razão da crise dos empréstimos subprime nos Estados Unidos; mas, como a demanda por abacates caiu, tornou-se muito mais importante não permitir a entrada das exportações, a fim de proteger os produtores locais.[30] As pressões internas por proteção aumentam durante períodos de dificuldade, e normas sobre segurança são frequentemente utilizadas como desculpa para proteger os produtores domésticos.

Isso dito, algumas dessas normas também refletem preocupações genuínas do consumidor com a segurança (por exemplo, descobriu-se que alguns brinquedos chineses continham chumbo), com a proteção do meio ambiente (por exemplo, o uso de pesticidas em produtos agrícolas) e com as condições dos trabalhadores (por exemplo, trabalho infantil). De fato, o sucesso do selo Fairtrade mostra que muitos consumidores estão dispostos a pagar mais a intermediários capazes de lhes garantir que um produto atende a determinados padrões ambientais e éticos. E, em parte inspiradas por essa tendência, muitas marcas bem conhecidas hoje impõem padrões de qualidade além e acima de quaisquer requisitos regulatórios, dificultando ainda mais a entrada de novos países exportadores.

O que há em um nome?

Outra coisa muito específica sobre países em desenvolvimento que tentam ser a próxima China agrava todos esses desafios.

A Organização Mundial do Comércio (omc) lançou a iniciativa Aid for Trade em 2006, e, em meados de 2017, mais de 300 bilhões de dólares já haviam sido desembolsados para financiar vários programas destinados a ajudar o comércio de países em desenvolvimento.[31] Por trás de todas essas iniciativas e financiamentos está a crença de que o comércio internacional é uma ferramenta poderosa para resgatar esses países da pobreza. Um projeto da Aid to Artisans (ATA), ONG com sede nos Estados Unidos que auxilia os artesãos de países em desenvolvimento a acessar os mercados internacionais, permitiu aos pesquisadores testar essa premissa.[32]

Em outubro de 2009, a ATA recebeu financiamento para implementar um novo programa no Egito. A iniciativa seguiu o procedimento convencional. Primeiro, a ATA procurou um produto adequado, que exercesse forte apelo em mercados de alta renda e fosse produzido no país em desenvolvimento a custos relativamente baixos. A equipe de pesquisa ajudou a ATA a identificar o produto ideal: tapetes. Tapetes feitos à mão são uma importante fonte de emprego no Egito, e há uma grande demanda por eles nos Estados Unidos.

Segundo, a ATA precisava encontrar uma localidade. A escolha recaiu sobre Fowa, uma cidade duas horas a sudeste de Alexandria onde se situam centenas de empresas produtoras de um tipo específico de tapete. Uma empresa típica em Fowa é aquela onde trabalha um único homem (nunca uma mulher!); o dono opera um único tear, em sua própria casa ou num barracão.

Terceiro, a ATA sempre trabalha com uma empresa intermediária local com conhecimento do terreno, que recebe os pedidos e encontra artesãos de pequena escala para fabricar o produto. A expectativa é que a ATA atue no país durante alguns anos e depois saia, deixando o intermediário preparado para manter o projeto operante e em crescimento. Um grande apelo da cidade de Fowa, sob esse ponto de vista, era a presença de um intermediário natural, a Hamis Carpets, que já comercializava muitos dos tapetes produzidos na cidade, embora a maior parte deles não fosse exportada.

A Hamis Carpets e a ATA, então, começaram a decidir sobre os tipos de carpetes a serem fabricados, a encontrar os compradores e a captar pedidos. Esse processo envolveu um grande esforço. A ATA trouxe o CEO da Hamis aos Estados Unidos, para participar de um programa de treinamento, contratou um consultor italiano para desenhar as amostras dos tapetes e expôs os produtos da Hamis em todas as feiras e a todos os importadores que foi possível. Apesar de tudo isso, só depois de um ano e meio de busca

O ônus do comércio internacional

de clientes a Hamis Carpets garantiu seu primeiro pedido de exportação significativo, de um comprador alemão.

A partir desse momento, o negócio engrenou. Entre 2012 e 2014, os pedidos chegaram com rapidez, e, cinco anos após o início do projeto, o total de pedidos superou 150 mil dólares. Uma ONG dos Estados Unidos com bons contatos e financiadores, uma equipe destemida de jovens pesquisadores muito comprometidos e talentosos e uma empresa robusta, com boa reputação no país de origem, levaram cinco anos para captar pedidos em volumes e valores razoáveis, capazes de gerar trabalho suficiente para 35 pequenas empresas. Sem o impulso externo da ATA, provavelmente não teria sido possível para o intermediário local alcançar esse resultado.

Por que será que foi tão difícil? Grande parte do problema parece estar no fato de que, do ponto de vista de um comprador estrangeiro, em geral um grande varejista ou uma loja on-line, com marca forte, comprar de um pequeno fabricante de tapetes no Egito é uma aposta arriscada. Para eles, a qualidade é fundamental. Os consumidores contam com isso; os tapetes precisam ser perfeitos. A mesma insegurança se aplica em relação aos prazos. Se os tapetes não estiverem prontos para o lançamento de uma nova coleção de primavera, os vendedores sofrem um forte choque. Por fim, não há como repassar todo o risco para o fabricante. Embora seja possível se recusar a pagar o fabricante se a qualidade estiver ruim ou se houver um atraso, o que o varejista consegue reaver devolvendo tapetes ou se recusando a pagar é uma ninharia perto dos prejuízos em reputação (pense em compradores postando comentários irados na internet) ou se perder os prazos para lançar uma nova coleção. Em princípio, as empresas podem concordar quanto a indenizações penais (o fabricante aceita pagar quantia expressiva por cada dia de atraso, por exemplo), mas seria muita sorte conseguir cobrar alguma coisa de uma microempresa de uma pequena cidade egípcia, que simplesmente poderia evaporar da noite para o dia. Tampouco é possível para o varejista inspecionar cada tapete de modo a evitar riscos para a reputação; o custo com pessoal seria muito maior que o ganho.

Outra possibilidade seria oferecer os tapetes a preços tão baixos que os consumidores se dispusessem a aceitar o risco de algum defeito, sabendo que haveria sempre a possibilidade de devolver o produto. Por que arriscar a reputação prometendo entregar um produto tão perfeito quanto possível? Por que não baixar as expectativas junto com os preços?

Ocorre que essa tática nem sempre funciona, porque, em muitos casos, não é possível reduzir os preços o bastante para que os consumidores percam tempo com um produto em que não confiam. Certa vez compramos um aparelho de DVD em Paris. Ao recebê-lo, constatamos que o compartimento em que o DVD deve ser inserido estava emperrado. Depois de uma hora tentando consertá-lo e outra hora buscando ajuda técnica no site do fabricante, decidimos entrar na Amazon e conversar com um simpático empregado da loja, que ofereceu a devolução integral do dinheiro. Para conseguir a devolução, tivemos de deixar o aparelho numa mercearia próxima.

Na primeira vez em que Abhijit foi à mercearia, o lojista se recusou a receber o aparelho, porque já estavam com muitos produtos da Amazon. Na segunda vez, o lojista o fez esperar 25 minutos, porque estava ocupado recebendo uma remessa de produtos. Nesse meio-tempo, compramos um novo aparelho de outro varejista (tínhamos pressa porque o queríamos para o aniversário de nossa filha). Infelizmente, quando o aparelho chegou, percebemos que ele não funcionaria com o televisor em nosso apartamento. Tentamos devolvê-lo pelo website do produto, mas, como a compra não estava registrada como concluída, só foi possível fazê-lo alguns dias depois. No momento em que escrevemos esta página, o segundo aparelho de DVD repousa sobre a mesa em nosso corredor de entrada, bem embalado, mas ainda não devolvido. Enquanto isso, desistimos de comprar o aparelho. O pai de Esther nos emprestou um.

Por que essa longa história sobre os nossos infortúnios? Ela salienta que, para o consumidor final, tempo é dinheiro, assim como a confiabilidade, e é dinheiro que nunca iremos recuperar. Não é como se a Amazon fosse nos pagar pelas duas idas à mercearia, ou pelas duas horas que gastamos tentando consertar o aparelho.

Ou então pense na bela camiseta que você comprou barato e acabou manchando de azul todas as suas roupas na lavadora. Quem o indenizará pela blusa de 100 dólares que agora está cheia de manchas azuis no peito e na gola? Ou pelo tempo que você levou para encontrar aquela blusa, vasculhando todos os brechós do bairro?

Por isso é que a Amazon não poupa esforços para manter sua reputação de prestar excelentes serviços. Em alguns casos, por exemplo, eles poupam o tempo do cliente, não exigindo que devolvam o produto defeituoso. Pela mesma razão, a Amazon quer lidar com produtores em que pode confiar sem restrições, idealmente uma empresa com a qual já se relacionou antes, ou pelo menos com reputação por bons produtos e serviços. Para o cliente e para o varejista, tempo é dinheiro.

A desigualdade global se estrutura de tal forma que o tipo de cliente no Ocidente que compraria um tapete de produção artesanal ou uma camiseta impressa manualmente (produtos intensivos em mão de obra, cuja fabricação nos países pobres desfruta de vantagem comparativa) é, em geral, tão mais rico que os fabricantes que qualquer economia propiciada por um novo concorrente com preços mais baixos será insuficiente para compensar o cliente pela perda de tempo ou pela destruição de uma blusa de estimação.

Considere o exemplo de um fabricante egípcio que tenta competir com a China na produção de camisetas. O salário mensal médio na China é de cerca de 915 dólares, enquanto o do Egito gira em torno de 183 dólares.[33] Considerando uma semana de trabalho de quarenta horas, o salário horário na China é de cerca de 5 dólares, enquanto no Egito é de 1 dólar. Portanto, a economia em custo de trabalho para imprimir manualmente uma camiseta no espaço de uma hora (uma camisa muitíssimo boa) no Egito, em vez de na China, é de quase 4 dólares. Na verdade, talvez seja muito menos, uma vez que os fabricantes de camiseta tendem a pagar bem menos do que a média por hora. Na condição de comprador, muita gente pagaria, feliz da vida, os 4 dólares extras pela paz de espírito da garantia de qualidade. A Amazon sabe disso. Assim, por que se disporia a pagar para testar um desconhecido no Egito, quando tem um fornecedor conhecido e confiável na China?

No caso dos tapetes egípcios, foi preciso um intermediário (na verdade, dois: ata e Hamis Carpets), pois era impossível para cada tecelão construir individualmente a própria reputação. Eles eram simplesmente pequenos demais. A Hamis, pelo menos, tinha o tamanho necessário para estabelecer um histórico de identificação de bons produtores e de monitoramento eficaz de seu trabalho, e, assim, construir uma reputação de qualidade. Também tinha condições de ensinar os artesãos a incrementar seus produtos: as empresas exportadoras aprimoraram rapidamente sua qualidade e, em pouco tempo, eram muito melhores do que empresas similares que não tinham tido a sorte de serem incluídas no estudo. No entanto, como ninguém fora do Egito conhecia a Hamis, não admira que, de início, quase ninguém quisesse negociar com a empresa ou lhe dar a chance de construir a própria reputação.

Para piorar as coisas, quando finalmente teve a chance de exportar, a Hamis teve de enfrentar o problema oposto. Um comprador estrangeiro também poderia ser tentado a comportar-se mal: não pagar por um pedido ou mudar de ideia sobre o que queria. A Hamis tinha de ser um intermediário de confiança para ambos os lados. Por exemplo, um comprador tinha solicitado que os tapetes recebessem tratamento para ficar com a aparência de antigos, o que consistia em banhá-los em chá e aspergi-los com ácido. Infelizmente, ao receber os tapetes, o cliente detestou o resultado e culpou o fabricante.

Nesses casos, a Hamis ficava entre a cruz e a espada. Ela poderia tentar se voltar contra o comprador, mas nunca haveria documentação adequada de todas as idas e vindas antes do preenchimento do pedido. ("Sim, havia um e-mail, mas lembre-se do que conversamos ao telefone.") Assim, ela acabaria sendo colocada numa situação de "disse me disse" em que, como novo ator, e ainda por cima do Egito, dificilmente resolveria a controvérsia a contento. Por outro lado, os fabricantes no Egito sentiam ter feito o que lhes fora pedido e ficariam muito aborrecidos se não fossem pagos. Eles não tinham condições de abrir mão do pagamento. No fim das contas, a Hamis geralmente tinha de absorver as perdas.

Deparamo-nos pela primeira vez com a dor de construir uma reputação na nascente indústria de software indiana no final da década de 1990. De início, esta indústria se desenvolveu em torno da cidade sulista de Bangalore, então uma cidadezinha modorrenta conhecida por seu clima agradável e hoje uma metrópole em processo de espalhamento urbano, com um tráfego impossível. As empresas indianas se especializaram em produtos customizados para clientes específicos. Se uma companhia quisesse um novo software de contabilidade, ela poderia obter um software-padrão, customizado para as suas necessidades, ou optar por um outro, desenvolvido sob medida desde o início por uma empresa indiana.

A Índia tinha várias vantagens nítidas nesse setor: ampla oferta de graduados por faculdades de engenharia conhecidas pela excelência, bom acesso à internet, inglês como primeira língua e fuso horário diferente, que permitia aos engenheiros de software trabalhar em turnos diversos de seus clientes americanos. A infraestrutura necessária era mínima: um escritório, uma pequena equipe, alguns computadores. Em Bangalore, tudo isso era ainda mais fácil, pelo desenvolvimento, já em 1978, de uma Cidade Eletrônica num parque industrial reservado a empresas que atuavam no setor que veio a ser denominado infotech, de infotecnologia, que se desenvolveu com base na oferta garantida de eletricidade e de linhas de comunicação confiáveis.

Esse conjunto de fatores tornou relativamente fácil para qualquer um com o diploma certo e a disposição para trabalhar duro ter a chance de fundar sua empresa de software. Sobreviver na indústria, porém, não era fácil.

No inverno de 1997-8, perguntamos aos CEOs de mais de cem empresas de software indianas sobre as experiências deles com seus dois projetos mais recentes. Para os CEOs de empresas jovens, a vida era enfadonha e difícil. O cliente especificava o que queria e eles faziam o possível para atendê-los, mas o cliente com frequência alegava que aquilo não era exatamente o que tinha pedido. Os CEOs sentiam que o cliente tinha mudado de ideia e o cliente sempre ficava com a sensação de que a empresa de software não tinha compreendido as especificações. Em todo caso, na maioria das vezes, discordar era inútil, uma vez que o negócio com jovens empresas quase sempre envolvia um contrato pelo qual elas cobravam uma importância fixa, qualquer que fosse o trabalho executado, e só recebiam o pagamento quando o cliente ficasse satisfeito.

Suspeitamos que a escolha desse tipo de contrato refletia a percepção do comprador de que estava assumindo um risco ao contratar um fornecedor desconhecido na longínqua Índia. Em consonância com essa interpretação, à medida que as empresas amadureciam e, supostamente, se tornavam mais conhecidas, víamos uma mudança de contratos a preço fixo para contratos por administração, pelos quais o comprador paga pelo custo de tempo e dos materiais consumidos pelo vendedor para produzir o software.[34] Nossa história também explica por que os casos relativamente pouco numerosos em que uma jovem empresa conseguia um contrato por administração tendiam a se dar quando a empresa já havia desenvolvido um projeto para o cliente e, portanto, já estabelecera uma reputação.

Um dos jovens CEOS que conhecemos estava exausto. Ele sentia que estava trabalhando noite e dia em projetos desinteressantes e em seus ajustes infindáveis só para se manter na superfície. Ele havia assumido recentemente um projeto para driblar o bug do milênio, o que implicava vasculhar milhares de linhas de código para eliminar datas escritas na forma "1/1/99" em vez de "1/1/1999". Eram muitas as advertências assustadoras sobre os desastres que poderiam acontecer se os computadores começassem a achar que o ano era 2099. As empresas estavam correndo para ajustar os seus bancos de dados.

O trabalho era previsível — envolvendo poucos riscos de um aumento de custos desastroso —, mas tedioso. O CEO estava pensando em fechar o negócio próprio e ir trabalhar numa empresa maior. Trabalhar em projetos pouco desafiadores, regateando com clientes que não sabiam o que queriam e sempre pensando em como pagaria o aluguel não era bem a vida que ele havia imaginado ao se lançar no sonho de ser empreendedor na área de software.

Empresas jovens e pouco conhecidas precisam começar com algum dinheiro. Embora as pessoas muitas vezes falem da Infosys, criada em 1981 por sete engenheiros com 250 dólares emprestados pela esposa do primeiro CEO, que agora é a terceira empresa de software da Índia, provavelmente não é por acaso que as duas maiores empresas do país são a Wipro, de propriedade de uma família que tinha uma bem-sucedida fábrica de óleo para cozinha antes de diversificar na área de software, e a Tata Consultancy Services (TCS), que faz parte do grupo industrial Tata Group, que produz tudo, de sal a aço. Obviamente, ambas precisaram de mais do que dinheiro. Nesses dois casos, havia também alguém com visão e talento. O dinheiro, porém, ajudou.

Ter um nome também ajuda. Não é por acidente que a Gucci, de início uma fabricante de produtos de couro de alta qualidade, agora vende de tudo, de assentos para carros até perfumes; e que a Ferrari, que começou produzindo carros esportivos, agora ofereça óculos e laptops. Os compradores dos perfumes Gucci e dos laptops Ferrari provavelmente não esperam produtos inovadores dessas marcas. Estão sendo influenciados, na verdade, pela garantia de que a Gucci e a Ferrari valorizam demais seus bons nomes para vender produtos de baixa qualidade, e, talvez, pelos direitos de ostentação associados à compra de qualquer coisa notoriamente cara.

O mundo dos nomes

O valor da marca é repelir a competição. O fato de os compradores serem tão mais ricos que os produtores faz com que seja muito importante para o vendedor ou o intermediário focar na qualidade em vez de no preço. Para qualquer novo concorrente potencial, o que torna ainda mais difícil o desafio de vender por preço inferior ao dos incumbentes é o fato de o preço pago ao ofertante ser quase sempre uma pequena fração do que um produto de qualidade vale para o comprador. Com efeito, os custos de *branding* e de distribuição são, em geral, muito maiores que os custos de fabricação. Para muitos itens, o custo de produção corresponde a não mais que 15% do preço no varejo. Isso significa que um produtor mais eficiente pode fazer muito pouco para afetar o preço final do produto em termos proporcionais. Reduzir os custos de produção em 50% só reduziria o custo total de pôr o produto nas mãos do comprador em, no máximo, 7,5%.

Isso ainda poderia ser uma quantia significativa, mas, como tem demonstrado a vasta literatura sobre o tema, os compradores parecem se importar mais com mudanças proporcionais. Num experimento clássico, perguntou-se a pessoas em um grupo se dirigiriam vinte minutos para economizar 5 dólares na compra de uma calculadora de 15 dólares, e a pessoas de um outro grupo se agiriam da mesma maneira para obter o mesmo desconto na compra de uma calculadora de 125 dólares. Vinte minutos são vinte minutos e 5 dólares são 5 dólares, mas as respostas foram diferentes: "68% dos respondentes estavam dispostos a percorrer a distância extra para economizar 5 dólares em 15, mas apenas 29% estavam dispostos a fazer o mesmo esforço quando o preço era 125 dólares". O fato é que 5 dólares são um terço de 15 dólares, mas apenas 4% de 125 dólares, o que explica por que agiriam de um jeito num caso, mas não no outro. É improvável que os consumidores mudem de fornecedores para economizar 7,5%.[35]

Nessas condições, os preços da China podem aumentar muito sem que ninguém realmente perceba. Além disso, não há razão para que eles aumentem de maneira significativa no futuro próximo. A China é um país grande, com muita gente muito pobre disposta a aceitar emprego aos salários atuais; logo, os custos continuarão baixos. Países como Vietnã e Bangladesh, que aspiram a ser a próxima China, como fornecedores de todo tipo de manufaturas baratas para o mundo, podem passar muito tempo aguardando uma oportunidade. E é um pouco assustador imaginar quanto tempo isso poderia demorar para a Libéria, o Haiti e a República Democrática do Congo, que gostariam de herdar esse manto um dia, quando Bangladesh e Vietnã forem ricos demais para querê-lo.

A importância desmedida da reputação significa que o comércio internacional não envolve somente bons preços, boas ideias, tarifas baixas e transporte barato. É muito difícil para novos atores entrar e conquistar mercados, porque eles começam sem a reputação dos concorrentes. Isso, aliado à rigidez nos mercados de trabalho, significa que o fluxo fácil de pessoas e dinheiro que seria impulsionado pelo livre-comércio, e que está na base da tese de Stolper-Samuelson, não funciona assim tão bem no mundo real.

As empresas que você tem

Piorando ainda mais as coisas para um novo país que tente entrar na briga, não é só o próprio nome que conta. Os carros japoneses são conhecidos pela qualidade de fabricação, os italianos por serem estilosos, os alemães são ótimos de dirigir. Uma nova concorrente japonesa, como a Mitsubishi, quando ingressou pela primeira vez no mercado dos Estados Unidos, em 1982, provavelmente foi muito ajudada, no início, pelo sucesso de marcas japonesas mais antigas. No sentido oposto, os compradores tendem a não querer comprar carros produzidos em Bangladesh ou no Burundi, mesmo que se suponha que ele seja feito conforme os padrões mais rigorosos, que o preço seja baixo e que as avaliações sejam boas. Pois sabe Deus o que poderia acontecer daqui a alguns anos, pensam os compradores. E eles podem estar certos. Talvez sejam necessários muitos anos de experiência, produzindo para o mercado interno, para que uma montadora se torne capaz de fazer um bom carro. Foi assim que começaram empresas como Toyota, Nissan e Honda.

No entanto, a desconfiança em relação aos novos entrantes também pode se converter em profecia autorrealizável. Se quase ninguém comprar o carro, a empresa pode afundar e os serviços aos clientes cessarem. Ou, se todos acharem que os tapetes egípcios desbotam, eles serão vendidos muito barato e portanto não seria compensador para os empreendedores egípcios investir na produção de tapetes de alta qualidade. É um círculo vicioso.[36]

A maldição das expectativas pessimistas pode ser muito difícil de superar. Mesmo que uma empresa opte por entregar produtos da mais alta qualidade, os compradores pessimistas assumirão que é apenas uma questão de tempo até que a qualidade caia. Por isso é que pode ser muito útil ter as conexões certas: alguém que o conheça e que o abone.

Não é à toa que chineses e indianos que moraram e trabalharam no Ocidente desempenharam um papel importante na transição de seus países ao voltarem para casa. Eles usaram a reputação que estabeleceram e os cartões de visita que receberam para assegurar aos compradores, geralmente empresas onde já haviam trabalhado, que as coisas correriam bem.

Algumas histórias de sucesso podem desencadear círculos virtuosos. Os compradores tendem a afluir para empresas que irromperam com sucesso no mercado, tranquilizados pelo fato de elas terem continuado a fazer negócios. A maioria das empresas novatas que conseguem um pedido, reconhecendo que essa pode ser a sua única chance de romper o círculo vicioso das expectativas pessimistas, dará o melhor de si para cumprir o prometido.

Por exemplo, no mercado de exportação de rosas do Quênia,[37] os produtores locais trabalham com intermediários para exportar suas flores para a Europa. Nesse setor, nem o comprador nem o vendedor podem depender integralmente de contratos formais para garantir o bom comportamento. Como as rosas são muito perecíveis, ao receber um carregamento o comprador pode sempre alegar que a qualidade das rosas não é aceitável e recusar-se a pagar. Mas, por outro lado, o vendedor também pode alegar que o comprador, de alguma maneira, estragou as rosas para não pagar. Em outras palavras, a reputação de confiabilidade é importante. Durante uma fase de inquietação política no Quênia, depois da acirrada eleição presidencial de 2007, quando os trabalhadores eram escassos e o transporte era perigoso, os novos produtores que ainda precisavam estabelecer uma boa reputação não pouparam esforços para continuar entregando o prometido aos compradores. Alguns chegaram a contratar guardas armados para proteger as rosas durante a entrega. Os compradores continuaram satisfeitos e o mercado de rosas do Quênia sobreviveu à instabilidade.

Evidentemente, mesmo essas medidas desesperadas nem sempre são capazes de salvar a sua pele. A reputação geral do setor é importante, e, às vezes, bastam alguns ovos estragados para arruinar a imagem de um setor que, do contrário, seria de alta qualidade. Reconhecendo essa possibilidade, os governos tentaram encontrar formas de penalizar os produtores individuais que trapaceavam na qualidade de seus produtos. Em 2017, o governo chinês decidiu que as penalidades aplicadas nesses casos deveriam ser aumentadas. O *China Daily* citou Huang Guoliang, diretor do departamento de supervisão de qualidade do governo: "A atual legislação muitas vezes impõe penalidades administrativas bastante lenientes aos infratores da lei de qualidade dos produtos [...] um sistema que impusesse aos infratores *consequências devastadoras* atuaria como dissuasor [itálicos nossos]".[38]

O melhor cenário nesse mundo de reputações frágeis e interligadas é, com frequência, um "cluster industrial", ou um "agrupamento industrial", uma concentração de empresas do mesmo setor, na mesma localidade, todas se beneficiando da reputação associada ao cluster.

As primeiras malharias surgiram em Tiruppur, na Índia, em 1925, e nas décadas de 1960 e 1970 a indústria cresceu, produzindo principalmente as camisetas regata que os indianos usam por baixo da camisa. Em 1978, um importador de roupas italiano, um certo sr. Verona, estava procurando desesperadamente um grande carregamento de camisetas brancas. A associação de exportadores de Mumbai o encaminhou para Tiruppur. Satisfeito com o primeiro lote, ele voltou para comprar mais. Em 1981, a primeira grande cadeia europeia, a c&a, seguiu-o para Tiruppur. Até 1985, as exportações ainda eram de 1,5 milhão de dólares. A partir daí, cresceram exponencialmente. Em 1990, os volumes de exportação de Tiruppur já haviam ultrapassado 142 milhões de dólares.[39] As exportações atingiram o pico de 1,3 bilhão de dólares em 2016, embora a indústria agora esteja enfrentando fortes pressões da China, do Vietnã e de outros novatos no mercado.[40]

A China tem dezenas de enormes agrupamentos manufatureiros especializados ("cidade das meias", "cidade dos suéteres", "capital dos calçados" etc.). Por exemplo, o cluster Zhili, em Huzhou, tem mais de 10 mil empresas fabricantes de roupas para crianças, que empregam 300 mil trabalhadores. Em 2012, ele foi responsável por 40% do pib da região. Os Estados Unidos também têm agrupamentos, alguns mais bem conhecidos que outros. Boston possui um cluster de biotecnologia. Carlsbad, perto de Los Angeles, é especializada em equipamentos de golfe, e Michigan, na fabricação de relógios.[41]

A organização da indústria do vestuário em Tiruppur revela o valor de um nome. Toda a indústria está organizada em torno de intermediários, subcontratantes que cuidam de um ou mais estágios do processo de produção, ou até de todos os estágios de uma parte do carregamento. Os intermediários são pessoas invisíveis. Os compradores negociam diretamente com um número menor de nomes conhecidos que captam os pedidos e os distribuem entre os intermediários. A vantagem desse modelo é possibilitar a produção em grande escala, mesmo que ninguém tenha os recursos para investir numa única fábrica imensa. Todos investem o que podem e deixam por conta dos intermediários a integração das partes. Essa é outra razão para a indústria se organizar em agrupamentos.

Sistema semelhante é utilizado em muitos clusters exportadores de grande porte em todo o mundo em desenvolvimento, onde a reputação de alguns garante o emprego de muitos. Intermediários como a Hamis Carpets, no Egito, ou os vendedores de Tiruppur atuam como mediadores no relacionamento com compradores estrangeiros. Eles têm muito a perder se houver algum problema de qualidade com qualquer uma das empresas terceirizadas, e, portanto, zelam por esse controle. E, embora possa haver muitos contratempos, como vimos no caso da Hamis, as recompensas finais tendem a ser bastante boas.

Curiosamente, esse sistema pode estar mudando. Parte substancial do modelo de negócios de duas das mais bem-sucedidas empresas do mundo, Amazon e Alibaba, consiste em colocar-se no lugar desses intermediários, possibilitando que produtores individuais construam sua própria reputação nos seus sites — por um certo preço, é claro —, não exigindo, assim, a certificação do intermediário. É por isso que, depois da entrega de um pedido feito pelo Amazon Marketplace, recebemos sucessivos pedidos de avaliação da empresa. É em busca dessas avaliações que eles vendem meias ou brinquedos por um preço absurdamente baixo. A esperança deles é que, um dia, tenham avaliações bastante numerosas e favoráveis para que possam estipular o próprio preço. Obviamente, levará algum tempo para que esses novos *marketplaces* consolidem a própria reputação como garantidores de qualidade (e há sempre a chance de que fracassem). Até alcançar o sucesso, é basicamente impossível para um produtor isolado do Terceiro Mundo começar a competir no mercado internacional, por melhor que seja o seu produto e por mais baixos que sejam os seus preços.

O ônus do comércio internacional

Será que valia 2,4 trilhões de dólares?

Antonio Gramsci, dissidente marxista italiano, certa vez escreveu: "O velho está morrendo e o novo ainda não pode nascer. Nesse interregno, uma grande variedade de sintomas mórbidos aparece".[42] Ele bem que poderia estar escrevendo sobre o mundo pós-liberalização. Como vimos, há várias boas razões para que os recursos tendam a ser rígidos, sobretudo nos países em desenvolvimento, e entrar em mercados de exportação é difícil. Uma consequência disso é que a liberalização do comércio em qualquer lugar pode não ser tão certa quanto sugerem os economistas. Os salários podem diminuir, em vez de aumentar, mesmo nos países em desenvolvimento com mão de obra abundante onde os trabalhadores deveriam se beneficiar do comércio, porque tudo de que o trabalho precisa para ser produtivo — capital, terra, gestores, empreendedores e outros trabalhadores — muda com lentidão do velho para o novo.

Se máquinas, dinheiro e trabalhadores continuarem a ser usados nos velhos setores, haverá muito menos recursos migrando para os setores exportadores potenciais. Na Índia, o efeito da liberalização de 1991 não foi uma mudança grande e repentina nos volumes de importação e exportação. Entre 1990 e 1992, o grau de abertura comercial (a soma de todas as importações e exportações como porcentagem do PIB) aumentou apenas ligeiramente, de 15,7% para 18,6%. Mas, por fim, tanto as importações quanto as exportações subiram, e a Índia hoje é efetivamente *mais* aberta que a China e os Estados Unidos.[43]

Os recursos por fim se deslocaram, e novos produtos começaram a ser fabricados. E uma vez que os produtores existentes se beneficiaram da maior facilidade de importação, o que fabricavam era de melhor qualidade e mais vendável fora do país. A indústria de software, por exemplo, beneficiou-se da possibilidade de importar facilmente o hardware de que precisava, e as exportações de software dispararam. As empresas indianas não demoraram a aderir às importações, quando estas ficaram mais baratas. Além disso, também introduziram novas linhas de produtos, para uso doméstico e internacional, a fim de aproveitar as importações mais baratas. Mas isso levou tempo.[44]

Algumas evidências reforçam a visão de muitos formuladores de políticas de que a melhor maneira de acelerar esse processo é adotar "políticas de promoção de exportações", que ajudam os exportadores a exportar mais. Todos os países do Leste Asiático com histórias de sucesso no pós-guerra — Japão, Coreia, Taiwan e, mais recentemente, China — adotaram alguma estratégia para ajudar os exportadores a acelerar sua expansão. A maioria dos exportadores acredita que a China, por exemplo, desvalorizou sistematicamente sua taxa de câmbio durante a década de 2000, até cerca de 2010, vendendo renmimbis e comprando moedas estrangeiras para manter seus produtos artificialmente baratos em relação a produtos concorrentes vendidos em dólares.

Em 2010, Paul Krugman tachou a política cambial da China de "a política cambial mais distorsiva já seguida por qualquer país importante". E ela não foi barata: a China já possuía 2,4 trilhões de dólares em reservas, e as aumentava em 30 bilhões de dólares por mês.[45] Considerando como os chineses são bons em exportar e frugais em consumir, a China tem uma tendência natural de vender mais do que compra, o que deveria ter empurrado para cima a taxa de câmbio e bloqueado o crescimento das exportações. A política cambial impediu que isso acontecesse.

Promover as exportações foi uma boa medida em termos de economia? É possível que ela efetivamente tenha ajudado os exportadores, aumentando seu lucro em renmimbis (se você vende sapatos por um preço fixo em dólares, quanto mais desvalorizada a taxa de câmbio, maior o valor que você recebe na moeda local). Isso tornou mais fácil para os chineses manter baixo o preço em dólares dos seus produtos exportados, o que encorajou os estrangeiros a comprar os artigos chineses, ajudando assim a construir a sua reputação. A medida também ajudou os exportadores a acumular mais capital e a contratar mais trabalhadores.

Por outro lado, esses resultados foram alcançados às custas dos consumidores chineses, que pagaram mais caro pelas importações (esse é o reverso de se ter uma moeda fraca). Não é fácil dizer o que teria acontecido não fosse a adoção dessa política cambial. Primeiro, porque o governo chinês também adotou uma série de outras políticas que igualmente favoreceram os exportadores. A China se manteve competitiva quando parou de manipular a moeda, depois de 2010. Em segundo lugar, mesmo que a expansão dos exportadores tivesse sido mais vagarosa, o mercado doméstico poderia ter crescido com mais rapidez e absorvido o excedente. Ainda hoje, a China exporta apenas cerca de 20% do PIB; o resto vai para a produção local.

Ainda que a promoção das exportações tivesse funcionado para a China — e talvez isso tenha acontecido —, a mesma estratégia dificilmente seria eficaz para muitos outros países, ao menos no futuro próximo. O problema, em parte, é a própria China. Seu sucesso e seu tamanho dificultam o êxito de outros países. A mera fragilidade do processo de construir uma reputação, a importância fundamental de ter as conexões certas e todos os lances de sorte necessários para o sucesso também nos levam a questionar se tentar ingressar no comércio internacional é a melhor trajetória de avanço para os países pobres típicos.

O choque chinês

Era uma vez um sonho, de J. D. Vance, de 2016, é um lamento em nome do povo americano deixado para trás, embora, ao lê-lo, perceba-se a ambivalência profunda do autor sobre até que ponto culpar as vítimas.[46] Parte do esvaziamento econômico das áreas dos Apalaches onde o livro é ambientado ocorreu em consequência do comércio com a China. O fato de as pessoas pobres serem as mais atingidas é o que se espera a partir do teorema Stolper-Samuelson: nos países ricos, quem sofre são os trabalhadores pobres. O que surpreende é a intensidade da concentração geográfica desse sofrimento. As pessoas deixadas para trás vivem em lugares deixados para trás.

A abordagem adotada por Petia Topalova ao examinar o impacto da liberalização do comércio internacional em distritos da Índia foi replicada nos Estados Unidos por David Autor, David Dorn e Gordon Hanson.[47] As exportações da China são extremamente concentradas na manufatura, e, dentro desse setor, em classes específicas de produtos. No setor de vestuário, por exemplo, as vendas de certos produtos nos Estados Unidos, como calçados femininos não esportivos e capas impermeáveis, são completamente dominadas pela China; no caso de outros produtos, porém, como tecidos revestidos, quase nada vem desse país asiático.

Entre 1991 e 2013, os Estados Unidos foram atingidos pelo "choque chinês". A participação da China nas exportações mundiais de manufaturados passou de 2,3%, em 1991, para 18,8% em 2013. Para examinar seus impactos no mercado de trabalho, Autor, Dorn e Hanson criaram um indicador que reflete a exposição de cada *commuting zone* dos Estados Unidos ao choque chinês. (Uma *commuting zone* é um agrupamento de distritos que constituem um mesmo mercado de trabalho, no sentido de que é possível se deslocar entre eles para trabalhar.) O indicador se baseia na ideia de que, se as exportações chinesas de determinada mercadoria para outros países afora os Estados Unidos são especialmente altas, implicando que a China é bem-sucedida nesse setor em especial, as *commuting zones* nos Estados Unidos que produzem a mesma mercadoria serão mais afetadas que as que produzem outros bens. Por exemplo, como o crescimento da China na produção de calçados femininos não esportivos foi particularmente rápida após o ingresso do país na OMC, uma *commuting zone* com alta produção de calçados na década de 1990 seria mais afetada pelo choque chinês do que uma que produzisse sobretudo tecidos revestidos, segmento em que a China não estava tão presente. Portanto, o indicador de choque chinês mede a vulnerabilidade do conjunto industrial de uma região à força da China, ponderando cada tipo de produto pelas importações de produtos chineses pela União Europeia.

As *commuting zones* dos Estados Unidos apresentaram desempenhos muito diferentes dependendo do que produziam. As zonas mais afetadas pelo choque chinês sofreram reduções substancialmente maiores nos níveis de emprego do setor manufatureiro. O mais impressionante é que *não* houve remanejamento da mão de obra para novos tipos de emprego. O número *total* de empregos perdidos foi com frequência maior do que o simples número de empregos perdidos nas indústrias atingidas, e raramente menor. Supõe-se que isso seja um efeito do efeito de agrupamento industrial do qual falamos. Quem perdeu o emprego apertou o cinto, reduzindo ainda mais a atividade econômica na área. O emprego no setor não manufatureiro não conseguiu compensar. Do contrário, teríamos testemunhado um aumento do emprego em outros setores, nas regiões mais impactadas. Com efeito, para trabalhadores de baixa qualificação, o aumento nos empregos do setor não manufatureiro nas zonas afetadas foi *menor* do que em outras regiões. Os salários também declinaram nessas áreas em comparação com o resto do país (e esse foi um período de estagnação geral nos níveis salariais), sobretudo para trabalhadores de baixa remuneração.

Embora houvesse *commuting zones* adjacentes praticamente não afetadas pelo choque chinês (e outras ainda que, ao contrário, se beneficiaram dele, pela importação de certos componentes da China, por exemplo), os trabalhadores não se deslocaram. A população em idade economicamente ativa não declinou nas *commuting zones* mais afetadas. Eles simplesmente não tinham trabalho.

Essa experiência não foi exclusiva dos Estados Unidos. Espanha, Noruega e Alemanha sofreram da mesma maneira com o choque chinês.[48] Em cada caso, a rigidez econômica tornou-se uma rígida armadilha.

Aglomerado de problemas

O problema foi exacerbado pela formação de agrupamentos industriais. Como já vimos, muitas são as boas razões para que as indústrias formem clusters, mas uma das consequências potencialmente negativas desse processo é que os choques comerciais podem se intensificar, afetando todas as empresas concentradas na região. Em um único ano, entre outubro de 2016 e outubro de 2017, as exportações de Tiruppur, o cluster de camisetas da Índia, caíram 41%.[49]

Isso pode desencadear uma espiral negativa. Os trabalhadores demitidos compram menos das empresas locais, como lojas e restaurantes. O preço das casas cai, por vezes catastroficamente, uma vez que, em grande medida, o preço da minha casa depende do estado de manutenção da *sua* casa. Quando a maioria das construções de um bairro começa a decair, todas decaem juntas. Famílias com grandes perdas de patrimônio imobiliário sofrem uma redução em seus limites de crédito e passam a ter dificuldade para obter refinanciamentos, reduzindo ainda mais os níveis de consumo.[50] Isso atinge as lojas e os restaurantes, e alguns acabam fechando. O desaparecimento dessas conveniências, a escassez de bairros aprazíveis, o declínio catastrófico da base tributária local, que torna mais difícil o fornecimento de água, saneamento, iluminação, escolas e estradas, são fatores que podem acabar tornando a área tão pouco atraente que fica impossível recuperá-la. Nenhuma nova empresa terá interesse em instalar-se na região e substituir as que desapareceram.

Essa lógica se aplica tanto aos agrupamentos manufatureiros nos Estados Unidos quanto àqueles na Índia ou na China. O estado do Tennessee, por exemplo, possuía uma ampla concentração de clusters que produziam bens para competir diretamente com a China, de móveis a têxteis. O fechamento dessas empresas gerou um rastro de cidades-fantasma. Bruceton, que teve o seu perfil traçado na revista *The Atlantic*, foi o lar da Henry I. Siegel Company (H.I.S.). No auge, a empresa produzia calças jeans e ternos em três fábricas gigantes, empregando 1700 pessoas. Ela começou a desandar na década de 1990. Em 2000, demitiu os seus últimos 55 empregados. Em seguida, de acordo com o artigo da *Atlantic*,

> a cidade lutou para descobrir como sobreviver. As três fábricas gigantes da H.I.S. estão vazias; as janelas, quebradas; a pintura, descascando. Algumas poucas novas fábricas vieram, mas também elas foram embora. Um a um, os negócios nas ruas principais de Bruceton e na cidade vizinha de Hollow Rock fecharam, deixando uma esteira de cidades-fantasma modernas. No centro de Bruceton, o banco desapareceu, o supermercado e a loja de roupas encerraram suas atividades, e há um estacionamento onde costumava haver outro supermercado. Tudo o que restou foi uma farmácia, onde os idosos vão comprar os seus remédios.

O ônus do comércio internacional 109

A cidade adjacente de McKenzie perdeu a sua fábrica de pijamas e uma empresa de calçados já na década de 1990. Porém ainda tenta convencer novos negócios a se instalarem lá. Sempre que surgem rumores de que uma nova fábrica está pensando em vir, o governo local convida o responsável por tomar a decisão para conhecer McKenzie e tenta lhe vender a cidade. Já houve quem demonstrasse algum interesse, mas nenhum acordo fechado. O artigo prossegue:

> Uma possível razão para eles não estarem mordendo a isca, diz Holland [prefeito da cidade], é a deprimente Main Street. Uma empresa se dispôs a vir para McKenzie, mas, quando os executivos apareceram na cidade e viram os negócios fechados na Main Street, concluíram que aquele não era o lugar onde gostariam de viver com a família. [...] "Eles disseram que parecia que uma bomba atômica havia explodido ali, e simplesmente foram embora. [...] Nem deram uma segunda chance."[51]

Esse não é um motivo para evitar a formação de agrupamentos, já que seus ganhos potenciais são enormes, mas é uma advertência para se ter atenção e estar preparado para intervir e lidar com as consequências quando o cluster começar a se desintegrar.

Esqueça os perdedores

Embora sem dúvida tenham superestimado o grau em que o mercado cuidaria daqueles diretamente impactados pelo comércio internacional, os teóricos do comércio sempre souberam que algumas pessoas *seriam* prejudicadas. A resposta sempre foi que, como muita gente ganharia, deveríamos querer e poder compensar os perdedores.

Autor, Dorn e Hanson analisaram até que ponto os governos atuaram para ajudar as regiões afetadas negativamente pelo comércio com a China. Descobriram que, embora elas recebessem mais dinheiro de programas públicos, os valores eram muito baixos para compensá-las plenamente pelas perdas. Por exemplo, comparando os residentes das *commuting zones* mais afetadas com os das menos afetadas, a renda por adulto declinou 549 dólares a mais nas primeiras, ao passo que os pagamentos de benefícios sociais aumentaram apenas 58 dólares por adulto.[52]

Além disso, a composição dessas transferências governamentais pode ter contribuído para agravar a situação dos trabalhadores que ficaram desempregados. Em princípio, o programa básico para ajudar aqueles que perderam o emprego em razão do comércio é o Trade Adjustment Assistance (TAA). Por força do TAA, o trabalhador elegível pode estender o seguro-desemprego por até três anos, desde que receba formação para trabalhar em outros setores. Ele também pode fazer jus a ajuda financeira para se mudar, procurar trabalho ou receber assistência médica.

O TAA é um programa antigo, criado em 1974, e no entanto contribuiu com uma parcela minúscula das já pequenas transferências para os distritos afetados. Dos 58 dólares adicionais destinados a indivíduos nas regiões mais afetadas, somente 23 *centavos* vieram do TAA. Uma parcela muito grande do que de fato aumentou foi o seguro por invalidez; de cada dez trabalhadores que perderam o emprego em consequência do comércio, um foi para o seguro por invalidez.

O enorme aumento no seguro por invalidez é alarmante. É improvável que o comércio tenha exercido impacto direto sobre a saúde física desses trabalhadores, sobretudo porque em geral foram os trabalhos mais árduos do ponto de vista físico os que desapareceram. Alguns trabalhadores ficaram claramente deprimidos; para outros, o seguro por invalidez foi um recurso a que tiveram de recorrer como condição de sobrevivência. Seja como for, infelizmente, ir para o seguro por invalidez costuma ser uma via de mão única para a saída do mercado de trabalho. A título de exemplo, pesquisas sobre um programa para veteranos que, recentemente, reconheceu o diabetes como razão para reivindicar invalidez por quem tenha sido exposto ao agente laranja mostrou que, para cada cem veteranos que entraram no programa, dezoito saíram da força de trabalho para sempre.[53] Nos Estados Unidos, aqueles que entram nas listas de invalidez raramente as deixam,[54] em parte porque ser classificado como incapaz prejudica suas

O ônus do comércio internacional

perspectivas de emprego. Recorrer à invalidez depois de um choque comercial para pagar as contas tende a afastar da força de trabalho pessoas que ainda poderiam conseguir um novo emprego.

Para os trabalhadores que precisam recorrer aos benefícios por invalidez como condição de sobrevivência, ser classificado como incapaz piora ainda mais as coisas. Quando se mantêm como inválidos, aqueles que passaram a vida em trabalhos que exigiam esforço físico perdem não apenas a ocupação, mas a própria pretensão à dignidade. Assim, não só os Estados Unidos nem de longe compensaram aqueles que perderam seu emprego, mas, com a pouquíssima ajuda que lhes ofereceram através do aparato de proteção social existente, lhes impingiram um sentimento de humilhação.

A política partidária teve um papel nesse desastre. Quando alguém que havia perdido o emprego necessitava de assistência médica, deveria recorrer ao Obamacare. Infelizmente, muitos estados republicanos, como Kansas, Mississippi, Missouri e Nebraska, decidiram encenar um espetáculo de resistência ao governo federal negando aos seus cidadãos essa alternativa. Isso levou algumas pessoas a pleitear o status de invalidez para conseguir assistência médica. Com efeito, após a adoção do Affordable Care Act, também conhecido como Obamacare, os pedidos de invalidez aumentaram em 1% nos estados que se recusaram a expandir o Medicaid, ao passo que diminuíram em 3% nos estados que o expandiram.[55]

As causas, porém, são mais profundas. Os políticos americanos são cautelosos com o subsídio a setores específicos (porque outros podem se sentir preteridos e fazer lobby em interesse próprio), o que provavelmente ajuda a explicar por que o TAA continuou sendo um programa tão pequeno. Os economistas, por tradição, também relutam em adotar políticas localistas ("ajudar pessoas, não lugares", como diz o slogan). Enrico Moretti, um dos poucos economistas que efetivamente estudou essas políticas, mostra um vivo desapreço por elas. Na visão dele, canalizar fundos públicos para regiões em dificuldade é pôr ainda mais dinheiro fora, tentando salvar o que não tem salvação. Cidades arruinadas devem encolher enquanto outras assumem o seu lugar. É o rumo natural da história. A função das políticas públicas é ajudar as pessoas a se mudar para os lugares do futuro.[56]

Essa análise parece atribuir pouco peso aos fatos da vida real. As mesmas razões que impulsionam o desenvolvimento dos clusters também os levam a se desfazer com rapidez. Em teoria, a única resposta óbvia para esse esgarçamento generalizado deveria ser a ampla migração de moradores, mas, como vimos, isso não acontece. Pelo menos não com a rapidez necessária. Em vez disso, quando tiveram seu distrito atingido pelo choque chinês, menos pessoas se casaram, menos tiveram filhos, e, dos novos nascimentos, muitos se deram fora do casamento. Os homens jovens — e, em especial, os homens jovens brancos — se mostraram menos propensos a ir para a universidade.[57] "Mortes por desesperança" causadas por envenenamento por drogas e álcool ou suicídio dispararam.[58] Esses são os sintomas de uma desesperança profunda outrora associados a comunidades afro-americanas em áreas urbanas decadentes dos Estados Unidos, mas que hoje se manifestam também nos subúrbios brancos e nas cidadezinhas industriais da Costa Leste e da parte oriental do Centro-Oeste. Muitos desses danos são irreversíveis, pelo menos no curto prazo. Os que abandonam a escola, os viciados em drogas e em álcool e as crianças que crescem sem pai ou mãe perderam parte do futuro. Permanentemente.

Será que o comércio vale o sacrifício?

Donald Trump decidiu que a solução para os efeitos negativos do comércio era aumentar as tarifas. Ele acolheu de bom grado a guerra comercial. O processo começou nos primeiros meses de 2018, com o lançamento de novas tarifas sobre o alumínio e o aço. Trump, então, falou em impor 50 bilhões de dólares em tarifas sobre os produtos chineses, e, quando a China retaliou, sugeriu outros 100 bilhões.

O mercado de ações despencou com o anúncio, mas o instinto básico de que devemos fechar a nossa economia e, em especial, defendê-la contra a China é compartilhado por muitos americanos, republicanos e democratas.

O ônus do comércio internacional

Enquanto isso, os economistas estavam muito agitados. Eles evocaram o espectro da "pior tarifa de todas", o Smoot-Hawley Tariff Act, que precipitou uma guerra comercial global em 1930 ao impor tarifas sobre 20 mil produtos exportados para os Estados Unidos. O projeto de lei Smoot-Hawley coincidiu com o início da Grande Depressão, e, ainda que não a tenha causado, essa coincidência sem dúvida lhe trouxe má reputação.

A ideia de que mais comércio é bom (no cômputo geral) está profundamente enraizada em qualquer um que tenha feito pós-graduação em economia. Em maio de 1930, mais de mil economistas tinham escrito uma carta encorajando o presidente Hoover a vetar o projeto de lei Smoot-Hawley. E, no entanto, há algo que os economistas sabem mas tendem a guardar para si próprios: os ganhos agregados do comércio, para uma grande economia como a dos Estados Unidos, são efetivamente muito pequenos do ponto de vista quantitativo. A verdade é que se os Estados Unidos se convertessem numa autarquia absoluta, não comercializando com nenhum outro país, seriam de fato mais pobres, mas não *tão* mais pobres.

Arnaud Costinot e seu colaborador de longa data Andrés Rodríguez-Clare conseguiram a reprovação dos economistas especializados em comércio internacional por defenderem essa ideia. Em março de 2018, eles publicaram um oportuno novo artigo, "The us Gains from Trade" ["Os ganhos dos Estados Unidos com o comércio"], com o seguinte primeiro parágrafo, presciente:

Cerca de oito centavos de cada dólar gasto nos Estados Unidos é gasto em importações.

E se, por causa de um muro, ou de qualquer outra política de intervenção extrema, esses bens permanecessem do outro lado da fronteira do país? Quanto os consumidores dos Estados Unidos estariam dispostos a pagar para evitar que essa hipotética mudança de política entrasse em vigor? A resposta a essa pergunta representa o custo do bem-estar da autarquia ou, em outras palavras, os ganhos em bem-estar propiciados pelo comércio.[59]

O artigo se baseia numa linha de pesquisa que eles desenvolveram ao longo de muitos anos, tanto juntos quanto em parceira com outros acadêmicos, e em décadas de pesquisa sobre comércio. A ideia principal é que os ganhos oriundos do comércio dependem basicamente de dois fatores: quanto importamos e até que ponto essas importações são influenciadas por tarifas, custos de transporte e outros custos do comércio internacional. Se não importamos nada, tanto faz se erguemos um muro e paramos de importar. Além disso, ainda que importemos muito, se o deixamos de fazer quando os preços de importação sobem, mesmo que ligeiramente, porque ficou um pouco mais caro trazer os produtos do exterior, isso deve significar que temos muitos substitutos disponíveis em casa, de modo que o valor das importações não é assim tão alto.

Calculando os ganhos do comércio: um aparte levemente técnico

Com base nessa ideia, podemos calcular os ganhos do comércio. Se os Estados Unidos somente importassem bananas e produzissem maçãs, seria muito fácil. Poderíamos considerar a proporção do consumo de bananas e até que ponto os consumidores estariam dispostos a trocar entre maçãs e bananas, à medida que os preços das duas frutas mudassem. (Isso é o que os economistas denominam *elasticidade-preço cruzada*.) Na verdade, os Estados Unidos importam produtos de aproximadamente 8500 categorias; portanto, para fazer esses cálculos de maneira adequada, precisaríamos conhecer a elasticidade-preço cruzada de cada produto e de todos os outros produtos do mundo — maçãs e bananas, carros japoneses, grão de soja americano, café costa-riquenho e camisetas chinesas —, inviabilizando essa abordagem.

Mas, na verdade, não precisamos efetivamente considerar os produtos um a um. Uma aproximação razoável da realidade seria fazer de conta que todas as importações são de um único bem indiferenciado, que é consumido diretamente (as importações representam 8% do consumo dos Estados Unidos) ou usado como insumo para a produção nacional (outros 3,4% do consumo).[60]

Para chegar aos ganhos finais oriundos do comércio internacional, precisamos saber até que ponto as importações são sensíveis aos custos do comércio. Se elas forem muito sensíveis, isso significa que é fácil substituir o que importamos por bens produzidos no país, e que não é muito importante comercializar com outros países. Se, por outro lado, o valor não mudar mesmo quando os custos mudam, é porque realmente gostamos do que compramos no exterior, e o comércio aumenta em muito o nosso bem-estar social. Há algumas conjecturas aqui, uma vez que estamos na verdade falando de um bem que não existe, de um composto de milhares de produtos amplamente diferenciados. Os autores, portanto, apresentam os resultados para uma gama de situações, desde um cenário em que os bens comercializados podem ser substituídos com muita facilidade por bens produzidos no país (levando a ganhos oriundos do comércio equivalentes a 1% do PIB) até outro em que a substituição dos bens comercializados é muito difícil (levando a uma estimativa de 4% do PIB).

Tamanho é documento

A melhor estimativa de Costinot e Rodríguez-Clare é que os ganhos oriundos do comércio equivalem a cerca de 2,5% do PIB. Isso realmente não é muito. A economia dos Estados Unidos cresceu 2,3% em 2017;[61] portanto, um ano de bom crescimento poderia pagar pela conversão da economia americana numa autarquia completa, para sempre! Será que eles erraram alguma coisa em seus cálculos? Podemos questionar muitos dos detalhes, mas a ordem de grandeza deve estar certa. Em termos simples, apesar de sua abertura para o comércio, a proporção das importações dos Estados Unidos, de 8%, é uma das mais baixas do mundo.[62] Logo, os ganhos oriundos do comércio internacional para os Estados Unidos não podem ser assim tão grandes. Na Bélgica, uma pequena economia aberta, a proporção das importações é de 30%; portanto, lá o comércio é muito mais importante.

Essa constatação não é tão surpreendente. A economia dos Estados Unidos é muito grande e muito diversa, e, portanto, capaz de produzir boa parte do que é consumido no país. Além disso, uma porção expressiva do consumo é de serviços (tudo, desde serviços bancários até faxina) tipicamente não comercializados em âmbito internacional (ainda). Mesmo o consumo de bens manufaturados envolve uma parcela significativa de serviços locais. Quando compramos um iPhone montado na China, também pagamos pelo design americano e pelo marketing e propaganda locais. O aparelho é vendido em lojas reluzentes da Apple construídas por empresas locais e operadas por equipes locais.

Contudo, não devemos nos deixar levar pelo exemplo dos Estados Unidos. Grandes economias, como a americana e a chinesa, possuem competência e capital para produzir quase tudo em algum lugar do país. Além disso, os mercados internos são grandes o suficiente para absorver a produção de muitas fábricas, em muitos setores, operando na escala adequada. Eles perderiam relativamente pouco sem o comércio.

O comércio internacional é muito mais importante para países menores e mais pobres, como aqueles na África, no Sudeste Asiático ou no Sudeste da Europa. Nesses lugares, as competências e o capital são escassos, e a demanda interna por aço e automóveis provavelmente não é grande o bastante, considerando que as rendas são baixas e as populações são pequenas, para sustentar uma produção em larga escala. Infelizmente, são esses países que enfrentam as maiores barreiras para se tornarem atores no mercado internacional.

Todavia, para países em desenvolvimento com maior extensão territorial, como Índia, China, Nigéria ou Indonésia, o maior problema costuma ser a integração interna. Muitos deles sofrem de falta de conectividade interna. Quase 1 bilhão de pessoas em todo o mundo vivem a mais de um quilômetro e meio de distância de uma estrada pavimentada (um terço delas na Índia), e ainda mais longe de uma linha de trem.[63] A política interna por vezes agrava essa situação. A China possui excelentes estradas, mas as províncias chinesas descobriram maneiras de desencorajar as empresas nacionais de importarem bens do resto do país.[64] E até a criação recente, na Índia, de impostos unificados sobre bens e serviços, cada estado tinha o poder de estabelecer suas próprias alíquotas tributárias, e com frequência as utilizavam em favor dos produtores locais.

O ônus do comércio internacional   117

Será que o negócio é ser pequeno?[65]

Mas talvez a própria ideia de vantagem comparativa seja superestimada, e até mesmo países pequenos sejam capazes de viver como autarquias. Ou, talvez, toda comunidade seja capaz de aprender a produzir aquilo de que precisa.

Essa ideia tem uma história antiga e um tanto infame. Durante o Grande Salto para a Frente, na China, Mao Tsé-tung argumentava, entre outras coisas, que a industrialização poderia ocorrer em todas as aldeias e que o aço poderia ser produzido em fornos de quintal. O projeto foi um grande fracasso, mas não antes de os camponeses derreterem suas panelas, utensílios e arados para atender aos desejos do Grande Timoneiro e se ocuparem produzindo aço enquanto os campos ficavam sem cultivo e as colheitas apodreciam no chão. Muitos observadores acham que isso pode ter contribuído para a Grande Fome de 1958-60, quando morreram mais de 30 milhões de pessoas no país.

A ideia de comunidades aldeãs autossuficientes também foi a peça central da filosofia econômica de Gandhi. Sua visão de uma sociedade vestida com roupas simples e vivendo sobretudo da terra exerceu um efeito duradouro sobre a política econômica indiana na era pós-independência. Até a OMC forçar o país a abandonar a ideia, em 2002, a produção de 799 bens, de picles a canetas-tinteiro, tinturas e muitas peças de vestuário, era reservada a microempresas capazes de se instalar em aldeias.

O problema, evidentemente, é que o negócio nem sempre é ser pequeno. É preciso uma escala mínima para que as empresas possam empregar trabalhadores especializados ou utilizar máquinas de alta produtividade. No começo da década de 1980, a mãe de Abhijit, Nirmala Banerjee, uma economista com opiniões bastante esquerdistas, fez uma pesquisa entre pequenas empresas situadas em Kolkata e arredores e ficou perplexa ao constatar como elas eram improdutivas.[66] Evidências posteriores confirmaram essa percepção. Na Índia, as pequenas empresas são muito menos produtivas do que as grandes.[67]

As empresas, porém, só podem ser grandes se os mercados forem grandes. Como escreveu Adam Smith, em 1776, "a divisão do trabalho é limitada pela extensão do mercado".[68] É por isso que o comércio é importante. Comunidades isoladas não podem ter empresas produtivas.

De fato, a integração nacional através de ferrovias exerceu impactos transformadores em muitas economias. Na Índia, entre 1853 e 1930, a administração colonial britânica supervisionou a construção de quase 68 mil quilômetros de linhas férreas. Antes das ferrovias, as mercadorias eram transportadas por novilhos, em estradas empoeiradas, e podiam percorrer no máximo 32 quilômetros por dia. As ferrovias eram capazes de transportar as mesmas mercadorias por quase 640 quilômetros, a custos muito mais baixos, e com menos riscos de deterioração. Regiões interioranas, quase isoladas do resto do país, foram interligadas.[69] A malha ferroviária reduziu drasticamente os custos do comércio. O custo do transporte ferroviário por quilômetro percorrido era quase duas vezes e meia mais baixo que o do transporte rodoviário. E os lugares interligados por ferrovias intensificaram o comércio e ficaram mais ricos; o valor da produção agrícola aumentou 16% mais rápido nos distritos que dispunham de linhas de trem, em comparação com os que não contavam com esse recurso.

Os Estados Unidos foram outro grande país integrado por uma vasta rede de ferrovias mais ou menos na mesma época. Embora o papel das ferrovias no desenvolvimento da economia dos Estados Unidos seja controverso, pesquisas recentes sugerem que o valor das terras agrícolas seria 64% mais baixo não fosse a construção das linhas ferroviárias.[70] Esses valores fundiários incorporam todos os ganhos que os agricultores esperavam obter com melhores conexões com outros distritos. E os ganhos decorriam em grande medida da capacidade de cada região de se especializar naquilo em que era melhor. Entre 1890 e 1997, a agricultura tornou-se cada vez mais especializada localmente. E os agricultores passaram cada vez mais a escolher as plantações mais adequadas para cada campo (por tipo de clima, solo etc.), o que levou a grandes ganhos totais na produtividade agrícola e na renda.[71]

A má integração interna também torna as economias rígidas, eliminando os ganhos oriundos do comércio internacional para os homens e mulheres comuns, ou até os convertendo em perdas. Estradas ruins de-

O ônus do comércio internacional

sencorajam as pessoas a aceitar novos empregos nas cidades. Na Índia, as estradas não pavimentadas interligando aldeias às rodovias principais dissuadiam moradores das zonas rurais a aceitar empregos não agrícolas fora de suas aldeias.[72] Caminhos acidentados oneram tanto o preço final das mercadorias que os consumidores em aldeias remotas quase não aproveitam os benefícios do comércio internacional. Na Nigéria e na Etiópia, quando as mercadorias importadas chegam às aldeias, se é que chegam, são caras demais e inacessíveis.[73] O transporte deficiente, tanto para os insumos quanto para os produtos finais, compromete as vantagens do custo menor da força de trabalho. As conexões internas devem melhorar para que a integração internacional seja benéfica.

Não comece essa guerra comercial

Os exemplos e análises apresentados neste capítulo foram extraídos de pesquisas de ponta, conduzidas pelos mais respeitados departamentos de economia, ainda que suas principais conclusões possam nos colocar em conflito com décadas de sabedoria convencional. Embora todos os estudantes de economia aprendam que o comércio gera ganhos agregados substanciais e que todos podem melhorar sua condição se redistribuirmos esses ganhos, as três principais lições deste capítulo são decisivamente menos otimistas.

Primeiro, os ganhos do comércio internacional são muito pequenos para uma economia grande como a dos Estados Unidos. Segundo, embora os ganhos sejam potencialmente muito maiores para países menores e mais pobres, não há fórmula mágica. Como vimos no capítulo sobre as migrações, abrir as fronteiras não é o bastante para que todos se desloquem, e da mesma forma a eliminação das barreiras comerciais não é o bastante para garantir que novos países participem da festa. Declarar o livre-comércio não é a fórmula mágica para o desenvolvimento (ou mesmo para o comércio). Terceiro, a redistribuição dos ganhos oriundos do comércio já se mostrou extremamente complicada, e as pessoas afetadas pelo impacto negativo do comércio sofreram e ainda sofrem muito.

No conjunto, a troca de mercadorias, pessoas, ideias e culturas tornou o mundo muito mais rico. Os que tiveram a sorte de estar no lugar certo, na hora certa, com as competências certas e as ideias certas tornaram-se ricos, por vezes fabulosamente ricos, beneficiando-se da oportunidade de potencializar seus dons especiais em escala global. Para o resto, a experiência tem sido variada. Empregos foram extintos e outros os substituíram. Rendas crescentes propiciaram a criação de novos empregos — chefs e motoristas, jardineiros e babás —, mas o comércio também criou um mundo mais volátil, onde empregos desaparecem de repente apenas para ressurgir a milhares de quilômetros de distância. Os ganhos e prejuízos acabaram sendo distribuídos de maneira muito desigual e estão, muito nitidamente, começando a nos cobrar um preço; junto com as migrações, eles definem nosso discurso político.

Nessas condições, será que tarifas protecionistas ajudam? Não. A reintrodução de tarifas neste momento não irá ajudar a maioria dos americanos. A razão é simples: um de nossos principais argumentos até agora tem sido o de que precisamos nos preocupar com as transições. Muitos dos que foram deslocados pelo choque chinês nunca se recuperaram do trauma, porque a rigidez econômica implica que eles não podem se movimentar por setores ou regiões para se reerguer, e tampouco os recursos podem se movimentar na direção deles.

Mas fechar o comércio com a China agora sem dúvida promoverá um novo conjunto de deslocamentos, e muitos dos novos perdedores estarão em distritos de que jamais ouvimos falar simplesmente porque hoje estão muito bem, obrigado. De fato, entre os 128 produtos sobre os quais a China anunciou tarifas em 22 de março e em 2 de abril de 2018, quase todos eram agrícolas. As exportações dos Estados Unidos em agricultura têm aumentado constantemente nas últimas décadas (de 56 bilhões de dólares em 1995 para 140 bilhões em 2017). Hoje, um quinto da produção agrícola americana é exportado. E seu principal destino é o Leste Asiático. Só a China compra 16% delas.[74]

O efeito imediato de uma guerra comercial com a China provavelmente será a perda de empregos na agricultura e nos setores adjacentes de

O ônus do comércio internacional

apoio. O Departamento de Agricultura dos Estados Unidos estima que, em 2016, as exportações agrícolas geravam mais de 1 milhão de empregos no país, dos quais mais de três quartos eram no setor não agrícola.[75] Os cinco estados com maior participação no emprego agrícola são Califórnia, Iowa, Louisiana, Alabama e Flórida.[76] Exatamente pelas mesmas razões pelas quais as pessoas que perderam seus empregos nas fábricas da Pensilvânia não conseguiram outro emprego perto de casa, esses empregos agrícolas não serão substituídos por empregos nas indústrias manufatureiras na região. E, por tudo que já vimos neste capítulo e no anterior, sabemos que, da mesma maneira que os trabalhadores das fábricas não se mudaram quando perderam o emprego, os trabalhadores agrícolas provavelmente tampouco o farão. O Alabama e a Louisiana estão entre os dez estados mais pobres dos Estados Unidos,[77] e uma guerra comercial seria terrível para eles.

Para os Estados Unidos, uma guerra comercial não seria o fim do mundo como o conhecemos. Mas, embora pudesse salvar alguns empregos em siderurgia, provavelmente infligiria novas perdas significativas em outros setores. A economia do país ficará bem. Centenas de milhares de pessoas, não.

Se não tarifas, então o quê? Facilitar a mobilidade, aceitar a imobilidade

Uma vez que o principal problema do comércio é criar muito mais perdedores do que a teoria de Stolper e Samuelson sugere, aparentemente qualquer solução deve consistir em limitar o número de perdedores, ajudando-os a se deslocar ou a mudar de emprego, ou em encontrar alguma maneira mais adequada de compensá-los.

Um benefício colateral dos efeitos negativos da concentração excessiva do comércio é efetivamente deixar claro onde procurar as vítimas. Por que não direcionar alguma ajuda diretamente para os trabalhadores das indústrias que saíram perdendo com o choque chinês? Na verdade, era essa a ideia por trás do programa Trade Adjustment Assistance. O TAA paga a formação do trabalhador (até 10 mil dólares por ano) e oferece ao trabalhador formado até três anos de seguro-desemprego, exatamente para lhe dar algum tempo de se recuperar. O único problema, como vimos, é que o programa continua minúsculo.

Infelizmente, isso ocorre não porque o TAA seja ineficaz como conceito, mas, sim, porque foi gravemente subfinanciado. Para inscrever-se no programa, o trabalhador deve fazer uma petição ao Departamento do Trabalho. Um assistente social é então designado para o caso e incumbido de apurar se, na situação em questão, o emprego na antiga empresa do trabalhador desapareceu por conta da competição de produtos importados, da transferência de empregos para o exterior ou do efeito cascata de outras empresas que mantinham relações comerciais com a empresa atingida.

Essa decisão envolve julgamentos complexos, e alguns assistentes sociais se mostram muito mais dispostos do que outros a opinar a favor do trabalhador e a conceder-lhe a ajuda. Um estudo sustenta que a distribuição dos requerimentos entre os assistentes sociais e, portanto, do julgamento em si, é mais ou menos aleatória.[78] Usando um banco de dados de 300 mil requerimentos, o estudo compara trabalhadores designados para assistentes sociais com diferentes graus de leniência. Trabalhadores direcionados para assistentes sociais mais lenientes tinham maior probabilidade de serem contemplados pelo TAA e, portanto, mais chances de receber formação, mudar de setor e ganhar mais dinheiro. No geral, trabalhadores contemplados pelo TAA tinham de renunciar, no início, a 10 mil dólares em rendimentos (uma vez que não podiam trabalhar enquanto recebiam formação), e o governo despendia algum dinheiro na formação, mas, ao longo dos dez anos seguintes, eles ganhavam 50 mil dólares a mais do que os trabalhadores que não haviam passado pelo processo de requalificação. Eram necessários dez anos para que os níveis salariais dos trabalhadores com e sem requalificação convergissem. Era, portanto, um bom investimento, mas eles não tinham condições de fazê-lo sem o apoio do governo, pois seria muito difícil conseguir um empréstimo bancário para essa finalidade.

Assim, por que um programa tão eficaz como o TAA foi subfinanciado e subutilizado? Em parte, porque nem os formuladores de políticas nem o

O ônus do comércio internacional 123

público sabiam da sua eficácia até a divulgação do estudo, há bem pouco tempo. Isso provavelmente reflete a falta de interesse por esse tipo de política pública entre economistas especializados em comércio. Os economistas também não costumam gostar de programas que dependem muito de julgamentos pessoais, receosos de possíveis abusos. No nível político, gastos elevados com ajustes de comércio teriam deixado mais explícito que esses custos são de fato altos, o que talvez não fosse palatável.

Um caminho óbvio, portanto, é expandir programas como o TAA, tornando-os mais generosos e mais acessíveis. O novo TAA, por exemplo, poderia inspirar-se no GI Bill, pagando o suficiente a um "veterano" de um choque comercial de modo a propiciar-lhe um novo começo no tocante à sua formação. O GI Bill oferece até 36 meses de benefícios educacionais, anuidades integrais em escolas públicas e até 1944 dólares de anuidade para estudantes em tempo integral (e pagamento proporcional para programas de meio período), bem como um estipêndio para moradia.[79] O novo TAA poderia ser algo semelhante, combinado com seguro-desemprego estendido enquanto o beneficiário estivesse na escola. E, como sabemos que a ruptura do comércio produz um forte impacto sobre os mercados locais, o TAA poderia ser mais generoso em regiões notoriamente mais afetadas pelos choques do comércio, para evitar que os mercados de trabalho afetados entrem em espiral descendente.

De maneira mais geral, grande parte das dificuldades provocadas pelo comércio tem a ver com a imobilidade de pessoas e recursos. A livre movimentação de bens através das fronteiras não é acompanhada pelo deslocamento de pessoas e recursos dentro dos países. Todas as soluções que analisamos no final do capítulo 2 para estimular as migrações internas e a integração completa daqueles que se deslocam (subsídios, moradia, seguro, ajuda para os filhos etc.) facilitariam o ajuste aos choques comerciais.

Mas também está claro que a mobilidade, induzida ou não pelo TAA, não é a solução ideal para todos os trabalhadores. Alguns talvez não queiram ou não sejam capazes de receber nova formação; outros talvez relutem em trocar de emprego, sobretudo se isso envolver mudança geográfica. Isso pode ser especialmente verdadeiro para os trabalhadores mais velhos.

Para eles, a requalificação seria difícil, e é possível que tivessem menos chances do que os mais jovens de encontrar um novo emprego ao fim do processo. Com efeito, um estudo revelou que, depois de demissões em massa, os trabalhadores mais velhos têm muita dificuldade em encontrar um novo posto. Dois e quatro anos depois de perder o emprego, homens e mulheres vítimas de demissões em massa aos 55 anos tinham 20% mais chance de estarem desempregados do que indivíduos que haviam tido a sorte de não terem perdido o emprego na mesma idade.[80] Esse tipo de perda também exerce um efeito permanente sobre os mais jovens, mas o impacto nem de longe é tão forte.[81]

Os trabalhadores mais velhos demitidos também tendem a ser aqueles que passam longos anos da carreira em determinado emprego. Para eles, o trabalho é fonte de orgulho e identidade, além de definir o seu papel na comunidade. É difícil compensá-los com um convite para receber formação em alguma atividade completamente diferente.

Por que não, então, subsidiar as empresas que sofreram impacto negativo do comércio, em especial nas regiões mais afetadas, desde que preservem o emprego dos trabalhadores mais idosos? Larry Summers, chefe do National Economic Council de 2009 a 2012, e Edward Glaeser defenderam recentemente uma redução nas contribuições sobre a folha de pagamento em alguns setores específicos.[82] Essa atenuação dos encargos sociais, porém, pode ser insuficiente para convencer uma empresa a manter seus empregados se ela perdeu a competitividade. No entanto, se a iniciativa for mais específica quanto a setores e localidades e mais restritiva quanto aos beneficiários, limitando-os aos trabalhadores já empregados, na faixa etária de 55 e 62 anos (quando eles já podem recorrer à previdência social e requerer a aposentadoria), seria possível gastar muito mais com cada pessoa, possivelmente compensando a empresa com um valor maior do que o custo de um trabalhador em tempo integral, se for necessário. Isso não salvará todas as empresas, mas pode preservar um significativo nível de emprego onde é mais importante, evitar o desmoronamento das comunidades e auxiliar na longa transição para um novo caminho. Os recursos para financiar o programa devem vir dos impostos em geral. Na medida em que todos nos beneficiamos com o comércio, devemos arcar com os custos de maneira coletiva. Não faz sentido impor aos trabalhadores agrícolas a perda de seu emprego para manter o emprego dos operários da indústria siderúrgica, que é o que as tarifas podem realizar.

Evidentemente, a proposta não é isenta de dificuldades práticas. Antes de tudo, é preciso definir as empresas elegíveis, e sem dúvida haverá lobby na definição dos critérios, além de tentativas de contornar as normas. A proposta pode ser considerada uma forma de proteção do comércio e, como tal, uma infração às normas da OMC. Essas questões, todavia, podem ser resolvidas. A ideia de identificar empresas que foram impactadas por choques de comércio já é aceita pelo programa TAA, que desenvolveu um mecanismo para avaliar reivindicações. A fim de evitar sua caracterização como proteção do comércio, o programa poderia ser estendido à perda de emprego por rupturas tecnológicas.

A conclusão geral é que precisamos enfrentar os ônus associados à necessidade de mudar, de migrar, de rever os conceitos do que significa uma vida boa e um bom emprego. Os economistas e os formuladores de políticas foram surpreendidos pela reação hostil ao livre-comércio, embora soubessem de longa data que, como classe, os trabalhadores provavelmente sofreriam com o comércio nos países ricos e se beneficiariam dele nos países pobres. Isso aconteceu porque eles não tinham dúvidas de que os trabalhadores seriam capazes de mudar de emprego ou de localidade, ou ambos, e, se não conseguissem fazer isso, seria por sua própria culpa. Essa crença matizou as políticas sociais e deflagrou o conflito entre os "perdedores" e o resto que estamos vivenciando hoje.

4. Preferências, desejos e necessidades

As MANIFESTAÇÕES CADA VEZ MAIS ostensivas de indisfarçável animosidade contra pessoas de diferentes raças, religiões, etnias e até gênero converteram-se no alimento básico de líderes populistas em todo o mundo. Dos Estados Unidos à Hungria, da Itália à Índia, líderes que propõem pouco mais que racismo e/ou intolerância estão se tornando um fenômeno definidor do panorama político, uma força que dá forma a eleições e políticas públicas. Nos Estados Unidos, em 2016, o grau em que uma pessoa se identifica profundamente como branca foi um dos indicadores mais claros de apoio a Donald Trump entre os republicanos, muito mais, por exemplo, do que a preocupação econômica.[1]

O vocabulário atroz que nossos líderes empregam no dia a dia legitima manifestações em público de opiniões que algumas pessoas provavelmente já nutriam, mas que até então não expressavam em palavras e atitudes. Em um caso de racismo cotidiano, num supermercado dos Estados Unidos uma mulher branca, com base numa conversa telefônica entreouvida, chamou a polícia por causa de uma mulher negra que lhe pareceu suspeita de estar tentando vender vales-alimentação, e, na sequência, de maneira um tanto sugestiva, exclamou: "Vamos construir o muro". À primeira vista, o comentário não fazia sentido: a acusada era uma cidadã americana que pertencia ao mesmo lado do muro hipotético em que a acusadora branca se incluía.

Mas, evidentemente, todos sabemos o que a mulher branca queria dizer. Ela estava expressando sua *preferência* por uma sociedade em que não tivesse de conviver com pessoas diferentes dela, com o muro metonímico do presidente Trump separando as raças. É por isso que o muro se tornou

Preferências, desejos e necessidades 127

um ponto crítico na política americana, uma imagem do que são os sonhos, de um lado, e os pesadelos, do outro.

As preferências, em determinado nível, são o que são. Os economistas fazem uma distinção nítida entre preferências e crenças. As preferências refletem se gostamos mais de bolo ou biscoito, de praia ou montanha, de pessoas pardas ou brancas. Não quando ignoramos os méritos de cada lado e podemos, portanto, ser influenciados por informações, mas quando sabemos tudo o que possivelmente precisemos saber. As pessoas podem ter crenças erradas, mas não preferências erradas — a senhora no supermercado pode insistir que não tem obrigação de ser coerente. Todavia, vale a pena tentar compreender por que as pessoas têm certas opiniões antes de mergulharmos fundo no pântano do racismo, sobretudo porque é impossível refletir sobre as escolhas de políticas públicas com que vamos nos deparar neste livro sem ter uma ideia do que essas preferências representam e de onde elas vêm. Quando analisamos os limites do crescimento econômico, os ônus da desigualdade ou os custos e benefícios de proteger o meio ambiente, não há como contornar as distinções entre aquilo de que as pessoas precisam e o que elas querem, e como a sociedade em geral deve avaliar esses desejos.

Infelizmente, a economia tradicional está mal equipada para nos ajudar nesse aspecto. Nela, a atitude predominante tem sido muito mais de tolerância em relação às visões e opiniões das pessoas; podemos não concordar com elas, mas quem somos nós para julgá-las? Podemos proclamar os fatos para ter a certeza de que as pessoas têm as informações certas, mas só elas podem definir do que gostam. Além disso, geralmente temos a esperança de que o mercado cuide do problema da intolerância. Aqueles que possuem preferências mesquinhas e bitoladas não devem sobreviver no mercado, uma vez que a tolerância é uma boa prática de negócios. Imagine, por exemplo, um confeiteiro que se recuse a fazer bolos para casamentos de pessoas do mesmo sexo. Ele perderá as vendas para todos os casamentos homoafetivos, que passarão para outros confeiteiros. Estes ganharão dinheiro, ele não.

Só que a coisa nem sempre funciona dessa maneira. Os confeiteiros que não querem fornecer para casamentos de pessoas do mesmo sexo não vão à falência, em parte porque contam com o apoio dos que pensam da mesma maneira. A intolerância pode ser um bom negócio, pelo menos para algumas pessoas, e parece ser uma boa política também. Por isso, nos últimos anos, a ciência econômica teve de lidar com a questão das preferências, e pudemos desenvolver algumas ideias úteis sobre como sair dessa confusão.

De gustibus non est disputandum?

Em 1977, em um famoso artigo intitulado "De gustibus non est disputandum" (geralmente traduzido como "Gosto não se discute"), Gary Becker e George Stigler, ganhadores do prêmio Nobel e fundadores da Escola de Chicago, formularam um argumento influente a respeito da razão pela qual os economistas não devem se deixar enredar pela tentativa de compreender o que jaz por trás das preferências.[2]

As preferências são parte do que somos, alegaram Becker e Stigler. Se, depois de repassar todas as informações disponíveis, ainda discordamos sobre o que é melhor, baunilha ou chocolate, ou se os ursos-polares devem ser preservados, devemos presumir que se trata de algo intrínseco a quem somos. Não um capricho, nem um equívoco, nem uma resposta a pressões sociais, mas um julgamento ponderado que reflete aquilo que valorizamos. Embora reconhecessem que isso sem dúvida nem sempre é verdadeiro, eles ponderaram que esse ainda é o melhor ponto de partida quando nos propomos a compreender por que as pessoas fazem o que fazem.

Temos alguma simpatia pela ideia de que as escolhas das pessoas são *coerentes*, no sentido de serem pensadas, e não uma mera coleção de caprichos aleatórios. Do nosso ponto de vista, é condescendente e equivocado presumir que as pessoas estragaram tudo só porque, na mesma situação, teríamos agido de maneira diferente. E, no entanto, a sociedade sempre contesta as escolhas das pessoas, sobretudo quando são pobres, supostamente em benefício delas, por exemplo quando lhes damos comida ou vales-alimentação em vez de dinheiro. Justificamos essa atitude com base na suposição de que sabemos melhor aquilo de que elas de fato precisam. Para

Preferências, desejos e necessidades

combater parcialmente essa atitude — apenas parcialmente, porque não negamos que ocorrem muitos erros de julgamento no mundo —, tivemos algum cuidado em argumentar, em nosso livro *Poor Economics* [A economia dos pobres], que as escolhas dos pobres muitas vezes fazem mais sentido do que gostaríamos de reconhecer.[3] Contamos, por exemplo, a história de um homem no Marrocos. Depois de argumentar, de maneira convincente, que ele e a família realmente não tinham o que comer, ele nos mostrou a sua enorme televisão com parabólica. Poderíamos ter suspeitado que o televisor fora uma compra por impulso, da qual ele depois se arrependera. Mas isso não foi de modo algum o que ele disse. "A televisão é mais importante do que a comida", ele afirmou. Sua insistência nos levou a questionar como isso podia fazer sentido, e, depois que enveredamos por essa trilha, não foi tão difícil perceber o que estava por trás da preferência. Não havia muito o que fazer na aldeia, e como ele não pensava em emigrar, uma nutrição melhor não lhe renderia muito mais do que um estômago mais cheio; ele já era forte o suficiente para realizar o pouco trabalho disponível. O que o televisor lhe oferecia era o alívio para o problema do tédio, endêmico nessas aldeias remotas onde geralmente não se encontrava nem mesmo uma barraquinha de chá para aliviar a monotonia da vida cotidiana.

O marroquino insistiu de maneira veemente que sua preferência fazia sentido. Agora que ele tinha o televisor, qualquer dinheiro adicional, disse-nos várias vezes, seria usado para comprar mais comida. Tudo isso é plenamente compatível com a sua opinião de que o televisor atende a uma necessidade mais importante do que os alimentos, mas contraria os instintos da maioria das pessoas e as formulações convencionais da economia. Considerando que ele comprara o televisor quando não tinha comida suficiente em casa, a conjectura seria que qualquer dinheiro extra que tivesse em mãos iria por água abaixo ainda mais rápido, já que evidentemente ele era o tipo de pessoa dada a impulsos irracionais. Essa é a base do argumento contrário a se dar dinheiro aos pobres. E, no entanto, vários estudos recentes em todo o mundo – publicados depois que argumentamos, em *Poor Economics*, que o marroquino sabia o que estava fazendo – confirmaram que, quando pessoas muito pobres, selecionadas aleatoriamente, recebem algum dinheiro extra de programas governamentais, elas realmente gastam grande parte desse dinheiro com alimentos.[4] Talvez depois de comprar o televisor, exatamente como prometera o marroquino.

Assim, aprendemos alguma coisa quando nos dispusemos a suspender nossa descrença e a acreditar que as pessoas sabem o que querem. Becker e Stigler, porém, instam-nos a dar um passo à frente: assumir que as preferências são *estáveis*, no sentido de que não se deixam influenciar pelo que ocorre à nossa volta. Na opinião deles, nem as escolas, nem os sermões de pais ou pastores, nem o que lemos em cartazes e em nossas muitas telas alteram as nossas verdadeiras preferências. Esse entendimento rejeita o conformismo com as normas sociais e a influência dos pares, como tatuar-se porque todo mundo se tatua, usar um lenço de cabeça porque está na moda, ou comprar um carro vistoso porque o vizinho tem um, e assim por diante.

Becker e Stigler eram bons demais como cientistas sociais para não compreenderem que nem sempre é assim. Eles acreditavam, porém, que ponderar por que uma escolha aparentemente irracional podia na verdade fazer sentido era algo mais útil do que se fechar à sua lógica potencial e atribuí-la a alguma forma de histeria coletiva. Tal visão foi extremamente influente; muitos economistas, talvez a maioria, encamparam essa proposta de adesão ao que veio a ser conhecido como *preferências estáveis*, no sentido de preferências que são coerentes e duradouras. Muitos anos atrás, por exemplo, Abhijit morava em Manhattan e lecionava em Princeton, e, assim, com frequência viajava de trem. Ele percebeu que as pessoas costumavam formar filas em lugares específicos da plataforma para esperar a composição, mas, quase sempre, os primeiros da fila não ficavam em nenhum lugar próximo de uma porta do trem. Era um modismo.

Uma conclusão natural teria sido que as pessoas simplesmente seguiam o fluxo, porque preferiam comportar-se como todas as outras. Isso iria contra a ideia de que as preferências são estáveis, porque a preferência por um lugar na plataforma em relação a outro dependia de quantas pessoas havia ali. Para explicar por que as pessoas seguem modismos sem simplesmente

Preferências, desejos e necessidades

assumir que elas gostam de se comportar como todas as outras, Abhijit desenvolveu o seguinte argumento. Imagine que as pessoas suspeitem que as outras sabem de alguma coisa (talvez que a porta do trem abrirá em determinado ponto). Nesse caso, elas se juntariam à multidão (talvez ao custo de ignorar a sua própria informação de que o trem irá provavelmente parar em outro lugar). Isso, porém, aumentaria a multidão, e, assim, a próxima pessoa que chegasse veria uma multidão ainda maior e se sentiria ainda mais propensa a achar que aquela aglomeração transmitia uma informação útil. E, assim, também a pessoa recém-chegada se juntaria à multidão. Em outras palavras, o que parece conformismo poderia ser o resultado de uma decisão racional, tomada por muitos indivíduos sem interesse em se conformar, mas que supõem que os outros tenham informações melhores que as deles. Ele chamou esse raciocínio de "modelo simples de comportamento de manada".[5]

O fato de cada decisão individual ser racional não torna o resultado desejável. O comportamento de manada gera *cascatas informacionais*: a informação em que a primeira pessoa baseou sua decisão exercerá influência desmesurada sobre aquilo em que as outras pessoas acreditam. Um experimento recente demonstra muito bem o poder dos primeiros movimentos aleatórios para gerar essas cascatas.[6] Os pesquisadores trabalharam com um site que agrega conselhos sobre restaurantes e outros serviços. Os usuários postam comentários, e outros acrescentam votos com o polegar para cima ou para baixo. Nesse experimento, o site escolheu ao acaso uma pequena fração dos comentários e atribuiu-lhes um voto positivo artificial assim que foram postados. E, também a esmo, escolheu outro pequeno lote para receber votos negativos. Constatou-se que o voto positivo aumentava significativamente, em 32%, a probabilidade de que o usuário seguinte também desse um voto positivo. Depois de cinco meses, os comentários que haviam recebido um único voto artificial positivo no começo tinham muito mais probabilidade de receber boa classificação do que aqueles que haviam recebido um único voto negativo. A influência daquele primeiro empurrãozinho persistiu e cresceu, a despeito de as postagens terem sido vistas milhões de vezes.

Os modismos, portanto, não são necessariamente inconsistentes com o paradigma das preferências estáveis. Mesmo quando nossas preferências não dependem diretamente do que outras pessoas fazem, o comportamento dos outros pode disparar um sinal que altera nossas crenças e nosso comportamento. Na falta de uma razão forte para acreditar no contrário, posso inferir das ações de outras pessoas que uma tatuagem é bonita, que beber suco de banana me deixará magro e que esse mexicano de aparência inofensiva no fundo é um estuprador.

Mas como explicar que as pessoas às vezes façam coisas que *sabem* não ser de seu interesse próprio imediato (por exemplo, fazer uma tatuagem que acham feia ou linchar um muçulmano correndo o risco de serem presas), só porque os amigos agem da mesma maneira?

Ação coletiva

Ocorre que, assim como os modismos podem ser racionalizados pelas preferências estáveis, também é possível racionalizar a observância das normas sociais. A ideia básica é que aqueles que violam a norma serão punidos pelo restante da comunidade, bem como aqueles que não punirem os transgressores, e aqueles que não punirem os que não punirem os transgressores, e assim por diante. Uma das grandes realizações no campo da teoria dos jogos é o chamado *teorema popular* [*folk theorem*], uma demonstração formal de que esse argumento pode ser apresentado com coerência lógica e, portanto, é capaz de explicar por que as normas são tão poderosas.[7]

Elinor Ostrom, a primeira mulher a receber um prêmio Nobel de economia (e, até 2018, a única), passou toda a sua carreira demonstrando situações em que essa lógica se aplica. Muitos de seus exemplos foram extraídos de pequenas comunidades — fabricantes de queijo na Suíça, usuários das florestas no Nepal, pescadores na costa do Maine ou em Sri Lanka[8] — com normas sobre como seus membros devem se comportar, aceitas e praticadas por todos.

Preferências, desejos e necessidades 133

Nos Alpes, por exemplo, os produtores de queijo suíços durante séculos praticaram a propriedade comum dos pastos para a alimentação do gado. Se não houvesse esse entendimento comunitário, a situação poderia ter virado um desastre. A terra poderia ter sido explorada em excesso, até a exaustão, uma vez que não era de ninguém e todos tinham um motivo para querer alimentar melhor suas próprias vacas, talvez em prejuízo dos demais. Havia, porém, um conjunto de regras claras sobre o que os proprietários podiam ou não fazer no pasto comum, e essas regras eram seguidas porque os transgressores eram excluídos do direito de compartilhamento no futuro. Assim, argumentou Ostrom, a propriedade coletiva era efetivamente melhor para todos do que a propriedade privada. Dividir a terra em pequenos lotes, cada um de propriedade de um criador, aumentaria o risco, uma vez que há sempre a possibilidade de alguma doença atingir o pasto, em qualquer uma das pequenas áreas.

Esse tipo de lógica também explica por que, em muitos países em desenvolvimento, parte da terra (por exemplo, a floresta adjacente à aldeia) é sempre de propriedade comum. Desde que a terra comum seja usada com parcimônia, ela se converte em recurso de última instância para os aldeões cujos planos econômicos possam enfrentar alguma intempérie; usar a floresta para alimentação ou vender capim cortado das terras comuns os ajuda a sobreviver. A intrusão da propriedade privada nesse cenário, geralmente inspirada por economistas que não compreendem a lógica desse contexto (e adoram a propriedade privada), tem sido com frequência desastrosa.[9]

Esse tipo de lógica também sugere uma razão egoísta pela qual os aldeões muitas vezes parecem ajudar uns aos outros; em parte, isso provavelmente acontece pela expectativa de que recebam ajuda semelhante em caso de necessidade.[10] A punição que sustenta a norma é o fato de que aqueles que se recusarem a ajudar serão eles próprios excluídos da ajuda comunitária no futuro.

Os sistemas de ajuda mútua são vulneráveis ao colapso se alguns membros tiverem oportunidades fora da comunidade. Nesse caso, o risco de ser excluído não é tão aterrorizante, o que aumenta a tentação de não cumprir as obrigações. Prevendo essa situação, os membros da comunidade podem se mostrar mais relutantes em ajudar, aumentando ainda mais a tentação de se omitir. Todo o sistema de apoio mútuo pode se desfazer inteiramente, deixando todos em piores condições. A comunidade, portanto, mantém-se muito alerta e defensiva contra qualquer comportamento que pareça ameaçar as normas comunitárias.

Reação coletiva

Os economistas costumam enfatizar o papel positivo desempenhado pelas comunidades.[11] Mas o fato de as normas sociais poderem ser autoaplicáveis não as torna necessariamente boas. A disciplina que as normas impõem pode ser direcionada para uma causa violenta, reacionária ou destrutiva. Um trabalho hoje clássico demonstrou que tanto a discriminação racial quanto o sistema de castas, notório na Índia, podem ser sustentados pela mesma lógica, *mesmo se ninguém efetivamente se importar com raças ou castas.*[12]

Vamos supor que ninguém dê a mínima importância para castas, mas que alguém que cruze as fronteiras de casta, em termos de sexo ou casamento, seja acusado de miscigenação e tratado como proscrito, o que significa dizer que ninguém irá contrair matrimônio com ninguém de sua família ou manter com ela relações de amizade ou qualquer outro tipo de associação. E, por fim, vamos supor que alguém que desafie essa norma e se case com um proscrito também seja degredado. Nesse caso, contanto que as pessoas tenham efetivas preocupações com o futuro e de fato queiram se casar, essas sanções serão suficientes para dissuadi-las de infringir a norma, por mais arbitrária que seja. Evidentemente, essa situação pode mudar, se muitas pessoas começarem a desafiar a norma. Mas nada garante que isso algum dia venha a ocorrer.

Essa é, em grande parte, a história central de *Samskara*, maravilhoso filme indiano de 1970 dirigido por Pattabhi Rama Reddy, em que um brâmane (e, portanto, membro da denominada alta casta) torna-se "poluído" ao dormir com uma prostituta de baixa casta. Ao morrer subitamente, nenhum brâmane se dispõe a cremá-lo, com medo de ser também

Preferências, desejos e necessidades

contaminado. O corpo dele é deixado para apodrecer em público. A norma se torna uma perversão das regras da comunidade, justamente porque a comunidade está presa na imposição de seus próprios padrões.

O doutor e o santo

Essa tensão entre a comunidade que se une e a comunidade que intimida é, evidentemente, secular e universal. E se traduz na tensão entre o Estado que protege o indivíduo e o Estado que solapa a comunidade, o que está no cerne da batalha em curso em países tão diversos como Paquistão e Estados Unidos. A luta é em parte contra a burocratização e a impessoalidade que decorrem das intervenções estatais e em parte em defesa do direito da comunidade de buscar os seus próprios objetivos, mesmo que estes incluam, como costuma acontecer, a discriminação contra pessoas de diferentes etnias ou preferências sexuais, assim como a imposição de ditames religiosos em sobreposição às prescrições do Estado (ensino criacionista, por exemplo).

No movimento de independência indiano, Gandhi ficou famoso por representar a visão de que a nova nação indiana deveria ser baseada em aldeias autossuficientes, santuários de paz e companheirismo. "O futuro da Índia reside em suas aldeias", escreveu. Seu adversário mais notável no movimento foi o dr. B. R. Ambedkar, o homem que acabaria elaborando a Constituição indiana. Nascido na mais baixa das castas, sem permissão para entrar na sala de aula na escola local, ele era tão brilhante que acabou mesmo assim conseguindo concluir uma graduação em direito e dois doutorados. É famosa a sua descrição da aldeia indiana como "um antro de localismo, um covil de ignorância, obscurantismo e comunalismo".[13] Para ele, a lei, o Estado como seu executor e a Constituição da qual extraía a sua força eram as melhores garantias dos direitos dos desprovidos *contra* a tirania dos poderosos locais, em detrimento da comunidade.

A história da Índia independente tem sido um sucesso razoável em termos de integração das castas. A disparidade salarial entre as castas tradicionalmente despossuídas e as demais, por exemplo, caiu de 35% em 1983 para 29% em 2004.[14] Esse resultado não parece tão espetacular, mas é maior que a redução da disparidade salarial entre os negros e os brancos nos Estados Unidos em período semelhante. Em parte, isso é o resultado de políticas de ação afirmativa introduzidas por Ambedkar, concedendo a grupos historicamente discriminados acesso privilegiado a instituições educacionais, cargos públicos e várias legislaturas. A transformação econômica também ajudou. A urbanização, ao tornar as pessoas mais anônimas e menos dependentes de suas redes nas aldeias, permitiu maior mistura de castas. Novos empregos diminuíram a importância do sistema de castas na busca de oportunidades e aumentaram os incentivos para a educação de jovens de castas inferiores. Em parte, talvez as comunidades aldeãs tampouco fossem tão ruins quanto receava Ambedkar. As aldeias se revelaram capazes de ações coletivas que transcendiam as linhas de castas, por exemplo ao abraçarem a educação primária universal e refeições escolares gratuitas para todas as crianças, de qualquer casta.

Isso não significa que o problema das castas tenha sido resolvido. No nível local, o preconceito de castas está vivo e passa bem. Um estudo sobre 565 aldeias em onze estados indianos revelou que, não obstante as proibições legais, alguma forma de intocabilidade ainda era praticada em quase 80% delas. Em quase metade das aldeias, os dalits (membros das castas mais baixas) não podiam vender leite. Em cerca de um terço delas, não podiam vender absolutamente nada no mercado local, tinham de usar utensílios separados em restaurantes, e o acesso à água para a irrigação de seus campos era restrito.[15] Além disso, embora as formas tradicionais de discriminação estejam diminuindo, as castas superiores também reagem com violência à percepção de ameaça no progresso econômico das castas inferiores. Em março de 2018, um jovem dalit no estado de Gujarat foi assassinado por estar montando um cavalo de sua propriedade, privilégio aparentemente limitado às castas superiores.

Para complicar as coisas, um novo padrão de conflito está emergindo; as castas agora se veem como grupos mais próximos da igualdade, mas também se consideram rivais potenciais na busca de poder e recursos.[16] Na

Preferências, desejos e necessidades 137

política, é crescente a polarização das castas no voto; uma parcela crescente dos votos das castas superiores vai para o Partido Bharatiya Janata, o único não comprometido com ações afirmativas.[17] Outros partidos surgiram para atender especificamente a diferentes grupos de castas. Essa polarização tem consequências. Em Uttar Pradesh, o estado mais populoso da Índia, a compleição da política mudou drasticamente entre 1980 e 1996. Áreas dominadas pelas castas inferiores votam cada vez mais nos dois partidos identificados com as castas mais baixas, enquanto as áreas dominadas pelas castas superiores continuam a votar nos partidos tradicionalmente a elas associados. Durante o mesmo período, a corrupção explodiu. Cada vez mais políticos estão sendo processados por práticas corruptas, e alguns até disputam (e vencem) campanhas de reeleição estando na cadeia. Abhijit e Rohini Pande constataram uma conexão: a corrupção aumentou mais em áreas onde as castas superiores ou inferiores eram amplamente majoritárias.[18] Nessas áreas, em decorrência do voto baseado nas castas, a vitória do candidato da casta dominante era quase garantida, mesmo quando ele era extremamente corrupto e o adversário não. Nada disso acontecia em áreas onde a população era equilibrada.

Ao mesmo tempo, a importância atribuída à lealdade de casta também permite que a comunidade exerça controle sobre seus membros, muitas vezes em flagrante violação da lei da terra. Por exemplo, os *panchayats* de castas (basicamente conselhos de casta locais) resistiram ativamente aos regulamentos do Estado sobre sexo e casamento, em nome da tradição. Em um incidente grotesco, no estado de Chhattisgarh, uma menina de catorze anos que havia sido estuprada por um homem de 65 foi aconselhada pelo *panchayat* de casta local a não apresentar queixa à polícia. Ao insistir, foi surrada por alguns velhos da comunidade, homens e mulheres. Uma comunidade forte pode oprimir os membros mais fracos (os dalits, ontem; a jovem mulher, hoje), e o Estado é em grande medida impotente para impedir que isso aconteça, em parte porque a maioria dos membros da comunidade considera de seu interesse manter controle sobre ela. Contanto que se submetam, o coletivo de casta oferece a seus membros acesso a uma rede de apoio e conforto em momentos de necessidade, e, embora seu lado oculto talvez os incomode de tempos em tempos, é preciso que surja alguém resoluto para enfrentar toda a comunidade.

"Black Guy Asks Nation for Change"[19]

Essa manchete de 2008 do jornal satírico *The Onion* reflete como foi notável para os Estados Unidos a candidatura presidencial de Barack Obama. O duplo sentido da manchete salientava o contraste entre o estereótipo do negro como parasita (implorando por um trocado) e Obama como líder inspirador (preconizando mudanças culturais). É fácil esquecer que transcorreram menos de 45 anos entre a Marcha pela Liberdade e a eleição do primeiro presidente afro-americano. Muito já mudou nas relações raciais nos Estados Unidos desde o movimento pelos direitos civis, grande parte para melhor. Essas mudanças permitiram que o país elegesse Obama, da mesma maneira como, na Índia, o presidente e o primeiro-ministro, em 2019, vieram de castas até então subalternas, conquista igualmente inimaginável 45 anos atrás.

Por outro lado, embora a população afro-americana hoje seja muito mais bem-educada do que em 1965, a disparidade de renda entre brancos e negros com educação semelhante tem aumentado, e hoje chega a 30%, maior do que a se constata entre as castas intocáveis e as demais castas na Índia.[20] Os negros americanos apresentam taxas substancialmente mais baixas de mobilidade ascendente e mais elevadas de mobilidade descendente do que os americanos brancos.[21] Isso tem uma nítida relação com a muito debatida desigualdade nas taxas de encarceramento de homens negros em relação a todos os outros,[22] mas também com a segregação persistente em bairros e escolas.

Embora os homens brancos pareçam não ter motivos para se sentir economicamente ameaçados pelos afro-americanos, há evidências de uma articulação crescente (ou pelo menos mais aberta) de sentimentos antinegros, nos últimos anos. De acordo com o FBI, o número de crimes de ódio aumentou 17% em 2017. Foi o terceiro ano consecutivo de aumento. Essa

Preferências, desejos e necessidades

cifra começou a subir em 2015, depois de um longo período de estabilidade ou declínio. Três em cada cinco crimes de ódio tiveram como motivação a etnia da pessoa.[23] Nove candidatos que se disseram supremacistas brancos ou associados a supremacistas brancos concorreram às eleições para o Congresso em 2018.[24]

Desta vez é diferente

A história dominante nos Estados Unidos desde as eleições de 2016, contudo, não é a desconfiança em relação aos afro-americanos, mas a raiva manifesta contra os imigrantes, que supera em muito o puro ressentimento econômico.

Os imigrantes não se limitam a "tomar" os "nossos" empregos; eles são "criminosos e estupradores" que ameaçam a própria sobrevivência dos brancos. Curiosamente, nos Estados Unidos, quanto menos imigrantes vivem num estado, menos eles são apreciados. Cerca da metade dos residentes em estados onde quase não há imigrantes — como Wyoming, Alabama, West Virginia, Kentucky e Arkansas — acha que estes representam uma ameaça para a cultura e para os valores do país.[25]

Isso sugere que a preocupação tem mais a ver com identidade do que com ansiedade econômica. A lógica parece ser mais no sentido de que, na falta de muito contato, é fácil imaginar que o grupo invisível é fundamentalmente diferente.

Esse fenômeno é anterior a 2016, mas a eleição de Trump tornou muito mais fácil falar sobre a questão de maneira aberta. Em um experimento inteligente que salienta esse aspecto, os pesquisadores recrutaram participantes on-line em oito estados profundamente republicanos: Alabama, Arkansas, Idaho, Nebraska, Oklahoma, Mississippi, West Virginia e Wyoming.[26] Pouco antes da eleição de 2016, eles ofereceram aos participantes um incentivo financeiro para dar dinheiro a uma instituição filantrópica anti-imigração. Especificamente, pediram aos respondentes para autorizá-los a doar 1 dólar à organização em nome deles e ofereceram ainda lhes pagar cinquenta centavos se concordassem. Para algumas pessoas, a escolha era de âmbito puramente privado. Para outras, selecionadas aleatoriamente, a oferta era apresentada de maneira a implicar uma pequena chance de serem chamadas pessoalmente por um membro da equipe de pesquisa para verificar sua decisão — assim, pelo menos uma pessoa observaria a decisão e a discutiria com o participante. Antes da eleição, as pessoas do segundo grupo se mostraram menos propensas a concordar com a doação do que as pessoas que poderiam fazê-la em termos estritamente privados (34% contra 54%). Mas, quando o mesmo experimento foi repetido pouco depois da eleição, a diferença desapareceu totalmente! A vitória de um candidato que expressava opiniões contra a imigração abertamente havia liberado os respondentes para dar dinheiro também abertamente a um grupo anti-imigração.

Talvez seja reconfortante o fato de as ondas anteriores de imigração para os Estados Unidos terem enfrentado rejeição semelhante, até serem finalmente aceitas. Benjamin Franklin odiava os alemães: "Os que vêm para cá costumam ser os mais ignorantes e estúpidos em seu próprio país [...] não estando afeitos à liberdade, não sabem usá-la com moderação". Jefferson achava que os alemães eram incapazes de se integrar. Ele escreveu: "Quanto a outros estrangeiros, considera-se preferível desencorajá-los a se estabelecer em grandes grupos, na medida em que, como nos nossos assentamentos alemães, eles preservam por um longo período suas próprias línguas, hábitos e princípios de governo".[27] Os Estados Unidos já no século XIX tentaram limitar a imigração chinesa, que acabou sendo proibida. Em 1924 foram introduzidas cotas com o objetivo de limitar a imigração de europeus do Leste e do Sul (italianos e gregos).[28]

E, todavia, cada onda de imigrantes acabou sendo acolhida e assimilada. Os nomes que esses imigrantes escolheram para os filhos, as ocupações a que acabaram se dedicando, a maneira como votavam e o que compravam e comiam convergiram com os hábitos da população local. Por seu turno, os locais adotaram nomes e comidas até então estrangeiras. Rocky é um herói americano e a pizza é um dos cinco grupos básicos de comida.

Preferências, desejos e necessidades

O mesmo fenômeno aconteceu na França. O povo francês rejeitou os italianos. Depois, rechaçou os poloneses. Em seguida, repeliu os espanhóis e os portugueses. Cada onda de imigrantes acabou sendo assimilada, mas, em cada caso, os franceses de início acreditavam que seria "diferente desta vez". Em 2016, foi a vez de os muçulmanos serem rejeitados.

Qual é a origem dessas preferências e atitudes? Por que parecemos buscar um novo inimigo mesmo depois de termos nos reconciliado com o anterior?

Discriminação estatística

Há algumas explicações econômicas possivelmente simples para o comportamento intolerante em relação a outros grupos, muito no espírito do modelo básico de Becker e Stigler. A intimidação às vezes serve a um propósito econômico. Entre 1950 e 2000, a probabilidade de que acontecessem motins de muçulmanos hindus na Índia em determinada cidade e em determinado ano era muito maior se a comunidade muçulmana estivesse relativamente bem, e menor se a comunidade hindu estivesse bem.[29] Essa conclusão é compatível com relatos detalhados de alguns dos grandes motins, durante os quais os negócios muçulmanos eram alvos específicos em meio ao que poderia parecer violência aleatória. A violência é com frequência uma camuflagem conveniente para o roubo.

Também é verdade que às vezes as pessoas sentem a necessidade de expressar intolerância e preconceito (inclusive sentimentos que na verdade não compartilham) para sinalizar lealdade ao grupo. Por exemplo, durante a crise econômica da Indonésia, aumentou a presença de pessoas nos grupos de leitura do Corão. A exibição de religiosidade intensa era um sinal de lealdade, para garantir um lugar no círculo de assistência mútua.[30] Em outros contextos, às vezes as pessoas se calam sobre racismo e/ou sexismo, ou até ecoam o que ouvem, porque não querem perder o emprego nem ligações sociais valiosas.

E, por fim, há o que os economistas denominam *discriminação estatística*. Conhecemos um motorista de Uber em Paris que demonstrava muito entusiasmo em relação ao seu emprego. Ele nos disse que, nos velhos tempos, antes do advento do Uber, se um africano como ele fosse visto dirigindo um carro bonito, todo mundo presumiria que fosse um traficante de drogas ou ladrão. A maioria das pessoas acreditava, corretamente, que o africano médio tendia a ser relativamente pobre e, portanto, com pouca probabilidade de poder comprar um carro novo; e, com base nessa associação estatística, a presunção era de que um *indivíduo* africano ao volante de um carro bonito só poderia ser um criminoso. Agora, as pessoas supõem que ele seja um motorista de Uber, o que é um progresso significativo.

A discriminação estatística explica por que a polícia nos Estados Unidos interpela com maior frequência motoristas negros. E como o governo majoritário hindu do estado de Uttar Pradesh explicou recentemente por que tantas das pessoas mortas "acidentalmente" pela polícia estadual (nos chamados "autos de resistência") são muçulmanas. Há mais negros e muçulmanos entre os criminosos. Em outras palavras, o que aparenta ser racismo nu e cru nem sempre é isso; pode ser a consequência de mirar em algumas características (tráfico de drogas, criminalidade) que vêm a estar correlacionadas com raça e religião. Portanto, a discriminação *estatística*, em vez do ultrapassado preconceito — o que os economistas chamam de discriminação com base nas *preferências* (*taste-based discrimination*) —, pode ser a causa. Se você for negro ou muçulmano, no entanto, o resultado final é o mesmo.

Um estudo recente sobre o impacto de políticas *"ban the box"* (BTB) na taxa de desemprego de homens negros jovens oferece uma demonstração convincente de discriminação estatística. As políticas BTB impedem que os empregadores incluam nos formulários de pedido de emprego o campo sobre antecedentes criminais. Vinte e três estados adotaram essas políticas na esperança de aumentar o nível de emprego de homens negros jovens, muito mais propensos a terem antecedentes criminais que outros grupos e cujo nível de desemprego é o dobro da média nacional.[31]

Para testar o efeito dessas políticas, dois pesquisadores enviaram 15 mil formulários de pedido de emprego on-line para empregadores de Nova Jersey e da cidade de Nova York, pouco antes e logo depois de os estados

Preferências, desejos e necessidades 143

de Nova Jersey e Nova York implementarem a política BTB.[32] Eles manipularam a percepção de raça utilizando nomes tipicamente brancos ou tipicamente afro-americanos nos currículos. Sempre que o formulário de oferta de emprego exigia que o candidato indicasse se tinha ou não antecedentes criminais, eles também responderam de forma aleatória.

Os pesquisadores descobriram, como tantos outros antes deles, uma nítida discriminação contra os negros em geral. Os "candidatos" brancos receberam um retorno cerca de 23% maior em comparação com os candidatos negros com o mesmo currículo. Previsivelmente, entre os empregadores que perguntaram sobre antecedentes criminais antes que isto fosse proibido, o impacto desse fator foi muito grande: a probabilidade de os candidatos sem antecedentes criminais receberem retorno a suas candidaturas era 62% superior à daqueles com antecedentes criminais, embora seus currículos fossem de resto idênticos, fossem eles brancos ou negros.

A descoberta mais surpreendente, porém, foi a de que a política BTB *aumentava* substancialmente as disparidades raciais nos contatos de retorno às candidaturas. Os candidatos brancos que buscavam uma oportunidade junto a empregadores afetados pela BTB receberam um retorno 7% maior do que candidatos negros semelhantes antes da BTB. Depois da BTB, essa disparidade aumentou para 43%. A explicação é que, sem a informação sobre condenações, os empregadores *presumiam* que todos os candidatos negros eram mais propensos a ter antecedentes criminais. Em outras palavras, a política BTB levou os empregadores a recorrer à raça para estimar a criminalidade, o que é, evidentemente, uma discriminação estatística.

O fato de as pessoas estarem usando a lógica estatística não significa, é claro, que elas estejam fazendo sempre as inferências corretas. Em um estudo, os pesquisadores pediram a judeus asquenazes (judeus europeus ou americanos e seus descendentes) em Israel para jogar uma partida do chamado Jogo da Confiança com judeus orientais (imigrantes asiáticos e africanos e seus descendentes). O Jogo da Confiança é um dos sustentáculos da economia experimental. É jogado por dois indivíduos, um dois quais, o distribuidor, recebe certa quantia em dinheiro, que deve ser compartilhada com outro indivíduo, o receptor. A quantia a ser compartilhada pode ser zero, e seu valor fica inteiramente a critério do distribuidor. No entanto, ambos os jogadores são informados de que, se o distribuidor compartilhar alguma coisa, a quantia compartilhada será triplicada e enviada para o receptor, que, então, passa a exercer controle total sobre o dinheiro. O receptor tem a opção de compartilhar parte de seus ganhos com o distribuidor, mas pode preferir não fazer isso. O objetivo do jogo é inferir o que o distribuidor pensa do receptor; quanto menos egoísta ele o considerar, maior é a chance de que compartilhe mais.

O Jogo da Confiança vem sendo jogado milhares de vezes em condições de laboratório. Tipicamente, o distribuidor compartilha metade ou mais da quantia original e recebe de volta mais do que enviou. Os distribuidores são confiantes e os receptores são confiáveis. Foi isso também que os pesquisadores descobriram quando os jogadores foram ambos judeus asquenazes. Tudo mudou, porém, quando o receptor foi um judeu oriental. Nesse caso, o distribuidor compartilhou cerca de metade do que teria compartilhado com um asquenaze. Em consequência, tanto o distribuidor quanto o receptor terminaram o jogo com menos.

Isso pode ter acontecido porque os judeus orientais talvez não tenham boa reputação como retribuidores. Também é possível que os judeus orientais não sejam estimados, e os distribuidores asquenazes estivessem dispostos a prejudicar seus próprios interesses para prejudicar também os receptores orientais. Quando, porém, se pediu aos jogadores que doassem apenas espontaneamente parte do dinheiro ao parceiro de jogo, sem expectativa de retorno, eles doaram somas similares tanto aos parceiros orientais quanto aos asquenazes; a razão dos diferentes comportamentos no Jogo da Confiança parece ser desconfiança, e não animosidade.

Curiosamente, no Jogo da Confiança, a desconfiança também se estendia aos distribuidores orientais. Eles não inspiravam mais confiança em indivíduos da mesma etnia do que nos de outras. Parece haver um estereótipo muito difundido em relação aos judeus orientais. A distorção é que ele é totalmente injusto. Não há nenhuma evidência de que os judeus orientais atuem de maneira menos confiável ao participar do jogo; o padrão dos orientais quanto à devolução do dinheiro segue exatamente

Preferências, desejos e necessidades 145

o padrão dos asquenazes. Os participantes do experimento imaginavam estar se comportando de maneira racional, mas estavam se deixando levar por suspeitas imaginárias.

Discriminação autorreforçada

A onipresença da autodiscriminação, ou discriminação contra o próprio grupo, foi trazida à luz de maneira poderosa em um experimento bem conhecido do psicólogo americano Claude Steele, que demonstrou o poder do que ele denominou "ameaça do estereótipo". Em seu experimento original, ele descobriu que estudantes negros apresentavam desempenho comparável ao dos estudantes brancos quando eram informados de que o teste a que estavam se submetendo era "uma tarefa de resolução de problemas em laboratório".[33] Os estudantes negros, porém, alcançavam pontuação muito mais baixa que a dos estudantes brancos quando eram informados de que o objetivo do teste era medir sua capacidade intelectual.

As minorias não são os únicos grupos vulneráveis à ameaça do estereótipo. Estudantes universitárias alcançavam resultados muito melhores em testes de matemática rigorosos que incluíam no início a seguinte declaração: "Vocês talvez tenham ouvido falar que as mulheres não costumam se sair tão bem quanto os homens em testes de matemática, mas isso não é verdadeiro no caso deste teste em especial".[34] De maneira inversa, estudantes de matemática e engenharia do sexo masculino com alta pontuação nos testes de matemática para o ingresso à universidade, ou seja, um grupo de pessoas muito confiantes em suas habilidades com os números, não se saíram bem num teste quando foram informados de que o experimento pretendia investigar "por que os asiáticos pareciam superar outros alunos em testes de capacidade matemática".[35] Experimentos desse tipo foram repetidos várias vezes em diversos contextos para testar diferentes formas de preconceitos autodiscriminatórios.

A autodiscriminação costuma reforçar a si mesma; as pessoas têm desempenhos diferentes ao serem lembradas de sua identidade de grupo, o que as leva a duvidar ainda mais de si próprias. O mesmo ocorre na discriminação contra outros grupos. Em um experimento de psicologia da década de 1960 hoje infame (mas outrora famoso), professores foram induzidos a acreditar que um grupo de alunos (um quinto da turma) era superdotado e, portanto, propenso a se desenvolver com muito mais rapidez que os demais em termos de QI. Na verdade, esse grupo fora selecionado aleatoriamente e era basicamente idêntico ao restante.[36] Os alunos de quem os professores esperavam mais conquistaram doze pontos de QI durante o ano, enquanto os demais conquistaram apenas oito. O experimento original foi criticado por várias razões, inclusive quanto à moralidade da intervenção, mas vários outros experimentos demonstraram o poder das profecias autorrealizáveis.

Na França, um estudo com jovens caixas de uma rede de supermercados, grande parte dos quais oriundos de minorias do Norte da África e da África subsaariana, demonstrou que supervisores viesados, tendenciosos, investiam menos nos trabalhadores sob sua gestão.[37] Os caixas trabalhavam com diferentes supervisores em dias diferentes e praticamente não exerciam qualquer controle sobre sua programação. O estudo demonstrou que a designação de um caixa para um supervisor com maior ou menor viés negativo contra uma minoria afetava de maneira diferente o desempenho dos trabalhadores que pertenciam a essa minoria e o daqueles que não faziam parte dela. Nos dias em que eram escalados para trabalhar com supervisores viesados, a probabilidade de ausência de caixas pertencentes a minorias aumentava. Quando compareciam, esses funcionários passavam menos tempo trabalhando; também registravam os itens de maneira mais lenta e demoravam mais para atender o cliente seguinte. Esses efeitos não se manifestavam, de modo algum, nos trabalhadores que não pertenciam a minoria alguma. Esse desempenho mais baixo dos trabalhadores minoritários quando designados para supervisores viesados parecia resultar menos de hostilidade manifesta (eles não relataram não gostar de trabalhar com supervisores viesados nem disseram que estes não gostavam deles) do que de supervisão menos eficaz. Os trabalhadores minoritários afirmaram, por exemplo, que era menor a probabilidade de

Preferências, desejos e necessidades

os supervisores viesados irem até a sua estação de trabalho e encorajá-los a melhorar o desempenho.

A discriminação contra mulheres em posição de liderança geralmente tem a mesma aura de profecia autorrealizável. Em aldeias de Malaui, agricultores homens e mulheres foram selecionados aleatoriamente para aprender uma nova tecnologia e depois ensiná-la a outros agricultores.[38] As mulheres retiveram mais informações do treinamento, e os agricultores que elas treinaram e orientaram efetivamente aprenderam mais. A maioria dos agricultores, porém, não as ouviu. Como eles consideravam as mulheres menos capazes, não as levaram a sério e lhes deram pouca atenção. Da mesma forma, quando receberam treinamento para atuar como gerentes de linha, as mulheres em Bangladesh se mostraram efetivamente tão capazes quanto os homens, com base em uma avaliação objetiva de suas qualidades de liderança e competências técnicas, mas foram percebidas como menos eficazes pelos trabalhadores sob sua supervisão. E, presumivelmente em consequência disso, o desempenho de suas linhas também foi impactado, confirmando, de maneira distorcida, que eram piores como supervisoras.[39] O que começou como uma preferência injustificável contra as mulheres acabou por levá-las efetivamente a um desempenho pior, ainda que não por sua própria culpa, e isso reforçou seu status inferior.

Afro-americanos sabem jogar golfe?

O estranho sobre essas profecias autorrealizáveis é o quanto são previsíveis. É sempre uma pessoa em condições tradicionalmente desvantajosas que acaba sendo vítima de uma previsão viesada, mas autorrealizável; jamais ouvimos falar de homens brancos sendo sistematicamente subestimados no que quer que seja, a não ser nos esportes. O viés decorre de um estereótipo enraizado no contexto social.

Um estudo de alunos de graduação de Princeton, afro-americanos e brancos, mostra a profundidade que isso atinge.[40] Os estudantes, que não tinham experiência anterior em golfe, foram convidados a participar de uma série de treinos de golfe, cada vez mais difíceis. Num primeiro experimento, pediu-se a metade deles para indicar sua raça num questionário, antes do jogo (a maneira mais comum de "predispor" para a raça, ou seja, de trazer a identidade de grupo para o primeiro plano da mente), pedido que não foi feito à outra metade. Todos os estudantes, então, participaram de uma apresentação sobre os treinos de golfe, como se fosse um teste do "desempenho geral em esportes". Quando não houve predisposição para a raça, os estudantes brancos e negros apresentaram desempenho muito semelhante. Mas, quando houve menção explícita à raça, o fato de o golfe ser um esporte de "branco" (isso foi antes de Tiger Woods) piorou o desempenho dos afro-americanos e melhorou o dos brancos, gerando uma grande disparidade entre os dois.

Num segundo experimento, os pesquisadores não destacaram a raça, mas designaram os estudantes, de maneira aleatória, para um de dois tratamentos.[41] Em ambos os grupos, os instrutores disseram que os treinos ficariam cada vez mais difíceis. Para um dos grupos, afirmaram que o objetivo do teste era medir fatores pessoais correlacionados com a capacidade atlética natural. Definiu-se capacidade atlética natural como "capacidade inata de executar tarefas complexas que exigem coordenação mãos-olhos, como chutar, atirar ou atingir uma bola ou outros objetos em movimento". Para o outro grupo, o mesmo teste foi apresentado como uma proposta de mensurar a "inteligência para esportes", ou "fatores pessoais correlacionados com a capacidade de pensar estrategicamente durante um desempenho atlético". Na condição "capacidade atlética natural", os afro-americanos se saíram muito melhor do que os brancos. Na condição "inteligência para esportes", os brancos se saíram muito melhor do que os afro-americanos. Todos, inclusive os próprios negros, aderiram ao estereótipo do afro-americano como atleta natural e do branco como jogador estratégico natural. E isso foi em Princeton...

É difícil enquadrar essa evidência no construto de preferências coerentes e estáveis de Becker e Stigler. Parece claro que a maneira como os grupos pensam a respeito de si mesmos (e dos outros) é produto desses construtos sociais extremamente efêmeros, de "inteligência para esportes" e de "capacidade atlética natural", e suas supostas conexões com a raça.

Agindo como brancos

Becker e Stigler recomendam que nos mantenhamos afastados do contexto social por trás das preferências, mas o contexto social insiste em se esgueirar de volta. Temos preferências não só sobre o que comemos ou onde vivemos, mas também sobre aqueles com quem devemos conviver.

Evitamos pessoas de quem desconfiamos, nos mudamos para bairros onde há mais gente como a gente. Essa segregação, por sua vez, afeta as oportunidades de vida e fomenta a desigualdade. Quando um bairro é em grande parte pobre e negro, ele também tem menos recursos, e tudo isso exerce uma influência duradoura sobre a vida das crianças que crescem lá. Quando os negros se mudaram para as cidades brancas do Norte dos Estados Unidos, entre 1915 e 1970, durante o que ficou conhecido como a Grande Migração, os brancos também se mudaram, quase sempre deixando em seu rastro escolas piores, infraestrutura decadente e menos oportunidades de emprego.[42]

Esses bairros ficaram mais pobres e depauperados, mais propensos à criminalidade e cada vez menos propícios ao sucesso econômico. As chances de uma criança negra subir do quintil inferior para o quintil superior da distribuição de renda é muito mais baixa em bairros abandonados pelos brancos durante a Grande Migração do que em outros.[43] Obviamente, muitos são os fatores em atuação, mas um deles é o fato de as pessoas, de maneira consciente ou inconsciente, acabarem seguindo as regras dos seus bairros. A violência passa a ser a norma onde a violência é parte das expectativas, da mesma maneira como cursar cinco cadeiras, quando bastam quatro, é o padrão do Instituto de Tecnologia de Massachusetts para estudantes de graduação.

Num experimento inteligente que ilustra o poder dessas normas, ofereceu-se a um grupo composto principalmente por estudantes hispânicos de uma escola de ensino médio em Los Angeles a opção de se inscrever num curso preparatório gratuito para o exame de acesso à universidade.[44] Alguns estudantes, escolhidos ao acaso, foram informados de que suas escolhas seriam mantidas em segredo, enquanto outros foram levados a acreditar que elas poderiam se tornar públicas. Em turmas regulares, os alunos deste último grupo mostraram-se menos propensos a inscrever-se no curso (61% contra 72%), presumivelmente porque não desejavam que os amigos descobrissem que tinham aspirações acadêmicas.

É verdade que o teorema popular poderia explicar o que está acontecendo aqui. É possível que esses estudantes fossem de fato rejeitados pelos amigos caso estes descobrissem que eles eram nerds, e qualquer um que conversasse com eles seria igualmente rechaçado. Não surpreende, porém, que esse padrão tenha se cristalizado entre os estudantes hispânicos, que têm um histórico de ressentimento contra a cultura branca, às vezes por muito boas razões; os jovens hispânicos, ao que parece, receavam estar "agindo como brancos". Essa preocupação tem raízes profundas em sua história. Nunca ouvimos falar de crianças asiáticas nos Estados Unidos que adotaram o hábito de evitar os amigos que se dedicam demais. No mundo de Becker e Stigler, como as normas são normas só porque houve quem se submetesse a elas, não há razão para que os estudantes hispânicos não sejam às vezes aqueles que se esforçam e os asiáticos, os indolentes. São a história e o contexto social que parecem nos orientar para uma norma e não para outra.

Vamos tentar levar em conta os gostos[45]

Para investigar a maneira como o contexto social nos influencia, pesquisadores da Universidade de Zurique recrutaram um grupo de banqueiros como cobaias de um experimento e pediram a eles que lançassem uma moeda dez vezes e reportassem on-line os resultados obtidos.[46] Eles foram informados de que, caso ultrapassassem certo número de caras (ou coroas), receberiam 20 francos suíços (cerca de 20 dólares) por cada cara (ou coroa) extra. Não havia ninguém para verificar se as informações eram verdadeiras, o que criava um incentivo muito forte para a trapaça.

A principal comparação era entre aqueles que, antes do início do experimento, eram indagados sobre sua atividade de lazer favorita, o que salientava sua condição de pessoas "comuns", e aqueles a quem se perguntava sobre sua atividade como banqueiros, o que efetivamente salientava a sua identidade profissional. Os que foram induzidos a ver-se como banqueiros relataram uma ocorrência muito maior de caras, numa medida que não poderia ser atribuída simplesmente ao puro acaso. A razão à qual os participantes trapacearam variou de 3%, para quem se via como pessoa comum, a 16%, para quem se via como banqueiro.

Esse resultado não ocorreu porque os banqueiros eram melhores no jogo; todos os participantes eram banqueiros, e o que foi salientado a respeito de cada um (banqueiro ou pessoa comum) foi escolhido ao acaso. A associação com a profissão, porém, parece ter feito aflorar uma moral diferente, mais propensa à fraude.

Em outras palavras, as pessoas pareciam agir como se tivessem múltiplas personalidades, cada uma com diferentes preferências. O contexto ativa a personalidade mais propícia a atuar em determinada situação. No experimento suíço, o contexto era se a pessoa se via ou não como banqueiro, mas, na vida, geralmente são as pessoas com quem lidamos, a escola que frequentamos, o que fazemos no trabalho ou no lazer, os clubes a que pertencemos ou a que gostaríamos de pertencer que nos formam e moldam nossas preferências. Nós, economistas, com nossa lealdade às preferências estáveis, tentamos com muito afinco desconsiderar todas essas influências, mas é cada vez mais óbvio que nosso esforço tem sido em vão.

Crenças motivadas

Quando começamos a reconhecer que nossas crenças e até o que imaginamos ser as nossas preferências mais arraigadas são determinadas pelo contexto, muitas coisas se encaixam. Um importante insight sobre essa questão vem do trabalho sobre crenças motivadas de Jean Tirole, ganhador do prêmio Nobel, e Roland Bénabou.[47] Eles argumentam que um importante passo para a compreensão das crenças é não as considerar em termos muito literais. Nossas crenças sobre nós mesmos são moldadas em parte por nossas necessidades emocionais; nós nos sentimos horríveis quando nos decepcionamos. O valor emocional que atribuímos a nossas crenças sobre nós mesmos também nos leva a distorcer nossas crenças sobre os outros; por exemplo, como queremos nos proteger de nossos próprios preconceitos, nós os formulamos na linguagem de verdades objetivas ("Não tenho nada contra caixas africanos, mas não há como fazê-los reagir aos meus estímulos, por isso não me dou ao trabalho de incentivá-los").

Não gostamos de mudar de opinião porque não gostamos de admitir que estávamos errados. É por isso que Abhijit insiste que é sempre culpa do software. Evitamos informações que nos levariam a confrontar nossas ambiguidades morais; pulamos as notícias sobre o tratamento dispensado às crianças migrantes nos centros de detenção, para não admitirmos o fato de que apoiamos um governo capaz de tratar crianças dessa maneira.

É fácil perceber como podemos cair na armadilha dessas estratégias. Não gostamos de nos ver como racistas; assim, se tivermos ideias negativas sobre os outros, somos tentados a racionalizar nosso comportamento, culpando-*os*. Quanto mais conseguimos nos convencer de que os migrantes são culpados por trazerem os filhos com eles, menos nos preocupamos com as crianças em suas pequenas jaulas. Em vez disso, procuramos evidências de que estamos certos; atribuímos peso excessivo a todas as notícias, por mais irrelevantes que sejam, que apoiem nossa posição original, ignorando todo o resto.

Com o passar do tempo, nossa reação instintiva inicial é substituída por um conjunto cuidadosamente construído de argumentos aparentemente robustos. A essa altura, começamos a sentir que, em face da "solidez" dos argumentos, qualquer desacordo com nossas opiniões só pode insinuar uma falha moral de nossa parte ou um questionamento de nossa inteligência. É quando a situação pode ficar violenta.

O reconhecimento desses padrões tem numerosas implicações importantes. Primeiro, obviamente, acusar as pessoas de racismo ou qualificá-las de "deploráveis", como fez Hillary Clinton [referindo-se aos eleitores de Trump] em um incidente famoso, é uma ideia terrível. Ela ataca o senso moral das pessoas sobre si mesmas e as deixa de sobreaviso. Elas imedia-

Preferências, desejos e necessidades 153

tamente param de ouvir. No sentido oposto, é fácil compreender por que tachar um notório racista de "gente boa" e salientar que há gente má "nos dois lados", como fez o presidente Trump, é sem dúvida uma estratégia eficaz (por mais que moralmente represensível) para ganhar popularidade, ao levar as pessoas que fazem essas observações a se sentirem melhores em relação a si mesmas.

Reconhecer esses padrões também explica por que os fatos em si ou a checagem dos fatos parecem não surtir muito efeito sobre as opiniões das pessoas, pelo menos no curto prazo, como observamos no capítulo 2, no contexto da migração. Ainda é possível que, no prazo mais longo, quando a reação inicial do tipo "Como ousa desafiar as minhas crenças?" diminuir, as pessoas acabem ajustando suas opiniões. Não devemos desistir de dizer a verdade, mas é preferível expressá-la sem emitir julgamentos.

Como a maioria das pessoas se considera honesta, forçar alguém a afirmar os próprios valores antes de formular algum julgamento envolvendo outras pessoas pode reduzir o preconceito. Hoje, os psicólogos estimulam os pais a dizerem aos filhos não que eles *devem* ser boas pessoas, mas sim que eles *são* boas pessoas, e tudo que os filhos devem fazer é comportar-se em conformidade com a sua bondade natural. Isso se aplica a todos nós.

A estratégia tende a ser mais eficaz quando a autoestima ainda não foi arrasada. Parte do problema que os brancos de baixa renda enfrentam, em áreas onde os sentimentos racistas e xenófobos são mais fortes, é que, de maneiras visíveis, sua vida se aproxima muito da caricatura que eles próprios fazem da vida desses "outros" desprezíveis. Em 1997, William Julius Wilson escreveu, no contexto do que estava acontecendo na comunidade negra, que "as consequências do alto desemprego são mais devastadoras do que as consequências da pobreza extrema [...]. Muitos dos problemas de hoje nos guetos das áreas urbanas decadentes — criminalidade, dissolução das famílias, falta de bem-estar, baixos níveis de organização social, e assim por diante — são basicamente uma consequência do desaparecimento do trabalho".[48]

Vinte anos depois, J. D. Vance escreveu em *Era uma vez um sonho*: "O livro de Wilson tocou-me fundo. Tive vontade de lhe escrever uma carta e dizer que ele havia descrito o meu lar com perfeição. É estranho, no entanto, que o impacto tenha sido tão pessoal, porque ele não estava escrevendo sobre caipiras que haviam migrado dos Apalaches — ele estava escrevendo sobre negros em áreas urbanas decadentes".[49]

O fato de a descrição dos problemas sociais nos bairros negros feita por Wilson se aplicar tão bem às comunidades brancas no Cinturão da Ferrugem agora piora ainda mais as coisas. Como a percepção de seu próprio valor está associada a seu senso de superioridade em relação aos negros e migrantes, a convergência de circunstâncias sociais exacerba o senso de crise do americano branco pobre.

Existem duas maneiras de proceder para restaurar o senso de si próprio. Uma é a negação (por exemplo: "Podemos nos permitir ser categoricamente contra o aborto porque nenhuma menina em nossa comunidade fica grávida"). A outra é aumentar a distância entre nós e eles, convertendo o outro em caricatura. Para uma pessoa branca que precisa se aposentar por invalidez, por ser esta a única maneira de receber benefícios sociais, já não é suficiente dizer que um negro ou uma mãe solteira latina vive encostado na seguridade social; esse era um insulto da era Reagan. Agora que pessoas brancas também precisam da seguridade social, o insulto deve ser agravado; essa mãe latina deve ser membro de uma gangue.

Enfatiza-se, assim, por que precisamos de políticas sociais para ir além da sobrevivência econômica e tentar restaurar a dignidade daqueles cujas ocupações estão ameaçadas pelo progresso tecnológico, pelo comércio internacional e por outras rupturas. Essas políticas devem efetivamente contrabalançar a perda de autoconfiança; as ultrapassadas esmolas governamentais não serão eficazes por si mesmas. É necessária uma reformulação abrangente do aparato das políticas sociais, tema do capítulo 9.

Arbitrariedade coerente[50]

Sabemos que as pessoas não pouparão esforços para driblar evidências que as forcem a rever opiniões sobre o que consideram ser o cerne de seus

Preferências, desejos e necessidades 155

sistemas de valores (inclusive as opiniões sobre outras raças ou imigrantes), dado essas opiniões estarem tão associadas às visões que elas têm de si mesmas. Infelizmente, daí não se conclui que as pessoas sejam particularmente ponderadas ao formar essas ideias iniciais.

Em um dos mais famosos experimentos no campo da economia comportamental, Daniel Kahneman e Richard Thaler selecionaram ao acaso estudantes universitários para receber uma caneca ou uma caneta. Logo depois de distribuírem os presentes, eles se ofereceram para comprá-los de volta de seus novos donos. Ao mesmo tempo, também propuseram aos que não haviam recebido nem caneca nem caneta a oportunidade de comprá-las. Surpreendentemente, o preço pelo qual os novos donos, agora vendedores, se dispunham a ceder as canecas ou as canetas era de duas a três vezes superior à quantia que os compradores potenciais se dispunham a pagar por elas.[51] Uma vez que era totalmente aleatório quem ficava com a caneca ou com a caneta, não havia nenhuma razão para que o ato arbitrário de ser escolhido para receber um desses itens gerasse tamanha divergência nas avaliações das partes. A discrepância entre os preços de venda e compra talvez se explique pelo fato de quem calhou de receber uma caneca passar a preferir sua caneca, e o mesmo para os novos donos de canetas, o que sugere que não há nada de muito intrínseco ou profundo na maneira como as pessoas avaliam coisas como canecas e canetas.

Uma forma de arbitrariedade ainda mais intensa foi revelada por outro experimento. Pediu-se a estudantes que dessem lances para a compra de mouses, garrafas de vinho e livros. Antes de dar os lances, eles foram orientados a escrever os últimos dois dígitos de seu número da previdência social com um cifrão na frente e *imaginar* que esses dois dígitos aleatórios eram um preço razoável pelos produtos. Obviamente, os estudantes sabiam que seu número na previdência social não tinha nada a ver com o preço de uma garrafa de vinho; mesmo assim, porém, eles foram influenciados pelo "preço" que tinham anotado. Os estudantes cujos dois últimos dígitos do número da previdência social formavam um número igual ou superior a oitenta deram lances 200% a 350% mais altos que os estudantes cujos dois últimos dígitos do número da previdência social formavam um número inferior a vinte. Sob a maioria dos outros aspectos, eles ainda se comportaram de acordo com o modelo convencional: por exemplo, pareciam menos propensos a comprar quando o preço subia e se mostravam mais dispostos a comprar itens mais baratos. Mas davam a impressão de não ter ideia de quanto esses produtos valiam para eles em termos absolutos.[52]

Evidentemente, porém, canecas e canetas não são imigrantes nem muçulmanos. Será que estamos falando realmente a sério ao sugerirmos que essa arbitrariedade também se aplica a questões muito mais sérias? Sim, estamos.

Robbers Cave

Algo semelhante aparece nas *preferências sociais*, nome pelo qual os economistas denominam preferências que dizem respeito a outros seres humanos. Em 1954, Muzafer Sherif e Carolyn Wood Sherif realizaram um experimento em que 22 garotos de onze e doze anos foram convidados para uma colônia de férias em Robbers Cave, Oklahoma.[53] Os garotos foram divididos ao acaso em dois grupos. Cada grupo passou algum tempo morando em diferentes localidades de Robbers Cave, de modo que, no início, os grupos não sabiam da existência um do outro. Até que, a certa altura, os dois grupos foram apresentados e passaram a competir — por exemplo, em atividades como cabo de guerra. Essa situação gerou animosidade, levando a xingamentos de lado a lado e a tentativas da parte de cada grupo de danificar os pertences do outro. Nos últimos dias, os pesquisadores provocaram artificialmente uma situação de falta d'água, fazendo com que trabalhar juntos fosse conveniente para os dois grupos. Depois de alguma hesitação inicial, eles se entrosaram e esqueceram a animosidade.

Algumas versões desse experimento se repetiram muitas vezes, e a descoberta básica se mostrou muito sólida. Curiosamente, o fato de rótulos arbitrários influenciarem de maneira tão intensa as nossas lealdades é verdadeiro, mesmo sem a experiência de vínculos afetivos proporcionada

Preferências, desejos e necessidades 157

pelo isolamento inicial. O simples fato de atribuir um nome diferente a um grupo de participantes escolhidos ao acaso levou seus membros a favorecer os demais participantes do grupo em relação aos de fora. Essa constatação se aplica tanto a garotos de onze ou doze anos quanto a adultos.

Ambas as partes do experimento de Robbers Cave são importantes: tanto o fato de ser fácil dividir quanto o fato de ser possível reunir. A facilidade de dividir é uma forte razão para que fiquemos extremamente assustados com os xenófobos e com os manipuladores cínicos da xenofobia que hoje governam tantos países. Os danos que eles infligem não são permanentes, mas, se não forem desfeitos com muito cuidado, podem deixar cicatrizes horríveis. Em Ruanda, numa população mais ou menos homogênea, os colonizadores belgas criaram o mito da superioridade dos tútsis e da inferioridade dos hutus, como meio de conquistar aliados no processo de governar. No período pós-colonial imediato, os tútsis abraçaram sua suposta superioridade, provocando muito ressentimento nos hutus, o que foi decisivo para deflagrar o terrível genocídio de 1994.[54]

Ao mesmo tempo, o fato de as preferências nem sempre serem internamente consistentes torna a aplicação de rótulos *ad hominem* — como "racista" e outros "istas", ou, a propósito, "deploráveis" — em outros seres humanos suspeita, porque muitas pessoas são ao mesmo tempo racistas e não racistas, e suas manifestações de preconceito disfarçam, no fundo, sentimentos de dor e de frustração. O eleitor que votou em Obama e depois em Trump talvez esteja confuso sobre o que cada candidato representa, mas tachá-lo de racista depois de ter votado em Trump é injusto e inútil.

Homofilia

Uma vez que as nossas preferências são profundamente influenciadas pelas pessoas com quem nos associamos, as divisões sociais são particularmente onerosas, porque há bem pouca mistura entre um lado e outro; os indivíduos tendem a se misturar com outros como eles próprios. Nas escolas americanas, os adolescentes negros se relacionam sobretudo com outros negros, e os brancos com outros brancos.[55] É o que os sociólogos denominam *homofilia*. Por motivos óbvios, ela se aplica em especial àqueles que fazem parte do maior grupo social da escola. Os que fazem parte de uma pequena minoria não têm escolha a não ser ter relativamente mais amigos fora do grupo.[56]

Essa tendência nem sempre é evidência de forte preconceito. O fato de estudantes do maior grupo não se comunicarem com os de fora pode ser explicado intuitivamente pela facilidade que eles têm de encontrar outros como eles; e assim, contanto que tenham uma preferência moderada pelo próprio grupo, não há razão para que se aventurem fora dele.

A fonte dessa preferência moderada não precisa ser uma visão negativa do outro; pode ser simplesmente a facilidade maior de estar com pessoas que falam a mesma língua, que compartilham os mesmos gestos e o mesmo senso de humor, que veem os mesmos programas de TV e gostam das mesmas músicas ou que partem dos mesmos pressupostos tácitos sobre o que é ou não adequado. Abhijit, que veio da Índia, sempre se impressiona com o fato de como é fácil para ele conversar com paquistaneses, não obstante os últimos setenta anos de hostilidades entre a Índia e o Paquistão. O senso do que é engraçado e do que é privado (uma dica: os sul-asiáticos são intrometidos), do que cria intimidade e do que gera estranhamento, diz ele, é instintivo em todos os sul-asiáticos e algo que nem mesmo a partição foi capaz de destruir.

O lado ruim desse padrão de comportamento muito natural fica evidente quando conhecemos pessoas de outros grupos. Nós nos retraímos, pisamos em ovos, racionamos nosso calor humano porque receamos ser mal-entendidos. Ou acabamos cometendo gafes, ofendendo sem querer. Seja como for, perde-se alguma coisa importante, e o resultado é que nos tornamos menos propensos a nos comunicar fluentemente com pessoas de outros grupos.

Em parte, é por isso que as pessoas costumam se casar com pessoas como elas próprias. Pouco mais de cinquenta anos depois da emblemática decisão no caso "Loving versus a Virgínia", que, em 1967, derrubou qualquer proibição a casamentos inter-raciais nos Estados Unidos, somente um

Preferências, desejos e necessidades

em cada seis novos casais nos Estados Unidos são birraciais.[57] Na Índia, 74% das famílias dizem achar que os casamentos devem ocorrer dentro das castas. Nossas pesquisas sugerem que isso acontece, em parte, porque os homens de determinada casta estão procurando mulheres equivalentes a suas irmãs (em outras palavras, o familiar), o mesmo acontecendo com as mulheres, e o melhor lugar para encontrar essa compatibilidade é, naturalmente, dentro do mesmo grupo a que se pertence.[58]

Câmaras de eco e hologramas

Esse comportamento resulta em segregação acidental e, provavelmente, em grande parte inconsciente. Talvez não percebamos que, se optarmos por nos relacionar apenas com gente como a gente, acabaremos por formar ilhas de pessoas semelhantes, completamente isoladas. Esse processo favorece a intensificação de preferências aparentemente bizarras e/ou de opiniões políticas extremadas. Uma desvantagem óbvia de nos limitarmos a nossos próprios grupos é não nos expormos a outros pontos de vista. Em consequência, as diferenças de opinião podem persistir mesmo em relação a aspectos factuais, como se as vacinas provocam autismo ou onde nasceu Barack Obama, e, de maneira ainda mais óbvia, em relação a questões de gosto. Já observamos que as pessoas podem optar racionalmente por suprimir a própria opinião e juntar-se à manada, mas, evidentemente, não se expor a opiniões fora da manada apenas piora as coisas. Formam-se, assim, múltiplos grupos fechados, com opiniões contrastantes e muito pouca capacidade de comunicação respeitosa uns com os outros. Cass Sunstein, professor de direito de Harvard que participou do governo Obama, descreve esses grupos fechados como "câmaras de eco", onde indivíduos com a mesma mentalidade congregam-se num frenesi, ouvindo somente uns aos outros.[59]

Uma das consequências disso é a polarização extrema em relação ao que deveriam ser fatos mais ou menos objetivos; por exemplo, 41% dos americanos acreditam que a atividade humana provoca aquecimento global, mas a mesma proporção diz ou que esse fenômeno segue um ciclo natural (21%), ou que não existe (20%). De acordo com o Pew Research Center,[60] a opinião pública sobre o aquecimento global está profundamente segmentada entre os alinhamentos políticos: "Os democratas são muito mais propensos do que os republicanos a afirmar que existem evidências sólidas de que as temperaturas estão subindo (por uma margem de 81% para 58%) e que a atividade humana é a causa básica desse fenômeno (54% para 24%)". Isso não quer dizer que os democratas sejam mais pró-ciência. O consenso científico, por exemplo, é que os alimentos geneticamente modificados não são perigosos para a saúde, mas a grande maioria dos democratas não acredita nisso e deseja que essa particularidade seja destacada no rótulo dos produtos.[61]

Outro resultado de sempre conversar com as mesmas pessoas é que os membros do grupo tendem a ter as mesmas opiniões sobre a maioria dos assuntos. Posições políticas ecléticas tornam-se cada vez mais insustentáveis diante de uma manada resoluta, ainda que resolutamente equivocada. Com efeito, democratas e republicanos já nem sequer falam a mesma língua.[62] Os economistas Matthew Gentzkow e Jesse Shapiro, proeminentes estudiosos dos meios de comunicação, escreveram o seguinte sobre os membros da Câmara dos Deputados americana: "Os democratas falam em 'impostos sobre herança', 'trabalhadores sem documentação' e 'isenções fiscais para os ricos', enquanto os republicanos se referem aos mesmos temas como 'impostos sobre a morte', 'estrangeiros ilegais' e 'reforma tributária'. O Affordable Care Act, de 2010, é uma 'reforma abrangente do sistema de saúde' para os democratas e um 'controle da assistência médica por Washington' para os republicanos". Hoje, é possível adivinhar a filiação política de um congressista simplesmente atentando para o seu vocabulário. Não admira que o partidarismo (definido como a facilidade com que um observador pode inferir o partido de um congressista com base em uma única frase) tenha explodido nas últimas décadas. Entre 1873 e a década de 1990, ele praticamente não se alterou, passando nesse intervalo de 54% para apenas 55%. Mas um expressivo aumento ocorreu a partir de 1990; por ocasião da 110ª sessão do Congresso (2007-9), era de 83%.

Preferências, desejos e necessidades

Exatamente por causa dessa convergência de opiniões e de vocabulário é que o acesso aos dados do Facebook foi tão útil para a Cambridge Analytica e para as campanhas políticas no Reino Unido e nos Estados Unidos. Como a maioria dos democratas de Massachusetts, por exemplo, tem mais ou menos as mesmas opiniões sobre uma ampla gama de questões e usa as mesmas palavras para descrevê-las, bastam alguns fragmentos de nossos pontos de vista para prever nossa orientação política, de que maneira devemos ser abordados e de que tipos de histórias tendemos a gostar ou não. E, evidentemente, depois que pessoas reais abraçam essa previsibilidade modelada, fica muito fácil inventar personagens, criar perfis falsos e injetá-los em conversas on-line.[63]

Essa insularidade também permite que empreendedores políticos qualificados se apresentem de maneiras muito diferentes para pessoas muito diferentes. Narendra Modi, no período que antecedeu as eleições de 2014 para primeiro-ministro da Índia, as quais ele venceu de lavada, conseguiu participar de muitos comícios ao mesmo tempo usando hologramas tridimensionais, em tamanho real, que muitos eleitores supunham ser reais. Ele também conseguia estar presente em mais de um lugar ao mesmo tempo em termos ideológicos. Para a geração de jovens indianos urbanos ambiciosos, conectados em âmbito global, ele personificava a modernização política (enfatizando a inovação, o capital de risco, uma postura inteligente pró-negócios e assim por diante); os emergentes da classe média em expansão o viam como o candidato mais capaz de promover a visão de um nacionalismo fincado na tradição hindu; para as castas superiores, economicamente ameaçadas, ele era a muralha contra a crescente influência (em grande parte imaginada) dos muçulmanos e das castas inferiores. Se membros desses diferentes grupos tivessem se reunido e lhes tivesse sido pedido que descrevessem "seu" Modi, as respostas de uns provavelmente teriam sido irreconhecíveis para outros. Mas as redes em que esses três grupos operavam eram suficientemente segregadas para que não houvesse necessidade de consistência.

O novo espaço público?

A acentuada segmentação do eleitorado vai muito mais além de questões de simples discordância política. Americanos de diferentes matizes políticos passaram a odiar intensamente uns aos outros. Em 1960, cerca de 5% dos republicanos e dos democratas diziam que se "sentiriam 'contrariados' se um filho ou filha se casasse com alguém do partido político rival". Em 2010, quase 50% dos republicanos e 30% dos democratas diziam que se "sentiriam um tanto ou muito infelizes com a perspectiva de um casamento familiar interpartidário". Em 1967, 33% dos democratas e dos republicanos achavam que um membro típico de seu próprio partido era inteligente, em comparação com 27% que tinham a mesma percepção sobre alguém do outro lado. Em 2008, esses números eram 62% e 14%![64]

O que explica essa polarização? Uma das mudanças mais importantes, desde o início da década de 1990, quando o partidarismo começou a se agravar de maneira mais acentuada, foi a expansão da internet e a explosão das mídias sociais. Em janeiro de 2019, o Facebook tinha 2,27 bilhões de usuários ativos por mês em âmbito global, enquanto o Twitter tinha 326 milhões.[65] Em setembro de 2014, mais de 58% da população adulta dos Estados Unidos e 71% da população on-line do país usavam o Facebook.[66] (Nós não estamos incluídos nesses números; portanto, tudo que estamos dizendo sobre essas redes vem de terceiros.)

De início, as redes sociais virtuais foram anunciadas como o novo lugar público, a nova maneira de se conectar, e, portanto, como alguma coisa que deveria reduzir a homofilia. A princípio, elas ofereceram uma oportunidade de conectar-se com pessoas distantes com as quais compartilhássemos algum interesse específico, por exemplo filmes de Bollywood, cantatas de Bach ou como cuidar de bebês. Essas pessoas poderiam não ser como nós sob outros aspectos, oferecendo-nos uma escolha mais eclética de amigos do que a resultante da mera proximidade física. Elas não teriam quase nada a ver umas com as outras; portanto, na medida em que passássemos a trocar opiniões sobre outros assuntos, além daquele que

Preferências, desejos e necessidades

propiciara o contato original, todos ficaríamos expostos a vários pontos de vista. Com efeito, no Facebook, 99,91% dos seus 2 bilhões de participantes pertencem ao chamado "componente gigante", isto é, quase todo mundo é amigo de um amigo de um amigo de todo mundo.[67] Há apenas 4,7 "graus de separação" (o número de "nodos" a transpor) entre quaisquer duas pessoas no componente gigante. Isso implica que, em princípio, poderíamos facilmente nos expor às visões de quase todo mundo à medida que elas circulam pela rede social.

Todavia, as redes sociais virtuais, em grande parte, não foram capazes de integrar seus usuários em questões polêmicas. Um estudo de 2,2 milhões de usuários politicamente engajados do Twitter (definidos como indivíduos que seguiram pelo menos uma conta associada a um candidato à Câmara dos Deputados dos Estados Unidos durante a campanha eleitoral de 2012) revelou que, embora houvesse aproximadamente 90 milhões de ligações em rede entre os usuários, 84% dos seguidores de usuários conservadores eram conservadores e 69% dos seguidores de usuários liberais eram liberais.[68]

Facebook e Twitter funcionam como câmaras de eco. Os democratas repassam informações produzidas por candidatos democratas, e os republicanos fazem o mesmo com os candidatos republicanos. Oitenta e seis por cento dos primeiros retuítes de tuítes produzidos por candidatos democratas vêm de eleitores liberais. O número correspondente para os republicanos é nada menos que 98%. Considerando os retuítes, os liberais recebem 92% de suas mensagens de fontes liberais, e os conservadores recebem 93% de suas mensagens de fontes conservadoras. Surpreendentemente, isso não se aplica apenas a tuítes políticos; para esses indivíduos politicamente engajados, a exposição é igualmente tendenciosa para tuítes não políticos. Ao que parece, no Twitter, mesmo para conversar sobre um assunto como pesca, por exemplo, as pessoas preferem conectar-se com companheiros liberais ou conservadores. A comunidade virtual produzida pelas redes sociais é, na melhor das hipóteses, um espaço público fragmentado.

Haveria, porém, alguma característica específica das mídias sociais que provoca essa polarização? As estratégias políticas para dividir a população e plantar notícias falsas foram inventadas muito antes do Facebook. Os jornais sempre foram altamente partidarizados. Os insultos políticos eram o pão com manteiga da mídia impressa no período colonial dos Estados Unidos e prosseguiram nos primeiros dias da República americana (no musical *Hamilton*, é a ameaça de cobertura indecorosa pela imprensa que força o personagem-título a reconhecer seu caso extraconjugal). A "máquina de ruídos republicana" foi aperfeiçoada na televisão a cabo e nos radiojornais na década de 1990, como David Brock relata em seu poderoso livro *The Republican Noise Machine*.[69]

Uma demonstração ainda mais forte de como a velha mídia pode ser destrutiva é o genocídio de Ruanda. Antes e durante o genocídio, a Radio Télévision Libre des Mille Collines (RTLM) pregou a exterminação dos tútsis, a quem chamava de "baratas", justificou-a como autodefesa e evocou as supostas atrocidades cometidas pela Frente Patriótica de Ruanda (a milícia tútsi). As aldeias cobertas pela RTLM observaram uma matança muito maior do que aquelas que, por causa do bloqueio das ondas radiofônicas pelas montanhas, estavam fora de seu alcance. No total, estima-se que a propaganda da RTLM foi responsável por 10% da violência, ou pela morte de cerca de 50 mil tútsis.[70]

Gentzkow e Shapiro computaram um "índice de isolamento" para o ano de 2009 (que, de certa forma, parece ter sido há séculos, embora a internet já fosse então bastante vibrante) para notícias on-line e off-line. Ele era definido como a diferença entre a proporção de notícias com viés conservador a que se expunham os conservadores e a proporção de notícias com viés conservador a que se expunham os liberais. Suas descobertas pareciam sugerir que a polarização estava ocorrendo tanto off-line quanto on-line. A exposição do conservador típico a opiniões conservadoras on--line era de 60,6% de seu consumo de notícias total, o equivalente a uma pessoa que recebe todas as suas notícias do usatoday.com. A exposição do liberal típico a posições conservadoras era de 53,1%, no mesmo nível da cnn.com. O índice de isolamento para a internet (a diferença entre as duas proporções) era, portanto, de apenas 7,5%, um pouco mais alto que o índice de isolamento de notícias pela televisão aberta e de notícias pela

Preferências, desejos e necessidades 165

televisão a cabo; mais baixo, porém, que o de jornais nacionais. E muito mais baixo do que a segregação de contatos em pessoa. Já era verdade, em 2009, que os conservadores tinham amigos sobretudo conservadores, e o oposto se aplicava aos liberais. O índice de isolamento é baixo porque, a julgar pelos dados dos pesquisadores, os usuários conservadores e liberais visitam, principalmente, sites "centristas", e os mais propensos a frequentar sites extremistas (como o Breitbart News) também visitavam muitos outros, inclusive aqueles com perspectivas opostas.[71]

Embora seja verdade que a polarização aumentou entre os usuários on-line, ela também aumentou em outras esferas da vida. De fato, embora a polarização tenha aumentado em todos os grupos demográficos desde 1996, o aumento foi maior na faixa etária de 65 anos ou mais, a menos propensa a estar na internet, e menor entre os mais jovens (18 a 39 anos).[72] A polarização também aumentou na mídia tradicional. Uma análise textual do conteúdo das notícias da TV a cabo mostrou que, desde 2004, a linguagem usada pela Fox News tornou-se cada vez mais tendenciosa para a direita, enquanto a MSNBC enviesou-se para a esquerda.[73] O público também divergiu. Até 2008, a Fox News tinha uma participação estável de republicanos em torno de 60% de seus espectadores. Essa fatia aumentou para 70% entre 2008 e 2012. Com o passar do tempo, a Fox News tornou-se cada vez mais conservadora, tendência que atraía mais eleitores conservadores, os quais, por seu turno, empurravam a Fox News para ser cada vez mais conservadora. Essa inclinação começou a afetar os padrões de votação. Sabemos disso porque, em alguns distritos dos Estados Unidos, a Fox News aparece numa área menos acessível da lista de canais, por motivos meramente fortuitos, e portanto as pessoas são menos propensas a sintonizá-la.[74] Nesses distritos, o público também é menos propenso a votar nos conservadores.

Assim sendo, o que mudou? No Congresso, de acordo com Gentzkow e Shapiro, o ponto de inflexão parece ter ocorrido em 1994, ano em que Newt Gingrich assumiu o controle do Partido Republicano e lançou o seu "contrato com a América".[75] Esse também foi o primeiro ano em que os consultores políticos desempenharam um papel importante na concepção e no teste de mensagens, algo que, como cientistas sociais, interessados na concepção e no teste de inovações, inclusive em mensagens, consideramos bastante perturbador.

Redes ineficazes

Mesmo que a polarização política não tenha esperado pela internet, é difícil ser inteiramente otimista em relação aos efeitos das redes sociais virtuais e da internet nas nossas preferências de políticas públicas, e às formas como essas preferências se expressam. Para começar, não conhecemos realmente o contrafactual; como seria o mundo sem essas inovações? Comparar as pessoas com e sem acesso à internet, como os jovens e os idosos, não responde à pergunta, por muitas razões óbvias e nem tão óbvias assim. Em especial, a internet costuma ser o lugar em que se fabricam e disseminam os rumores, antes que estes abram caminho até a Fox News, onde os mais idosos vêm a conhecê-los. Talvez os mais jovens sejam menos influenciados por esses rumores, por saberem que a internet está cheia de equívocos e exageros, e sejam capazes de filtrá-los e ajustá-los por conta própria, enquanto os mais idosos, acostumados a confiar na autoridade retumbante dos âncoras de televisão, são mais ingênuos.

Também há outras preocupações. A primeira é que a circulação de notícias nas mídias sociais está matando a produção de notícias e análises confiáveis. A criação de notícias falsas é, evidentemente, muito barata e compensadora do ponto de vista econômico, uma vez que, sem as restrições da realidade, é fácil servir aos leitores exatamente aquilo que eles querem ler. Se você não quiser inventar, porém, basta copiar de outro lugar. Um estudo revelou que 55% do conteúdo difundido por sites de notícias e pela mídia na França é quase todo copiado e colado, mas a fonte só é mencionada em 5% dos casos.[76] Se uma notícia produzida por uma equipe de jornalistas for imediatamente copiada e colada em muitos outros sites, como a fonte original será recompensada por sua produção? Não admira que o número de jornalistas nos Estados Unidos tenha despencado em

Preferências, desejos e necessidades

anos recentes, de quase 57 mil em 2007 para quase 33 mil em 2015.[77] Há não só menos jornalistas, mas também menos jornalistas por jornal. O modelo econômico que sustentou o jornalismo como local do "espaço público" (e da informação correta) está entrando em colapso. Sem aceso aos fatos, é mais fácil ser tolerante com bobagens.

A segunda preocupação é que a internet é propícia a repetições infindáveis. O problema com as câmaras de eco é que não só estamos expostos às ideias de que gostamos, mas também estamos sujeitos à sua exposição reiterada, contínua e infindável, durante todo o dia. Os usuários falsos que impulsionam histórias no Facebook e as pessoas reais que são pagas para "curtir" conteúdo acentuam a tendência natural de algumas mensagens serem repetidas à exaustão e adquirirem vida própria. A repetição infinita induz as pessoas à histeria (bastante similar à forma como os comícios políticos usam cantos repetidos), dificultando a interrupção e a verificação das histórias.

E mesmo quando a verdade por fim aflora, as muitas repetições da notícia falsa podem acentuar a proeminência de uma questão polêmica e reforçar as posições extremistas. Nós só nos lembramos das conversas sem fim sobre os mexicanos (em quem nunca confiamos, em todo caso), mas não do fato de que os imigrantes da primeira geração, legais ou ilegais, são na verdade menos propensos a cometer crimes do que os americanos nativos.[78] Isso, evidentemente, cria uma justificativa muito forte para inundar os mercados com fatos alternativos. Nada menos que 115 notícias falsas pró-Trump que circularam antes da eleição presidencial de 2016 foram vistas 30 milhões de vezes (também havia notícias falsas pró-Hillary Clinton, mas elas só foram vistas 8 milhões de vezes).[79]

A terceira preocupação é que a linguagem intrincada da comunicação pela internet (que o Twitter leva ao extremo) estimula o estilo direto e breve, contribuindo para a erosão das normas de discurso civilizado. O resultado é que o Twitter converteu-se em laboratório para a experimentação da mais recente propaganda sórdida. Os empreendedores políticos gostam de plantar suas propostas mais ousadas no Twitter para vê-las desabrochar, atentos a qualquer indício de que eles tenham ido longe demais.

Se as propostas estiverem funcionando, pelo menos entre os grupos-alvo (avaliação feita com base em retuítes e curtidas, por exemplo), eles as incluem no pacote de estratégias potenciais para o futuro.

A quarta preocupação é a customização automática. Em 2001, quando Sunstein escrevia sobre as câmaras de eco, uma de suas preocupações era a oportunidade dada aos usuários de escolher as notícias que consomem. Agora, cada vez mais, os usuários já não precisam escolher. Algoritmos sofisticados usam técnicas de previsão baseadas em *machine learning*, aprendizado de máquina, para tentar descobrir as coisas de que poderíamos gostar com base em quem somos, em nossas buscas anteriores etc. O objetivo, muito explicitamente, é oferecer às pessoas aquilo de que gostam, para que passem mais tempo entre as suas preferências.

O Facebook enfrentou pressões em razão do algoritmo que utilizava para empurrar histórias para os usuários, e, em 2018, assumiu o compromisso de reformular as prioridades de seus *feeds*, incluindo as postagens de amigos e familiares na frente do conteúdo de mídia. Mas não é preciso estar no Facebook para que isso aconteça. Na homepage de Esther, no Google, em 2 de julho de 2018, havia um artigo da *Atlantic*, "The Trade Deficit is China's Problem" ["O déficit comercial é problema da China"]; a última coluna de Paul Krugman no *New York Times*; uma matéria do *New York Times* sobre *millenials* socialistas; um artigo sobre a Copa do Mundo de futebol; um artigo do *Boston Globe* sobre Lawrence Bacon, o novo presidente de Harvard; um artigo sobre o enterro de Simone Veil; uma matéria do *Huffington Post* sobre a opinião da senadora Susan Collins a respeito da escolha do mais recente juiz da Suprema Corte; e o incontornável artigo sobre o Pixel Watch. Havia apenas duas matérias em que ela não estava obviamente interessada: uma sobre a fuga de um criminoso de uma prisão francesa usando um helicóptero (que acabou sendo muito engraçada) e uma notícia da Fox News sobre o embate de Busy Philipps com a Delta Airlines por conta de uma remarcação de passagens dela e dos filhos em voos diferentes. Esta última notícia foi tudo o que Esther viu naquele dia vindo da mídia de direita. Esse tipo de customização é onipresente. Até o aplicativo da National Public Radio ("NPR One", para os conhecedores)

Preferências, desejos e necessidades

se autodenomina a "Pandora da rádio pública", referindo-se ao recurso que lhe oferece a música de que você gosta com base no que você ouviu no passado. Dentro da câmara de eco de ideias liberais que é a NPR, um algoritmo filtra para o usuário exatamente o que é provável que o usuário queira ouvir.

Isso é importante porque, quando os usuários tomam a iniciativa de escolher o que vão ler, eles pelo menos têm consciência do que estão fazendo. Eles talvez prefiram ler artigos de fontes familiares, mas é possível que sejam sofisticados o bastante para reconhecer os próprios vieses refletidos nessas fontes. Um experimento inusitado na Coreia do Sul demonstrou que esse tipo de sofisticação é muito real. Dois jovens coreanos criaram um aplicativo e, de fevereiro a novembro de 2016, ofereceram acesso a artigos selecionados da imprensa sobre assuntos atuais e solicitava regularmente a opinião dos usuários a respeito dos artigos e os temas em si. De início, todos os usuários recebiam um artigo escolhido aleatoriamente sobre cada tema. Depois de algumas rodadas, alguns usuários selecionados de maneira aleatória passaram a poder escolher as fontes de notícias de onde recebiam seus artigos, enquanto os outros continuavam a receber artigos aleatórios. O experimento produziu três resultados importantes. Primeiro, os usuários efetivamente respondiam ao que liam: eles atualizavam suas opiniões conforme o que lhes era apresentado. Segundo, como se esperava, os que podiam escolher geralmente selecionavam artigos alinhados com as suas preferências partidárias. No entanto, terceiro resultado, ao fim do experimento os que tinham a opção de escolher seus artigos haviam atualizado suas preferências em maior medida do que aqueles que não tinham essa opção, e em geral as tinham atualizado para o centro! Isso é o oposto do efeito câmara de eco. No final das contas, a possibilidade de escolher matérias viesadas tornava os usuários *menos* partidários. A explicação é que eles compreendiam exatamente como a fonte que haviam escolhido era viesada e, em parte, compensavam o viés sendo mais receptivos a informações de outras fontes; ao passo que, com histórias designadas aleatoriamente, os usuários não reconheciam o viés e, portanto, mantinham-se céticos sobre o conteúdo, pouco mudando suas opiniões.[80]

Seria muito interessante replicar esse experimento nos Estados Unidos. É possível que o efeito também dependa do grau de politização do leitor. Não está inteiramente claro se muitos leitores de internet nos Estados Unidos fazem de fato um esforço consciente para corrigir os vieses por acaso existentes em suas leituras. Esse estudo sugere, porém, um problema fundamental da customização ilimitada: a falta de limites em si. Corrigir um viés requer a compreensão de qual é o viés da fonte. Quando sempre lemos notícias da mesma fonte, ficamos familiarizados com ela. Mas quando um algoritmo nos oferece artigos de toda a internet, alguns deles de fontes conhecidas e outros de cantos menos familiares, e alguns totalmente falsos, não sabemos como interpretar esses sinais. Além disso, como as escolhas não foram nossas, é possível que nem sequer nos lembremos de fazer as correções.

Correndo juntos

À medida que perdemos a capacidade de ouvir uns aos outros, a democracia se esvazia e se fecha ao consenso das várias tribos, cada voto baseando-se mais nas lealdades tribais do que na ponderação criteriosa das prioridades. A coalizão de tribos mais ampla vence, mesmo que seu candidato seja um pedófilo conhecido, ou pior. O vencedor não precisa oferecer benefícios econômicos ou sociais, nem mesmo aos próprios apoiadores, desde que estes se preocupem o suficiente com a possibilidade de tomada do poder pelo outro lado; sabendo disso, ele ou ela fará o melhor possível para atiçar esses receios. No pior cenário, o vencedor pode usar os poderes assim conquistados para assumir o controle da mídia e calar qualquer voz alternativa, de modo que não mais haja competição com que se preocupar. O primeiro-ministro Orbán agiu assim com sucesso na Hungria, e vários outros seguidores não estão muito atrás.

Além disso, existe um círculo de violência crescente — contra negros, mulheres e judeus, nos Estados Unidos; contra os muçulmanos e as castas mais baixas, na Índia; e contra os imigrantes, na Europa — que provavel-

Preferências, desejos e necessidades

mente não deixa de estar correlacionado com as expressões descaradas de afronta propiciadas pelo atual clima de polarização, inclusive por parte dos chefes de Estado. As turbas assassinas na Índia e no Brasil e as recentes carnificinas perpetradas por atiradores e lançadores de bombas caseiras nos Estados Unidos e na Nova Zelândia parecem emergir desses vórtices de paranoia, onde as mesmas falsidades avançam e retrocedem em movimento pendular. A situação ainda não atingiu as proporções de uma guerra civil ou de um genocídio, mas a história sugere que isso é possível.

Como já vimos, nossa reação ao outro tem uma forte relação com nossa autoconfiança. Só uma política social alicerçada no respeito pela dignidade do indivíduo pode ajudar a tornar o cidadão comum mais aberto às ideias de tolerância.

Há, também, intervenções possíveis no nível de grupo. Para muita gente, racismo, xenofobia e falta de comunicação interpartidária resultam de uma falta de contato inicial. Gordon Allport, professor de psicologia de Harvard, formulou em 1954 o que ele denominou *hipótese do contato*.[81] É a ideia de que, sob condições apropriadas, o contato interpessoal é uma das maneiras mais eficazes de atenuar o preconceito. Ao conviver com os outros, aprendemos a compreendê-los e a apreciá-los, e, por força dessa compreensão e apreciação, o preconceito diminui.

A hipótese do contato tem sido estudada intensamente. Uma análise recente identifica 27 estudos randomizados controlados [ERCS] investigando a hipótese de Allport. No conjunto, esses estudos concluem que o contato reduz o preconceito, embora as análises chamem a atenção para a importância da natureza do contato.[82]

Se essas conclusões estiverem certas, as escolas e universidades são obviamente fundamentais. Elas reúnem jovens de diferentes origens num único local, numa idade em que todos são mais flexíveis. Numa grande universidade dos Estados Unidos, onde os colegas de quarto são escolhidos de maneira aleatória, um estudo revelou que os estudantes brancos que dividiam quarto com colegas afro-americanos eram muito mais propensos a endossar políticas de ação afirmativa, e que os que dividiam quarto com colegas de qualquer grupo minoritário eram mais propensos a continuar interagindo socialmente com indivíduos de outros grupos étnicos depois do primeiro ano, quando tinham plena liberdade para escolher com quem se associar.[83]

Esse processo de socialização poderia começar até mais cedo. Uma mudança de política em Delhi demonstrou a importância de reunir crianças pequenas com antecedentes muito diferentes. A partir de 2007, as principais escolas particulares de elite em Delhi foram obrigadas a oferecer vagas a estudantes pobres. Em um engenhoso estudo sobre o impacto dessa mudança, crianças selecionadas aleatoriamente foram incumbidas de escolher colegas para uma corrida de revezamento.[84] Algumas delas frequentavam escolas que já tinham adotado a prática de admitir crianças pobres, outras não. E, dentro das escolas, algumas crianças participavam de grupos de estudo com crianças mais pobres (com base nas letras iniciais de seus nomes) e outras não. Para que pudessem decidir quem iriam querer como parceiros na corrida, todas as crianças tiveram a chance de observar as demais numa corrida de teste. Havia, contudo, uma pegadinha. As crianças tinham de concordar em participar de uma brincadeira com os colegas escolhidos para a equipe. O estudo revelou que os estudantes de famílias ricas que ainda não tinham convivido com estudantes pobres na escola evitavam escolhê-los, mesmo quando estes se incluíam entre os melhores corredores, de modo a evitar passar tempo com eles. No entanto, os estudantes que tinham convivido com crianças de famílias menos favorecidas nas escolas, graças a essa nova política, eram muito mais propensos a escolher os melhores corredores, mesmo que fossem de família pobre, porque a perspectiva de brincar com eles já não lhes parecia tão assustadora. E aqueles que participavam de um grupo de estudo com crianças pobres eram ainda mais inclinados a convidá-las para correr e brincar com eles. A familiaridade fazia essa mágica.

Estudantes em prol da admissão justa versus Harvard

Uma implicação dessa evidência é que a diversidade entre os estudantes das instituições de ensino é valiosa em si e por si, porque afeta de maneira

Preferências, desejos e necessidades

duradoura as preferências. A ação afirmativa foi originalmente concebida nos Estados Unidos em parte para compensar injustiças históricas e em parte como uma maneira de nivelar as condições de competição entre os brancos, que tinham a vantagem de muitas gerações de educação avançada, e os menos favorecidos. A ação afirmativa, porém, vai muito além disso. Os 27 ERCS sobre os efeitos do contato sobre a tolerância implicam que essa mistura é um dos instrumentos mais poderosos de que dispomos para tornar a sociedade mais tolerante e mais inclusiva. O problema é que a ação afirmativa em si é agora uma ideia polarizadora.

Na primavera de 2018, a cidade de Nova York teve dificuldades com a reformulação do sistema de admissão para suas escolas públicas de elite, que atualmente se baseia em um exame e permite o ingresso de bem poucos latinos e afro-americanos. Ao mesmo tempo, americanos de origem asiática estavam processando Harvard por discriminação com base no fato de que, para atingir seus objetivos de diversidade, a universidade limitava artificialmente a admissão de estudantes desse grupo. Além disso, o governo Trump vinha instando as escolas a não mais considerarem a raça em suas decisões sobre admissão. A Suprema Corte dos Estados Unidos por enquanto tem resistido às pressões para proibir qualquer discriminação com base na raça, mas não está claro até quando prevalecerá essa orientação.

Na Índia, o debate é enquadrado em termos de cotas efetivas em instituições de ensino e em empregos públicos para as castas historicamente discriminadas. Essas cotas são muito contestadas pelas castas superiores, resultando em protestos frequentes e em processos judiciais reiterados questionando os fundamentos da lei, sobretudo com base no argumento de que uma fatia desproporcional das vagas reservadas acaba sendo destinada aos mais privilegiados entre as castas inferiores, que talvez precisem menos dessas oportunidades. (Poeticamente, esses mais aquinhoados são conhecidos como *creamy layer*, a "camada cremosa", a cobertura, a nata.) O sistema judicial indiano tem sido receptivo a essas queixas e condicionado o direito a cotas a um limite de renda: é preciso ser suficientemente pobre para qualificar-se. Ao mesmo tempo, outros grupos sociais vêm fazendo lobby para serem incluídos nas cotas, o que serviria para diluí-las. Em consequência, o sistema de cotas tem sido combatido quase incessantemente, com protestos contínuos em algum lugar do país, não raro com explosões de violência.

A ideia de "mérito" desempenha um papel fundamental nesse debate. O cerne do argumento é a ideia de que a pontuação nos testes é uma medida objetiva do mérito, indicadora de até que ponto o candidato é adequado para uma vaga na universidade ou para um emprego público, e, portanto, a ação afirmativa discrimina os candidatos mais "meritórios", como eles são chamados na Índia. Considerando tudo que já vimos neste capítulo, parece que essa proposição é muito improvável. A autodiscriminação solapa a confiança e compromete o desempenho. Ter sido subestimado, menosprezado, ignorado ou desprezado por professores e supervisores pelo fato de ser oriundo de um grupo desprestigiado dificulta o sucesso. Além disso, como nós dois, autores, sabemos, crescer numa casa onde os livros estão por toda parte e as conversas durante as refeições giram em torno de questões de matemática ou filosofia, quer você as aprecie ou não, é uma nítida vantagem na hora de fazer os trabalhos para a faculdade. Um candidato de casta inferior que se saiu tão bem quanto Abhijit nos exames finais da escola de ensino médio teve de transpor mais barreiras para chegar lá e, por essa razão, tende a ser mais talentoso.

A nebulosidade da noção de mérito foi o pomo da discórdia entre dois economistas empíricos de primeira classe, David Card e Peter Arcidiacono, que travaram um embate no caso Estudantes em Prol da Admissão Justa versus Harvard. Da parte da acusação, Arcidiacono argumentou que os asiáticos eram desfavorecidos na seleção, já que os que são admitidos conseguem notas mais altas e alcançam pontuações mais elevadas nos testes do que qualquer outro grupo. Em outras palavras, no caso de pontuações iguais nos testes, um estudante asiático tem menos chances de ser admitido em Harvard do que um estudante branco (ou um afro-americano).

Pelo lado de Harvard, Card apresentou numerosas objeções à análise de Arcidiacono, incluindo a legitimidade do objetivo da diversidade entre os antepassados e na especialização pretendida. A divergência mais notável, porém, dizia respeito às interpretações da "avaliação de personalidade"

Preferências, desejos e necessidades

feitas pela universidade no intuito de detectar os atributos de liderança e integridade do candidato. Os estudantes asiáticos sempre obtêm avaliações acadêmicas e extracurriculares superiores, mas resultados inferiores nas avaliações de personalidade, e, considerando-se isso, a probabilidade de serem admitidos não é menor que a de estudantes brancos.

Para Card, isso demonstra que não há discriminação. Arcidiacono afirma que as avaliações de personalidade são justamente a maneira como a universidade discrimina os asiáticos. No debate, não passou despercebido um paralelo um tanto irônico com a história. Na década de 1920, o então presidente de Harvard, Abbott Lawrence Lowell, tentou introduzir cotas para limitar a admissão de judeus. A tentativa fracassou, mas ele adotou então um sistema de admissão "holística", ou seja, um sistema que valoriza traços pessoais além do desempenho acadêmico, e que foi usado para limitar o número de judeus. Os Estudantes em Prol da Admissão Justa argumentam que isso está acontecendo de novo.

O debate ilustra como é traiçoeira a ideia de mérito, e a própria noção do que seja qualidade. Por um lado, "qualidades pessoais" podem refletir (talvez inconscientemente) uma forma de pertencimento a um clube, com apertos de mão secretos que não são lecionados na escola pública média. A avaliação de personalidade pode ser de fato uma maneira não muito sutil de rejeitar certos tipos de estudantes (asiáticos ou não) e garantir a transmissão intergeracional suave do status de elite. Por outro lado, o fato de os candidatos afro-americanos alcançarem sistematicamente pontuações mais altas do que os brancos ou asiáticos nas avaliações de personalidade pode muito bem refletir o que já mencionamos: uma vez que as admissões em Harvard exigem desempenho acadêmico excelente, os filhos de famílias desfavorecidas devem ter competências pessoais extraordinárias para terem alguma chance, especialmente porque devem ter tido que sobreviver a escolas piores e talvez a ambientes domésticos mais desafiadores.

Não há solução evidente para esse problema. Como principal produtora da próxima geração de líderes, Harvard sem dúvida precisa encontrar um lugar para estudantes de todos os grupos sociais, e a representação desproporcional de qualquer grupo em particular, muito além de seu peso na população, talvez seja indesejável numa democracia, tendendo a gerar problemas políticos. Precisamos, porém, de um debate social mais transparente sobre o desenho das ações afirmativas. As atuais formas de implementação de políticas de ação afirmativa, que giram em torno do conceito de raça em vez de confrontá-lo diretamente, estão provavelmente muito longe do ideal. O desafio de Harvard é ao mesmo tempo inevitável e talvez desejável, ao levar a sociedade a confrontar suas próprias inconsistências.

Sob a perspectiva do objetivo específico de influenciar as preferências aumentando a interação entre os grupos sociais, o ressentimento crescente contra a ação afirmativa impõe um problema. A hipótese original de Allport era que o contato reduziria o preconceito, mas apenas se certas condições fossem satisfeitas. Em especial, ele sustentava que o preconceito só seria reduzido se o contato acontecesse num contexto de igualdade de status entre os grupos, de objetivos comuns, de cooperação intergrupo e de apoio das autoridades, da lei ou dos costumes. Uma integração extremamente disputada dificilmente preencherá esses requisitos. Por exemplo, se alunos do ensino médio sentirem que estão competindo por vagas na faculdade, e, pior ainda, se tiverem a impressão de que essa competição pode ser tendenciosa contra eles, é possível que venham a se indispor ainda mais contra os outros grupos.

Lições de críquete

A seriedade dessa preocupação foi demonstrada por um estudo inteligente realizado há pouco tempo.[85] No estado de Uttar Pradesh, na Índia, um pesquisador dirigiu durante oito meses uma liga masculina de críquete com oitocentos jogadores, todos jovens, escolhidos aleatoriamente de um total de 1261 jogadores. Cerca de um terço deles foi escalado para equipes de castas homogêneas; os demais foram escalados para equipes de castas mistas. Como outros, o estudo identificou vários efeitos positivos do contato colaborativo. Em comparação com os jogadores que atuaram em equipes formadas por uma mesma casta, aqueles que jogaram em equipes

Preferências, desejos e necessidades 177

mistas se mostraram mais propensos a fazer amizade com indivíduos de outras castas depois do experimento, sem se limitar aos companheiros de equipe. Quando tinham a chance de selecionar seus times, eles compunham equipes melhores para os jogos seguintes, uma vez que escolhiam com base no talento, não em castas.

Mas o adversário contra o qual jogavam desempenhava um papel importante. Os jogadores de equipes selecionadas aleatoriamente para jogar contra times de outra casta eram menos propensos a fazer amizade com pessoas de outras castas do que aqueles que jogavam apenas contra a própria casta ou até aqueles que nunca conseguiam jogar. A competição solapou o contato.

Esses resultados menos otimistas salientam que o contato em si pode não ser suficiente para gerar tolerância; talvez seja necessário ter objetivos comuns. Tanto em 1998 quanto em 2018, a vitória da França na Copa do Mundo de futebol produziu exatamente esse efeito sobre o país como um todo. Em especial, o fato de alguns jogadores da equipe terem crescido e aprendido suas habilidades nos subúrbios de Paris, notórios por seus conjuntos habitacionais dilapidados e por seus motins com carros incendiados, criou um senso de boa vontade e um propósito comum. Naquele momento, todos puderam ver que nem todos os garotos do 93 (como é conhecido um distrito desfavorecido no norte de Paris) eram vagabundos preguiçosos que matavam aula e cometiam pequenos delitos. Por trás da vitoriosa equipe da França, *black-blanc-beur* ("negra-branca-árabe"), estavam o esforço e a disciplina de dezenas de milhares de jovens que haviam dado duro para existir.

Zoneamento para a paz

Uma vez que a integração pelas universidades está sujeita a limites óbvios, os bairros mistos oferecem uma alternativa útil. O problema é que eles tendem a ser instáveis, como demonstrou Thomas Schelling, ganhador do prêmio Nobel de economia.[86] Imagine que os moradores estejam felizes de viver em bairros mistos, mas não em bairros dominados principalmente por outro grupo. Nesse caso, eles vivem com medo do dia em que, talvez por mero acaso, alguns de seu grupo se mudem e sejam substituídos por representantes do outro grupo. O bairro fica um pouco menos atraente para pessoas como eles, e, agora, todos começam a ficar receosos de que, se outros forem embora, porque, digamos, também estejam tendo os mesmos temores, ou porque sejam menos tolerantes, eles próprios serão forçados a se mudar também. A tensão de se e quando isso pode acontecer talvez se torne insuportável, e, assim, qualquer um que tenha condições vai mesmo embora. Isso é o que Schelling denomina *ponto de virada*.

David Card estudou o aumento da segregação que aconteceu nos Estados Unidos nas décadas de 1970, 1980 e 1990, e essa propriedade do ponto de virada parece mesmo existir.[87] Se a fração de negros no bairro fosse inferior a determinado número, ela se mantinha estável; se aumentasse, ocorria um grande fluxo de saída da população branca nos anos subsequentes. Chicago, por exemplo, tinha um ponto de virada especialmente baixo. Se, em 1970, a população negra de um bairro fosse inferior a 5%, ela tendia a se manter nesse nível no futuro; mas, se estivesse um pouco acima desse nível, a fração de brancos logo despencava. Comparando as cidades dos Estados Unidos, Card e seus colegas descobriram que, em média, os pontos de virada variavam entre 12% e 15%.

A maneira de evitar a segregação sugerida pela lógica do ponto de virada é desenvolver conjuntos habitacionais para pessoas de baixa renda e dispersá-los por toda a cidade, para que não haja bairros "puros". No elegante bairro parisiense onde passamos um ano, o prédio ao lado do nosso era um conjunto habitacional. Todas as crianças frequentavam a mesma escola do bairro e brincavam na mesma praça. Naquela idade, todas elas, sem dúvida, habitavam o mesmo universo. Talvez não seja possível ser tão ousado quanto Cingapura, onde cotas rigorosas garantem certo grau de mistura entre grupos étnicos em todos os blocos de um conjunto habitacional, mas parece possível reservar algum espaço para conjuntos habitacionais em todo bairro.

O desafio de implementar esses programas é acima de tudo político. Parece muito fácil imaginar como realizar bem essa tarefa, havendo

Preferências, desejos e necessidades

vontade política: dispersar os conjuntos habitacionais, dar a todos um número para sorteio, lançar uma loteria pública sempre que houver novas habitações disponíveis e facilitar a checagem de que todos os ganhadores receberam a casa. A dificuldade é que os conjuntos habitacionais em bairros elegantes são muito tentadores para os políticos locais como fonte de clientelismo; com suficiente vontade política, porém, é possível superar esse problema.[88]

Todavia, no futuro próximo, mesmo que a maioria das pessoas pobres ainda viva em bairros de baixa renda, escolas compartilhadas são outra maneira de integrar a população. Para que isso aconteça, as crianças precisarão se deslocar. O transporte de um grande número de crianças para fomentar a diversidade nas escolas, como foi feito em Boston em certa época, é uma solução impopular, em parte porque, compreensivelmente, as crianças pequenas não gostam de andar de ônibus. A melhor ideia talvez seja permitir que crianças de bairros de baixa renda frequentem escolas fora de seus bairros. O programa Metco, nos Estados Unidos, que organizou o transporte em ônibus de crianças de grupos minoritários para escolas de grupos majoritários, revelou-se positivo para as crianças beneficiárias sem nenhum prejuízo para o desempenho das crianças dos grupos majoritários. Estas, que teriam passado a maior parte de suas vidas em grandes enclaves brancos, acabaram sendo expostas a uma população muito mais diversificada, o que, como vimos, exerce efeitos duradouros sobre as preferências e visões de mundo.[89]

Rearranjando as espreguiçadeiras?

A soma total de nossas propostas talvez pareça modesta em face do que é percebido como um tsunami de preconceitos. Essa conclusão, porém, não capta o principal argumento deste capítulo: o de que essas preferências são tanto parte do sintoma quanto causa do mal-estar, talvez mais. O preconceito é muitas vezes uma reação defensiva às muitas coisas que sentimos estarem erradas no mundo, às nossas dificuldades econômicas e a uma sensação de que não somos mais respeitados ou valorizados.

Daí decorrem quatro importantes implicações. A primeira, e mais óbvia, manifestar desprezo por quem expressa sentimentos racistas, confraterniza-se com racistas ou vota em racistas (os "deploráveis") serve apenas para reforçar esses sentimentos, fundados na desconfiança de que o mundo não nos respeita mais. Segunda, o preconceito não é uma preferência absoluta; até os chamados eleitores racistas se importam com outras coisas. O Norte da Índia, na década de 1990 e princípios dos anos 2000, observou um período de grande polarização de castas. Contudo, em 2005 esse ciclo se esgotou; as castas inferiores, que tinham se alinhado com partidos explicitamente baseados em castas (contra o menos transparente BJP, partido do primeiro-ministro Modi, também baseado em castas), começaram a se questionar se estavam tendo retorno o suficiente de seus partidos. Mayawati, a líder de um desses partidos, decidiu reformular sua figura, agora como líder de todos os pobres, inclusive aqueles de castas superiores, e assim venceu as eleições de 2007 no estado de Uttar Pradesh. Ela optou por inclusividade ampla, em vez do sectarismo estreito.

Mais recentemente, nos Estados Unidos, fomos surpreendidos pela curiosa história do outrora odiado Affordable Care Act, ou Obamacare. Uma política notável do desprezado negro muçulmano queniano Barack Obama, tratava-se de algo a que muitos governadores republicanos se recusavam a se associar, e muitos inclusive rejeitaram subsídios federais para expandir o Medicaid, mecanismo fundamental para estender a cobertura de assistência médica sob o Affordable Care Act. Entretanto, nas eleições de meio de mandato de 2018, iniciativas para expandir o Medicaid foram votadas em estados profundamente republicanos como Utah, Nebraska e Idaho. As propostas foram aprovadas nos três estados. Kansas e Wisconsin também elegeram novos governadores democratas que prometeram expandir o Medicaid, ao contrário de seus antecessores republicanos. E isso aconteceu não porque as pessoas nesses lugares tenham virado democratas; elas ainda votavam em deputados e senadores republicanos, não raro com opiniões muito conservadoras. Mas, nessa questão, muitos parecem ter decidido ignorar as advertências do establishment republicano e seguir a própria compreensão do que seria bom para eles. A economia tripudiou sobre Trump.

Isso tem a ver com o nosso terceiro ponto. O fato de os eleitores terem valorizado questões referentes a raça, etnia ou religião, ou mesmo emitido opiniões racistas, não significa necessariamente que sejam muito apaixonados por elas. Os eleitores sabem que os políticos gostam de lançar mão de etnia ou raça quando isso lhes parece conveniente. Em parte, só continuam votando nesses políticos porque são profundamente pessimistas em relação ao sistema político, estando convencidos de que todos os políticos são mais ou menos da mesma laia. Logo, os eleitores podem muito bem votar no cara que se parece com eles e fala como eles. Em outras palavras, o voto étnico ou intolerante costuma ser apenas uma expressão de indiferença. Isso significa, porém, que é admiravelmente fácil fazê-los mudar de opinião, destacando o que está em jogo numa eleição. Em 2007, em Uttar Pradesh, estado indiano famoso pela política de castas, Abhijit e seus colegas conseguiram convencer 10% dos eleitores a não votar no partido de sua casta usando somente uma combinação de canções, show de marionetes e teatro nas ruas — tudo transmitindo uma mensagem simples: "Vote no desenvolvimento, não em castas".[90]

E, assim, chegamos ao nosso derradeiro ponto, e talvez o mais importante. A maneira mais eficaz de combater o preconceito talvez não seja contestar diretamente as opiniões das pessoas, por mais natural que isso possa parecer. Em vez disso, pode ser mais eficaz convencer os cidadãos de que vale a pena envolver-se com outras questões de políticas públicas, pois os líderes que lhes prometem muito e que até fazem grandes encenações em prol dessas promessas talvez não entreguem muito mais que esses gestos, na realidade, em parte porque não é fácil fazer alguma coisa mais. Em outras palavras, precisamos restaurar a credibilidade do diálogo público sobre políticas, e demonstrar que elas não são apenas falar bonito para justificar agir pouco. E, evidentemente, precisamos tentar fazer o que for necessário para amenizar a raiva e a privação de que tantos se ressentem, mesmo reconhecendo que isso não será nem fácil nem rápido.

Esse processo, como explicamos no capítulo 1, é a jornada que iniciamos neste livro. Começamos com as questões mais conhecidas e mais compreendidas: imigração e comércio internacional. Mesmo nessas áreas, a forte tendência entre os economistas é manifestar-se com respostas categóricas ("imigração é bom", "livre-comércio é melhor") sem complementá-las com explicações detalhadas e com as ressalvas indispensáveis, o que em grande medida solapa a credibilidade. Voltamo-nos, agora, para questões que são muito mais controversas, até entre os economistas: o futuro do crescimento, as causas da desigualdade, o desafio da mudança climática.

Também nesses tópicos tentaremos repetir o mesmo exercício de desmistificação, embora reconhecendo que o que temos a dizer por vezes estará baseado em argumentos mais abstratos do que os que apresentamos até aqui, e menos bem fundamentados em evidências. Essas questões, todavia, são tão centrais em nossa visão do futuro (e do presente) que não há como adotar políticas econômicas melhores sem abordá-las.

Em tudo isso, o papel das preferências é crucial. É obviamente impossível falar sobre crescimento, desigualdade e meio ambiente sem pensar nas necessidades e desejos, e, portanto, nas preferências. Vimos que desejos podem não ser necessidades — as pessoas parecem valorizar garrafas de vinho com base no seu número da previdência social e não no prazer da degustação — e necessidades podem não ser desejos — a televisão é uma necessidade ou um desejo? Essas serão preocupações centrais nos capítulos que se seguem, implícitas e às vezes explícitas nos argumentos que apresentamos e na visão de mundo que projetamos.

5. O fim do crescimento?

O CRESCIMENTO TERMINOU EM 16 de outubro de 1973, ou perto disso, e jamais será retomado, de acordo com um livro admiravelmente dogmático de Robert Gordon.[1]

Naquele dia, os países-membros da Opep anunciaram um embargo sobre o petróleo. Quando o embargo foi suspendido, em março de 1974, o preço do combustível tinha quadruplicado. Nessa época, a economia mundial tinha se tornado cada vez mais dependente do petróleo e, em geral, enfrentava uma escassez de matérias-primas que impulsionava os preços. Seguiu-se, então, nos países ricos do Ocidente, uma década medíocre de "estagflação" (estagnação econômica associada a inflação). Supunha-se que o crescimento lento seria superado, mas ele continuou entre nós desde então.

Isso aconteceu num mundo em que a maioria dos cidadãos desses países ricos tinha crescido na expectativa de uma prosperidade infinita e em constante expansão, em que os líderes políticos se acostumaram a medir o sucesso em termos de um único critério: a taxa de crescimento do produto interno bruto do país, ou PIB. E em grande medida esse ainda é o mundo em que vivemos, e, de certa maneira, ainda estamos falando sobre esse momento crítico da década de 1970. O que deu errado? Houve algum equívoco de política econômica? Seremos capazes de restabelecer e de preservar o crescimento? Que botão mágico precisamos apertar? Será que a China está imune a essa desaceleração?

Os economistas têm se empenhado em responder a essas perguntas. Inúmeros livros e trabalhos acadêmicos foram escritos sobre o tema. Muitos ganhadores do prêmio Nobel foram laureados por seus estudos nessa área. Depois de tudo isso, o que se pode dizer com segurança sobre como levar as economias ricas a crescer com mais rapidez? Ou será que o fato de tanta coisa ter sido escrita a esse respeito indica que realmente não temos a menor ideia? E devemos mesmo nos preocupar com isso?

Os trinta gloriosos

Durante os trinta e tantos anos que se estenderam do fim da Segunda Guerra Mundial até a crise da Opep, o crescimento econômico na Europa Ocidental, nos Estados Unidos e no Canadá foi mais rápido do que em qualquer outra época da história.

Entre 1870 e 1929, o PIB per capita nos Estados Unidos cresceu à taxa até então inaudita de 1,76% por ano. Nos quatro anos subsequentes a 1929, caiu catastróficos 20% — não à toa o período é denominado Grande Depressão —, mas a recuperação foi bastante rápida. A taxa média de crescimento anual entre 1929 e 1950 foi efetivamente um pouco mais alta do que no período anterior. Entre 1950 e 1973, porém, subiu para 2,5%.[2] A diferença entre 1,76% e 2,5% é maior do que pode parecer. À taxa de 1,76% ao ano, o PIB per capita dobraria em quarenta anos, mas, a 2,5% ao ano, bastariam 28 anos.

A Europa teve um histórico mais cheio de altos e baixos antes de 1945, em parte por causa das guerras, mas, a partir desse ano, as coisas realmente explodiram. Quando Esther nasceu, no final de 1972, o PIB per capita na França era cerca de quatro vezes maior que o de quando a mãe dela nasceu, em 1942.[3] Essa situação era típica da experiência dos europeus ocidentais. O PIB per capita na Europa aumentou a uma taxa de 3,8% ao ano entre 1950 e 1973.[4] Não é à toa que os franceses chamam os trinta anos seguintes à guerra de *Les Trente Glorieuses* ("Os Trinta Gloriosos").

O crescimento econômico foi impulsionado pela rápida expansão da produtividade do trabalho, ou a produção por hora trabalhada. Nos Estados Unidos, a produtividade da mão de obra cresceu a 2,82% por ano, o que significava dobrar a cada 25 anos.[5] Esse aumento da produtividade do trabalho foi grande o suficiente para mais do que compensar o *declínio* nas

O fim do crescimento? 185

horas trabalhadas per capita, que ocorria ao mesmo tempo. Ao longo da segunda metade do século, a duração da semana de trabalho foi reduzida em vinte horas nos Estados Unidos e na Europa. E o *baby boom* do pós--guerra reduziu a parcela de adultos em idade economicamente ativa na população, uma vez que os *baby boomers* eram... bem, bebês.

O que tornou os trabalhadores mais produtivos? Em parte, eles estavam se tornando mais instruídos. Uma pessoa típica nascida na década de 1880 costumava estudar apenas até a sétima série, enquanto uma pessoa típica nascida na década de 1980 tinha, em média, dois anos de educação universitária.[6] E, ainda por cima, dispunha de máquinas melhores e em maior quantidade. Essa foi a era em que a eletricidade e o motor de combustão interna assumiram o protagonismo que têm hoje.

Partindo de algumas premissas extremas, é possível conjecturar a contribuição desses dois fatores. Robert Gordon avalia que a ascensão da educação explica cerca de 14% do aumento na produtividade do trabalho nesse período e que o investimento em capital, ao proporcionar aos trabalhadores máquinas melhores e em maior quantidade, explica outros 19% do aumento.

A parcela restante da melhoria de produtividade observada não é explicável por mudanças mensuráveis pelos economistas. Para nos sentirmos melhor, os economistas cunharam um termo para designar o fenômeno: *produtividade total dos fatores*, ou PTF. (Robert Solow, o famoso teórico do crescimento econômico, definiu a PTF como a "medida da nossa ignorância".) O aumento da produtividade total dos fatores é o que resta depois de considerarmos tudo o que podemos medir. Ele capta o fato de trabalhadores com o mesmo nível de escolaridade, trabalhando com as mesmas máquinas e insumos (o que os economistas chamam de *capital*), produzirem mais hoje, por hora de trabalho, do que no ano passado. Isso faz sentido. Estamos sempre buscando novas maneiras de usar os recursos existentes com mais eficácia. Isso reflete em parte o progresso tecnológico: os chips de computadores ficam mais baratos e mais rápidos, de modo que uma só pessoa hoje é capaz de executar em poucas horas o trabalho que antes exigia uma pequena equipe; inventam-se novas ligas; desenvolvem-se novas variedades de trigo que crescem mais rápido e demandando menos água. A produtividade total dos fatores, porém, também aumenta quando descobrimos novas maneiras de reduzir os rejeitos ou diminuir o tempo que insumos e trabalhadores permanecem ociosos. As inovações nos métodos de produção, como a produção em cadeia e a manufatura enxuta, produzem esse efeito, assim como a criação de um bom mercado para aluguel de tratores, por exemplo.

O que tornou as poucas décadas anteriores a 1970 extraordinárias em comparação com grande parte da história foi o aumento excepcional da produtividade total dos fatores. Nos Estados Unidos, o crescimento da PTF entre 1920 e 1970 foi quatro vezes mais rápido do que entre 1890 e 1920.[7] Com efeito, foi esse extraordinário desempenho da PTF, mais do que o crescimento da educação ou do capital por trabalhador, que conferiu a esse período a sua magia especial. O crescimento da PTF na Europa foi ainda mais rápido do que nos Estados Unidos, sobretudo depois da guerra, em parte porque a Europa adotou inovações já desenvolvidas nos Estados Unidos.[8]

Os efeitos do crescimento acelerado não se manifestaram apenas nas estatísticas da renda nacional. Com base em qualquer critério mensurável, a qualidade de vida em 1970 era radicalmente diferente da qualidade de vida em 1920. Uma pessoa comum no Ocidente comia melhor, tinha melhor aquecimento no inverno e melhor refrigeração no verão, consumia uma maior variedade de bens e vivia mais tempo e com mais saúde.[9] Com uma semana de trabalho mais curta e aposentadoria mais cedo, a vida já não era tão dominada pela labuta do trabalho cotidiano. O trabalho infantil, muito comum no século XIX, fora praticamente extinto no Ocidente. Nessa parte do mundo, pelo menos, as crianças podiam agora desfrutar a própria infância.

Os quarenta menos gloriosos

Em 1973, porém, ou por volta disso, tudo cessou. Nos 25 anos seguintes, a PTF cresceu em média a apenas um terço da taxa alcançada entre 1920

O fim do crescimento?

e 1970.[10] O que havia começado como uma crise econômica, com um início bem delimitado e até com potências estrangeiras a serem responsabilizadas, converteu-se no novo normal. De início, a persistência da desaceleração não foi imediatamente aparente. Nascidos e criados durante a era de ouro do crescimento econômico, acadêmicos e formuladores de políticas acreditaram, a princípio, que aquilo não passava de um soluço temporário, a ser superado em breve. Quando ficou claro que o crescimento lento era mais que um ponto fora da curva, restava ainda a esperança de que uma nova Revolução Industrial, deflagrada pelo poder da computação, estivesse logo ali virando a esquina. O poder da computação aumentava num ritmo cada vez maior, e os computadores se espalhavam por toda parte, como acontecera antes com a eletricidade e o motor de combustão interna. Isso sem dúvida precipitaria uma nova era de crescimento da produtividade que impulsionaria a economia. E, de fato, finalmente aconteceu. A partir de 1995, vimos alguns anos de alto crescimento da PTF (embora ainda muito aquém do ocorrido nos Trinta Gloriosos). Mas passou rápido. Desde 2004, o crescimento da PTF e do PIB, tanto nos Estados Unidos quanto na Europa, parece ter voltado aos desafortunados dias de 1973-94.[11] Nos Estados Unidos, o crescimento do PIB de fato ganhou velocidade em meados de 2018, mas o crescimento da PTF continua lento. Durante o ano, ela cresceu à média de apenas 0,94%,[12] em comparação com o 1,89% alcançado durante o período 1920-70.

Essa nova desaceleração suscitou um debate intenso entre os economistas. Parece difícil reconciliá-la com tudo o que ouvimos por aí. O Vale do Silício está sempre nos dizendo que vivemos num mundo em constante inovação e ruptura: computadores pessoais, smartphones, aprendizado de máquina. A inovação parece estar em todos os lugares. Mas como pode ela eclodir sem que haja qualquer sinal de crescimento econômico?

O debate tem girado em torno de duas questões. Primeiro, será que o crescimento sustentado e acelerado da produtividade retornará algum dia? Segundo, será que a mensuração do PIB, na melhor das hipóteses um mero exercício de adivinhação, está de alguma maneira deixando de captar toda a alegria e a felicidade que a economia está nos trazendo?

O crescimento acabou?

Dois historiadores da economia da Northwestern University, em Chicago, estão no centro dessa discussão.

Robert Gordon sustenta que a era de alto crescimento dificilmente retornará. Estivemos com Gordon apenas uma vez. Ele dá a impressão de ser muito reservado. Seu livro, no entanto, é qualquer coisa menos isso. Do outro lado está Joel Mokyr, que conhecemos muito melhor, um sujeito extremamente vibrante e espirituoso, de olhos cintilantes e sempre com uma palavra gentil para todos; ele escreve com uma energia contagiosa, compatível com a sua perspectiva geralmente positiva sobre o futuro.

Arriscando-se, Gordon previu que o crescimento econômico não ultrapassará a média de esquálidos 0,8% ao ano nos próximos 25 anos.[13] "Para onde quer que eu olhe", disse ele durante um debate com Mokyr, "vejo as coisas estagnadas. Vejo escritórios utilizando computadores e programas muito parecidos com os que utilizavam dez ou quinze anos atrás. Vejo lojas em que as compras são registradas com leitores de código de barras do mesmo jeito que antes; em que as prateleiras ainda são abastecidas por humanos, não por robôs; em que funcionários ainda fatiam carne e queijo atrás do balcão." As invenções de hoje, na opinião dele, simplesmente não são tão radicais quanto a eletricidade e o motor de combustão interna. O livro de Gordon é particularmente ousado. De maneira divertida, ele aborda o conjunto de inovações previstas pelos futurólogos e, uma a uma, explica por que, em sua opinião, nenhuma será tão transformadora quanto o elevador ou o ar-condicionado, e nenhuma sequer nos levará de volta à era do crescimento rápido. Os robôs não dobram roupas. A impressão tridimensional (3-D) não afetará a manufatura em grande escala. A inteligência artificial e o aprendizado de máquina não são "nada novos".[14] Estão por aí pelo menos desde 2004, e não fizeram nada pelo crescimento. E assim por diante.

Naturalmente, é claro que nada do que Gordon diz exclui a possibilidade de que algo inteiramente inesperado, talvez uma conjugação inimaginável de ingredientes conhecidos, venha a se revelar transformador. Ele só tem o palpite de que nada acontecerá.

Mokyr, por outro lado, vê um futuro brilhante para o crescimento econômico, impelido pela disputa entre países pela liderança nas áreas de ciência e tecnologia, e pela rápida difusão mundial das inovações daí advinda. Ele vê potencial de progresso na tecnologia a laser, na ciência médica, na engenharia genética e na impressão 3-D. À afirmação de Gordon de que não houve grandes mudanças nos fundamentos de nossos métodos de produção nas últimas décadas, ele contrapõe: "As ferramentas de que dispomos hoje fazem tudo o que tínhamos antes, mesmo em 1950, parecer brinquedinhos toscos".[15] Acima de tudo, porém, Mokyr acredita que a forma como a economia mundial se modificou e se globalizou enseja um ambiente propício ao florescimento das inovações e à transformação do mundo, de maneiras que não podemos nem mesmo imaginar. Ele prevê um fator que irá acelerar o crescimento: conseguiremos retardar o envelhecimento do cérebro. Essa conquista, evidentemente, nos dará mais tempo para ter melhores ideias. Mokyr, ativo e criativo como sempre, aos 72 anos, é um bom exemplo dessa tese.

O fato de duas mentes brilhantes chegarem a conclusões tão radicalmente diferentes sobre o crescimento deixa claro como o assunto é desconcertante. Dentre todas as coisas que os economistas tentaram prever (quase sempre sem sucesso), o crescimento é uma área em que temos sido particularmente patéticos. Para dar apenas um exemplo, em 1938, justamente quando a economia americana começava a retornar ao modo de alto crescimento depois da Grande Depressão, Alvin Hansen (que não era um sujeito qualquer, mas professor de Harvard e coinventor do modelo IS-LM, que todos os estudantes de economia conhecem em sua primeira disciplina de macroeconomia) cunhou o termo "estagnação secular" para descrever o estado da economia à época. Ele acreditava que a economia americana jamais voltaria a crescer, porque todos os ingredientes do crescimento já estavam exauridos. O progresso tecnológico e o crescimento demográfico em especial tinham cessado, pensava ele.[16]

Hoje, no entanto, a maioria das pessoas que cresceram no Ocidente conviveu com o crescimento acelerado ou teve pais que conviveram com ele. Robert Gordon nos lembra da nossa história em termos mais amplos. Os 150 anos entre 1820 e 1970 é que foram a exceção, não o período de baixo crescimento que se seguiu a eles. O crescimento sustentado era praticamente desconhecido no Ocidente até os anos 1820. De 1500 a 1820, o PIB anual per capita no Ocidente evoluiu de 780 dólares para 1240 (em dólares constantes), o que corresponde a um aumento de apenas 0,14% ao ano. Entre 1820 e 1900, a taxa de crescimento do PIB anual per capita foi de 1,24% ao ano, nove vezes maior que nos trezentos anos anteriores, mas ainda muito menor do que os 2% ao ano a que se chegaria depois de 1900.[17] Se Gordon estiver certo e acabarmos com uma taxa de crescimento anual de 0,8%, estaremos simplesmente retornando à taxa de crescimento média em longuíssimo prazo (1700-2012).[18] Esse não é o novo normal, mas apenas o normal.

Naturalmente, o fato de o crescimento sustentado por um longo período, como o que vimos em grande parte do século XX, ter sido inédito não significa que não venha a se repetir. O mundo nunca foi tão rico e instruído, os incentivos para a inovação nunca foram tão altos, e a lista de países que poderiam liderar uma nova onda de inovação está se expandindo. É bem possível que, como acreditam alguns entusiastas da tecnologia, o crescimento volte a explodir nos próximos anos, impulsionado por uma quarta Revolução Industrial, talvez movida por máquinas inteligentes capazes de aprender por conta própria a elaborar documentos jurídicos melhores e a fazer piadas melhores do que os seres humanos. Mas também é possível que, como acredita Gordon, a eletricidade e o motor de combustão interna tenham deflagrado uma transformação singular na maneira como produzimos e consumimos. Demoramos para alcançar esse novo patamar e o crescimento foi acelerado nesse meio-tempo, mas não temos nenhuma razão especial para esperar que o episódio se repita. Tampouco temos alguma prova definitiva de que ele não voltará a se repetir, poderíamos acrescentar. Acima de tudo, o que está claro é que não sabemos e não temos como descobrir, e só nos resta esperar.

A guerra das flores

Os pais de Abhijit não eram grandes entusiastas dos brinquedos. Ele passava longas tardes brincando de fazer guerra com flores. Os botões da

O fim do crescimento?

ixora, com seus longos caules e capítulos pontiagudos, eram o inimigo, deliberadamente atirando pedras em seus soldados de infantaria, representados pelas folhas longas e carnosas da portulaca. As tuberosas eram os profissionais de saúde, que tratavam dos feridos com palitos de dente e os enfaixavam com pétalas de jasmim.

Abhijit se lembra desses momentos como algumas das horas mais agradáveis do dia. Por certo elas deveriam ser contadas como bem-estar. Nada dessa alegria, porém, era captado pela definição convencional de PIB. Os economistas sempre souberam disso, mas é preciso enfatizar. Quando um puxador de riquixá na Calcutá natal de Abhijit tira a tarde para passar algum tempo com a namorada, o PIB cai, mas como o bem-estar poderia não aumentar? Quando uma árvore é podada em Nairóbi, o cálculo do PIB leva em conta o trabalho dispendido e a madeira produzida, mas não deduz a sombra e a beleza que foram eliminadas. O PIB só valoriza as coisas precificadas e comercializadas.

Isso é importante porque o crescimento é sempre mensurado em termos de PIB. O ano de 2004, quando o crescimento da PTF voltou a desacelerar, depois da arrancada de 1995, foi o ano em que o Facebook começou a desempenhar o papel desmesurado que exerce hoje na vida cotidiana das pessoas. O Twitter entraria em cena em 2006 e o Instagram, em 2010. A característica comum de todas essas plataformas é o fato de serem teoricamente gratuitas, baratas de rodar e incrivelmente populares. Quando, como agora se faz no cálculo do PIB, estimamos o valor de assistir a vídeos ou atualizar perfis na internet a partir do preço que as pessoas pagam, que geralmente é zero, ou mesmo a partir do que custa configurar e operar o Facebook, talvez estejamos subestimando ao extremo a sua contribuição para o bem-estar. Claro, se você está convencido de que esperar ansiosamente que alguém curta a sua última postagem não é nem um pouco divertido, mas é incapaz de se livrar do Facebook porque todos os seus amigos estão lá, também é possível que o PIB esteja superestimando o bem-estar.

Seja como for, o custo de operar o Facebook, que é como ele é contabilizado no PIB, tem bem pouco a ver com o bem-estar (ou mal-estar) por ele gerado. O fato de a desaceleração recente no crescimento *medido* da produtividade coincidir com a explosão das mídias sociais impõe um problema, porque é perfeitamente concebível que a diferença entre o que é contabilizado como PIB e o que deveria ser incluído como bem-estar se ampliou precisamente nessa época. Será que pode ter havido um crescimento real na produtividade, no sentido de um aumento verdadeiro do bem-estar não captado pelas estatísticas do PIB?

Robert Gordon descarta essa possibilidade. Na verdade, ele acredita que o Facebook provavelmente é responsável por parte da desaceleração da produtividade — muita gente está perdendo tempo no trabalho atualizando seus perfis. Essa visão, porém, parece em grande parte descabida. Se as pessoas estão efetivamente muito mais felizes agora do que antes, quem somos nós para julgar se estão fazendo bom uso de seu tempo e, portanto, se isso deve ser incluído nos cálculos do bem-estar?[19]

Alegria infinita

Poderia o valor ausente das mídias sociais compensar a aparente desaceleração do crescimento da produtividade nos países ricos? A dificuldade, evidentemente, é que não temos ideia do valor a atribuir a esses produtos gratuitos. Mas talvez seja possível estimar o que as pessoas estariam dispostas a pagar por eles. Já se tentou fazer isso, por exemplo, verificando quanto tempo as pessoas passam navegando na internet, como estimativa do quanto a valoram. A ideia é que elas, em vez disso, poderiam estar trabalhando e auferindo rendimentos. Se adotarmos essa abordagem, o valor anual médio da internet para os americanos aumentou de 3 mil dólares em 2004 para 3900 dólares em 2015.[20] Se acrescentássemos essa omissão ao PIB de 2015, seria possível explicar cerca de um terço dos 3 trilhões de dólares de "produto perdido" nesse ano (em comparação com o que o PIB teria sido se a desaceleração pós-2004 não tivesse acontecido).[21]

Um problema desse método de inferir as consequências da internet é presumir que as pessoas têm a opção de trabalhar mais horas por mais

O fim do crescimento?

dinheiro em vez de perder tempo on-line. Isso, porém, não se aplica à maioria das pessoas que trabalham em empregos das nove às cinco; essas pessoas na verdade precisam encontrar maneiras de permanecer entretidas (ou pelo menos de evitar problemas) durante mais ou menos outras oito horas, todos os dias. Se elas passam essas horas na internet, tudo o que isso significa é que preferem navegar on-line a ler um livro ou estar com amigos ou familiares. Esse dificilmente é um convite tentador para quem não é muito sociável nem gosta muito de ler; pode valer muito menos que 3900 dólares.

No entanto, o problema oposto também ocorre. Imagine uma pessoa que não consegue conceber a vida sem internet e que precisa de no mínimo uma hora de Twitter todas as manhãs. Essa primeira hora é para ela uma fonte de alegria quase infinita. Ao fim dessa hora, porém, todos os inimigos já foram denunciados e contestados e todas as tiradas e frases inteligentes já foram processadas e repassadas. Tudo o que resta para a segunda hora é muita chatice, tanto que raramente há uma terceira hora. Compare essa pessoa a alguém que também passe duas horas respondendo preguiçosamente a postagens no Facebook de amigos quase esquecidos ou de "amigos" que gostaria de esquecer. Nos dados, ambas as situações apareceriam no mesmo lugar, valorando a internet ao preço de duas horas. Obviamente, porém, as situações são distintas, e tratá-las da mesma forma poderia nos levar a subestimar em grande medida o valor da internet.

Em face da possibilidade de superestimar ou subestimar demais a internet, os acadêmicos buscaram outras maneiras de mensurar o seu valor para os consumidores. Em especial, realizaram-se vários estudos randomizados controlados do que acontecia quando o pesquisador (com a permissão do participante) bloqueava o acesso ao Facebook (ou às mídias sociais, de maneira mais geral) para um grupo aleatório de indivíduos durante um período de tempo relativamente curto. O maior desses experimentos, que envolveu mais de 2 mil pessoas pagas para desativar o Facebook durante um mês, revelou que os participantes que desativaram o Facebook ficaram mais felizes, conforme suas declarações sobre diversos quesitos de avaliação de felicidade e bem-estar, e, interessante, não mais entediados (talvez até menos). Eles pareciam ter encontrado outras maneiras de se divertir, inclusive passando mais tempo com amigos e familiares.[22]

Depois do experimento, quando o acesso ao Facebook foi restabelecido, o retorno dos que haviam ficado afastados durante um mês foi lento, e mesmo após várias semanas eles ainda passavam 23% menos tempo no aplicativo do que antes do experimento. Compatível com essas descobertas, a estimativa de quanto cobrariam para desistir do Facebook por um segundo mês foi substancialmente mais baixa no fim do primeiro mês (depois de experimentarem a vida sem Facebook) do que antes.

Tudo isso parece muito consistente com a visão de que o Facebook é viciante, no sentido de que é difícil imaginar a vida sem ele, mas, quando se desiste dele, as coisas não ficam notavelmente piores. Depois de um mês de abstinência, porém, os participantes do experimento ainda queriam ser pagos para desistir do Facebook; não lhes bastava a sensação de gratidão por terem superado o vício. Os pesquisadores presumiram que isso aconteceu porque eles efetivamente sentiram a abstinência, embora menos do que esperavam, e, portanto, concluíram que o Facebook gera mais de 2 mil dólares de bem-estar por usuário.

Como isso se coaduna com o fato de estar privado do Facebook deixar as pessoas mais felizes, em média? Em parte, evidentemente, como todas as médias, essa tendência oculta o fato de algumas pessoas realmente gostarem do Facebook. Além disso, é provável que o que tenha custado mais para os participantes do experimento tenha sido, ao menos em parte, o fato de ninguém mais em seu círculo de amizades ter saído do Facebook, e esse inconveniente se agravou quanto mais longa foi a ausência (tudo bem passar um tempo afastado das redes sociais, mas ausentar-se totalmente é oneroso). Se o Facebook não existisse, não haveria problema.

A que isso nos leva? Não chega a nos levar a uma solução. O que podemos afirmar com alguma segurança é que o Facebook não é o prêmio óbvio para toda a humanidade, como pregam os seus devotos, embora as pessoas ainda o valorizem mais do que pagam para desfrutá-lo, pelo menos na atual configuração em que todos os seus amigos estão no Facebook, no Instagram e/ou no Twitter. Será que se atribuíssemos a essas novas tecnologias o seu "valor real" o crescimento não pareceria ser muito mais rápido? Provavelmente não, com base nas evidências disponíveis.

O que podemos dizer com alguma segurança é que não há nada nas evidências disponíveis que prometa um retorno ao tipo de crescimento acelerado do *PIB mensurado* que caracterizou os *Trente Glorieuses* na Europa e os anos dourados nos Estados Unidos.

A intuição de Solow

Isso não deveria surpreender. Notavelmente, no auge do crescimento do pós-guerra, em 1956, Robert Solow escreveu um artigo sugerindo que o crescimento acabaria por desacelerar.[23] Seu argumento básico era que, à medida que o PIB per capita aumenta, as pessoas poupam mais, e, portanto, há mais dinheiro para investir e mais capital disponível por trabalhador. Com isso, o capital se torna menos produtivo; se agora há duas máquinas numa fábrica em que antes havia apenas uma, os mesmos trabalhadores terão de operar ambas ao mesmo tempo. Evidentemente, uma fábrica pode contratar mais operários se adquirir mais máquinas. Isso, porém, não é possível para toda a economia (presumindo que as migrações se mantenham inalteradas), uma vez que suas reservas de trabalhadores subutilizados se esgotam. Portanto, as máquinas extras compradas com a poupança adicional terão de ser operadas por menos trabalhadores. Cada nova máquina e, em consequência, cada unidade de capital adicional contribuirão cada vez menos para o PIB. O crescimento se tornará mais lento. Além disso, a menor produtividade do capital reduzirá o retorno financeiro, o que, por seu turno, desestimulará a poupança. Portanto, no fim das contas, as pessoas cessarão de poupar e o crescimento será mais lento.

Essa lógica opera em ambos os sentidos. Economias com escassez de capital crescem mais rápido porque os novos investimentos são altamente produtivos. As economias ricas, que em geral têm capital abundante, tendem a crescer mais lentamente, porque os novos investimentos não são tão produtivos. Uma implicação disso é que qualquer grande desequilíbrio entre trabalho e capital deve ser corrigido. As economias abundantes em mão de obra crescem mais depressa, e, como a renda aumenta com maior rapidez, também a poupança cresce em ritmo mais acelerado. Logo, essas economias acumulam capital mais rapidamente e se tornam mais ricas em capital. Pelo argumento inverso, as economias com excesso de capital em relação à mão de obra acumulam capital mais devagar.

Assim, uma grande divergência entre as taxas de crescimento do capital e da força de trabalho não é sustentável no longo prazo, porque, por exemplo, se o capital aumentar mais rápido do que a força de trabalho, a economia terá muito capital em relação à mão de obra, o que retardará o crescimento. Pode haver desequilíbrios no curto prazo (como vemos hoje nos Estados Unidos, onde a fatia do PIB paga à força de trabalho está caindo),[24] mas, no longo prazo, há uma tendência natural das economias de se manterem próximas de uma trajetória de crescimento equilibrado, em que mão de obra e capital crescem mais ou menos à mesma taxa, assim como o capital humano — a parcela do capital incorporada nas competências e habilidades dos trabalhadores —, em grande parte pela mesma razão. Solow argumentou que o PIB (que é, afinal, o produto do trabalho, das competências e do capital) também cresceria à mesma taxa.

Ora, o crescimento da força de trabalho efetiva é determinado pela fertilidade no passado e pela disposição das pessoas para trabalhar, fatores que, para Solow, são mais induzidos pela demografia do que pela economia e, portanto, mais relacionados com a história e a cultura do país do que com a atual situação de sua economia ou política econômica. Entretanto, também é preciso considerar a melhoria da PTF — se um trabalhador se tornar tão produtivo a ponto de ser capaz de realizar o trabalho de dois, em razão do avanço da tecnologia, então a força de trabalho efetiva terá dobrado. Solow presumiu que essas transformações tampouco estavam relacionadas com a economia contemporânea ou com as políticas econômicas do país, deixando, de fato, a taxa de crescimento da força de trabalho efetiva fora do escopo da economia. Por isso é que ele a denominou "taxa de crescimento natural", e, com base em sua teoria, sabemos que o PIB também deve crescer à mesma taxa da força de trabalho efetiva no longo prazo; ou seja, à taxa de crescimento natural.

Há uma série de implicações decorrentes da teoria de Solow. Primeiro, o crescimento tende a arrefecer após uma fase de crescimento acelerado que se segue a uma transformação drástica, quando a economia retorna à trajetória de crescimento equilibrado. Essa constatação é nitidamente consistente com o que aconteceu na Europa nos anos posteriores a 1973. Depois da destruição da guerra, o capital era escasso e a Europa teve de transpor um longo período de recuperação; essa fase concluiu-se por volta de 1973. Nos Estados Unidos, o tipo de crescimento puxado por investimentos que Solow tinha em mente sem dúvida perdeu o ímpeto depois da guerra, mas, oportunamente, foi substituído pelo rápido crescimento da PTF, até 1973. Desde então, como já analisamos, a tendência tem sido de desaceleração mesmo nos Estados Unidos. As taxas de juros vêm caindo em todo o Ocidente, refletindo, ao que parece, uma abundância de capital, exatamente como no modelo de Solow.

Convergência?

A segunda implicação da teoria de Solow, e talvez a mais impactante, é o que os economistas denominam *convergência*. Os países com escassez de capital e abundância relativa de mão de obra, como a maioria dos países pobres, crescerão mais rapidamente porque ainda não alcançaram a trajetória de crescimento equilibrado. Eles ainda podem crescer melhorando o equilíbrio entre trabalho e capital. Logo, espera-se que a diferença no PIB por trabalhador entre países seja reduzida ao longo do tempo. Tudo o mais constante, os países mais pobres alcançarão suas contrapartes mais ricas.

O próprio Solow teve o cuidado de parar um pouco antes de acenar com essa promessa. Se um país tem muita mão de obra e pouco capital, que é o ponto de partida de muitos países pobres, somente uma fração da força de trabalho será empregável com salário suficiente para garantir sua subsistência (talvez não haja nada para os outros fazerem), e, assim, o país não se beneficiará o suficiente de sua abundância de mão de obra. A convergência, se vier a ocorrer, será muito lenta.

Não obstante as ressalvas de Solow, essa visão de uma transição ordeira da pobreza abjeta para a riqueza relativa à medida que os países pobres alcançam os ricos e então partem para o nirvana do crescimento equilibrado, combinada com a promessa de convergência global em padrões de vida, oferecia uma narrativa tão reconfortante do progresso sob o capitalismo que cerca de trinta anos se passaram até os economistas começarem a perceber que o modelo não se encaixava tão bem assim na realidade.

Para início de conversa, *não é verdade que os países pobres, em regra, cresçam mais rápido que os países ricos*. A correlação entre o PIB per capita em 1960 e o crescimento subsequente é de quase zero.[25] Como isso se coaduna com o fato de a Europa Ocidental ter alcançado os Estados Unidos depois da guerra? Solow tinha uma resposta possível. O que o modelo dele efetivamente diz é que países *sob outros aspectos idênticos* avançarão uns rumo aos outros. Por isso é que a Europa Ocidental e os Estados Unidos, muito semelhantes sob vários aspectos, convergiram entre si. Por outro lado, no mundo de Solow, os países que por natureza são mais parcimoniosos que outros e investem uma parte maior de sua produção serão mais ricos no longo prazo. Além disso, durante algum tempo, antes de se estabelecerem e passarem a crescer à taxa natural, os países de início pobres que investem mais também crescerão com mais rapidez à medida que convergirem para esse nível maior de PIB per capita.

Será que a falta de investimento pode ser a razão pela qual o mundo em desenvolvimento difere da Europa Ocidental e dos Estados Unidos? Como veremos, a resposta parece ser que não.

O crescimento acontece

A terceira e mais radical previsão do modelo de Solow é que as taxas de crescimento do PIB per capita entre os países relativamente ricos, depois que a economia atinge o crescimento equilibrado, podem não ser muito diferentes.

O fim do crescimento?

Basicamente, no mundo de Solow, essas diferenças devem ser oriundas de diferenças no crescimento da PTF, e Solow acreditava que, pelo menos nos países ricos, o crescimento da PTF deve ser mais ou menos o mesmo.

Na sua visão, como já mencionamos, o crescimento da PTF simplesmente acontece — os formuladores de políticas não têm muito controle sobre ele. Para muitos economistas, essa conclusão não foi motivo de grande felicidade. Considerando que as taxas de crescimento são a linguagem com que se atualizam os placares da competição em torno do crescimento internacional, era bastante desalentadora a recusa de Solow em oferecer alguma garantia de que a PTF seria mais alta em países preocupados em implementar "boas" políticas econômicas. Estaria ele sendo deliberadamente sonhador? Afinal, não estamos vendo a maior parte das novas tecnologias sendo utilizadas nos países mais ricos?

Essa resistência à ideia de que a taxa de crescimento equilibrado de um país não é facilmente influenciada pelas políticas econômicas talvez devesse ser esperada. Mas ela não capta, sob vários aspectos, as sutilezas do pensamento de Solow. Primeiro, Solow está indagando o que impulsiona o avanço tecnológico em países *já na vanguarda*. Supõe-se que o fluxo de novas ideias explique grande parte do crescimento desses países, e não está claro por que as ideias deveriam parar nas fronteiras. Um novo produto inventado na Alemanha poderia ser desenvolvido para produção simultânea em vários outros países, talvez por subsidiárias locais da mesma empresa. Nesse caso, o aumento da produtividade seria mais ou menos equivalente em todos esses países, não obstante a invenção tenha vindo de apenas um deles.

Segundo, Solow está falando de crescimento depois que os países alcançam a trajetória de crescimento equilibrado, e, embora isso talvez já tenha acontecido em alguns países mais ricos, provavelmente ainda está muito longe para outros em que o capital continua escasso. Quando o Quênia e a Índia já estiverem na trajetória de crescimento equilibrado de Solow, ambos serão necessariamente muito mais ricos e estarão usando muitas ou todas as tecnologias mais recentes. O atual atraso tecnológico desses países poderia ser apenas um sintoma da falta de capital.

Por fim, e essa talvez seja a parte mais difícil de compreender, os países em vias de iniciar a trajetória de crescimento equilibrado podem efetivamente estar aprimorando as suas tecnologias com rapidez superior à dos que já chegaram lá. Evidentemente, os saltos mais notórios, como veículos autônomos e impressoras 3-D, serão sempre mais comuns nos países mais avançados, mas grande parte da atualização tecnológica consiste apenas em mudar da tecnologia de anteontem para a de ontem. Fazer isso é em geral mais fácil do que estender a fronteira, pelo simples motivo de que já foi feito antes e sabemos exatamente como repeti-lo. É uma questão de tirar as coisas da prateleira em vez de pôr na prateleira alguma coisa nova.

Por todas essas boas razões, Solow deliberadamente preferiu apostar no que acentua as diferenças entre as taxas de crescimento equilibrado de diferentes países. Ele simplesmente partiu do pressuposto de que a taxa de melhoria da PTF era um produto de forças misteriosas, em nada relacionada com os países, sua cultura, a natureza de suas políticas e assim por diante. Isso significava que ele tinha muito pouco a dizer sobre o que podemos fazer quanto ao crescimento no longo prazo depois que o processo de acumulação de capital cumpriu seu papel e o retorno do capital é baixo o suficiente. O modelo de Solow era o que os economistas denominam modelo de crescimento *exógeno*, em que a palavra "exógeno", no sentido de induzido por efeitos ou forças externas, admite nossa incapacidade de influenciar de alguma forma a taxa de crescimento de longo prazo. O crescimento, em resumo, está além do nosso controle.

Dê-me uma alavanca[26]

Foi a conjugação de evidências da falta de crescimento em muitos países pobres mais a incapacidade do modelo de Solow de dizer algo útil sobre como influenciar o crescimento no longo prazo que, por fim, levou os economistas a buscar respostas em outros lugares. Eles desejavam, desesperadamente, dizer alguma coisa sobre o que poderia ajudar os países a

O fim do crescimento?

crescer. Robert Lucas, um dos decanos da Escola de Chicago de macroe-conomia antikeynesiana e um dos economistas mais influentes de nossa época, confessou em uma palestra de 1985, muito citada, que gostaria de saber se "haveria alguma coisa que o governo da Índia poderia fazer para levar a economia do país a crescer como a da Indonésia ou a do Egito? Caso sim, o quê, exatamente? Caso não, o que há na 'natureza da Índia' que impede que isso aconteça? As consequências para o bem-estar humano de questões como essas são simplesmente espantosas: quando se começa a pensar nelas, é difícil pensar em qualquer outra coisa".[27]

Robert Lucas, porém, tinha mais do que apenas uma aspiração a ofe-recer. Ele também argumentava que estamos deixando de lado algo im-portante, e que a razão de a Índia ser pobre não era apenas a carência de habilidades e de capital. Ele reconhecia que a Índia tinha menos capital e habilidades que os Estados Unidos, talvez por causa de sua história colonial e de seu sistema de castas. Porém, para explicar a enorme diferença no PIB per capita entre os dois países com base somente na falta de recursos, esta teria de ser extraordinária. E, se os recursos fossem tão escassos, eles deve-riam ser muito valiosos (por exemplo, o único trator disponível seria usado muito intensamente em centenas de campos, cultivados por milhares de trabalhadores; o aluguel desse trator seria extremamente alto). Baseado nessa lógica, Lucas estimou que, nesse cenário, o capital teria de ser tão escasso que o seu preço (o que é pago ao dono dos recursos que financiam as máquinas na economia) teria de ser 58 vezes mais alto na Índia do que nos Estados Unidos.[28] Se assim fosse, no entanto, por que todo o capital existente nos Estados Unidos não se deslocaria para a Índia? Como isso sem dúvida não aconteceu, Lucas concluiu que o preço, efetivamente, não poderia ser tão alto. Em outras palavras, a produtividade intrínseca do capital precisa ser menor na Índia do que nos Estados Unidos para explicar por que, apesar da escassez óbvia, o capital na Índia não gera os retornos astronômicos sugeridos pelos cálculos de Lucas — ou, para pôr as coisas nos termos de Solow, a PTF deve ser muito mais baixa na Índia.

Talvez previsivelmente, Robert Lucas estava sendo otimista demais quanto ao funcionamento dos mercados. Sabemos agora que vivemos numa economia rígida, onde nada se move muito rápido, e sem dúvida não dos Estados Unidos para a Índia. Todavia, alguma versão do seu insight básico foi redescoberta por muitos outros que continuaram insistindo no enigma da PTF. Antes de mais nada, se tentarmos simplesmente explicar a variação do PIB entre os países pelo montante de recursos nos diferentes países, logo perceberemos que, embora os países pobres estejam de fato desesperadamente desprovidos de habilidades e capital, seu PIB per capita é ainda mais baixo do que essa penúria de recursos sugeriria.[29] Em outras palavras, eles são pobres em grande medida porque não fazem bom uso dos recursos de que dispõem, e mesmo dentre eles alguns se saem melhor do que outros com os mesmos recursos. A questão é: por quê?

Paul Romer, um aluno de doutorado de Robert Lucas, foi uma das pessoas que responderam à súplica de Lucas por uma forma melhor de explicar o crescimento. O que tornava isso desafiador era que a resposta de Solow se baseava talvez nas duas ideias mais básicas em economia. Primeiro, os capitalistas investem em busca de altos retornos; quando e onde os retornos diminuem, a acumulação de capital também tende a diminuir. Segundo, como os capitalistas enquanto classe acumulam cada vez mais capital, a produtividade do capital se reduz, porque não há trabalhadores suficientes para manejar esse acúmulo. Em economia, isso é conhecido como *retornos decrescentes*. E a linhagem do conceito é longa. O economista francês Anne Robert Jacques Turgot, que durante um curto período foi ministro das Finanças da França e um dos muitos especialistas que tentaram em vão deter o vertiginoso mergulho do país no caos econômico que precipitou a Revolução Francesa, escreveu sobre o tema em 1767.[30] Karl Marx adotou os retornos decrescentes como premissa. Em sua visão, era por isso que o capitalismo estava fadado ao fracasso: a ganância insaciável da classe capitalista em busca de cada vez mais capital irá exaurir o retorno do capital (no jargão marxista, isso é denominado "a tendência à queda da taxa de lucro") e precipitar a crise que determinará o fim do capitalismo, um dia.[31]

O pressuposto dos retornos decrescentes faz intuitivamente algum sentido. Qual é o objetivo de adquirir novas máquinas se não houver tra-

O fim do crescimento?

balhadores para operá-las (nem engenheiros para programá-las, nem vendedores para vender os produtos)? Evidentemente, também há exemplos no sentido contrário. Boa parte da capacidade da Amazon de reduzir custos deriva sem dúvida do seu volume de vendas. Estruturar os sistemas de armazenamento e entrega que a tornaram famosa não faria sentido se não houvesse um fluxo constante de demanda para tudo o que ela vende, além de grande disponibilidade de capital para financiar tudo isso. Com um centésimo de seu tamanho a Amazon jamais conseguiria fazer dinheiro. De fato, a Amazon gerou pouco ou nenhum dinheiro até ficar muito grande, e então os lucros dispararam. Em julho de 2018, o lucro da empresa chegou a 2,5 bilhões de dólares.[32]

Os economistas da geração de Solow estavam cientes da possibilidade de retornos crescentes, que é como os economistas descrevem a ideia de que ser maior é melhor (e a fonte do atual domínio da Amazon). Uma implicação óbvia dos retornos crescentes, porém, é que as empresas maiores devem ser as mais lucrativas e, portanto, as que desfrutam de melhores condições para vender mais barato que os concorrentes, expulsando-os assim do mercado. Esses mercados estão condenados a se converter em monopólios. É o que está realmente acontecendo com o setor de varejo on-line. No entanto, embora em algumas indústrias vejamos uns poucos atores dominantes (as redes sociais e lojas de hardware estão ambas nesta categoria), a maioria dos mercados importantes — carros, roupas e chocolates, por exemplo — é composta de muitas empresas. Por isso é que os economistas tendem a rechaçar as teorias que dependem demais de retornos crescentes.

Romer insistia na ideia de que uma única empresa ainda estaria sujeita à lei dos retornos decrescentes. Seu argumento era que tudo de que precisamos para desfazer o efeito Solow é assumir que, *como um todo*, uma economia com mais capital também tem um estoque de capital mais produtivo. Isso seria verdadeiro mesmo que todas as empresas enfrentassem retornos decrescentes e, portanto, tendessem a se tornar gigantes monopolistas. Para explicar como isso poderia acontecer, Romer nos convidou a pensar na produção de novas ideias em lugares como o

Vale do Silício, embora o seu trabalho tenha sido escrito anos antes de a localidade alcançar seu status icônico.[33] As empresas do Vale do Silício são muito parecidas com as do mundo de Solow, exceto sob um aspecto importante: usam menos daquilo que geralmente consideramos capital (máquinas, edificações) e mais daquilo que os economistas denominam capital *humano*, basicamente habilidades específicas de diferentes tipos. Muitas empresas do Vale do Silício investem em pessoas inteligentes, na esperança de que elas se saiam com alguma ideia brilhante e promissora, o que às vezes de fato acontece.

A força habitual dos retornos decrescentes também está presente nessas empresas. O excesso de gênios temperamentais e a escassez de trabalhadores para gerenciar o dinheiro e manter sob controle as brincadeiras durante o horário de trabalho são os ingredientes para um desastre certo. O que é diferente, argumenta Romer, é o ambiente do Vale do Silício de maneira geral. Lá, as ideias podem ser ouvidas e entreouvidas em toda parte, nos cafés e nas lojas de sucos orgânicos, nas festas e nos transportes públicos. Uma ideia vaga, expressa por alguém que você nunca mais irá encontrar, pode acabar levando a outra, e tudo isso se acumula em um conjunto de ideias em fermentação que podem mudar o mundo. O que importa não é só com quantas pessoas inteligentes você está trabalhando, mas também com quantas pessoas inteligentes você está competindo ou apenas convivendo ali pelo Vale como um todo. Na teoria de Romer, o Vale do Silício é o que é porque reúne as melhores mentes do mundo em um ambiente onde elas podem cruzar e polinizar ideias. Os retornos crescentes ali ocorrem no nível da indústria, da cidade ou até da região. Mesmo que cada empresa enfrente individualmente retornos decrescentes, dobrar o número de pessoas altamente qualificadas no Vale torna todas elas mais produtivas.

Romer argumenta que as mesmas condições se aplicam a todas as cidades industriais bem-sucedidas: Manchester, em meados do século XVIII; Nova York e Londres, durante vários períodos da inovação financeira; Shenzhen ou a área da baía de San Francisco, hoje. Em todos esses lugares, diz ele, a força dos retornos decrescentes, oriunda da escassez de

O fim do crescimento? 205

terra e de trabalho (o trabalho se torna escasso em parte porque a terra é escassa e, portanto, morar nesses lugares é muito caro), foi derrotada pela energia exuberante que transpira do aprendizado mútuo e se inspira em novas ideias. Nessas condições, o alto crescimento pode prosseguir indefinidamente, à medida que cada vez mais pessoas altamente qualificadas se reúnem, mesmo sem a ajuda do misterioso crescimento exógeno da produtividade.

Desvencilhar-se dos retornos decrescentes ao nível de uma economia nacional também ajuda a explicar por que o capital não flui para a Índia. No mundo de Romer, o capital aufere mais ou menos o mesmo retorno na Índia e nos Estados Unidos, embora haja muito menos capital na Índia, porque a lei convencional dos retornos decrescentes que ajuda a Índia no modelo de Solow é compensada pelo fluxo mais acelerado de ideias nas economias mais ricas. A questão é se isso é apenas uma manobra intelectual inteligente, uma história reconfortante que contamos a nós mesmos, ou se a força que Romer tanto enfatiza paira livremente pelo mundo.

Histórias de crescimento

Antes de discutirmos essa questão, vale a pena salientar um ponto que o leitor cuidadoso talvez já tenha observado: assim que começamos a falar sobre a teoria do crescimento econômico, a conversa logo se tornou muito mais abstrata. Solow e Romer, porém, estão contando *histórias* sobre o que acontece nas economias como um todo durante longos períodos de tempo. Para fazer isso, eles precisam condensar uma quantidade incrível de complexidade do mundo real no menor número possível de "blocos de montar". Solow, por exemplo, atribui um papel central à ideia de retornos decrescentes no âmbito da economia. Romer, por sua vez, aposta nos fluxos de ideias entre empresas, mas nunca vemos as ideias em si, apenas seus supostos benefícios no nível econômico. Considerando a diversidade de ocupações, empreendimentos e habilidades que compõem a economia, é muito difícil ter uma percepção (quanto mais uma contraparte empírica) de qualquer um desses conceitos, que são muito amplos. Solow quer que pensemos no que acontece numa economia quando o capital total disponível aumenta. As economias, no entanto, não costumam acumular capital; os indivíduos, sim. Estes, então, decidem o que fazer com o capital: emprestá-lo, abrir uma padaria, comprar uma casa, e assim por diante. Cada uma dessas decisões muda muitas coisas; o preço das casas pode subir, o preço do pão pode baixar, bons confeiteiros podem se tornar difíceis de encontrar. Solow pretende reduzir toda essa complexidade a uma única mudança: a disponibilidade de mão de obra em relação ao capital. Da mesma forma, quando uma cidade recebe um grande influxo de gente ligada em tecnologias, muitas coisas acontecem — consegue-se café de melhor qualidade, por exemplo, e sem dúvida muitos moradores de baixa renda acabam sendo expulsos —, mas Romer salienta apenas um aspecto importante: a troca de ideias. Tanto Romer quanto Solow podem estar certos em suas conjecturas sobre o que realmente importa, mas é difícil encaixar suas abstrações no mundo real.

Para piorar as coisas, os dados, que têm sido o nosso principal recurso até agora, não são de grande ajuda aqui. Como as teorias operam no nível macroeconômico, nossos testes precisarão comparar economias diferentes (países ou, na melhor das hipóteses, cidades), em vez de empresas ou indivíduos diferentes. Como vimos no capítulo sobre comércio internacional, isso é sempre um desafio, porque as economias tendem a ser diferentes de várias maneiras, o que dificulta a sua comparação.

Além disso, mesmo que estivéssemos dispostos a extrair conclusões do cotejo de economias diferentes, não se sabe ao certo o que aprenderíamos com essa experiência. Vejamos a ideia de retornos decrescentes no nível da economia. Queremos testar se o capital é menos produtivo em um país que acaba dispondo de algum capital extra. O problema, mais uma vez, é que não são os países que acumulam capital, mas os indivíduos. Estes, então, podem investi-lo em empresas. Essas empresas compram máquinas, edifícios, e assim por diante, e tentam contratar trabalhadores para usar o capital recém-instalado. Isso aumenta a competição no mercado de trabalho, forçando as empresas a se estabelecerem com menos trabalhadores do

O fim do crescimento?

que gostariam de ter, que é o que reduz a produtividade do capital. Agora, suponha que de fato observemos um influxo de capital que torne o capital menos produtivo. Como podemos saber que a razão disso é a imaginada por Solow? Afinal, é possível que o capital tenha sido investido no lugar errado e que esse erro o torne improdutivo. Ou que na verdade nunca tenha sido investido. Talvez, se tivesse sido investido de maneira adequada, o retorno do capital efetivamente aumentasse (em vez de diminuir, como sustentava Solow).

Por fim, muito do que se alega em economia do crescimento diz respeito ao que acontece no longo prazo. No longo prazo, o crescimento desacelera, no mundo de Solow, o que não acontece no de Romer. Mas o que queremos dizer exatamente com "longo"? Bastaria observar uma desaceleração? Ou isso poderia ser encarado apenas como um abalo temporário, um episódio de má sorte a ser revertido em breve?

Assim, embora tentemos reunir as melhores evidências dessas teorias, o resultado será sempre provisório. Já vimos que é difícil medir o crescimento. É ainda mais difícil saber o que o induz e desenvolver políticas econômicas que o impulsionem. Nesse caso, argumentamos que talvez seja a hora de abandonar a obsessão da nossa profissão com o crescimento. A questão mais importante e útil a ser respondida nos países ricos não é como torná-los ainda mais ricos, mas como melhorar a qualidade de vida dos cidadãos comuns. É no mundo em desenvolvimento, porém, onde o crescimento por vezes é retardado por um abuso desmedido da lógica econômica, que talvez tenhamos algo proveitoso a dizer, embora até isso seja muito limitado, como veremos.

A fábrica de 1 milhão de dólares

O principal ingrediente da narrativa alegre de Romer era o *efeito transbordamento* [*spillover*]: a ideia de que as habilidades se reforçam mutuamente e de que a reunião de pessoas qualificadas em um mesmo lugar faz diferença. Sem dúvida, isso é algo em que as pessoas no Vale do Silício acreditam.

Não faltam na Califórnia lugares mais bonitos e mais baratos do que o Vale do Silício. Por que será, então, que as empresas ainda querem estar ali? Estados e cidades nos Estados Unidos e em outros lugares oferecem grandes subsídios para atrair empresas. Em setembro de 2017, Wisconsin ofereceu pelo menos 3 bilhões de dólares em incentivos fiscais à Foxconn para que ela investisse 10 bilhões de dólares em uma fábrica de telas LCD.[34] Isso equivale a 200 mil dólares para cada emprego que eles prometeram criar. Da mesma forma, a Panasonic recebeu mais de 100 milhões de dólares para mudar sua sede na América do Norte para Newark, em Nova Jersey (125 mil dólares por emprego), e a Electrolux recebeu 180 milhões de dólares em deduções tributárias para construir uma nova fábrica em Memphis, Tennessee (150 mil dólares por emprego).[35] O exemplo mais recente dessa competição foi a visível disputa para atrair a segunda sede da Amazon, a HQ_2. A Amazon recebeu 238 propostas de diferentes localidades antes de escolher Arlington, na Virgínia, e a cidade de Nova York.[36] Essas cidades sem dúvida acreditam no efeito transbordamento.

Ao que parece, a Amazon também. Ao escolher o local para a HQ_2, a empresa explicitou sua preferência por, entre outras coisas, "áreas metropolitanas com mais de 1 milhão de pessoas" ou "localidades urbanas ou suburbanas com potencial para atrair e reter forte talento técnico".[37]

A teoria da Amazon parece ser a de que estar em um mercado "denso", com muitos vendedores, nesse caso de mão de obra qualificada, é algo valioso, talvez porque torne mais fácil encontrar, reter e substituir trabalhadores.

A teoria de Romer, como talvez você se lembre, tinha mais a ver com conversas informais que ocorrem quando muitas pessoas que trabalham em temas correlatos estão juntas. Existem algumas evidências desse efeito transbordamento. Sabemos, por exemplo, que os inventores são mais propensos a citar patentes de outros inventores da mesma cidade, o que sugere uma maior probabilidade de que os conheçam.[38]

Uma variante da hipótese de Romer, menos restrita ao Vale do Silício e a seus imitadores, é que a presença de pessoas com maior escolaridade aumenta a produtividade de todas as demais. Ocorre, porém, que a indicação de que estamos ficando todos mais produtivos em consequência da proximidade de pessoas mais instruídas não é assim tão clara. Podemos de fato observar que todos ganham mais em cidades onde há mais pessoas instruídas, mas isso pode ocorrer por várias razões. As cidades com pessoas mais instruídas também conseguem atrair empresas que pagam salários mais altos (empresas de alta tecnologia, empresas mais lucrativas, empresas que se importam mais com a qualidade do trabalho etc.), pois elas são seduzidas pela perspectiva de conseguir encontrar o tipo certo de funcionário. O problema é descobrir situações em que o nível de educação da população em geral aumenta significativamente sem mudanças simultâneas em outros fatores (políticas públicas, investimentos etc.).

Há evidências claras, contudo, de que as cidades como um todo podem se beneficiar de um grande investimento. Michael Greenstone, Rick Hornbeck e Enrico Moretti (que é o autor de *The New Geography of Jobs*,[39] no qual argumenta que o efeito transbordamento é a razão pela qual as cidades crescem e as áreas rurais não) questionam se as cidades realmente ganham ao atrair instalações de alta visibilidade como a HQ_2.[40] Para responder a essa pergunta, eles fizeram um estudo que comparou as cidades vencedoras e as segundas colocadas nas disputas para atrair novas empresas. Descobriram que a PTF das instalações já presentes nas cidades vencedoras disparou, o que é compatível com um grande efeito transbordamento — cinco anos depois do estabelecimento das empresas, a PTF era em média 12% mais alta nas localidades que haviam recebido a instalação, se comparada com a das localidades preteridas, gerando 430 milhões de dólares a mais em ganhos para o distrito. Os níveis de remuneração e de emprego subiram. Em muitos casos, não sabemos quanto um estado ou uma cidade gastou para atrair a empresa, mas temos alguns exemplos. No caso da fábrica da BMW, que acabou indo para Greenville, Carolina do Sul, em vez de Omaha, Nebraska, o subsídio oferecido foi de 115 milhões de dólares. Se eles tiverem auferido o benefício médio de 12% em termos de PTF, o investimento foi muito compensador. Foi esse o argumento apresentado na cidade de Nova York em defesa dos subsídios à Amazon: de que, como investimento, eles eram mais do que justificáveis.[41]

Uma maneira alternativa de atrair negócios para determinada localidade é construir infraestrutura. Foi o que a Tennessee Valley Authority (TVA) fez pelo Tennessee e estados vizinhos entre 1930 e 1960, usando fundos públicos para construir estradas, represas, usinas hidrelétricas etc. A ideia era que a infraestrutura atrairia empresas, que atrairiam outras empresas, e assim por diante. Jane Jacobs, uma das urbanistas mais influentes dos Estados Unidos no século xx, era cética quanto a isso. Em 1984 ela escreveu um trabalho denominado simplesmente "Why TVA Failed" ["Por que a TVA fracassou"].[42]

A verdade, porém, é que ela não fracassou. Enrico Moretti e um colega compararam a região da TVA com outras seis áreas que, de início, deveriam receber o mesmo tipo de investimento, mas onde, por várias razões políticas, nada aconteceu. Eles constataram que, entre 1930 e 1960, os distritos da TVA geraram ganhos de emprego, tanto na agricultura quanto na manufatura, em relação ao grupo de comparação. É verdade que depois que cessaram os fluxos de fundos externos para financiar o programa, em 1960, os ganhos na agricultura desapareceram, mas os ganhos na manufatura persistiram e efetivamente continuaram a se intensificar até 2000, um resultado consistente com a visão generalizada de que o efeito transbordamento é mais importante para a manufatura do que para a agricultura. Os impactos são substanciais. Os autores estimam que, no longo prazo, os ganhos de renda como resultado da política da TVA na região serão 6,5 bilhões de dólares superiores aos custos de implantação.[43]

Será que isso significa que os países podem criar condições para acelerar continuamente o crescimento econômico promovendo o desenvolvimento regional, talvez em várias regiões ao mesmo tempo? Isso não é possível por duas razões. Primeiro, não basta que as empresas ganhem com o investimento inicial. Elas precisam lucrar o suficiente para superar as forças habituais que desaceleram o crescimento: escassez de terra, de mão de obra e de habilidades. Moretti estima que uma mudança de 10% no emprego hoje aumentará em 2% o emprego no futuro, o que não é suficiente para gerar crescimento sustentado no longo prazo; com muita rapidez, o impulso original perde a força.[44]

Segundo, o crescimento em uma região é diferente de crescimento nacional, porque pode acontecer em parte com a canibalização do crescimento no resto da economia, atraindo capital, habilidades e mão de obra de outras áreas. As cidades onde a Amazon se instala irão crescer, mas, até certo ponto, em detrimento de outras cidades. Moretti admite que os dois efeitos podem de fato se anular, com a consequência de o crescimento nacional permanecer mais ou menos inalterado.[45]

Com base em toda essa literatura, Moretti conclui que o desenvolvimento regional dificilmente atua como uma alavanca capaz de nos ajudar a evitar o fim do crescimento.[46] É possível que a avaliação dele seja um pouco pessimista, mas a advertência sem dúvida é válida. Ainda que faça sentido para uma cidade tentar atrair empregos de outra, dificilmente essa disputa constituirá uma grande vitória para o país como um todo, a menos que se trate de um país muito pequeno (a cidade-Estado de Cingapura, por exemplo), que pode crescer às expensas dos demais.

Charter cities

Vale a pena enfatizar, contudo, que essa evidência é oriunda principalmente dos Estados Unidos e da Europa. Pode ser que o mundo em desenvolvimento seja muito diferente quanto a isso. Sem dúvida a infraestrutura urbana de alta qualidade é muito mais concentrada em poucas cidades na maioria desses países, e seria possível argumentar a favor tanto de se construir cidades de "alta qualidade" quanto de se tornar as grandes cidades já existentes mais habitáveis, de modo a promover o crescimento econômico. Isso é um foco central de políticas do Banco Mundial. Um relatório de 2016 sobre urbanização na Índia,[47] por exemplo, destaca a urbanização "caótica" e "obscura", regida pelas favelas e a dispersão. Em essência, as cidades crescem na horizontal, transpondo suas fronteiras formais, em vez de na vertical, com edifícios mais altos e de melhor qualidade. No total, 130 milhões de pessoas no Sul da Ásia (mais do que a população do México) vivem em assentamentos urbanos informais. As distâncias são longas, o tráfego é impossível e os níveis de poluição são extraordinários. Essas condições dificultam a atração de talentos para as cidades e também limitam a sua eficácia como locais de produção e troca. Cidades melhores poderiam gerar oportunidades de crescimento inteiramente novas para os países sem comprometer o crescimento de outras partes.

O próprio foco de Romer durante vários anos (inclusive antes de seu breve e instável mandato como economista-chefe do Banco Mundial) esteve nas cidades do Terceiro Mundo, e continua sendo prioritário. Ele deseja que os países construam cidades com o potencial de atrair pessoas criativas, onde novas ideias seriam geradas por "polinização cruzada". Cidades que sejam propícias aos negócios, mas também genuinamente habitáveis — Shenzhen sem a poluição e o trânsito. De maneira um tanto inusitada para um acadêmico de sucesso, ele acreditava e se importava o suficiente com a sua mensagem para estabelecer um *think tank* sem fins lucrativos destinado a ajudar na criação do que denominava *charter cities*: gigantescos enclaves protegidos que seguiriam as regras de Romer dentro de países que não as seguem (seu desejo é que houvesse centenas deles em todo o mundo, cada um abrigando pelo menos 1 milhão de pessoas). Haveria um contrato pelo qual os governos nacionais aceitariam um governo terceirizado, exercido por um país desenvolvido, responsável pela aplicação das regras. Por enquanto, apenas um país adotou a ideia, Honduras, que tinha planos de constituir nada menos que vinte Zonas de Emprego e Desenvolvimento Econômico (Zedes). Infelizmente, embora se dissesse inspirada nas ideias de Romer, a visão de Honduras parecia mais próxima dos enclaves de banana que a United Fruit Company e suas concorrentes operavam no começo do século passado, em que os ditames da empresa tinham força de lei. A iniciativa hondurenha transviou-se desde o início, quando o país decidiu não aceitar a supervisão de um governo terceirizado. Por fim, ficou claro que o governo de Honduras estava mais interessado no nome e na fama de Romer do que em seus conselhos, e, quando assinou um acordo com um empreendedor americano fortemente inclinado a um capitalismo desregrado para desenvolver a Zede, Romer caiu fora. Essa história sugere que as *charter cities* dificilmente seriam a chave para o crescimento susten-

O *fim do crescimento?*

tado nos países em desenvolvimento, pela pura e simples razão de que as compulsões políticas internas que o governo terceirizado deveria manter à distância sempre encontram uma maneira de se esgueirar de volta.

Destruição criativa

Para resumir as seções anteriores, o efeito transbordamento em âmbito regional parece ser verdadeiro, mas, considerando as poucas evidências disponíveis, é pouco provável que seja suficiente para manter o crescimento contínuo em nível nacional. Talvez já admitindo essa conclusão, Romer tinha uma segunda história na manga na qual o crescimento é impulsionado por empresas que lançam novas ideias, que por sua vez se convertem em tecnologias produtivas.[48]

Romer estava descrevendo uma força que assegurava o melhoramento contínuo das tecnologias, sobretudo em países que adotavam políticas pró-inovação. Ao contrário do mundo de Solow, o progresso tecnológico não mais dependeria de uma força misteriosa sobre a qual não exerceríamos controle.

Para construir um modelo baseado na inovação contínua e no crescimento irrestrito, Romer precisava de uma força para contrabalançar o que todos os cientistas e engenheiros sabem: quanto mais já se inventou, mais difícil é encontrar uma ideia original. Para chegar lá, Romer partiu do princípio de que, depois de lançadas, as novas ideias se tornam livremente disponíveis para que outros as desenvolvam. O conhecimento transborda. A vantagem de desenvolver e ampliar ideias já existentes é que o novo inventor se ergue sobre os ombros de gigantes. O inovador precisa apenas fazer ajustes na invenção anterior, em vez de criar algo inteiramente inédito. Assim, o processo de crescimento pode continuar inabalado.

Romer é um verdadeiro otimista, como talvez fique evidente pelo fato de ter acreditado que seria capaz de isolar completamente o seu projeto de *charter cities* da política hondurenha. O mesmo otimismo inspira a sua visão do processo de inovação. No mundo de Romer, as novas ideias simplesmente se espalham como o odor de rosas na brisa de verão.

No mundo real, ao que parece, a produção de novas ideias é muito mais problemática. Muitas inovações comercializáveis são produzidas por empresas, e as empresas tendem a ser possessivas em relação às suas descobertas. As farmacêuticas e de software, por exemplo, fazem muitas coisas, lícitas e às vezes nem tanto, para adquirir e manter o controle de novas ideias. A espionagem industrial é hoje uma importante indústria global, assim como o seu contraponto, a lei de patentes. Um trabalho clássico de Philippe Aghion e Peter Howitt, publicado cerca de dois anos após o de Romer, argumentou que o crescimento induzido pela inovação era possível mesmo nesse ambiente muito mais hostil.[49] No mundo deles, as empresas inovam menos por um desejo de conhecimento do que para superar os concorrentes. Todavia, novas ideias continuam sendo produzidas, a menos que as patentes impeçam inteiramente o aproveitamento de ideias passadas.

Essa mudança de perspectiva não é desprovida de consequências. No mundo de Romer, a inovação é uma dádiva que os inovadores oferecem ao mundo. Eles realmente ganham algum dinheiro, mas o que a economia recebe em troca é incomparavelmente mais valioso, porque as futuras gerações de inovadores podem desenvolver de graça essas ideias e construir novos conhecimentos. Por conta disso, Romer, em particular, deseja que nos esforcemos ao máximo para tornar o mundo o mais propício possível aos inovadores — baixa tributação sobre lucros e ganhos de capital, incubadoras e células de inovação, patentes que protejam os direitos dos inovadores por tanto tempo quanto possível e assim por diante.

Aghion e Howitt têm uma visão muito menos romântica dos inovadores. Curiosamente, Aghion é um dos raros economistas que tiveram a chance de observar em primeira mão o processo de inovação. Sua mãe, oriunda de uma família judia francófona, fundou a notória grife Chloé quando se mudou para a França, depois de ser forçada a deixar sua casa no Egito, no começo dos anos 1950. Os anos em que a Chloé avançou de fabricante de roupas para marca global coincidiram exatamente com a fase de crescimento de Philippe. Entretanto, inspirado por Joseph Schumpeter (um economista de Harvard de meados do século xx e um fanfarrão inveterado),[50] Aghion vê a inovação como um processo de *destruição criativa*, em

O fim do crescimento?

que cada inovação envolve a um só tempo a criação do novo e a destruição do velho.[51] Nesse mundo, a criação por vezes domina, mas outras vezes é a destruição que toma conta; as novidades surgem não porque sejam úteis, mas para derrotar a patente de alguém. Portanto, recompensar a inovação pode ser um tiro pela culatra. Os inovadores talvez receiem que o intervalo entre o momento em que derrotam a patente de alguém e o momento em que eles próprios são derrotados possa ser frustrantemente curto. A proteção de patentes é importante para levar as pessoas a inovar, mas é fácil exagerar e permitir que seus donos repousem sobre os próprios louros. Em vez disso, é preciso haver um equilíbrio entre a inovação genuína e a possibilidade de adotar ideias de outras pessoas.

Cortar impostos

Você há de se lembrar de que uma das razões para economistas como Robert Lucas não gostarem do modelo de Solow é o fato de ele não fornecer qualquer orientação para um entusiasmado formulador de políticas. O modelo de Romer supre essa lacuna. Como convém, a recomendação de Romer não chega a ser revolucionária. Em especial, na opinião de Romer, o governo não deve sufocar os incentivos ao trabalho árduo e às inovações tecnológicas que tornarão todo o mundo mais produtivo. Em outras palavras, o governo deve cortar impostos.

Romer é aliado aos democratas nos Estados Unidos. Ou, pelo menos, é isso que diz a fábrica de boatos dos economistas. Seu pai era um democrata e foi governador do Colorado. Mas a ideia de que impostos baixos podem afetar o crescimento de longo prazo ao encorajar a inovação é algo que os republicanos passaram a amar. De Reagan a Trump, os políticos republicanos sempre prometeram cortar impostos, e a justificativa habitual é que cortar impostos impulsiona o crescimento. A redução das alíquotas tributárias é necessária no topo, pois pessoas como Bill Gates precisam de incentivos para trabalhar duro, ser criativas e inventar a próxima Microsoft, que nos tornará mais produtivos.

Mas nem sempre foi assim. As alíquotas tributárias mais altas foram superiores a 77% entre 1936 e 1964 e acima de 90% durante metade desse período, em grande parte na década de 1950, sob uma administração republicana solidamente de centro-direita. Em 1965, durante uma administração democrata mais de esquerda, a alíquota superior foi reduzida para 70% e desde então foi caindo, até a faixa dos 30%. Todas as administrações republicanas tentaram cortá-la ainda mais, e todas as administrações democratas tentaram aumentá-la ao menos um pouco, embora sempre com muito receio. Curiosamente, pela primeira vez em cinquenta anos, a ideia de uma alíquota marginal máxima acima de 70% ganhou alguma aceitação entre os democratas em 2018.

Observando, porém, as taxas de crescimento desde os anos 1960, é evidente que a era de alíquotas baixas introduzida por Ronald Reagan não acelerou o crescimento. Houve uma recessão no começo da administração Reagan, seguida de uma fase de recuperação, quando o crescimento retornou ao normal. As taxas de crescimento foram um pouco mais altas durante os anos Clinton e declinaram em seguida. No todo, se adotarmos uma visão de longo prazo (a média móvel de dez anos, que rateia as altas e baixas do ciclo de negócios), o crescimento econômico tem sido relativamente estável desde 1974, mantendo-se entre 3% e 4% durante todo o período. Não há evidências de que o corte de impostos de Reagan, o aumento da alíquota marginal máxima de Clinton ou a redução da carga tributária de Bush tenham contribuído de alguma maneira para mudar a taxa de crescimento de longo prazo.[52]

Naturalmente, como observou o republicano Paul Ryan, ex-presidente da Câmara dos Representantes dos Estados Unidos, não há evidências de que não tenham contribuído. Muitas outras coisas estavam acontecendo ao mesmo tempo. Ryan explicou detalhadamente a um jornalista como todas elas se alinharam para fazer com que os aumentos de impostos parecessem bons e os cortes de impostos parecessem ruins:

> Eu não diria que correlação é causalidade. Eu diria que Clinton desfrutou do surto de produtividade tecnológica, que foi enorme. As barreiras comer-

ciais estavam caindo nos anos Clinton. Ele contou com o dividendo da paz que estava recebendo. [...] A economia nos anos Bush, em contraste, teve de enfrentar o estouro da bolha tecnológica, o Onze de Setembro, umas duas guerras e o colapso financeiro. [...] Parte disso é apenas o momento, não a pessoa. [...] Da mesma maneira como os keynesianos dizem que a economia teria sido pior sem o estímulo [que o sr. Obama assinou], a recíproca é verdadeira, sob a nossa perspectiva.[53]

Paul Ryan está certo numa coisa. Considerando apenas as variações no tempo, é difícil concluir se há algum efeito causal oriundo das alíquotas de impostos sobre as taxas de crescimento. É sem dúvida possível que haja alguma relação efetiva, mas ela é obscurecida pelas muitas outras coisas que estão acontecendo. A mesma falta de correlação entre alíquotas de impostos e taxas de crescimento mantém-se verdadeira, contudo, quando consideramos as mudanças nos impostos entre os países. Não há absolutamente nenhuma relação entre a profundidade do corte de impostos no período 1960-2000 em um país e a mudança na taxa de crescimento nesse país durante o mesmo intervalo.[54]

Nos Estados Unidos, a experiência dos estados em si também é esclarecedora. Em 2012, os líderes republicanos do Kansas aprovaram reduções profundas na carga tributária, com a promessa de que isso estimularia a economia. Nada do previsto aconteceu. Em vez disso, o estado quebrou e teve de cortar verbas para educação, a semana letiva foi diminuída para quatro dias e os professores entraram em greve.[55]

Um estudo recente da Booth School of Business da Universidade de Chicago (lugar que não é conhecido por suas tendências socialistas) recorreu a um truque inteligente para verificar se os cortes de impostos que beneficiam os ricos exercem maior ou menor efeito sobre o crescimento que os cortes de impostos que beneficiam o resto da economia. Os diferentes estados têm distribuições de renda muito diferentes, e, portanto, os cortes de impostos para os ricos devem ter consequências muito diferentes em cada um deles. Connecticut, por exemplo, tem muito mais ricos do que o Maine. Com base nas 31 reformas tributárias feitas desde a guerra, o estudo mostrou que os cortes de impostos em favor dos 10% do topo não geraram crescimento significativo no emprego e na renda, ao contrário dos cortes que beneficiaram os 90% da base.[56]

Também é possível considerar diretamente a questão de se aqueles que recebem altas rendas fazem corpo mole quando os impostos são mais elevados. Essa questão pode ser respondida com muito mais precisão do que os efeitos sobre o crescimento geral, pois as reformas tributárias afetam pessoas diferentes de maneira diferente, sendo possível comparar as mudanças de comportamento entre pessoas que sofrem maior ou menor impacto. A principal conclusão de uma literatura muito ampla, resumida por dois de seus mais respeitados especialistas, Emmanuel Saez e Joel Slemrod, é que "até hoje não há evidências convincentes de respostas econômicas *reais* às alíquotas tributárias no topo da distribuição de renda".[57]

Por ora, parece haver consenso entre a grande maioria dos economistas de que a incidência de alíquotas tributárias baixas sobre aqueles que obtêm rendimentos mais altos não oferece em si garantia de aceleração do crescimento econômico. Essa conclusão se refletiu na resposta do painel IGM Booth, composto por importantes economistas, à proposta de corte de impostos de Trump em 2017. A redução da carga tributária consistiria em cortes de impostos profundos e duradouros para empresas, como a diminuição da alíquota para pessoas jurídicas de 35% para 21%. O projeto de lei também rebaixava a alíquota máxima para pessoas físicas de 39,6% para 37%, elevava o limite da faixa de rendimentos mais alta e eliminava o imposto sobre heranças. O corte de impostos para o restante da população seria muito menor, e a maioria deles temporária. Diante da afirmação "Se os Estados Unidos promulgarem um projeto de lei parecido com aqueles atualmente em tramitação na Câmara e no Senado — e partindo do princípio de que não haja outras mudanças nas políticas de tributação e de gastos —, o PIB dos Estados Unidos será substancialmente mais alto daqui a uma década do que na situação vigente", somente uma pessoa concordou e 52% ou discordaram ou discordaram veementemente (os demais se disseram inseguros ou não responderam).[58]

Apesar desse consenso, um memorando do Departamento do Tesouro dos Estados Unidos sobre o impacto fiscal do projeto de lei presumiu (sem qualquer justificação expressa) um aumento de 0,7% na taxa de crescimento anual em consequência da redução da tributação.[59] Como eles podem escapar impunes de uma declaração que não tem nada a ver com as opiniões de qualquer pessoa séria? Uma resposta óbvia é que essa não foi a única vez em que o governo asseverou uma inverdade para respaldar uma decisão. Suspeitamos, porém, que um dos motivos para o público aceitar com tanta facilidade a ideia de que os cortes de impostos para os ricos induzem o crescimento econômico é o fato de terem ouvido essa mensagem durante muitos anos, de muitos economistas eminentes de outros tempos. Naqueles dias, as evidências eram escassas e não raro se argumentava a partir de "princípios básicos" oriundos da intuição, não de dados reais. A repetição desse mantra por gerações de economistas sérios conferiu a ele a familiaridade tranquilizadora de um acalanto. Nós ainda o ouvimos todos os dias de um bando de especialistas em negócios que mesmo hoje não se sentem constrangidos pelas evidências. Ele agora faz parte do "senso comum". Quando fizemos aos participantes de nossa enquete uma pergunta semelhante à formulada pelo painel IGM Booth, 42% concordaram ou concordaram veementemente com a proposição de que o corte de impostos aumentaria o crescimento em cinco anos (apenas um economista do painel IGM Booth original concordara). Dos nossos respondentes, 20% discordaram ou discordaram veementemente.

Também não ajudou o fato de nove economistas acadêmicos conservadores, a maioria com uma sólida reputação, mas também de uma geração mais velha, terem redigido uma carta de apoio ao governo argumentando que o crescimento aceleraria e que "o ganho do PIB no longo prazo seria de pouco mais de 3%, 0,3% por ano durante uma década".[60] Logo ficou claro que essa carta, mais uma vez, inspirava-se em princípios básicos e numa leitura muito seletiva da literatura empírica.[61] O endosso, porém, estava tão alinhado com o que o público e a imprensa esperavam dos economistas que pareceu perfeitamente legítimo.

Mais uma vez, isso sublinha a necessidade urgente de deixar de lado a ideologia e defender o que a maioria dos economistas contemporâneos propõe, com fundamento em métodos e pesquisas recentes. Num mundo em que a maioria das políticas públicas deixou de ser orientada pela razão, se não interviermos, corremos o risco de nos tornarmos irrelevantes. Portanto, sejamos claros. Cortes de impostos para os ricos não produzem crescimento econômico.

Deformação furtiva

Enquanto as mudanças tributárias estão pelo menos acontecendo aos olhos do público, existe uma outra grande transformação na economia americana que pode ter influência direta sobre o crescimento: a concentração crescente da atividade econômica. O motor do crescimento de longo prazo, nos modelos de Solow e Romer, é a inovação tecnológica. A PTF cresce, e com ela a economia, porque as pessoas investem constantemente em novos produtos e em melhores maneiras de fazer as coisas. No entanto, como nos lembram Aghion e Howitt, a inovação não surge do nada; as pessoas necessitam de incentivos financeiros para criar algo novo.

As empresas inovadoras precisam de acesso aos mercados para vender seus produtos. E algumas evidências sugerem que esse processo está ficando cada vez mais difícil para os novos entrantes. Em âmbito nacional, a maioria dos setores (inclusive o de tecnologia, mas não só) é, cada vez mais, dominada por poucas empresas. Um relatório de 2016 do Council of Economic Advisers, por exemplo, revelou que, entre 1997 e 2012, a participação das cinquenta maiores empresas na receita nacional de seus setores aumentou na maior parte dos casos.[62] Essa concentração se explica em grande medida pela participação crescente das "superestrelas", resultado, em parte, de uma atitude muito liberal para com as fusões e aquisições nos Estados Unidos.[63] Por exemplo, em todos os setores a participação das quatro maiores empresas na receita aumentou. Na manufatura, as quatro maiores respondiam por 38% da receita em 1980 e passaram a abranger 43% em 2012. No comércio varejista, a fatia mais do que dobrou, avançando de 14% para 30%.[64]

Ainda não está absolutamente claro se esse aumento de concentração tem sido ruim para os consumidores. Dependendo da fonte de dados e dos

O fim do crescimento? 221

métodos de cálculo, alguns economistas encontram aumentos enormes nas margens de lucro[65] (diferença entre os preços que uma empresa cobra e os seus custos), mas outros não. Algo que tem protegido os consumidores é o fato de, no setor de varejo, a concentração ocorrer em nível nacional, mas não em nível local. Ao chegar a uma cidade, grandes lojas como o Walmart fazem desaparecer os pequenos comércios, mas isso não torna os mercados menos competitivos para os clientes finais, e as grandes lojas oferecem maior variedade, geralmente a preços mais baixos.[66] E a Amazon na verdade tem promovido uma intensa competição entre os vendedores na sua plataforma.[67]

Mas o problema do aumento da concentração no nível nacional é que, na medida em que ele reflete um declínio na competição enfrentada por esses gigantes, pode de fato levar a uma redução na inovação, ao criar maiores barreiras aos novos entrantes e dificultar rupturas na indústria. Na lógica de Aghion e Howitt, a perspectiva de poder monopolista (temporário), sob a proteção de patentes, estimula a inovação, que, por sua vez, resulta nas novas tecnologias que todos, em algum momento, poderão usar. É isso que impulsiona o crescimento. Se, no entanto, o monopólio estiver garantido para sempre, em consequência da concentração, a inovação e o crescimento podem esmorecer; um monopolista pode muito bem se acomodar e nunca mais inventar nada. Algumas evidências sugerem que algo parecido está acontecendo agora. Em especial, um estudo revelou que, quando uma grande operação de fusão ou aquisição planejada em um setor não se concretiza por alguma razão imprevisível (um juiz não foi leniente o bastante ou as partes não chegaram a um acordo), o setor continua mais competitivo vários anos depois. Esses setores que "escaparam por pouco" da concentração atraem mais empresas novas, mais investimentos e mais inovações. Esse resultado sugere que o crescimento relativamente baixo da PTF pode ser explicado, em parte, pelo aumento da concentração.[68]

Tornar-se global

Mesmo que o aumento da concentração industrial seja em parte responsável pela desaceleração do crescimento nos Estados Unidos, seria insensato concluir que o simples rompimento dos monopólios restituiria a rapidez do crescimento. Afinal, o crescimento tem sido lento na Europa, e os reguladores europeus têm sido muito mais agressivos contra os monopólios. Isso ilustra mais uma vez a única lição clara das últimas poucas décadas. Não compreendemos muito bem o que pode gerar de maneira permanente um crescimento mais acelerado. Ele simplesmente acontece (ou não).

Mas se o crescimento nos países ricos não está a ponto de explodir, o que farão esses países (e, em breve, os países de renda média, como a China ou o Chile) com o seu capital cada vez mais abundante? A comunidade empresarial, que por vezes é esperta o bastante para não encampar a mensagem ideológica que oferece ao resto de nós, vem focando há alguns anos em outra saída para a abundância de capital que tem em mãos. Nós dois, autores, percebemos isso há cerca de vinte anos, quando, de repente, pessoas de negócios, talvez sentindo que não podiam contar com um crescimento econômico confiável no Ocidente, começaram a nos questionar sobre os países que conhecemos melhor, que estão todos no mundo em desenvolvimento. Já estávamos imunizados contra a expressão de leve desconforto que surgia no rosto da maioria dessas pessoas quando descobriam o que fazemos, que é estudar países pobres — sem dúvida desejavam encontrar quem pudesse ter alguma informação mais útil para elas e tentavam educadamente nos dispensar o mais rápido possível. Mas, duas décadas atrás, os países pobres de repente se tornaram interessantes.

E isso se devia ao fato de alguns estarem crescendo rápido, o que exigia investimentos, e investimentos eram um antídoto potencial contra o fantasma dos retornos decrescentes que assombrava os financistas dos países ricos. Uma maneira de evitar a desaceleração do crescimento é enviar capital para países onde a produtividade é alta. Isso não ajudará os trabalhadores dos países ricos, uma vez que a produção não ocorrerá em seu território, mas, pelo menos, a renda nacional continuará crescendo, porque os detentores de capital serão bem remunerados pelo investimento no exterior.

Algumas boas notícias

Evidentemente, para a maioria dos economistas e para muitas pessoas de negócios, o crescimento nos países pobres também é importante por conta de suas implicações para o bem-estar humano. Em certa medida, as últimas décadas têm sido boas para os pobres do mundo. Entre 1980 e 2016, a renda dos 50% na base da população mundial cresceu muito mais rápido do que a dos 49% acima deles, o que inclui quase todo mundo na Europa e nos Estados Unidos. O único grupo que se saiu ainda melhor foi o 1% do topo, os ricos dos países já ricos (além de um número crescente de super-ricos no mundo em desenvolvimento), que, em conjunto, capturaram espantosos 27% do crescimento total do PIB mundial. Em comparação, os 50% da base receberam apenas 13% desse crescimento.[69]

No entanto, talvez iludidos pelo fato de só verem os ricos ficarem cada vez mais ricos, dezenove em cada vinte americanos acham que a pobreza no mundo aumentou ou ficou estável durante esse período.[70] Na realidade, as taxas de pobreza absoluta (a fração dos que vivem com menos de 1,90 dólar por dia, em valores ajustados pela PPC, a paridade do poder de compra) caíram pela metade desde 1990.[71]

Esse resultado, sem dúvida, se deve em parte ao crescimento econômico. Para as pessoas extremamente pobres, um crescimento muito pequeno da renda é suficiente para erguê-las. Portanto, ainda que com frequência tenham recebido apenas migalhas, isso já foi suficiente para empurrá-las além do 1,90 dólar diário por pessoa.

Talvez isso aconteça porque a definição de pobreza extrema que usamos estabelece parâmetros muito baixos. Mas a história das últimas três décadas não é apenas de diminuição da pobreza; também vemos grandes melhorias importantes na qualidade de vida dos pobres. Desde 1990, as taxas de mortalidade infantil e de mortalidade materna foram reduzidas à metade;[72] o resultado é que, desde 1990, evitou-se a morte de mais de 100 milhões de crianças.[73] Hoje, afora a ocorrência de grandes rupturas sociais, quase todas as crianças, meninos e meninas, têm acesso à educação primária;[74] 86% dos adultos são alfabetizados.[75] Até as mortes por HIV-aids vêm declinando desde o pico no começo da década de 2000.[76] Os ganhos de renda para os pobres não ficaram só no papel.

Os novos "objetivos de desenvolvimento sustentável" propõem eliminar a pobreza extrema (quem vive com menos de 1,25 dólar por dia) até 2030, e é muito razoável que essa meta venha a ser atingida, ou que pelo menos cheguemos muito perto, se o mundo continuar a crescer mais ou menos da maneira como vem crescendo.

Em busca da poção mágica do crescimento

Isso mostra como o crescimento econômico continua sendo importante para os países muito pobres. Para quem acredita no modelo de Solow ou no modelo de Romer, a pobreza extrema, do tipo que ainda vemos no mundo, é um trágico desperdício, porque há uma saída fácil. No modelo de Solow, os países pobres podem acelerar o crescimento poupando e investindo. E, uma vez que os países pobres de fato não crescem mais rápido do que os países ricos, o modelo de Romer nos diz que esse fracasso só pode ser consequência de suas políticas equivocadas.

Como Romer escreveu em 2008, "o conhecimento necessário para oferecer aos cidadãos dos países mais pobres um padrão de vida muitíssimo melhor já existe nos países avançados".

E ele oferece sua fórmula para o crescimento:

> Se um país pobre investir em educação e não destruir os incentivos para que os seus cidadãos adquiram ideias do restante do mundo, ele rapidamente será capaz de tirar proveito da parcela do estoque mundial de conhecimento disponível para o público. Se, além disso, ele oferecer incentivos para que ideias privadas sejam usadas dentro de suas fronteiras — por exemplo, protegendo patentes, direitos autorais e licenças estrangeiros; permitindo investimentos diretos por empresas estrangeiras; resguardando os direitos de propriedade; e evitando o excesso de regulação e a adoção de alíquotas tributárias marginais altas —, seus cidadãos, em pouco tempo, poderão trabalhar em atividades produtivas de última linha.[77]

Soa como o mantra habitual da direita: impostos baixos, menos regulação, menos intervenção governamental; exceto, talvez, na educação e na proteção da propriedade privada. Em 2008, quando Romer escreveu essa mensagem, ela já era bastante familiar e já sabíamos o suficiente para nos mantermos céticos.

Durante as décadas de 1980 e 1990, um dos exercícios empíricos favoritos dos economistas do crescimento eram as *regressões de crescimento entre países*. O jogo consiste em usar dados para prever o crescimento considerando todos os fatores, como educação e investimento, corrupção e desigualdade, cultura e religião, distância até o mar ou até a linha do equador. A ideia era descobrir os fatores que, nas políticas públicas do país, poderiam ajudar a prever (e, assim se esperava, influenciar) seu crescimento econômico. Essa literatura, porém, deu com a cara no muro.

Havia dois problemas. Primeiro, como Bill Easterly — conhecido por seu ceticismo quanto à capacidade dos "especialistas" de oferecer qualquer receita para o crescimento econômico — demonstrou de forma convincente, as taxas de crescimento de um país mudam de maneira drástica de uma década para outra sem que haja quaisquer mudanças notórias em qualquer outra coisa.[78] Nos anos 1960 e 1970, o Brasil era o líder mundial em taxas de crescimento; a partir de 1980, porém, basicamente parou de crescer durante duas décadas, antes de retomar o ritmo nos anos 2000, e parar de novo depois de 2010. A Índia, para Robert Lucas epítome de país que estagnou, voltou a crescer mais ou menos na época em que ele escreveu a famosa passagem que citamos anteriormente, na qual se dizia perplexo com a lentidão da expansão do país. Nos últimos trinta anos, a Índia tem sido uma das estrelas do crescimento econômico no mundo. Por outro lado, o crescimento dos países que Lucas mencionou como modelos a serem imitados, Indonésia e Egito, despencou. Bangladesh, descrito por Henry Kissinger em uma famosa passagem na década de 1970 como um "caso perdido", cresceu à taxa de 5% ou mais por ano durante grande parte das décadas de 1990 e 2000, e acima de 7% em 2016 e 2017, o que o inclui entre os vinte países do mundo com crescimento mais acelerado.

Segundo, talvez ainda mais fundamental, esses esforços para descobrir o que determina o crescimento fazem muito pouco sentido. Quase todas as coisas em nível de país são em parte produto de alguma outra coisa. Vejamos a educação, por exemplo, fator enfatizado nos primeiros estudos comparativos sobre crescimento entre países. Sem dúvida, a educação é, em parte, resultado da eficácia do governo na direção de escolas e na alocação de recursos. Um governo eficaz na educação tende a ser eficaz em outras áreas; talvez as estradas sejam melhores nos países em que os professores são assíduos no trabalho e dedicados aos alunos. Se constatarmos que o crescimento é maior onde a educação é melhor, é possível que a eficácia na educação se estenda a essas outras políticas que tendem a ser integradas. E, evidentemente, é provável que as pessoas se sintam mais comprometidas em educar os filhos quando a economia vai bem, o que sugere que talvez o crescimento contribua para a educação, e não o contrário.

De maneira geral, tanto os países quanto as suas políticas diferem de tantas formas diferentes que na verdade estamos tentando explicar o crescimento com um número de fatores maior do que o número de países, o que inclui muitos em que não pensamos ou não podemos medir.[79] Por conseguinte, o valor desses exercícios depende em grande medida da confiança em nossas escolhas exatas acerca do que incluímos neles. Considerando que temos muito pouco para justificar qualquer uma dessas escolhas, achamos que a única posição razoável é esquecer todo o projeto.

Isso não significa que não aprendemos nada. Alguns dos resultados mais surpreendentes vieram dos esforços para separar de maneira clara causa e efeito. Dois trabalhos clássicos de Daron Acemoglu, Simon Johnson e Jim Robinson contêm as mais impressionantes dessas conclusões.[80] Eles mostraram que os países nos quais, nos primórdios da colonização europeia, a mortalidade era alta entre os primeiros colonos ainda tendem a estar mal hoje. Acemoglu, Johnson e Robinson argumentam que isso aconteceu porque os europeus preferiram não se estabelecer nesses territórios; em vez disso, constituíram colônias para fins de exploração nas quais as instituições foram concebidas de maneira a permitir que poucos europeus dominassem multidões de nativos, que labutavam no cultivo

O fim do crescimento?

de cana-de-açúcar e de algodão ou na mineração de diamantes, os quais os europeus, então, vendiam na metrópole. Em contraste, os lugares que de início eram relativamente vazios (pensemos na Nova Zelândia e na Austrália, por exemplo) e nos quais a mortalidade dos colonos, por malária e outras doenças, era baixa foram aqueles em que os europeus se estabeleceram em grande quantidade. Em consequência, esses lugares passaram a contar com as instituições que os europeus estavam então desenvolvendo e que acabariam por fornecer as bases do capitalismo moderno. Acemoglu, Johnson e Robinson mostram que a mortalidade dos colonos, várias centenas de anos atrás, é um excelente previsor de até que ponto as instituições contemporâneas são propícias aos negócios em determinado país. E os países em que outrora a mortalidade dos colonos era baixa e que hoje são propícios aos negócios tendem a ser substancialmente mais ricos.

Embora isso não prove que ser propício aos negócios leva ao crescimento (poderia ser a cultura, por exemplo, ou as tradições políticas dos europeus, ou algo completamente diferente), parece sugerir que fatores que atuam em longuíssimo prazo têm muito a ver com o sucesso econômico. Essa forte percepção foi confirmada por vários outros estudos, e sem dúvida, sob alguns aspectos, é algo em que os historiadores sempre insistiram.

Afinal, o que tudo isso nos diz sobre o que os países podem efetivamente fazer aqui e agora? Aprendemos que para um país ter alto crescimento na era moderna é importante ter sido pouco populoso, com amplos espaços vazios, e ter sofrido menos com a malária no período entre 1600 e 1900, além de haver recebido grandes levas de europeus dispostos a se estabelecer no território (embora essas migrações possam ter sido um pouco incômodas para os nativos naquela época). Quer dizer então que os países deveriam tentar atrair colonos europeus no mundo de hoje, tão diferente? É quase certo que não. A brutal indiferença aos costumes locais e à vida que permitiu aos colonos impor suas instituições no período pré-moderno dificilmente subsistiria nos dias de hoje (graças a Deus).

O que isso *tampouco* nos diz é se seria de grande ajuda hoje estabelecer um conjunto específico de instituições, porque as evidências enfatizam diferenças institucionais que têm raízes em eventos ocorridos várias centenas de anos atrás. Isso quer dizer que as instituições precisam se desenvolver ao longo de centenas de anos para ser eficazes? (Afinal, a atual Constituição dos Estados Unidos é um documento muito diferente do que foi escrito inicialmente, tendo sido enriquecido por duzentos anos de jurisprudência, de debate público e de envolvimento popular.) Nesse caso, os cidadãos do Quênia e da Venezuela deveriam simplesmente esperar?

Além disso, ocorre que entre países similarmente propícios aos negócios nenhuma das métricas convencionais de boa política macroeconômica (como abertura ao comércio, baixa inflação etc., o tipo de coisa a que os países deveriam aderir, na visão de Romer) parece prever o PIB per capita.[81] No sentido oposto, embora seja verdade que países com políticas "ruins" crescem mais devagar, eles também são mais propensos a ter "piores" instituições, pelas métricas adotadas nessa literatura (ambiente menos propício aos negócios, por exemplo), não se sabendo ao certo, portanto, se o seu desempenho é ruim por causa das políticas ou em razão de algum outro efeito colateral da má qualidade de suas instituições. Há poucas evidências de que as políticas públicas tenham força independente, além dos efeitos da qualidade institucional.

O que nos resta? Parece claro que há coisas a evitar: hiperinflação; câmbio fixo excessivamente sobrevalorizado; comunismo nas variedades soviética, maoista ou norte-coreana; ou mesmo o tipo de estrangulamento total da iniciativa privada observado na Índia na década de 1970, com a propriedade estatal de todos os bens, de navios a calçados. Isso não nos ajuda a resolver as questões que a maioria dos países enfrenta hoje, considerando que ninguém, a não ser os loucos da Venezuela, parece muito entusiasmado com qualquer dessas opções extremas. O que o Vietnã ou Mianmar querem saber, por exemplo, é se devem tentar imitar o modelo econômico da China, em face de seu espantoso sucesso, e não se devem seguir o exemplo da Coreia do Norte.

O problema é que, embora a China seja em grande medida uma economia de mercado, como o Vietnã e Mianmar, a abordagem chinesa ao capitalismo é muito diferente do modelo anglo-saxão clássico e até de sua variante

O *fim do crescimento?*

europeia. Das 95 empresas chinesas incluídas na lista da Fortune Global 500 de 2014, 75 eram estatais, embora organizadas como empresas privadas.[82]

A maioria dos bancos na China é de propriedade do Estado. O governo chinês, nos âmbitos local e nacional, desempenha um papel central na alocação de terras e de crédito. Também decide quem se muda para onde, e, assim, determina a oferta de mão de obra para as várias indústrias. A taxa de câmbio foi mantida subvalorizada durante cerca de 25 anos, ao custo de emprestar bilhões de dólares aos Estados Unidos a juros quase nulos. Na agricultura, os governos locais resolvem quem tem o direito de usar a terra, uma vez que todas as terras pertencem ao Estado. Se isso é capitalismo, é por certo com traços muito chineses.

Sem dúvida, não obstante todo o entusiasmo gerado nos dias de hoje pelo milagre chinês, bem poucos economistas na década de 1980 e até de 1990 o previram. Muitas vezes, ao fim de uma de nossas palestras, alguém se levanta e pergunta por que o país de que estamos falando, qualquer que seja, simplesmente não imita a China. O problema é que nunca está claro que parte da experiência chinesa deveríamos imitar. Seria melhor começar com a China de Deng, extremamente pobre mas com sistemas de educação e saúde comparativamente excelentes e uma distribuição de renda bastante equânime? Ou seria preferível partir da Revolução Cultural, uma corajosa tentativa de varrer todas as vantagens culturais das elites até então dominantes e pôr todos num mesmo nível? Ou quem sabe iniciar com a invasão japonesa dos anos 1930 e seu insulto ao orgulho chinês? Ou com os 5 mil anos de história da China?

Um impasse semelhante ocorre nos casos de Japão e Coreia do Sul, cujos governos a princípio perseguiram uma política industrial ativa (que, até certo ponto, ainda persiste), decidindo que produtos impulsionar para eventual exportação e, de modo mais geral, em que áreas investir. E também no de Cingapura, onde todos eram obrigados a pôr grande parte de seus rendimentos num fundo de previdência central, para que o Estado aplicasse suas poupanças em infraestrutura de habitação.

Em todos esses casos, o que os economistas debatem é se o crescimento aconteceu em razão de políticas heterodoxas ou a despeito delas.

E, em cada caso, como seria de esperar, a discussão tem sido inconclusiva. Será que os países do Leste Asiático apenas tiveram sorte ou existe efetivamente uma lição a tirar desses casos de sucesso? Esses países também foram devastados pela guerra antes de passar por uma fase de crescimento acelerado, de modo que o fenômeno poderia ser, em parte, um processo de recuperação natural. Quem enaltece a experiência dos países do Leste Asiático para comprovar as virtudes de uma ou outra abordagem está sonhando; não há como demonstrar essas coisas.

A conclusão é que, à semelhança dos países ricos, não temos nenhuma receita infalível de como promover o crescimento nos países pobres. Mesmo os especialistas já se conformaram com essa realidade. Em 2006, o Banco Mundial pediu a Michael Spence, laureado com o prêmio Nobel, para liderar a Comissão sobre Crescimento e Desenvolvimento (informalmente conhecida como Comissão do Crescimento). Spence a princípio recusou, mas, convencido pelo entusiasmo de seus futuros colegas, uma plêiade de notáveis que incluía Robert Solow, por fim concordou. O relatório deles, no entanto, acabou por reconhecer que não há princípios gerais, e que dois episódios de crescimento nunca são parecidos. Bill Easterly, não muito solidário, talvez, mas sem dúvida de maneira bem precisa, assim descreveu sua conclusão: "Depois de dois anos de trabalho de 21 líderes e especialistas mundiais, um grupo de trabalho de onze membros, trezentos especialistas acadêmicos, doze seminários, treze consultas e um orçamento de 4 milhões de dólares, a resposta dos especialistas à pergunta 'Como promover o crescimento acelerado?' foi simplesmente: não sabemos, mas confiem nos especialistas para descobrir".[83]

Engendrando milagres?

Os jovens empreendedores sociais que desfrutam o brilho entusiástico do Vale do Silício provavelmente não leram o relatório de Spence. De acordo com eles, sabemos como fazer o mundo em desenvolvimento crescer — basta que adote as mais recentes tecnologias, sobretudo a internet. Mark Zuckerberg, CEO do Facebook, é um forte defensor de que a conectividade pela internet terá um enorme impacto positivo, sentimento alardeado em centenas de relatórios e trabalhos. Um relatório da empresa de consultoria Dalberg diz que "a internet é uma força poderosa, *inquestionável*, para impulsionar o crescimento econômico e a mudança social" na África (o grifo é nosso).[84]

O fato é evidentemente tão óbvio que o relatório não se dá ao trabalho de citar evidências sólidas, o que é sensato, uma vez que não há evidências a serem referidas. Afinal, nos países desenvolvidos não há provas de que o advento da internet tenha descortinado uma nova era de crescimento. Em sua edição de 2016, sobre os dividendos digitais, a principal publicação do Banco Mundial, o *Relatório sobre o desenvolvimento mundial*, depois de muito tergiversar, concluiu que o veredicto sobre o impacto da internet ainda estava bem incerto.[85]

A internet é apenas uma das tecnologias que, na opinião dos entusiastas do setor de tecnologia, pode ser ao mesmo tempo um sucesso comercial e um motor de crescimento para os países pobres. A lista de inovações na "base da pirâmide" que supostamente irão mudar a vida dos pobres e impulsionar o crescimento de baixo para cima é longa: fogões não poluentes (ou menos poluentes), telemedicina, computadores a manivela e kits de teste rápido para a verificação de arsênico na água, para citar algumas.

Uma característica comum em muitas dessas tecnologias (mas não na internet) é o fato de terem sido desenvolvidas por engenheiros "frugais", como os estudantes do D-Lab, do Instituto de Tecnologia de Massachusetts; ou os empreendedores financiados pelo Fundo Acumen, importante fundo de capital de risco "social". Por trás desse e de outros fundos semelhantes está a ideia plausível de que uma das razões de os países em desenvolvimento serem pobres é o fato de as tecnologias desenvolvidas no Norte não serem adequadas em contextos de pobreza, por consumirem muita energia, envolverem uma grande quantidade de trabalhadores qualificados, exigirem máquinas dispendiosas etc. Além disso, essas tecnologias costumam ser desenvolvidas por monopólios do Norte, que cobram do Sul um prêmio para usá-las. O Sul precisa de suas próprias tecnologias, e para tanto precisa de capital não disponível nos mercados. Talvez seja por isso que o crescimento não acontece por conta própria, em muitos países. Essa é a lacuna que o Fundo Acumen tenta preencher.

Embora este se considere um tipo totalmente novo de organização — não uma entidade filantrópica, mas um fundo de capital de risco para os países pobres —, sua visão de crescimento voltada para a tecnologia, sob certo aspecto, remonta aos idos de 1960, quando os engenheiros dominavam o mundo da assistência e fracassavam tentando transpor a "lacuna da infraestrutura", concedendo grandes empréstimos aos países pobres para a construção de represas e ferrovias, que lhes dariam condições de alcançar os países ricos. Apesar da falta de evidências de que essa abordagem contribuiu para o crescimento dos países pobres, o fascínio pela eletricidade como fonte de crescimento e desenvolvimento com efeito nunca desvaneceu. O Equador encontra-se atualmente sob grave estresse financeiro, em consequência de um empréstimo da China para a construção de uma enorme barragem que nunca se tornou plenamente operacional. Os empréstimos do Acumen são menores e se destinam a empreendedores privados, em vez de governos, mas o sonho de que os engenheiros resolverão os problemas do mundo continua presente. Um dos principais setores financiados pelo Fundo Acumen é o setor elétrico. A fonte ideal de eletricidade se deslocou de grandes represas para pequenas usinas movidas a casca de grãos ou a luz solar, e a última ideia "bacana" é a possibilidade de desenvolver soluções mais baratas, fora da rede elétrica convencional, para alcançar as comunidades pobres; mas o foco na eletricidade já vem de cinquenta anos.

Acontece, porém, que não é fácil inventar tecnologias apropriadas aos países pobres que também sejam lucrativas. E é isso que explica, em grande medida, os insucessos do Acumen. Uma regra de ouro na área dos investimentos sociais é que 10% dos empreendimentos dão certo (o restante fracassa) e somente 1% alcança escala significativa. O problema consiste sobretudo na dificuldade de identificar os novos produtos e serviços efetivamente transformadores, e os esforços nesse sentido muitas vezes se deparam com uma frustrante falta de interesse por parte das pessoas cujas vidas supostamente deveriam ser transformadas.

A eletricidade é um caso típico. Num estudo randomizado controlado recente no Quênia, os pesquisadores se associaram à Kenya Rural Electrification Authority para oferecer ligações elétricas a diferentes preços em diferentes comunidades. A demanda caiu muito rapidamente à medida que os preços subiam, e os aldeões não estavam dispostos a pagar nada nem perto do que seria suficiente para cobrir os custos de conexão à rede (para não mencionar a construção da rede).[86]

O mundo da engenharia frugal está repleto de desastres similares, desde o laptop de 100 dólares para educar o mundo (que na verdade custa 200 dólares e demonstrou não ter nenhum impacto no que as crianças efetivamente aprendem)[87] a fogões menos poluentes que ninguém quis,[88] passando por várias tecnologias de filtragem de água[89] e latrinas inovadoras.[90] Grande parte do problema parece estar no fato de que essas inovações ocorrem num vazio, insuficientemente conectadas às vidas que pretendem mudar. As ideias centrais costumam ser inteligentes, e é possível que um dia se tornem efetivas, mas é difícil pôr muita fé nessa perspectiva.

Pescando com telefones celulares

Um princípio central de todas as teorias de crescimento que analisamos é o de que os recursos se deslocam harmoniosamente para os usos mais produtivos. Essa é uma hipótese natural, desde que os mercados funcionem perfeitamente. As melhores empresas devem atrair os melhores trabalhadores. Os lotes de terras mais férteis devem ser cultivados com maior intensidade, enquanto os menos produtivos devem ser usados para instalações industriais. Quem tem dinheiro para emprestar deve financiar os melhores empreendedores. Esses pressupostos são o que permite aos macroeconomistas falar em estoque de "capital" ou em "capital humano" de uma economia, apesar da realidade óbvia de que a economia não é uma máquina gigante: contanto que os recursos fluam para o melhor uso, cada empreendimento é como o dente de uma engrenagem numa máquina que funciona às mil maravilhas, abrangendo toda a economia.

Mas isso muitas vezes não é verdade. Em determinada economia, empresas produtivas e não produtivas coexistem, e os recursos nem sempre fluem para os melhores usos.

A não adoção de tecnologias disponíveis não é um problema exclusivo das famílias pobres; parece ser também um problema em contextos industriais nos países em desenvolvimento. Em muitos casos, as melhores empresas de um setor utilizam tecnologia de ponta, mas outras empresas do mesmo setor não a exploram, ainda que a nova tecnologia possa fazer sentido do ponto de vista econômico.[91] É frequente que isso ocorra porque a escala de produção é muito pequena. Por exemplo, até recentemente, o típico fabricante de roupas na Índia era o alfaiate, que fazia roupas sob medida em sua oficina particular, e não em uma empresa de produção em massa. A PTF é baixa não porque os alfaiates estejam usando a tecnologia errada, mas porque as oficinas de alfaiataria são pequenas demais para se beneficiar da melhor tecnologia. Em certa medida, o enigma é por que esses empreendimentos individuais existem.

Assim, o problema da tecnologia nos países em desenvolvimento não é tanto que tecnologias lucrativas não estejam disponíveis ou acessíveis, mas que a economia não faça o melhor uso dos recursos disponíveis. E isso se aplica não só a tecnologias, mas também a terra, capital e talentos. Algumas empresas têm mais empregados do que precisam, enquanto outras são incapazes de contratar pessoal. Alguns empreendedores com excelentes ideias podem não ser capazes de financiá-las, enquanto outros, menos brilhantes no ofício, continuam operando: isso é o que os macroeconomistas denominam *má alocação*.

Um exemplo vívido de má alocação pode ser visto no impacto que o advento dos telefones celulares exerceu sobre a pesca no estado de Kerala, na Índia. Os pescadores saíam para o mar bem cedo e voltavam à praia no meio da manhã, para vender os peixes. Antes do telefone celular, eles desembarcavam na praia mais próxima, onde os clientes vinham ao seu encontro. O mercado funcionava até não haver mais clientes ou até o peixe acabar. Como a pesca variava muito de um dia para o outro, o desperdício de peixes era grande em algumas praias, enquanto em outras havia clien-

O *fim do crescimento?*

tes mal atendidos. Quando a conectividade por telefone celular se tornou disponível, os pescadores começaram a se comunicar para decidir onde aportar; eles iam para onde havia muitos clientes à espera e poucos barcos. Em consequência, o desperdício basicamente desapareceu, os preços se estabilizaram, e compradores e vendedores ficaram em melhor situação.[92]

Essa primeira história gerou uma segunda. A principal ferramenta de comércio para um pescador é o barco, e os barcos bons duram muito mais que os ruins. A tecnologia de produção de barcos de pesca é sempre a mesma, mas alguns artesãos são muito melhores que outros. Antes dos telefones celulares, os pescadores compravam os barcos dos artesãos mais próximos. Quando começaram a desembarcar em diferentes praias para vender seu peixe, no entanto, eles não raro descobriram melhores artesãos em outros lugares, e passaram a encomendar a eles seus novos barcos. O resultado foi que os melhores artesãos conseguiram mais trabalho e os piores saíram do negócio. A qualidade dos barcos melhorou, e, além disso, como os melhores artesãos recebiam mais encomendas e passaram a explorar de forma mais eficiente a sua infraestrutura de produção, puderam reduzir o preço dos barcos. A má alocação diminuiu: os trabalhadores que produziam os barcos, o equipamento, a madeira, os pregos e as cordas começaram a ser usados com maior eficácia.[93]

O ponto em comum entre essas duas histórias é que a barreira da comunicação acarretava má alocação. Quando a comunicação melhorou, os mesmos recursos passaram a ser mais bem aproveitados, resultando em maior PTF, pois se produzia mais com os mesmos insumos.

A má alocação é disseminada nas economias em desenvolvimento. Vejamos por exemplo a cidade de Tiruppur, no Sul da Índia, a capital das camisetas no país, que já mencionamos no capítulo 3.[94] Existem dois tipos de empreendedores na cidade: os que vêm de fora para começar um negócio de produção de camisetas e os nascidos e criados na região. Estes são quase sempre filhos de fazendeiros ricos locais, os Gounders, tentando fazer alguma coisa diferente na vida. Os que vão para Tiruppur no intuito de fabricar camisetas geralmente são melhores no ofício do que os locais; muitos têm ligações familiares no ramo, e talvez por isso as empresas

236 *Boa economia para tempos difíceis*

dirigidas por pessoas de fora da cidade produzam a mesma quantidade de camisetas com menos máquinas e cresçam muito mais rápido.

Embora sejam mais produtivas, Abhijit descobriu em um estudo com Kaivan Munchi que as empresas dirigidas por imigrantes eram menores em tamanho e tinham menos equipamentos do que as dirigida por pessoas locais. Os Gounders entornavam dinheiro nas empresas dirigidas pelos filhos em vez de fazer o que seria "eficiente": emprestar dinheiro aos migrantes e transferir os rendimentos de juros assim auferidos para os filhos. Como resultado disso, empresas eficientes e ineficientes podiam coexistir na mesma cidade.[95]

Quando Abhijit lhes perguntou por que preferiam patrocinar os filhos a emprestar dinheiro às pessoas mais talentosas vindas de fora e viver dos rendimentos, os Gounders explicaram que não podiam ter a certeza de receber o dinheiro de volta. Na falta de um mercado financeiro eficaz, eles preferiam dar dinheiro aos filhos ineptos e obter retornos mais baixos, mas relativamente seguros. Também é provável que se sentissem no dever de dar aos filhos não só algum dinheiro, mas também meios para *ganhar* uma vida decente.

As empresas familiares são comuns em todo o mundo (desde pequenas fazendas até grandes grupos empresariais), e esses empreendimentos nem sempre se ajustam plenamente aos incentivos "econômicos". As empresas são transferidas para os filhos, mesmo quando as filhas seriam melhores gestoras do negócio;[96] todo o fertilizante da família vai para o lote de uma única pessoa (homem), quando faria mais sentido usar um pouco em todos os campos.[97] Obviamente, isso acontece não só em pequenas fazendas em Burkina Faso ou em negócios familiares na Índia e na Tailândia, mas também nos Estados Unidos. De um total de 335 casos de sucessão em empresas familiares investigados por um pesquisador, 122 foram "sucessões em família", em que os novos CEOS eram filhos ou o cônjuge do anterior (geralmente fundador ou filho do fundador). No dia da sucessão, os retornos no mercado de ações das empresas que nomeavam um CEO externo observavam uma acentuada *alta*, o que não acontecia com os retornos das empresas que nomeavam um CEO interno.

O mercado estava recompensando a nomeação de um outsider. E, pelo visto, entrevia alguma coisa. As empresas que nomeavam CEOs ligados à família sofriam uma grande queda de desempenho nos três anos subsequentes, se comparadas às que promoviam CEOs sem ligações familiares: o retorno sobre os ativos caía 14%.[98]

Tudo isso indica que não podemos garantir que os recursos fluirão para o melhor uso. Se isso não acontece no âmbito de uma simples família, ou de uma cidade, certamente não podemos esperar que aconteça no âmbito de todo um país. A má alocação de recursos, por sua vez, reduzirá a produtividade total. Em parte, a razão de os países pobres serem pobres é a sua menor eficiência na alocação de recursos. A contrapartida é a possibilidade de crescer apenas realocando os recursos existentes para usos mais adequados. Nos últimos anos, os macroeconomistas vêm fazendo grandes esforços para tentar quantificar a parcela de crescimento que seria possível obter com a melhor alocação de recursos. É difícil chegar a uma conclusão exata, mas os resultados têm sido muito animadores. Uma boa estimativa sugere que, em 1990, a simples realocação de fatores entre setores, definidos de forma restrita, poderia ter aumentado a PTF da Índia entre 40% e 60% e a da China entre 30% e 50%. Se as realocações fossem feitas entre setores definidos de forma mais ampla, as estimativas de aumento seriam ainda maiores.[99]

E há ainda as más alocações que não vemos e as grandes ideias que nunca vêm à luz. Considerando que o capital de risco é muito mais ativo na prospecção de novas ideias nos Estados Unidos do que na Índia, é plausível que a Índia também esteja desperdiçando muito mais talento desses gênios desconhecidos.

Apostando nos bancos?

Qual é a origem da má alocação? As empresas indianas crescem muito mais devagar do que as americanas, mas também são muito menos propensas a encerrar suas atividades.[100] Em outras palavras, os Estados Unidos são uma economia do tipo "crescer ou morrer", onde as pessoas iniciam um novo negócio e ou são bem-sucedidas e o fazem crescer, ou fracassam depois de alguns anos. Em contraste, a economia indiana é excessivamente rígida: as boas empresas não crescem e as ruins tampouco morrem.

É provável que esses dois fatos sejam estreitamente ligados: o fato de as boas empresas não crescerem com rapidez suficiente também ajuda a explicar por que as empresas ruins conseguem sobreviver. Se as melhores empresas crescessem rápido, elas reduziriam os preços de seus produtos e acabariam por eliminar as concorrentes, exceto as eficientes o bastante para lucrar mesmo com a baixa de preços. Além disso, elevariam os salários e o custo das matérias-primas, onerando ainda mais as empresas ruins. Em contraste, se elas continuarem pequenas e atenderem apenas à demanda local, uma empresa menos eficiente pode sobreviver com facilidade no mercado vizinho.

Um culpado natural é o mercado de capitais. Ele certamente desempenha um papel importante no exemplo de Tiruppur, onde os empreendedores mais produtivos no cluster de camisetas mais produtivo da Índia não conseguem levantar recursos suficientes para alcançar em tamanho as empresas locais menos produtivas. Na Índia e na China, as estimativas sugerem que a simples realocação de capital entre as empresas eliminaria grande parte da disparidade da PTF resultante da má alocação.[101]

Essa interpretação harmoniza-se com a percepção amplamente compartilhada de que o setor bancário tanto na China quanto na Índia tem sérios problemas. Os bancos indianos são famosos pela resistência em conceder empréstimos, a não ser para empresas de grande porte e bem estabelecidas (geralmente sem reconhecer que as empresas de grande porte e bem estabelecidas de ontem muitas vezes são os desastres anunciados de hoje). Os bancos chineses passaram por reformas significativas desde a década de 1990 com o objetivo de propiciar a entrada de diferentes atores e melhorar a governança dos bancos estatais, mas os quatro grandes bancos estatais ainda tendem a financiar de bom grado projetos duvidosos com boas conexões políticas.[102] Levantar recursos continua sendo uma tarefa difícil para empreendedores jovens e ambiciosos com boas ideias mas sem amigos poderosos.

O fim do crescimento?

Os bancos indianos enfrentam em grande medida o mesmo problema, e além disso são conhecidos pelo excesso de pessoal. Ter pessoal em excesso significa que, se quiserem ser rentáveis, eles precisam inserir uma grande margem entre a taxa a que emprestam às empresas e a taxa de poupança que pagam aos depositantes. Em consequência, as taxas dos empréstimos na Índia são altas em comparação com o resto do mundo,[103] embora os juros para os depositantes sejam muito baixos.[104] Essa disparidade também desestimula os investimentos para quem não tem recursos próprios e precisa tomar empréstimos para investir em novos projetos, bem como favorece quem tem recursos próprios ou parentes ricos, como os Gounders de Tiruppur. Os maus bancos comprometem a eficiência em ambas as pontas; por culpa deles, as taxas de poupança são mais baixas do que poderiam ser e as poupanças são mal geridas.

Além disso, as empresas precisam de capital de risco, financiamento que, ao contrário do financiamento bancário, as protege quando são atingidas pela má sorte. Os mercados de ações desempenham esse papel, mas o mercado de ações chinês ainda não é objeto de ampla confiança, e o indiano, embora mais antigo e mais bem administrado, ainda é muito concentrado em empresas de grande porte e bem estabelecidas.

O mercado fundiário mal desenvolvido é outra razão pela qual as empresas não crescem. Para crescer, uma empresa produtiva precisa adquirir terrenos e edifícios para instalar novas máquinas e empregados. Além disso, terrenos e edifícios podem ser usados como garantias nos financiamentos. Isso se torna um grande problema quando o mercado imobiliário é ineficiente. Para dar um exemplo muito comum, em diversos países a propriedade de terras e de imóveis é objeto de frequentes disputas. "A" reivindica a terra de "B", o litígio é levado para os tribunais e a ação judicial se arrasta por anos. Um estudo recente sugere que, na Índia, terras e edifícios são responsáveis em grande medida pela má alocação.[105] De fato, em cerca de metade dos distritos indianos, as empresas *mais* produtivas tendem a ter *menos* terras e edifícios do que as *menos* produtivas! Isso tende a ser um grande problema em muitos países nos quais os direitos de propriedade sobre a terra não são bem claros.

Uma vida a ser vivida

Mas existem outras razões, mais psicológicas, para que as melhores empresas não estejam dominando a Índia, a Nigéria e o México. Talvez os proprietários apreciem a ideia de deixar os filhos dirigindo as empresas e prefiram evitar o risco de tomada de controle externo que acompanha o financiamento externo; levantar dinheiro no mercado de ações, por exemplo, exige constituir um conselho de administração independente, que pode interferir nos planos de sucessão.

E talvez, em última instância, a preocupação dos proprietários com o crescimento não seja suficiente para que eles apliquem todos os seus recursos numa agenda única. Se ninguém mais estiver crescendo rápido, eles não correm o risco de ser eliminados. Eles têm um padrão de vida razoável e um lugar para trabalhar. Por que aumentar o estresse tentando crescer? Um estudo recente, muito interessante, considera as lacunas gerenciais nas empresas indianas.[106] Pelos padrões do que os Estados Unidos denominam boa gestão, as empresas nos países em desenvolvimento são terrivelmente mal administradas. Há quem conteste essa avaliação como preconceito contra outros métodos de gestão. Os indianos, em especial, têm muito orgulho de seus métodos de gestão com pouco dinheiro, o que eles chamam de *jugaad*.[107] Isso exige ser criativo com os poucos recursos disponíveis, e talvez seja exatamente o que os gestores estão fazendo. Mas eles muitas vezes cometem erros difíceis de justificar por qualquer critério. O lixo se acumula nas oficinas, por exemplo, a ponto de envolver risco de incêndio. Ou materiais não utilizados são ensacados e jogados no estoque sem que ninguém os rotule ou registre, praticamente impossibilitando sua reutilização. Quando os pesquisadores, um deles ex-consultor de gestão, enviaram uma equipe (gratuita) de consultores altamente remunerados para trabalhar durante cinco meses com os gestores de um conjunto dessas empresas, escolhido aleatoriamente, o lucro aumentou em 300 mil dólares por empresa, o que não é nenhuma ninharia nem mesmo para essas empresas relativamente grandes. Além disso, a maioria das mudanças que contribuíram para esses resultados foi relativamente simples, como rotular itens de estoque e remover lixo. É difícil compreender por que os gestores, se quisessem aumentar o lucro, precisariam dessa ajuda externa relativamente cara (a consultoria lhes teria custado 250 mil dólares, se tivessem pagado por ela). Eles implementam mudanças óbvias se alguém as aponta e os constrange a fazê-lo, mas não por iniciativa própria. Pode ser que os proprietários, no final das contas, não estejam motivados a fazer o melhor possível.

Esperando para sempre

As empresas também precisam de trabalho. Certamente há quem imagine que isso não seria problema em um país pobre, abundante em mão de obra, mas na verdade não é bem assim. Mesmo trabalhadores não qualificados em Odisha, um dos estados mais pobres da Índia, insistem no que consideram um salário justo, ainda que a alternativa seja ficar desempregado; os trabalhadores que aceitam salários mais baixos são punidos pelos outros.[108]

De acordo com um levantamento oficial representativo da totalidade do país, em 2009 e 2010, 26% de todos os homens indianos entre vinte e trinta anos com pelo menos dez anos de educação não estavam trabalhando. Não por falta de empregos: a fração daqueles com idade inferior a trinta anos e com menos de oito anos de educação que não estavam trabalhando era de 1,3%. E, com efeito, a proporção daqueles com dez anos de educação e idade *superior a trinta anos* que não estavam trabalhando era de cerca de 2%.[109] Vemos o mesmo padrão em 1987, 1999 e 2009; portanto, isso não ocorre porque os jovens de hoje são menos empregáveis.[110]

Há muitos empregos, só que não aqueles que esses jovens querem. Eles acabarão aceitando empregos que recusaram quando mais novos provavelmente porque as pressões econômicas ficam mais fortes à medida que envelhecem (os pais, que os alimentam e abrigam agora, se aposentarão ou falecerão; eles desejarão se casar) e as opções de emprego se reduzem (os empregos públicos, em especial, estão sujeitos a um limite de idade geralmente próximo dos trinta anos).

Esther encontrou uma situação muito semelhante em Gana. Pouco mais de dez anos atrás, cerca de 2 mil adolescentes foram identificados como tendo passado num exame rigoroso para cursar o ensino médio no país, mas não se matricularam de imediato por falta de recursos.[111] Um terço deles, selecionados aleatoriamente, recebeu bolsa de estudos integral para todo o ensino médio. Antes que isso ocorresse, Esther e seus coautores perguntaram aos pais desses adolescentes qual seria, na opinião deles, o benefício econômico decorrente da matrícula dos filhos no ensino médio. Os pais, em geral, se mostraram otimistas. Em média, achavam que uma pessoa como o filho ou a filha poderia ganhar quase quatro vezes mais se completasse o ensino médio, em comparação com o que ganharia sem ele. Além disso, também achavam que esses ganhos resultariam em maior acesso a empregos públicos, como o magistério ou a enfermagem. Previsivelmente, considerando essas crenças, três quartos dos adolescentes que receberam a bolsa agarraram a oportunidade e completaram os estudos, em comparação com apenas cerca de metade dos que não receberam bolsa. Desde então, Esther e seus colegas vêm acompanhando o progresso desses adolescentes, entrevistando-os cerca de uma vez por ano. E encontraram muitos resultados positivos: os estudantes aprenderam coisas úteis na escola, o que mudou a vida deles sob muitos aspectos; todos apresentaram melhor desempenho em um teste que mede a capacidade de aplicar conhecimentos em situações concretas; as meninas postergaram a constituição de família e tiveram menos filhos.

A notícia não tão boa é que o impacto no rendimento médio não foi muito grande, a não ser para os poucos que conseguiram um emprego público. Os pais estavam certos em um ponto: a educação de ensino médio é de fato essencial para o acesso a graus universitários, que permitem aos graduados conquistar os empregos cobiçados. A conclusão do ensino médio aumentou a probabilidade de ser professor, de exercer outros cargos públicos ou de trabalhar em empresas com salário fixo e outros benefícios. Mas eles estavam errados em um ponto: embora o ensino médio seja *necessário*, não é *suficiente*. Os bolsistas do experimento (em especial as meninas) foram mais propensos a ir para a faculdade, mas a probabilidade foi ainda

O fim do crescimento?

muito baixa (16% entre os bolsistas contra 12% do grupo de comparação). E somente poucos deles conseguiram um emprego público. A bolsa de estudos dobrou essa probabilidade, mas o aumento foi de 3% para 6%, isto é, de baixíssima para muito baixa.

Enquanto isso, embora já tivessem 25 ou 26 anos, a maioria dos que haviam cursado o ensino médio ainda esperava algo melhor. Uma fração expressiva ainda não estava trabalhando: somente 70% dos adolescentes da amostra (grupos de tratamento e de controle combinados) tinham auferido algum rendimento no mês anterior.

Intrigados com o que esses jovens poderiam estar fazendo, em vez de trabalhar, visitamos vários deles. Steve, um rapaz afável e eloquente, recebeu-nos em casa. Ele havia concluído o ensino médio mais de dois anos antes, mas ainda não conseguira emprego. Esperava entrar na faculdade e estudar ciência política, com o objetivo de um dia vir a ser um âncora de rádio, mas suas notas nos testes de admissão haviam sido baixas demais até então. Ele continuava tentando. Enquanto isso, vivia da pensão da avó. Ainda não via razão para abrir mão dos sonhos. É provável que um dia desista, mas, na visão dele, ainda é jovem.

O reverso da moeda é que até nos países com taxas de desemprego assustadoramente altas, como a África do Sul (onde 54% dos jovens entre quinze e 24 anos se dizem desempregados),[112] as empresas se queixam de que não conseguem a mão de obra de que precisam: indivíduos com alguma educação, boa postura laboral e dispostos a aceitar os salários oferecidos. Na Índia, o governo investiu uma enorme soma de recursos públicos na preparação de trabalhadores para os empregos que a economia está gerando. Cerca de dois anos atrás, Abhijit colaborou com uma dessas empresas que oferecem treinamento vocacional e colocação profissional no setor de serviços. A empresa receava não estar atuando muito bem na colocação dos estudantes. Os dados confirmavam essa desconfiança. De um total de 538 jovens que haviam se inscrito num curso, 450 o completaram. Destes, 179 receberam ofertas e 99 as aceitaram, mas, depois de seis meses, apenas 58 ainda estavam no emprego que a empresa descobrira para eles, taxa de êxito pouco superior a 10%. Outros 12% estavam trabalhando em outros lugares.[113] Perguntamos a um grupo dos jovens que tinham recusado uma oferta de emprego ou deixado o emprego pouco tempo após aceitá-lo o que estavam fazendo. Eles estavam ou se preparando para o que chamavam de "exames competitivos" (conseguir um emprego público ou numa organização quase governamental, como um banco do setor público), ou estudando para concluir o curso de bacharelado e, então, concorrer a um emprego público. Ou então estavam simplesmente à toa em casa, embora a família mal tivesse condições de sustentá-los.

Por que, então, haviam rejeitado as ofertas de emprego? Ouvimos muitas respostas, mas todas se resumiam em não ter gostado da proposta — excesso de trabalho, jornada longa demais, muito tempo em pé, muitas viagens, pouco dinheiro.

Parte do problema é um desencontro de expectativas. Os jovens, homens e mulheres, que entrevistamos na Índia cresceram em famílias nas quais a educação pós-fundamental ainda era muitas vezes uma novidade; o pai tinha em média oito anos de escolaridade; a mãe, menos de quatro. Eles haviam escutado a vida inteira que, se estudassem muito, conseguiriam um bom emprego, entendendo por isso quase sempre trabalho em escritório ou como professores. Essa ideia estava mais próxima da verdade na geração de seus pais do que hoje (sobretudo para as populações historicamente desprivilegiadas, como as castas inferiores que se beneficiaram de ações afirmativas). O crescimento dos empregos públicos desacelerou e por fim cessou, em face das pressões orçamentárias,[114] mas a população instruída, mesmo entre os despossuídos históricos, continuou crescendo.[115] Em outras palavras, as regras mudaram no meio do jogo.

Algo semelhante aconteceu em países como a África do Sul, e também no Egito e em outros do Oriente Médio e do Norte da África, que a princípio eram mais desenvolvidos que a Índia. Nesses países, não bastava ter concluído o ensino médio, e durante algum tempo o bacharelado exercia a mesma função de triagem: quem comprovasse a formação de nível superior conseguia um emprego público. Embora isso tenha mudado, esses países ainda produzem milhares de bacharéis, em áreas como árabe e ciência política, para as quais não há mais mercado. Que os diplomados de

O *fim do crescimento?* 245

hoje não tenham as qualificações procuradas pelos empregadores é, como se sabe, uma queixa constante em todo o mundo, inclusive nos Estados Unidos. Mas a situação é muito extrema nesses países.

O desencontro entre realidade e expectativas é agravado pela falta de exposição ao mercado de trabalho real. Com Sandra Sequeira, Abhijit avaliou um programa na África do Sul que oferece a jovens trabalhadores das comunidades negras (os antigos guetos da era do apartheid) transporte gratuito para procurar emprego longe de casa. Embora aqueles selecionados aleatoriamente para receber o subsídio de transporte tenham realmente viajado muito mais, essa ajuda não afetou os níveis de emprego. O que de fato mudou, no entanto, foi a percepção que eles tinham do mercado de trabalho. Quase todos, no começo, eram otimistas demais; o salário que esperavam receber era 70% superior aos verdadeiros salários relatados pelos trabalhadores empregados semelhantes a eles. A experiência do mercado de trabalho real reduziu a expectativa desses jovens, e suas ambições salariais ficaram mais próximas da realidade.[116]

Mercados de trabalho congelados por disparidades radicais desse tipo levam a um desperdício de recursos. Esses jovens, em grande medida, estão almejando empregos que não vão conseguir. Na Índia, os jornais estão sempre escrevendo sobre a corrida desenfreada por cargos públicos; por exemplo, sobre os 28 milhões de pessoas que se candidataram a 90 mil empregos de baixo nível nas ferrovias estatais.[117]

Sob a perspectiva dos países em desenvolvimento, alguns desses problemas são puramente autoinfligidos. Parte do problema é que existe uma pequena fração de empregos muito mais atraentes do que os demais, por motivos que nada têm a ver com produtividade. Os melhores exemplos são os empregos públicos. Nos países mais pobres, é grande a disparidade entre os salários dos servidores públicos e dos trabalhadores de empresas privadas: os servidores públicos ganham mais do que o dobro do salário médio do setor privado. E aí não se incluem os generosos benefícios de assistência médica, aposentadoria e pensões.[118]

Esse tipo de discrepância pode lançar todo o mercado de trabalho numa queda em parafuso. Se os empregos públicos são tão mais valiosos que os da iniciativa privada, embora muito escassos, vale a pena ficar em compasso de espera e entrar na fila. Se o processo de recrutamento e seleção, como em geral acontece, envolver exames ou concursos, as pessoas podem ficar grande parte de sua vida útil (ou tanto quanto lhes permitirem as posses da família) estudando para passar. Se os empregos públicos deixarem de ser tão cobiçados, a economia ganhará muitos anos de trabalho produtivo dissipados na busca do inalcançável. É claro que os empregos públicos também são atraentes em outros países, em especial porque, de maneira geral, oferecem muita estabilidade. A disparidade salarial, porém, não é tão grande, e a fila de espera não é nem de longe tão longa.

Reduzir o salário dos empregos públicos provavelmente seria uma batalha; não seria tão difícil, porém, limitar o número de vezes que um candidato pode se inscrever num processo seletivo, ou tornar os limites de idade mais rigorosos, por exemplo. Essas providências evitariam o enorme desperdício de tanta gente que fica em compasso de espera. Também seria possível adicionar um elemento de sorte no processo de distribuição de empregos, mas não está claro se a alocação daí resultante seria pior que a do sistema vigente, que favorece os que podem esperar. Em Gana, enquanto Steve estava à toa na vida, alguns outros jovens diplomados tinham de encontrar o que fazer, porque não contavam com ninguém para subsidiar esse estilo de vida. E não lhes faltava imaginação: conhecemos um plantador de amêndoas, um DJ especializado em velórios, um pregador em treinamento e dois jogadores de futebol de uma equipe pequena.

Os problemas do mercado de trabalho nos países em desenvolvimento, porém, não se limitam à atratividade desmedida do setor público. Em Gana, as pessoas que concluem o ensino médio também são atraídas por um tipo de emprego privado que oferece benefícios, altos salários e certa estabilidade no emprego. Em muitos países em desenvolvimento o mercado de trabalho apresenta essa dualidade: existe um grande setor informal, sem nenhum tipo de proteção, com muitas pessoas que trabalham por conta própria, por falta de melhores opções, e um setor formal em que os empregados são não apenas paparicados, mas também muito resguardados. Uma proteção mínima ao emprego é sem dúvida necessária; os trabalha-

O fim do crescimento? 247

dores não podem ficar ao sabor dos caprichos do empregador. A regulação do mercado de trabalho, no entanto, é tão rigorosa que chega a ponto de estrangular qualquer realocação de recursos eficiente.

Todos estavam certos, todos estavam errados

Dito tudo isso, como fica nossa compreensão do crescimento econômico? Bem, Robert Solow estava certo. O crescimento parece desacelerar à medida que os países se aproximam de certo nível de renda per capita. Na fronteira da tecnologia, isso significa que, nos países ricos, o crescimento da PTF é em grande medida um mistério. Não sabemos o que o impulsiona.

E Robert Lucas e Paul Romer também estavam certos. Nos países mais pobres, a convergência não é automática. É provável que isso aconteça não por conta do efeito transbordamento, mas pelo fato de a PTF ser muito mais baixa nos países pobres, sobretudo por conta das falhas de mercado. E assim, na medida em que as instituições propícias aos negócios têm alguma coisa a ver com a correção dessas falhas de mercado, Acemoglu, Johnson e Robinson também estavam certos.

E, no entanto, todos esses economistas também estavam errados, porque encaravam o crescimento econômico e os recursos do país como coisas agregadas (a "força de trabalho", o "capital", o "PIB"), e, ao fazê-lo, provavelmente perdiam de vista o ponto principal. Tudo que aprendemos sobre má alocação nos diz que é preciso ir além dos modelos e pensar em *como* se utilizam os recursos. Se um país começa usando seus recursos muito mal, como a China durante o comunismo e também a Índia, em seus dias de extremo dirigismo, então, nesse caso, os primeiros benefícios da reforma podem advir da movimentação dos recursos para seus melhores usos. Talvez a razão de alguns países, como a China, crescerem tão rápido durante tanto tempo seja o fato de terem começado com tantos talentos e recursos subutilizados, passíveis de serem explorados com mais eficácia. Esse não é o mundo de Solow nem o de Romer, em que um país precisaria de novos recursos ou de novas ideias para crescer. Essa conclusão também implica que o crescimento estaria sujeito a uma rápida desaceleração depois que os recursos mal alocados tivessem uma destinação adequada e o crescimento se tornasse dependente de recursos adicionais. Muito se tem escrito sobre a desaceleração econômica na China; o crescimento sem dúvida está desacelerando, o que não chega a ser surpreendente. É quase certo que essa desaceleração irá persistir, não importa o que os líderes chineses façam agora. A China acumulou recursos rapidamente, na medida em que tinha muito espaço para se recuperar; e, no processo, as fontes mais notórias de má alocação foram eliminadas, ou seja, há agora menos espaço para melhoria. A economia chinesa dependia de exportações para gerar know-how, investimentos e demanda global (por um tempo) ilimitada. Agora, porém, a China é o maior exportador do mundo, e, assim, talvez não seja capaz de continuar aumentando suas exportações em ritmo muito mais rápido do que o crescimento mundial. A China (e o resto do mundo) terá de enfrentar a realidade de que a sua era de crescimento vertiginoso provavelmente está chegando ao fim.

Em termos do que está por vir, parece que os Estados Unidos podem relaxar um pouco. Em 1979, Ezra Vogel, professor de Harvard, publicou um livro, *Japan as Number One* [O Japão como número 1], prevendo que o Japão em breve ultrapassaria todos os outros países para tornar-se a maior superpotência econômica do mundo. Os países ocidentais, argumentou ele, precisavam aprender com o modelo japonês. Boas relações de trabalho, baixa criminalidade, excelentes escolas e uma elite burocrática, com visão de longo prazo, eram a nova receita prescrita por Vogel para o crescimento acelerado contínuo.[119]

Com efeito, se tivesse continuado a crescer à mesma taxa média do decênio 1963-73, o Japão teria ultrapassado os Estados Unidos em termos de PIB per capita por volta de 1985, e em PIB total em torno de 1998. Não foi bem assim. O que aconteceu, em vez disso, é suficiente para nos deixar supersticiosos. A taxa de crescimento despencou em 1980, ano seguinte ao do lançamento do livro de Vogel. E, efetivamente, nunca se recuperou.

O modelo de Solow sugere uma razão simples. Em consequência da baixa taxa de fertilidade e da ausência quase completa de imigração, o

O *fim do crescimento?*

Japão envelhecia e continua envelhecendo rapidamente. A população em idade economicamente ativa alcançou o pico em fins da década de 1990 e está em declínio. Isso significa que a PTF precisa aumentar ainda mais rápido para sustentar o crescimento acelerado. Em outros termos, o Japão teria de realizar algum milagre para que a sua atual força de trabalho se torne mais produtiva, uma vez que ainda não temos uma maneira confiável de impulsionar a PTF.

Na euforia da década de 1970, havia quem acreditasse que isso fosse possível, o que pode explicar por que tanta gente continuou a poupar e a investir no Japão nos anos 1980, apesar da desaceleração. Na chamada bolha econômica da década de 1980, muito dinheiro afluiu para poucos projetos, e como consequência os bancos ficaram com muitos empréstimos inadimplentes e enfrentaram uma enorme crise na década de 1990.

A China enfrenta alguns dos mesmos problemas. Sua população está envelhecendo rápido, em parte como resultado da política do filho único, que se revelou de difícil reversão. É até possível que alcance os Estados Unidos em termos per capita, mas a desaceleração do crescimento significa que isso levará muito tempo. Se o crescimento da China desacelerar para 5% ao ano, o que não é implausível, e ficar nisso, o que talvez seja uma perspectiva otimista, e o crescimento dos Estados Unidos continuar oscilando em torno de 1,5% ao ano, a China levará pelo menos 35 anos para alcançar os Estados Unidos em renda per capita. Nesse ínterim, é possível que as autoridades chinesas também queiram relaxar e aceitem a lei de Solow. O crescimento irá desacelerar.

Elas estão cientes disso e fizeram uma tentativa consciente de alertar o povo chinês sobre essa realidade, mas as metas de crescimento que adotaram talvez ainda sejam altas demais. O perigo é deixar a liderança num beco sem saída e constrangê-la a tomar más decisões, num esforço para recuperar o crescimento, como já ocorreu no Japão.

Se um motor fundamental do crescimento econômico é a má alocação de recursos, abre-se a porta para a adoção de várias estratégias heterodoxas que visam a promover o crescimento. O objetivo dessas estratégias é corrigir as distorções específicas que comprometem o uso dos recursos no país. Os governos da China e da Coreia do Sul fizeram um bom trabalho em identificar os setores que eram pequenos demais e, portanto, não atendiam às necessidades da economia (tendiam a ser indústrias pesadas que forneciam matérias-primas básicas para outras indústrias, como aço e produtos químicos) e canalizaram capital para eles, por meio de investimentos estatais e outras intervenções. Isso talvez tenha acelerado a transição para o uso eficiente de recursos.[120]

O fato de que isso tenha funcionado nesses dois países não significa necessariamente que é algo a ser imitado por todos os outros. Os economistas tendem a ser muito cautelosos com a política industrial, por boas razões. A história dos investimentos direcionados pelo Estado não inspira muita confiança; não raro as decisões são ruins, mesmo quando não são distorcidas deliberadamente para favorecer alguém ou algum grupo, o que é frequente. Trata-se de falhas de "governo", assim como há falhas de mercado, e tantos são os exemplos disso que seria muito perigoso confiar cegamente na capacidade dos governos de escolher os vencedores. Mas há também tantas falhas de mercado que tampouco faz sentido confiar somente no mercado no que diz respeito à alocação de recursos para os usos certos; precisamos de uma política industrial que considere essas restrições políticas.

Outra implicação da ideia de que o crescimento é retardado pela má alocação é a de que países como a Índia, que agora estão crescendo rápido, devem temer a complacência. É relativamente fácil crescer rápido a partir de uma situação demasiado confusa, em razão dos ganhos resultantes do melhor uso dos recursos. Após 2002, no setor manufatureiro indiano, ocorreu uma forte aceleração na atualização da tecnologia fabril e alguma realocação de recursos para as melhores empresas em cada setor da atividade. Essa mudança parece não estar relacionada com qualquer política econômica e é descrita como o "misterioso milagre manufatureiro indiano".[121] Mas não houve milagre algum. No fundo, tratou-se de uma melhoria modesta, depois de um ponto de partida desastroso, e é possível explicá-la de várias maneiras. Talvez uma mudança geracional, à medida que o controle passava dos pais para os filhos, não raro educados no exterior, mais ambiciosos e mais familiarizados e perspicazes em relação à tecnologia e aos mercados mundiais. Ou o efeito de uma acumulação de lucros modestos, que acabaram viabilizando a mudança para fábricas maiores e melhores.

Mas à medida que a economia descarta suas piores fábricas e empresas, o espaço para melhorias subsequentes naturalmente fica menor. O crescimento da Índia, como o da China, irá desacelerar. E nada garante que isso só vá acontecer quando a Índia tiver alcançado o mesmo nível de renda per capita da China. Na época em que tinha o mesmo nível de PIB per capita que a Índia tem hoje, a China crescia a 12% por ano, enquanto a Índia acredita que 8% é algo a almejar. Se extrapolarmos essa tendência, a Índia se estabilizará em nível muito mais baixo de PIB per capita do que a China. A maré do crescimento ergue todos os barcos, mas não no mesmo nível — muitos economistas receiam que talvez haja algo como a *armadilha da renda média*, um nível intermediário de PIB em que os países empacam, ou quase empacam. De acordo com o Banco Mundial, de 101 economias de renda média em 1960, somente treze alcançaram alta renda em 2008.[122] Malásia, Tailândia, Egito, México e Peru parecem estar enfrentando problemas em avançar.

Obviamente, há muitas armadilhas em qualquer uma dessas extrapolações, e a Índia deve tratá-las com realismo: não mais que advertências. É bem possível que o crescimento do país, a despeito de todos os seus problemas, tenha muito pouco a ver com atributos especiais do gênio indiano e muito a ver com a outra face da má alocação: as chances de tornar-se uma economia com um grande manancial de empreendedores potenciais a mobilizar e muitas oportunidades a ser exploradas.

Em busca da miragem do crescimento

Se essa é a história correta, a Índia deve passar a se preocupar com o que acontece quando essas oportunidades começam a se esgotar. Infelizmente, do mesmo jeito que não sabemos como fazer o crescimento acontecer, sabemos muito pouco sobre a razão por que alguns países ficam estagnados e outros não — por que a Coreia do Sul continua crescendo e o México, não —, ou como sair dessa. Um perigo muito real é o de que, ao tentar seguir o crescimento acelerado, a Índia (e outros países que enfrentam a desaceleração aguda do crescimento) descarrilhe na direção de políticas que prejudiquem os pobres, agora em nome do crescimento futuro. A necessidade de ser "propício aos negócios" para preservar o crescimento pode ser interpretada, como aconteceu nos Estados Unidos e no Reino Unido na era Reagan-Thatcher, como uma porteira aberta para todo tipo de políticas antipobres e pró-ricos (como as operações de resgate financeiro de empresas superendividadas e de indivíduos ricos) que favoreçem os que ganham mais em detrimento de todos os outros, e em nada contribuem para o crescimento.

Se a experiência dos Estados Unidos e do Reino Unido servir como guia, pedir aos pobres para apertar os cintos na esperança de que as benevolências para os ricos acabem gotejando sobre eles pouco contribui para o crescimento, e ainda menos para o alívio dos pobres. Na verdade, a explosão de desigualdade num país que parou de crescer envolve o risco de ser prejudicial para o crescimento, pois o retrocesso político pode levar à eleição de líderes populistas, arautos de soluções miraculosas que raramente são eficazes e quase sempre são desastrosas, como vemos no caso da catástrofe venezuelana.

Curiosamente, até o FMI — há tanto tempo um bastião da ortodoxia do crescimento acima de tudo — reconhece hoje que sacrificar os pobres para promover o crescimento foi uma política ruim. E agora instrui suas equipes a incluir a desigualdade entre os fatores a serem considerados na orientação de políticas públicas aos países e na estipulação das condições para que recebam ajuda financeira do Fundo.[123]

Em última instância, o importante é não perder de vista o fato de que o PIB é um meio, não um fim. Um meio importante, sem dúvida, sobretudo quando cria empregos e aumenta salários ou engorda o orçamento público, para que o governo possa distribuir mais. O propósito final, porém, continua sendo o de melhorar a qualidade de vida da pessoa comum

O fim do crescimento?

e, principalmente, dos indivíduos em piores condições. E qualidade de vida é mais do que apenas consumo. Como vimos no capítulo anterior, os seres humanos, em geral, desejam se sentir dignos e respeitados, e sofrem quando percebem que estão falhando em relação a si próprios e à família. Embora viver melhor seja, em parte, ter condições de consumir mais, mesmo as pessoas muito pobres se importam com a saúde dos pais, com a educação dos filhos, em se fazer ouvir e buscar os próprios sonhos. O PIB mais alto pode ser *uma* maneira de propiciar isso aos pobres, mas é apenas uma delas, e não se presume que seja sempre a melhor solução. De fato, a qualidade de vida varia enormemente entre países de renda média. Por exemplo, o Sri Lanka tem mais ou menos o mesmo PIB per capita da Guatemala, mas as taxas de mortalidade materna e infantil são muito mais baixas no Sri Lanka (e comparáveis às dos Estados Unidos).[124]

Gerando bem-estar

De maneira geral, olhando em retrospecto, fica bem claro que muitos dos importantes sucessos das últimas décadas foram resultado direto do foco das políticas em alcançá-los, mesmo em países que eram e ainda são muito pobres. A forte redução da mortalidade entre crianças com menos de cinco anos, por exemplo, ocorreu mesmo em áreas muito pobres, que não estavam crescendo com rapidez satisfatória, graças, principalmente, à atenção no cuidado de recém-nascidos, com medidas de vacinação e profilaxia da malária.[125] E os resultados não são diferentes no caso de muitas das outras alavancas de combate à pobreza, seja educação, capacitação, empreendedorismo ou saúde. Precisamos mirar nos problemas-chave e na compreensão do que é eficaz para solucioná-los.

Trata-se, porém, de um trabalho que requer paciência; o simples fato de gastar dinheiro nem sempre proporciona verdadeira educação ou boa saúde. A boa-nova, no entanto, é que, ao contrário do que ocorre com o crescimento, sabemos como progredir no combate à pobreza. Uma grande vantagem de focar em intervenções específicas e bem definidas é que essas políticas têm objetivos mensuráveis e, portanto, podem ser avaliadas diretamente. Podemos experimentá-las, abandonar as que não são eficazes e melhorar as que têm potencial.

A história recente da malária é um bom exemplo. A malária é uma das principais causas de mortalidade entre crianças pequenas, embora seja possível preveni-la, evitando picadas de mosquitos. Desde a década de 1980, o número de mortes por malária tem aumentado todos os anos. No pico, em 2004, ocorreram 1,8 milhão de mortes pela doença. Até que, em 2005, registrou-se um ponto de inflexão dramático. Entre 2005 e 2016, o número de mortes por malária declinou em 75%.[126]

Muitos fatores provavelmente contribuíram para a redução desse número, mas é praticamente certo que a ampla distribuição de mosquiteiros para cobrir as camas, tratados com inseticida, teve um papel fundamental nisso. No todo, os benefícios dos mosquiteiros são bem conhecidos. Em 2004, uma análise das evidências de 22 estudos randomizados controlados revelou que, em média, cada mil mosquiteiros distribuídos contribuíram para a redução de 5,5 mortes por ano.[127] Como descrevemos em *Poor Economics*, contudo, travou-se um grande debate na época sobre se os mosquiteiros deveriam ser vendidos aos beneficiários (a preços subsidiados) ou oferecidos de graça.[128] Mas um ERC de Pascaline Dupas e Jessica Cohen,[129] replicado desde então por vários outros estudos, concluiu que os mosquiteiros gratuitos são usados na verdade na mesma medida que os mosquiteiros comprados, e que a distribuição gratuita alcança uma cobertura efetiva muito mais alta que o compartilhamento de custos. Desde a publicação de *Poor Economics*, em 2011, essa evidência acabou convencendo os principais atores de que a distribuição em larga escala era a maneira mais eficaz de combater a malária. Entre 2014 e 2016, um total de 582 milhões de mosquiteiros tratados com inseticida foram distribuídos em todo o mundo. Desses, 505 milhões foram entregues na África Subsaariana e 75% foram distribuídos gratuitamente em campanhas de massa.[130] A revista *Nature* concluiu que a distribuição de mosquiteiros tratados com inseticida evitou 450 milhões de mortes por malária entre 2000 e 2015.[131]

A reunião de evidências levou algum tempo, mas funcionou. Até os céticos foram convencidos. Bill Easterly, que em 2011 fora um crítico rui-

O *fim do crescimento?* 255

doso da distribuição gratuita de mosquiteiros, reconheceu com elegância, em um tuíte, que seu arqui-inimigo Jeff Sachs estava mais certo do que ele nessa questão em particular.[132] As escolhas corretas de políticas públicas foram feitas, levando a um tremendo progresso contra esse flagelo terrível.

A conclusão é que, apesar dos melhores esforços de gerações de economistas, os mecanismos profundos do crescimento econômico persistente continuam difíceis de definir. Ninguém sabe se o crescimento econômico se estabelecerá de novo nos países ricos nem como torná-lo mais provável. A boa notícia é que, nesse meio-tempo, há muito o que fazer; tanto os países pobres quanto os países ricos podem agir de diversas formas para eliminar as principais fontes de desperdício em suas economias. Ainda que não sejam capazes de acelerar para sempre o crescimento econômico, essas iniciativas podem melhorar drasticamente o bem-estar de seus cidadãos. Além disso, embora não saibamos quando a locomotiva do crescimento irá se pôr em marcha, se e quando ela o fizer, os pobres terão mais chances de embarcar no trem se tiverem saúde digna, souberem ler e escrever e forem capazes de pensar além de suas circunstâncias imediatas. Talvez não seja um acidente que muitos dos vencedores da globalização sejam ex-países comunistas que investiram intensamente no capital humano da população nos anos de comunismo (China, Vietnã), ou países ameaçados pelo comunismo que, por essa razão, perseguiram políticas públicas similares (Taiwan, Coreia do Sul). A melhor aposta, portanto, para um país como a Índia, é tentar fazer o possível para melhorar a qualidade de vida de seus cidadãos com os recursos já existentes: aprimorar a educação, a saúde e o funcionamento dos tribunais e dos bancos, além de desenvolver sua infraestrutura (melhores estradas e cidades mais habitáveis, por exemplo).

Para os formuladores de políticas, essa perspectiva sugere que o foco claro no bem-estar dos mais pobres oferece a possibilidade de transformar milhões de vidas muito mais profundamente do que seria possível com a descoberta da receita para aumentar o crescimento econômico de 2% para 2,3% nos países ricos. Nos próximos capítulos, daremos um passo adiante e argumentaremos que talvez seja ainda melhor para o mundo se não descobrirmos a fórmula para acelerar o crescimento econômico.

6. Em água quente

EM 2019, é impossível pensar em crescimento econômico sem confrontar sua implicação mais imediata.

Já sabemos que nos próximos cem anos a Terra ficará mais quente; a questão é até que ponto. Os custos da mudança climática serão muito diferentes se o planeta ficar mais quente 1,5°C, 2°C ou mais. De acordo com o Painel Intergovernamental sobre Mudanças Climáticas (IPCC, na sigla em inglês), em relatório de outubro de 2018, se o aumento da temperatura for de 1,5°C, 70% dos recifes de coral desaparecerão. Se for de 2°C, porém, a extinção dos recifes de coral será de 99%.[1] O número de pessoas impactadas diretamente pelo aumento no nível dos oceanos e pela transformação de terras cultiváveis em desertos também irá variar muito, dependendo do cenário.

O consenso científico predominante reconhece que a atividade humana é responsável pela mudança climática e que a única maneira de evitar a catástrofe é reduzir as emissões de carbono.[2] Sob o Acordo de Paris, de 2015, os países definiram a meta de limitar o aquecimento global a 2°C, com o objetivo mais ambicioso de 1,5°C. Com base em evidências científicas, o relatório do Painel concluiu que, para limitar o aquecimento a 2°C, as emissões de CO_2 equivalente (CO_{2e})[3] precisariam ser reduzidas em 25% até 2030 (em comparação com o nível de 2010) e chegar a zero até 2070. Para alcançar 1,5°C, as emissões de CO_{2e} teriam de ser reduzidas em 45% até 2030 e chegar a zero até 2050.

A mudança climática é desigual ao extremo. A maioria das emissões de CO_{2e} está sendo gerada nos países ricos ou no intuito de produzir o que as pessoas consomem nos países ricos. Mas a maior parte das consequências do aquecimento global está sendo e será experimentada nos países pobres.

Em água quente 257

Seria esse, portanto, um problema intratável, já que quem deve resolvê-lo não tem incentivo para isso? Ou há alguma esperança?

A regra 50-10

O relatório do Painel detalha tudo o que teria de ser feito para cortar as emissões e limitar o aquecimento a 1,5°C. Algumas iniciativas já poderiam estar em andamento; adotar carros elétricos, construir edifícios livres de emissão de carbono, ampliar a rede ferroviária; tudo isso ajudaria. A conclusão, porém, é que mesmo com os avanços tecnológicos, e mesmo que pudéssemos nos livrar completamente do carvão, sem que haja um movimento na direção de um consumo mais sustentável qualquer crescimento econômico futuro exercerá forte impacto direto sobre a mudança climática. Isso porque, à medida que o consumo aumenta, precisamos de energia para produzir tudo o que é consumido. Geramos emissões de CO_2 não só quando saímos de carro, mas também quando o deixamos na garagem, uma vez que usamos energia para produzir o carro e para construir a garagem. Essa conclusão se aplica até a carros elétricos. Muitos estudos tentam considerar a relação entre renda e emissões de carbono. A resposta varia com o clima, com o tamanho da família e assim por diante, mas as duas seguem mais ou menos em paralelo, muito de perto. A estimativa média sugere que quando a renda aumenta em 10%, as emissões de CO_2 aumentam em 9%.[4]

Isso implica que, embora Europa e Estados Unidos até agora sejam responsáveis por grande parte das emissões globais, as economias emergentes de hoje, em especial a China, estão gerando uma fatia cada vez maior das emissões correntes. Com efeito, a China é o maior emissor individual de carbono. Isso se deve, no entanto, a bens produzidos lá mas consumidos em outros países. Se atribuirmos essas emissões aos consumidores, não aos produtores, os Estados Unidos consomem 22,5 toneladas de CO_{2e} por ano, por pessoa; a Europa Ocidental, 13,1; os chineses, seis; e o Sul da Ásia, 2,2.

Nos países em desenvolvimento, os ricos também consomem muito mais CO_2 do que os pobres. Os indivíduos mais ricos da Índia e da China se enquadram no seleto grupo dos 10% de pessoas mais poluidoras do mundo (e contribuem, respectivamente, com 1% e 10% das emissões desse grupo, ou 0,45% e 4,5% das emissões mundiais). Em contraste, os 7% mais pobres da população da Índia emitem apenas 0,15 tonelada de CO_2 por ano, por pessoa. No geral, temos a regra 50-10: 10% da população mundial (os maiores poluidores) contribuem com mais ou menos 50% das emissões de CO_2, enquanto os 50% que poluem menos contribuem com apenas 10%.

Os cidadãos dos países ricos e, de maneira geral, os ricos de todo o mundo têm uma enorme responsabilidade por qualquer futura mudança climática.

Banhando-se no Báltico

Num dia de junho, no começo da década de 1990, encorajado por seu amigo e colega economista Jörgen Weibull, Abhijit foi nadar no Báltico. Mal mergulhou, logo pulou fora — diz ele que não parou de tiritar de frio pelos três dias seguintes. Em 2018, também em junho, fomos ao Báltico, em Estocolmo, várias centenas de quilômetros ao norte do primeiro encontro. Dessa vez, foi literalmente brincadeira de criança; nossos filhos se esbaldaram na água.

Aonde quer que fôssemos na Suécia, o clima inusitadamente quente era tema de conversas. Aquelas temperaturas mais altas talvez fossem o presságio de algo diferente, que todos sentiam; mas, por um momento, era difícil não se deleitar com as novas oportunidades de vida ao ar livre, naquelas condições incomuns.

Nos países pobres, porém, não há essas ambivalências. Se a Terra ficar 1°C ou 2°C mais quente, a maioria dos habitantes de Dakota do Norte provavelmente ficará muito feliz com o clima mais ameno. Os residentes de Dallas, talvez um pouco menos. Os moradores de Delhi e Dhaka enfrentarão mais dias extremamente quentes. Para dar apenas um exemplo, entre 1957 e 2000 a Índia teve, em média, cinco dias por ano com temperatura média diária superior a 35°C.[5] Sem uma política climática global, a projeção é de 75 desses dias até o fim do século. O residente típico dos Estados Unidos experimentará apenas 26 dias nessas condições. O problema é que os países mais pobres tendem a estar mais perto da linha do equador, onde a dor será realmente mais intensa.

Para piorar a situação, os habitantes de países pobres dispõem de menos recursos para se proteger dos maus efeitos potenciais das altas temperaturas. Eles não dispõem de ar-condicionado (porque são pobres) e trabalham na agricultura, na construção civil ou em olarias, onde o ar-condicionado não é realmente uma opção.

Quais serão os prováveis impactos do aumento da temperatura resultante da mudança climática sobre a vida nesses países? Para responder a essa pergunta, não basta apenas comparar lugares mais quentes e mais frios, uma vez que esses lugares também são diferentes de inúmeras outras maneiras. O que nos permite dizer algo sobre o potencial impacto da mudança de temperatura é o fato de, a cada ano, em cada localidade a temperatura de determinado dia do calendário oscilar. Há anos com verão especialmente quente, outros com inverno particularmente frio, e outros com verão e inverno amenos. O economista ambiental Michael Greenstone lançou a ideia de usar essas flutuações anuais do clima para compreender melhor o impacto da futura mudança climática. Por exemplo, se em certo ano fez demasiado calor em um distrito da Índia, será que a produção agrícola nesse distrito foi mais baixa nesse ano em comparação com a de anos anteriores ou com a de outros distritos sob temperaturas mais moderadas?

Várias são as razões para não se confiar cegamente nessa abordagem. Diferenças climáticas permanentes sem dúvida promoverão inovações para limitar o seu impacto. Não captaremos essa tendência nos efeitos das mudanças ano a ano, pois as inovações exigem algum tempo para ser desenvolvidas e aplicadas. Por outro lado, as mudanças permanentes podem ter custos que não ocorrem nas mudanças temporárias, como a drenagem do lençol freático. Em outras palavras, essas estimativas podem ser pequenas demais ou grandes demais. No entanto, desde que o viés na estimativa seja o mesmo para os países ricos e para os países pobres, ainda é útil comparar as previsões disponíveis. A conclusão geral é que os danos resultantes da mudança climática serão muito mais sérios nos países pobres. A agricultura nos Estados Unidos sofrerá perdas, mas as perdas da agricultura na Índia, no México e na África serão muito maiores. Em algumas partes da Europa, como nos vinhedos do vale do Mosela, haverá mais sol aquecendo as vinhas, prevendo-se um aumento na qualidade e na quantidade do vinho produzido na região.[6]

O efeito do tempo quente sobre a produtividade não se limita à agricultura. As pessoas são menos produtivas quando faz calor, sobretudo se têm de trabalhar em ambientes externos. Estudos realizados nos Estados Unidos sugerem que, sob temperaturas acima de $38°C$, a oferta de trabalho para empregos ao ar livre se reduz em mais de uma hora por dia, em comparação com situações sob temperaturas na faixa de $24°C\text{-}26°C$.[7] Não há efeitos estatisticamente detectáveis em setores não expostos às condições climáticas (por exemplo, atividades internas não manufatureiras). As crianças alcançam pontuações mais baixas nos testes ao fim de um ano letivo demasiado quente. Esses efeitos não são observados nas escolas com ar-condicionado, de modo que afetam sobretudo as crianças mais pobres.[8]

Na Índia, poucas fábricas têm ar-condicionado. Numa fábrica de vestuário do país, um estudo analisou como a produtividade da mão de obra variava em função da temperaura.[9] Temperaturas abaixo de $27°C\text{-}28°C$ exerceram muito pouco impacto sobre a eficiência. No caso de temperaturas médias diárias acima disso (cerca de um quarto dos dias de produção), no entanto, a eficiência diminuiu em 2% para cada aumento de $1°C$ na temperatura.

Juntando tudo, no mundo inteiro, um estudo revelou que $1°C$ a mais em determinado ano reduz a renda per capita em 1,4% — mas somente nos países pobres.[10]

E, evidentemente, as consequências de um clima mais quente não se limitam à renda. Inúmeros estudos enfatizam o perigo das temperaturas elevadas para a saúde. Nos Estados Unidos, cada dia adicional de calor extremo (acima de $32°C$) em relação a dias moderadamente frios ($10°C\text{-}15°C$) aumenta a taxa de mortalidade anual ajustada pela idade em cerca de 0,11%.[11] Na Índia, o efeito é 25 vezes maior.[12]

Salva-vidas

A experiência dos Estados Unidos também mostra como o fato de ser mais rico e mais avançado tecnologicamente pode ajudar a mitigar os riscos da temperatura. No país, as estimativas do impacto de temperaturas elevadas sobre a mortalidade nas décadas de 1920 e 1930 foram seis vezes maiores do que as estimativas atuais. A diferença pode ser atribuída inteiramente ao acesso muito mais amplo ao ar-condicionado, mecanismo importante através do qual os habitantes de países ricos se adaptam às temperaturas mais elevadas.[13] Isso explica por que, em anos quentes, a demanda por energia aumenta com tanta intensidade nos países ricos. Nos países pobres, onde o ar-condicionado ainda é raro (em 2011, 87% dos domicílios nos Estados Unidos tinham ar-condicionado, em comparação com apenas 5% dos domicílios na Índia),[14] observamos maiores quedas na produtividade e aumento na mortalidade quando as temperaturas sobem. Nesses países, os aparelhos de ar-condicionado deveriam ser uma ferramenta de adaptação fundamental, e não um luxo, que é o que efetivamente são.

À medida que os países pobres ficam mais ricos, a população passa a dispor de mais recursos para adquirir condicionadores de ar. Entre 1995 e 2009, o índice de unidades de aparelho por domicílio na China urbana aumentou de 8% para mais de 100% (significando que havia mais de uma unidade por domicílio).[15] No entanto, o ar-condicionado em si agrava o aquecimento global. Os gases de hidrofluorcarboneto (HFC) utilizados em aparelhos de ar-condicionado comuns exercem um impacto extremamente prejudicial sobre o clima; são muito mais perigosos que o CO_2. Isso nos deixa numa situação um tanto difícil. A mesma tecnologia que pode ajudar a proteger as pessoas contra a mudança climática também a acelera. Os novos condicionadores de ar que não usam HFC poluem menos, mas, por ora, são muito mais caros. Um país como a Índia, que está prestes a ser capaz de adquirir aparelhos de ar-condicionado mais baratos, enfrenta, assim, um conflito especialmente difícil: salvar vidas hoje ou atenuar a mudança climática para salvar vidas no futuro.

Um acordo fechado em Kigali, Ruanda, depois de anos de negociação, mostra como o mundo lida com essas escolhas, quando isso é possível. O acordo de Kigali criou três faixas: os territórios ricos, incluindo Estados Unidos, Japão e Europa, começarão a desativar a produção de HFCS sintéticos em 2019; a China e uma centena de outros países em desenvolvimento, em 2024; e um pequeno grupo de países, entre os quais a Índia, o Paquistão e alguns Estados árabes do Golfo Pérsico, somente em 2028. Embora reconhecendo que seus cidadãos são ao mesmo tempo vítimas e agentes do aquecimento global, o governo indiano optou por salvar vidas hoje em vez de enfrentar o problema de imediato. Provavelmente, ele espera que, nesse meio-tempo, o crescimento econômico deixe o país em condições de, em 2028, usar aparelhos mais dispendiosos (que, nesse intervalo, também podem ficar menos onerosos). Durante esses dez anos, no entanto, poderá ocorrer na Índia uma difusão muito rápida de aparelhos baseados na velha tecnologia, sobretudo porque os fabricantes de máquinas movidas a HFC buscarão um escoadouro para os seus produtos, que permanecerão em operação e poluindo durante anos depois de 2028. Essa demora poderá revelar-se muito danosa para o planeta.

Agir agora?

O dilema do ar-condicionado é um exemplo bastante contundente da escolha entre o presente e o futuro que a Índia vive. De maneira geral, até o Acordo de Paris, em 2015, a Índia simplesmente se recusava a contemplar limites para suas próprias emissões, argumentando que não podia se dar ao luxo de conter o próprio crescimento econômico e que os países ricos deveriam assumir o grosso do ajuste. Essa posição evoluiu quando a Índia ratificou o Acordo de Paris e assumiu um compromisso objetivo, pedindo, em contrapartida, ajuda financeira para promover a transição energética, ajuda a ser oferecida por um fundo internacional mantido pelos países ricos. Embora as emissões indianas não constituam hoje uma fração muito grande das emissões mundiais, o país será um importante ator mais à

Em água quente 263

frente, na medida em que a sua classe média crescente consome cada vez mais. E, ao contrário dos Estados Unidos, grande parte de sua população será direta e gravemente afetada pela mudança climática, o que a deixa numa boa posição para compreender os custos das escolhas em curso. Sua relutância em agir, portanto, é profundamente preocupante, não só porque tem impactos diretos, mas porque ilustra a prevalência da mentalidade de curto prazo entre os políticos.

A principal questão é se essa escolha é tão extrema quanto os indianos (ou os americanos, por sinal) parecem acreditar. Será que temos mesmo de renunciar a alguma coisa hoje? Talvez seja possível conciliar interesses conflitantes, se criarmos e adotarmos tecnologias melhores que possibilitem conter o aquecimento sem que precisemos fazer concessões ao nosso estilo de vida. Afinal, poucos anos atrás, os especialistas em energia insistiam e reiteravam enfaticamente que as fontes de energia renováveis (solar e eólica) eram simplesmente dispendiosas demais, e que seria tolice investir nelas como alternativa para os combustíveis fósseis. Hoje, as fontes de energia renováveis ficaram muito mais baratas, sobretudo devido ao progresso tecnológico. A eficiência energética também melhorou consideravelmente e pode melhorar ainda mais. Em 2006, o governo do Reino Unido contratou lorde Nicholas Stern, ex-economista-chefe do Banco Mundial, para preparar um relatório sobre as consequências econômicas da mudança climática. De maneira otimista, o Relatório Stern[16] conclui:

> Não obstante os padrões históricos e as projeções de praxe, o mundo não precisa escolher entre prevenir a mudança climática e promover o crescimento e o desenvolvimento. As transformações nas tecnologias energéticas e na estrutura das economias atenuaram a sensibilidade do volume de emissões ao aumento de renda, sobretudo em alguns dos países mais ricos. Mediante escolhas de políticas públicas firmes e deliberadas, é possível "descarbonizar" as economias desenvolvidas e em desenvolvimento na escala necessária para a estabilização climática, e ao mesmo tempo preservar o crescimento econômico nos países desenvolvidos e em desenvolvimento.

Amém! No entanto, não seria gratuito. O Relatório Stern conclui que, assumindo certa taxa de progresso tecnológico no "setor verde", baseada na extrapolação da história recente, o custo para estabilizar as emissões e conter o aquecimento global seria em torno de 1% do PIB mundial por ano. Essa estimativa, porém, parece modesta para não arriscarmos o futuro do mundo como o conhecemos.

Uma esperança é que os esforços de pesquisa e desenvolvimento (P&D) respondam aos incentivos.[17] As despesas com P&D são fortemente influenciadas pelo tamanho do mercado para as mais recentes inovações que se procura financiar.[18] Portanto, um estímulo temporário à pesquisa de alternativas limpas para substituir as tecnologias sujas (na forma de um imposto sobre o carbono, que o tornaria mais oneroso usar as velhas tecnologias, e/ou de subsídios diretos à pesquisa de tecnologias limpas) poderia exercer um efeito bola de neve, criando demanda. A tecnologia limpa ficaria mais barata e, portanto, mais atraente, o que, por sua vez, aumentaria a demanda por tecnologia limpa e, em consequência, o retorno dos investimentos em pesquisas pertinentes. No fim, o setor limpo se tornaria atraente o bastante para erradicar o setor sujo, e teríamos superado o estágio mais difícil e perigoso do processo. Assim, nosso pequeno motor econômico estaria de volta à trajetória de equilíbrio, com as mesmas taxas de crescimento anteriores, movido a vento, água e sol. Depois de algum tempo, até poderíamos eliminar todos os impostos e subsídios para encorajar a energia limpa.

É fácil perceber como isso poderia funcionar. Mas também é assustadoramente fácil perceber como poderia *não* funcionar. Afinal, a tecnologia suja ainda estaria disponível. Se menos pessoas usassem carvão e petróleo, o preço desses insumos despencaria. Isso tornaria muito tentador voltar a usá-los. É verdade que, como esses combustíveis não são renováveis, seus preços tendem a subir com o passar do tempo (à medida que as reservas se esgotam), mas provavelmente ainda há carvão e petróleo suficientes debaixo da terra para deflagrar o apocalipse. É difícil ser inteiramente otimista.

Almoço grátis?

A esperança dos otimistas é que, em última instância, acabe por haver um almoço grátis. Empresas e indivíduos economizarão dinheiro ao adotar tecnologias mais limpas, porque as pesquisas as terão tornado muito mais baratas. A adoção de tecnologias limpas seria um ganho para os indivíduos e também para o planeta. A perspectiva do almoço grátis é sempre sedutora. Na verdade, é tão sedutora que tende a dominar as discussões sobre mudança climática. Estimativas minuciosas na área de engenharia sempre preveem investimentos que ampliam a eficiência energética e acabam por se pagar na forma de contas de energia menores. Um relatório de 2009 da consultoria McKinsey, "Unlocking Energy Efficiency in the U.S. Economy" ["Destravar a eficiência energética na economia americana"], atraiu muita atenção.[19] Ele estimava que uma "abordagem holística" do investimento em eficiência energética "renderia uma economia de energia superior a 1,2 trilhão de dólares em valores brutos, bem acima dos 520 bilhões necessários em 2020 para investimentos iniciais em medidas de eficiência". Em 2013, a Agência Internacional de Energia calculou que medidas de eficiência energética poderiam sozinhas gerar 49% da redução nas emissões de CO_{2e} de que precisamos, sem nenhuma outra mudança.[20]

Se esse for o caso, então talvez tenhamos um problema de solução relativamente fácil; tudo que precisamos fazer é preencher essa "lacuna de eficiência energética". Temos de identificar as barreiras que impedem os consumidores e empresas de empreender esses investimentos. Talvez eles não estejam conscientes disso, talvez não consigam um empréstimo para financiar os custos iniciais, talvez sejam míopes ou talvez sofram de inércia.

Infelizmente, quando se observa o desempenho dessas soluções fáceis no dia a dia, em vez das previsões dos modelos de engenharia, as perspectivas não são tão promissoras. Nos Estados Unidos, o Weatherization Assistance Program, de âmbito federal, é a mais importante iniciativa de promoção da eficiência energética para usuários domésticos no país, tendo atendido 7 milhões de domicílios desde o seu início, em 1976. Michael Greenstone e uma equipe de economistas tiveram a oportunidade de apresentar uma oferta de participação no programa a 7500 domicílios, escolhidos aleatoriamente, entre 30 mil, em Michigan.[21] Os vencedores receberam 5 mil dólares para investir em climatização (isolamento térmico, substituição de janelas etc.), sem que precisassem desembolsar recursos próprios. Os pesquisadores, então, coletaram dados sobre os vencedores e perdedores. O estudo randomizado controlado produziu três descobertas importantes. Primeiro, a demanda pelo programa foi realmente baixa. Apesar da campanha agressiva e dispendiosa, apenas 6% dos domicílios no grupo de tratamento acabou aceitando a proposta. Segundo, os ganhos no uso de energia foram reais (a conta de energia diminuiu de 10% a 20% para os participantes do programa), mas corresponderam a apenas um terço das estimativas dos engenheiros, sendo muito inferiores aos custos iniciais. Terceiro, isso não aconteceu porque os domicílios reagiram à perspectiva de reduzir a conta de energia aquecendo mais a casa (o denominado efeito rebote); os pesquisadores não constataram aumento na temperatura das casas. As estimativas dos engenheiros ao que parece não se aplicaram plenamente aos lares reais, em lugares reais; eram demasiado otimistas.

A lacuna entre as estimativas otimistas da engenharia e a realidade objetiva dos fatos não se aplica somente aos lares. Um pesquisador se associou ao departamento de mudança climática do governo de Gujarat (um dos estados mais industrializados e mais poluídos da Índia) para fornecer a pequenas e médias empresas serviços de consultoria em eficiência energética de alta qualidade.[22] Uma amostra aleatória de empresas recebeu uma equipe de auditoria energética gratuita, que ofereceu a cada empresa uma lista de sugestões de investimentos para aumento da eficiência energética, já aprovados pelo estado, a ser altamente subsidiados (dentro de um programa já existente). Um subconjunto aleatório das empresas que se submeteram a essa auditoria passou a receber visitas regulares de consultores em energia, para facilitar a adoção das medidas recomendadas. As auditorias em si exerceram pouco impacto sobre a adoção das novas tecnologias. A consultoria resultou em mais adoções, mas também mudou as práticas das empresas: elas começaram a produzir mais, o que aumentou a demanda por energia. No geral, não houve impacto sobre o consumo de energia, dessa vez por conta do efeito rebote. Mais uma vez, os engenheiros que calcularam os ganhos potenciais que as tecnologias de eficiência energética poderiam gerar em termos de emissões foram otimistas demais em suas previsões.

Nossa percepção é a de que talvez não haja muitos almoços grátis. A simples mitigação por meio da tecnologia pode não ser suficiente; o consumo das pessoas também precisa cair. Talvez tenhamos de nos contentar não só com carros mais limpos, mas também com carros menores, ou com a ausência de carros.

A resposta do Greenpeace

Isso não é bem o que os nossos colegas economistas gostam de ouvir. Primeiro, porque eles adoram a ideia do consumo material como suposto gerador de bem-estar e, segundo, porque veem com desconfiança qualquer tentativa de mudar comportamentos, sobretudo quando se trata de mudar preferências. Muitos economistas têm uma objeção filosófica a influenciar as preferências.

A razão dessa relutância é a velha crença dos economistas de que existe algo "verdadeiro" nas preferências das pessoas e de que as suas atitudes refletem desejos arraigados. Qualquer tentativa de convencer as pessoas a fazer algo diferente (como consumir menos ou de outra maneira) entraria em conflito com essas preferências. Como vimos no capítulo 4, porém, não existe essa história de preferências verdadeiras bem definidas. Se as pessoas não sabem como se sentem em relação a coisas tão cotidianas quanto uma caixa de chocolates ou uma garrafa de vinho, como poderiam ter preferências claras sobre a mudança climática? Ou sobre o tipo de mundo em que devem viver os seus netos? Ou se os habitantes das Maldivas merecem ou não ter as suas ilhas varridas do mapa pelo aumento do nível dos oceanos? Ou até que ponto estariam dispostas a alterar o próprio estilo de vida para evitar esses desastres?

Os economistas costumam partir do princípio de que a maioria das pessoas não se sacrificaria voluntariamente em prol da vida de indivíduos que ainda não nasceram ou que vivem em lugares muito remotos. É provável, porém, que essa suposição não se aplique, por exemplo, a você, leitor (ou este livro já teria sido fechado há muito tempo). Ou, por sinal, à maior parte dos próprios economistas. Muitos de nós provavelmente nos preocupamos com uma ampla gama de situações que não nos afetam diretamente, mesmo que seja difícil atribuir a elas um valor monetário.

Esse aspecto é importante porque muda a maneira como devemos pensar as intervenções por meio das políticas públicas. Se todos têm preferências bem definidas e agem de acordo com elas (por exemplo, sem se importar minimamente com os danos infligidos a outras pessoas), a política ambiental ideal consistiria em precificar os danos ao meio ambiente, mas, de resto, deixar que o mercado faça a sua parte. Essa é a ideia por trás da tributação do carbono, proposta já abraçada por muitos economistas, inclusive nós, autores deste livro. Ela foi a base do trabalho de William Nordhaus, laureado com o prêmio Nobel em 2018. Ter de pagar um preço explícito por poluir é algo que as empresas sem dúvida levam a sério. Permitir que as empresas poluidoras comprem o direito de poluir de empresas que estão de fato reduzindo ativamente a poluição, o que é a essência da proposta dos créditos de carbono negociáveis, também pode ser uma boa ideia, pois cria incentivos para que as empresas que não poluem encontrem maneiras de promover a "despoluição", por exemplo plantando árvores. E a arrecadação de impostos sobre a poluição é útil porque precisamos pagar por novas tecnologias favoráveis ao meio ambiente.

Há, porém, um forte argumento para ir além dos créditos de carbono. Considere alguém que se julgue fortemente comprometido com o combate à mudança climática, mas que, na prática, nunca compra lâmpadas LED, que oferecem maior eficiência energética. Isso pode acontecer por alguns motivos: a pessoa não conhece essas lâmpadas, ou não se lembra de adquiri-las ao ir às compras ou tem dúvidas sobre o quanto está disposta a pagar para prevenir a mudança climática, uma vez que acha difícil quantificar em números o quanto se preocupa realmente com essa questão. Seria melhor ou pior para ela se o governo proibisse as lâmpadas incandescentes?

Em água quente   269

Ou, se a proibição parecesse extremada, o governo poderia "forçar" sutilmente as pessoas a fazer escolhas mais favoráveis ao meio ambiente. Hoje, por exemplo, medidores inteligentes possibilitam a cobrança de preços mais altos pela eletricidade nos horários de pico, compensados pela cobrança de preços mais baixos fora desses horários; isso seria melhor para o meio ambiente. Um estudo recente feito em Sacramento, Califórnia, revelou que apenas 20% dos usuários tomavam a iniciativa de escolher esses planos, quando disponíveis.[23] E, no entanto, quando um plano como esse era oferecido como padrão aos usuários (escolhidos aleatoriamente), que tinham a opção de voltar para o plano tradicional, 90% continuavam no novo plano e acabavam de fato por consumir menos energia. Nesse caso, o que eles preferiam? A opção que escolhiam por iniciativa própria ou a que lhes era imposta de início e acabavam aceitando manter? O governo pode decidir que, como não há uma resposta clara para essa pergunta, o mais sensato é favorecer o meio ambiente.

Um aspecto mais importante, em aberto, é a extensão em que o consumo de energia é uma questão de hábito. Certa maneira de consumir pode tornar-se quase um vício simplesmente por força do costume. Na École d'Économie de Paris, o novo edifício "verde" fornece muito pouco aquecimento. Quando trabalhávamos lá, sempre sentíamos frio no inverno e na primavera, e sempre nos queixávamos desse desconforto. De alguma maneira, porém, a solução elementar de deixar um suéter grosso no escritório nos passou despercebida durante muitos meses. Esse não era, na verdade, um problema nada difícil de resolver. Mas durante muitos anos havíamos sofrido nos escritórios americanos superaquecidos, então estávamos acostumados a outra realidade. O fato é que, depois que passamos a deixar agasalhos no escritório, o problema desapareceu. E o crédito moral por fazer a nossa parte para salvar o planeta foi recompensador o bastante.

Muitos dos comportamentos que influenciam o consumo de energia são repetitivos e habituais: pegar o trem em vez do carro, apagar a luz ao sair de um recinto e assim por diante. Nesses casos, é mais fácil fazer o que sempre fizemos no passado. As mudanças são difíceis, mas depois que mudamos é fácil prosseguir. De maneira ainda mais mecânica, se comprarmos um termostato, podemos configurá-lo para aquecer a casa mais de manhã e à noite e menos nos horários em que estamos fora. Em outras palavras, nossas escolhas de energia no presente também afetam nosso consumo de energia no futuro. Com efeito, há evidências diretas de que as escolhas sobre energia são persistentes. Em um estudo randomizado controlado, alguns domicílios escolhidos aleatoriamente receberam relatórios regulares sobre energia, comparando seu consumo com o dos vizinhos. Esses domicílios passaram a consumir menos energia do que os domicílios que nunca receberam os relatórios, *mesmo depois de deixarem de recebê-los*. E isso em grande medida parece ter resultado de mudanças de hábitos.[24]

Se o consumo de energia é mais ou menos como um vício, no sentido de que usar muita energia hoje nos leva a usar muita energia no futuro, a resposta adequada é a alta tributação, como no caso do cigarro. A alta incidência de impostos desencoraja o comportamento negativo logo de início, e, depois de adotado o comportamento positivo, os impostos podem continuar altos, sem efetivamente onerar ninguém, uma vez que os maus hábitos ou não foram adquiridos ou foram mudados para evitar a tributação.

Evidentemente, nosso consumo de energia não diz respeito apenas à maneira como nos aquecemos, refrigeramos ou transportamos. Tudo o que compramos afeta o nosso consumo de energia. Mais uma vez, as preferências não caem do céu. Os economistas começaram a reconhecer o papel dos "hábitos" em nossas preferências: o que consumimos durante nossa formação constitui nossos hábitos hoje. Os migrantes continuam a comer o que cresceram comendo, mesmo que a comida barata em sua terra natal seja cara no novo país.[25] Por força dos hábitos, é doloroso mudar nossos comportamentos no curto prazo. Mas eles são modificáveis. As pessoas inclusive parecem querer revê-los a fim de estarem prontas para alguma mudança futura.[26] Portanto, anunciar um *futuro* aumento de impostos sobre bens que devoram energia pode ser uma maneira fácil de as pessoas se acostumarem com a ideia.

Poluição mata

Os países ricos desfrutam da enorme vantagem de grande parte do consumo de energia a que precisam renunciar não ser essencial para os seus cidadãos (ir de carro até o supermercado quando é possível caminhar, continuar com as velhas lâmpadas em vez de mudar para lâmpadas LED etc.). O problema de verdade está nos países em desenvolvimento. Nas últimas duas décadas, o consumo de carvão triplicou na Índia e quadruplicou na China, enquanto declinou levemente nos Estados Unidos e em outros países desenvolvidos. Nas próximas décadas, estima-se que o consumo de energia será quatro vezes mais alto nos países que não fazem parte da OCDE.

Para a maioria dos indianos, porém, o aumento do consumo de maneira geral e do consumo de energia em particular não é um luxo. O baixo consumo hoje nas áreas rurais do país deve-se a um estilo de vida muitas vezes desagradável e perigoso. Para as pessoas que vivem nesses lugares é impossível consumir menos, e elas deveriam ter o direito de consumir mais. Nesse caso, não seria justo que os países pobres ficassem completamente fora das conversas sobre mudança climática? Ou, no mínimo, que seu sacrifício ficasse restrito a seus cidadãos mais ricos, cujo estilo de vida e níveis de emissões são semelhantes aos dos americanos ricos?

É difícil não concordar com essas ideias. Há sem dúvida algo profundamente injusto no fato de o mundo pobre pagar pela complacência atual e passada do mundo rico. Infelizmente, há dois problemas em assumir essa posição. O primeiro, que já vimos, é que qualquer atenuação temporária das restrições pode encorajar muitos anos de sobrevida das tecnologias mais poluentes do mundo, ou seja, pode acabar não sendo assim tão temporária. A maioria das vítimas estará no mundo em desenvolvimento, de modo que as pessoas no mundo desenvolvido talvez concordassem alegremente em prosseguir assim.

O segundo problema, mais imediato e crucial, é se o mundo em desenvolvimento tem condições de manter seu atual nível de poluição (ou aumentá-lo) mesmo sem a ameaça de aquecimento global. As emissões de CO_{2e} têm uma forte correlação com algo que afeta diretamente os cidadãos *hoje*: a poluição atmosférica. O meio ambiente na China e na Índia se degradou com tanta rapidez que a poluição atmosférica se tornou um risco de saúde pública urgente e generalizado, e ela também está piorando em outras economias emergentes.

Essa poluição mata. Na China, o aquecimento interno a carvão é subsidiado na parte norte do rio Huai, mas não ao sul, com base no argumento de que no norte faz mais frio. Percebe-se uma queda acentuada na qualidade do ar quando se cruza o rio da margem sul para a margem norte. Uma queda semelhante ocorre também na expectativa de vida.[27] As estimativas sugerem que enquadrar a China no padrão mundial de concentração de matéria particulada no ar salvaria o equivalente a 3,7 bilhões de anos de vida.

Os céus da China, no entanto, são sem dúvida imaculados em comparação com os de muitas grandes cidades indianas. Várias cidades da Índia, inclusive a capital, Nova Delhi, encabeçam a lista das mais poluídas da Terra.[28] Em novembro de 2017, o ministro-chefe de Delhi comparou a cidade a uma câmara de gás. De acordo com medições da Embaixada dos Estados Unidos, o ar de Nova Delhi, na época, chegava a níveis de poluição 48 vezes superiores ao parâmetro estabelecido pela Organização Mundial da Saúde. Como na China, esse nível de poluição na Índia é sem dúvida mortal.[29] As entradas em hospitais sempre disparam em novembro, quando a poluição sobe vertiginosamente. Em âmbito global, a Lancet Commission on Pollution and Health estima que, em 2015, 9 milhões de mortes prematuras foram causadas pela poluição atmosférica.[30] Mais de 2,5 milhões dessas mortes ocorreram na Índia, o número mais alto em um único país.[31]

A poluição em Delhi no inverno resulta da combinação de vários fatores (inclusive pura má sorte geográfica), mas, em parte, é consequência de comportamentos que poderiam ser mudados. Um importante poluente vem da queima do restolho após o corte das safras nos estados vizinhos de Delhi. A fumaça das queimadas fora da cidade se mistura, então, com os vários poluentes produzidos dentro da cidade: poeira de construções, descargas de veículos, resíduos de incineração de lixo e fogueiras usadas pelos pobres para cozinhar e se aquecer no inverno.

Em água quente 273

A poluição do ar na cidade é tão densa que provoca um impulso irresistível de agir imediatamente. Não há nenhuma escolha entre a qualidade de vida hoje e no futuro, uma vez que as pessoas já estão morrendo. A única escolha é entre consumir menos ou ficar sufocado. E mesmo essa escolha pode ser em grande medida ilusória. Dois estudos, um deles envolvendo trabalhadores de uma empresa de manufatura têxtil na Índia[32] e o outro agentes de viagem na China, mostraram que nos dias em que a poluição ambiental é alta, a produtividade é baixa. Portanto, mais poluição pode significar menos consumo.[33]

Delhi é uma cidade relativamente rica. Seus habitantes têm plena condição de pagar aos agricultores para não queimar seus restolhos e, em vez disso, usar máquinas para enterrá-los e já preparar o solo para o próximo plantio. O governo poderia proibir fogueiras abertas na cidade e construir abrigos aquecidos, onde os pobres pudessem reunir-se em noites frias. Também poderia substituir a incineração de lixo por sistemas mais modernos de coleta e tratamento, banir a circulação de carros velhos, que poluem mais (ou até mesmo proibir totalmente a circulação de veículos movidos a diesel), e introduzir mecanismos de precificação ou outra forma de gestão de congestionamentos.[34] O governo poderia impor com mais severidade as leis contra a poluição industrial, tão rigorosas no papel, mas tão ignoradas na prática. Poderia melhorar os sistemas de transporte público e interditar ou reformar as grandes usinas termoelétricas que operam dentro da cidade. Talvez nenhuma dessas medidas seja suficiente de maneira isolada, mas, em conjunto, por certo melhorariam a situação.

Nada disso é inalcançável. Um estudo submetido à Corte Suprema da Índia por um "amigo da corte", por exemplo, sugeriu que um subsídio de 20 bilhões de rupias (aproximadamente 300 milhões de dólares) seria suficiente para que os agricultores do Punjab e de Haryana comprassem os equipamentos necessários para preparar seus campos. Isso equivale a cerca de mil rupias (14 dólares na atual taxa de câmbio, um pouco acima de 70 dólares usando a PPC) por habitante da Grande Delhi. Surpreendentemente (e para nossa grande frustração), apesar da urgência em tratar a questão da poluição atmosférica, a pressão política por uma resposta positiva não é opressiva. Parte do problema talvez seja o fato de que para conter a poluição é necessária a cooperação de muita gente. Mas há também uma falta de conscientização por parte das pessoas de que a poluição atmosférica é um problema de saúde pública. Um estudo recente da *Lancet* revelou que grande parte das mortes provocadas pela poluição atmosférica em ambientes externos pode ser atribuída à queima de biomassa (folhas, madeira etc.).[35] Parte significativa dessa biomassa é queimada dentro de casa, em fogões, que também geram uma enorme poluição *interna*. Tudo indicaria, portanto, uma forte demanda privada por melhores equipamentos de cozinha, capazes de melhorar o ar dentro e fora de casa. Essa demanda, no entanto, parece não existir. Uma infinidade de estudos revela que a demanda por fogões mais limpos é muito baixa.[36] Mesmo quando uma ONG distribuiu gratuitamente fogões menos poluidores, as pessoas não se interessaram o suficiente para mandar consertá-los quando quebravam.[37] A baixa demanda por ar limpo talvez decorra da incapacidade de muitos domicílios pobres de associá-lo a uma vida mais saudável, feliz e produtiva.

Isso pode mudar. Moradores de favelas aos quais se pediu para comparar as condições de vida na cidade com as que tinham em suas aldeias relataram, quase sempre, preferir Delhi.[38] Sua única reclamação real era sobre as condições ambientais, sobretudo a poluição atmosférica. No inverno de 2017-8, finalmente irromperam algumas manifestações de indignação em Delhi. Estudantes tomaram as ruas quando as escolas foram obrigadas a fechar devido aos níveis de poluição ameaçadoramente altos. Mesmo na China, que não é uma democracia, diz-se que a pressão da opinião pública teria contribuído para a intenção do governo de fazer algo a respeito da poluição. Na Índia, é possível que a poluição se converta em breve numa questão de grande interesse público e acarrete algumas mudanças. A prioridade, então, deve ser a adoção de políticas públicas que levem a padrões de consumo mais limpos, mesmo que impliquem alguns custos adicionais. É até possível que os custos não sejam tão altos. Em muitos casos, a Índia talvez seja capaz de saltar diretamente para as tecnologias mais limpas (quando os pobres enfim tiverem acesso à eletricidade, por exemplo, talvez já comecem usando lâmpadas LED). Em alguns casos, a nova tecnologia pode ser mais cara que as convencionais (carros limpos, por exemplo, podem ser mais caros que carros poluentes). Isso significa que os pobres terão de ser compensados. O custo total dessa compensação, porém, tende a ser pequeno, e poderá ser facilmente absorvido pela elite, se houver vontade política.

Um New Deal Verde?

Com o New Deal Verde, o tema mais debatido no inverno de 2018-9, os políticos democratas nos Estados Unidos estavam tentando associar o combate à mudança climática a uma agenda em favor da justiça econômica e da redistribuição de renda e riqueza. Eles tinham diante de si uma batalha política das mais árduas. De Paris a Delhi, passando pela Virgínia Ocidental, o combate à mudança climática costuma ser apresentado como um capricho das elites financiado pela tributação dos menos favorecidos.

Para citar um exemplo que vivenciamos em primeira mão, o movimento dos "coletes amarelos", no final de 2018, em manifestações contra um aumento planejado do imposto sobre a gasolina, fechou as ruas de Paris todos os sábados, deixando o governo da cidade sob forte tensão. Por fim, o aumento teve de ser adiado. O argumento dos coletes amarelos era que o aumento do imposto sobre a gasolina era uma maneira de os parisienses ricos (que podem pegar o metrô para o trabalho) comprarem a própria consciência às custas dos moradores dos subúrbios e do campo, que não tinham escolha senão dirigir o próprio carro. Eles contavam com um ponto a seu favor, uma vez que o mesmo governo havia eliminado o imposto sobre a riqueza. Nos Estados Unidos, o espectro de uma "guerra contra o carvão" converteu-se em grito de guerra contra a elite liberal, um símbolo de sua falta de empatia pelos pobres. E, evidentemente, os políticos no mundo em desenvolvimento protestam o tempo todo (e com razão) contra ter de pagar por escolhas feitas pelos países ricos no passado.

O Green New Deal é uma tentativa de transpor exatamente esse abismo, enfatizando que a construção de uma nova infraestrutura verde (painéis solares, ferrovias de alta velocidade etc.) criará empregos e ajudará no combate à mudança climática. Ele tira a ênfase da ideia de um imposto sobre o carbono, visto por muitos da esquerda como dependente demais de mecanismos de mercado, ou, como na França, simplesmente outra maneira de fazer os pobres pagarem.

Compreendemos que o imposto sobre o carbono não é algo fácil de ser implantado (assim como qualquer tributo que atinja a maioria das pessoas), mas a nossa visão é que deve ser possível torná-lo politicamente aceitável, deixando absolutamente explícito que essa tributação não tem como propósito aumentar as fontes de receita. O governo deve estruturar o imposto sobre o carbono de modo a garantir sua neutralidade em relação à receita, ou seja, devolvendo a arrecadação na forma de compensação: um montante fixo para todos aqueles na ponta inferior da escala de renda, que, assim, sairiam ganhando. Isso preservaria os incentivos para conservar energia, dirigir menos ou dirigir carros elétricos, mas deixando muito claro que os menos ricos não pagariam por isso. Uma vez que o consumo de energia é uma questão de hábito, essa tributação também deveria ser anunciada com bastante antecedência, no intuito de dar tempo para as pessoas se prepararem.

De maneira geral, estamos plenamente conscientes de que será custoso evitar a mudança climática e ajustar-se às transformações já em curso. Teremos de investir em infraestrutura e promover uma redistribuição significativa para aqueles que serão mais afetados. Nos países pobres, o dinheiro poderá ajudar os cidadãos comuns a alcançarem melhor qualidade de vida, de maneira menos ameaçadora para o futuro do mundo. (Pensemos no debate sobre o ar-condicionado, por exemplo. Por que o mundo simplesmente não paga a Índia para dar um salto direto para a melhor tecnologia?) Considerando que os pobres não consomem muito, não seria oneroso demais ajudá-los não só a melhorar o seu consumo, mas também a respirar melhor e a produzir menos emissões. Os países mais ricos do mundo são tão ricos que podem facilmente pagar por isso.

A questão é enquadrar o debate de modo a não lançar os pobres dos países pobres contra os pobres dos países ricos. Uma combinação de tribu-

Em água quente

tação e regulação, para conter as emissões nos países ricos e financiar uma transição limpa nos países pobres, poderia muito bem reduzir o crescimento econômico nos países ricos, embora não se possa ter certeza quanto a isso, uma vez que não sabemos o que causa o crescimento. Mas se boa parte do custo for assumida pelos mais ricos nos países ricos, em benefício do planeta, não vemos razões para a ideia ser evitada.

Em Delhi, Washington e Pequim, é em nome do crescimento que os formuladores de políticas fazem corpo mole ao serem chamados a promulgar ou fazer cumprir leis sobre a poluição. Quem se beneficia desse crescimento do PIB permanece em segundo plano.

Os economistas são em grande medida culpados por incitar essa retórica. Nada em nossa teoria ou em nossos dados demonstra que o aumento do PIB per capita é sempre desejável. No entanto, como temos plena convicção de que os recursos podem ser e serão redistribuídos, caímos na armadilha de sempre tentar aumentar o bolo o máximo possível. Essa proposta contraria diretamente tudo o que aprendemos nas décadas passadas. As evidências são claras: a desigualdade aumentou de maneira drástica nos últimos anos, gerando consequências causticantes para sociedades em todo o mundo.

7. Pianola

PLAYER PIANO [Pianola] foi o primeiro romance publicado pelo notável escritor americano Kurt Vonnegut.[1] Trata-se de uma distopia sobre um mundo no qual a maioria dos empregos desapareceu. Escrito em 1952, na onda da grande expansão de empregos do pós-guerra, era ou extremamente visionário, ou incrivelmente desvairado, mas, seja como for, é um romance perfeito para os nossos tempos.

A pianola é um piano que toca sozinho. No mundo de Vonnegut, as máquinas operam a si mesmas, dispensando operadores humanos. Os trabalhadores ficam ociosos e executam uma série de tarefas irrelevantes, mas não há nada de significativo ou útil que possam fazer. Como afirma o sr. Rosewater, personagem de um romance posterior (1965) de Vonnegut: "O problema é o seguinte: como amar pessoas inúteis?".[2] Ou mesmo evitar que elas odeiem a si mesmas?

A crescente sofisticação dos robôs e o progresso da inteligência artificial geraram muita inquietação quanto ao que acontecerá com as nossas sociedades se apenas algumas poucas pessoas tiverem trabalhos interessantes e todas as demais forem desempregadas ou só conseguirem empregos horríveis — e, em consequência disso, a desigualdade disparar. Especialmente se isso acontecer por causa de forças em grande medida fora do controle delas. Os poderosos da tecnologia estão desesperados em busca de ideias para resolver os problemas que podem ser provocados por suas tecnologias. Mas não precisamos contemplar o futuro para ter uma ideia do que acontece quando o crescimento econômico deixa para trás grande parte dos cidadãos de um país. Isso já aconteceu — nos Estados Unidos, desde 1980.

1 × 0 para os luditas

Cada vez mais economistas (e comentaristas de economia) receiam que as novas tecnologias, como inteligência artificial, robôs e automação de maneira geral, destruirão mais empregos do que criarão, tornando obsoletos muitos trabalhadores e reduzindo a fatia do PIB destinada a pagar salários. Hoje, na verdade, os otimistas do crescimento e os pessimistas do trabalho são muitas vezes as mesmas pessoas; elas imaginam que o crescimento futuro será induzido basicamente pela substituição do trabalho humano por robôs.

Em seu livro *A segunda era das máquinas*, nossos colegas do MIT Erik Brynjolfsson e Andrew McAfee oferecem uma visão sombria do impacto da digitalização sobre o futuro do emprego nos Estados Unidos.[3] A digitalização, suspeitam os autores, tornará os trabalhadores com habilidades "comuns" cada vez mais redundantes. À medida que tarefas como pintura de automóveis ou manipulação de planilhas eletrônicas são executadas por computadores ou robôs, os trabalhadores altamente qualificados, capazes de programar ou instalar robôs, serão cada vez mais valiosos, mas outros trabalhadores, substituíveis por robôs, logo se encontrarão sem emprego, a menos que aceitem remunerações extremamente baixas. Nessa visão, a inteligência artificial será o último prego no caixão dos trabalhadores comuns.

Na primeira revolução da informática, como mostrou David Autor, os trabalhos envolvendo tarefas repetitivas e rotineiras é que foram extintos.[4] Os trabalhos que exigiam avaliação rápida e iniciativa foram preservados. O número de digitadores e de trabalhadores em linhas de montagem diminuiu, mas assistentes executivos e fritadores de hambúrgueres mantiveram o emprego. Agora é diferente, muita gente diz. A inteligência artificial confere às máquinas a capacidade de aprender à medida que atuam, e portanto as habilita a executar trabalhos cada vez mais diferenciados e menos rotineiros, como jogar Go e dobrar a roupa lavada. Em junho de 2018, apareceu em San Francisco um restaurante que servia hambúrgueres feitos por robôs. Os humanos ainda recebem os pedidos e confeccionam os molhos, mas os robôs preparam hambúrgueres gourmet como o Tumami Burger ("aïoli de ostras defumadas, molho de shiitake, pimenta-preta e sal, picles, cebola, alface lisa — *criado pelo Chef Tu*, Top Chef *Season 15*")[5] em cinco minutos, por 6 dólares. A irmã de Esther, Annie Duflo, CEO de uma grande ONG, não tem assistente humano; depende exclusivamente de um assistente movido a IA chamado Fin. Ele reserva hotéis e voos para ela, cuida de sua agenda e dos reembolsos de suas despesas de viagem. Annie, infelizmente, está muito mais satisfeita com Fin do que se sentia com seus assistentes humanos. Ela paga muito menos pelo trabalho dele (dela? disso?) e recebe um serviço muito mais confiável. Com certeza há alguns humanos por trás de Fin, mas cada vez menos, e o modelo de negócio consiste claramente em afastar-se deles.

A revolução da IA, portanto, está pronta para atingir pessoas em todo o espectro do emprego. Contadores, corretores, consultores de gestão, planejadores financeiros, assistentes jurídicos e jornalistas esportivos, todos eles ou já estão competindo com alguma forma de inteligência artificial, ou em breve vão estar. Os sarcásticos diriam que é precisamente porque esses trabalhos mais sofisticados ficaram ameaçados que finalmente começamos a falar sobre o assunto, e eles talvez estejam certos. A IA, porém, também afetará os empilhadores de prateleiras, os faxineiros de escritórios, os funcionários de restaurantes e os motoristas de táxi. Com base nas tarefas que executam, um relatório da McKinsey[6] conclui que 45% dos empregos nos Estados Unidos correm o risco de ser automatizados, e a OCDE estima que 46% dos trabalhadores dos países que fazem parte da organização exercem funções sob alto risco de serem substituídas ou transformadas.[7]

Evidentemente, esse cálculo ignora o fato de que, à medida que certas tarefas são automatizadas e as necessidades humanas são atendidas, as pessoas podem ser deslocadas para novos trabalhos.

Portanto, até que ponto o saldo será realmente negativo? Os economistas estão sem dúvida intrigados com o problema, mas, nesse caso, não chegaram de modo algum a um consenso. Pediu-se a opinião do painel de especialistas da IGM Booth sobre a seguinte afirmação: "Caso se mantenham inalteradas as instituições do mercado de trabalho e os padrões de treinamento de pessoal, é provável que o uso crescente de robôs e de inteligência artificial aumente de forma substancial o número de trabalhadores

Pianola

desempregados por longos períodos nos países avançados". Em reação, 28% dos respondentes concordaram ou concordaram veementemente com a afirmação, 20% discordaram ou discordaram veementemente e 24% se disseram em dúvida![8]

A dificuldade é que o Juízo Final (se estiver vindo) não chegou. Robert Gordon, que, como vimos, não tem as inovações atuais em alta conta, gosta de brincar de "encontre o robô" quando viaja.[9] Apesar de tudo que se fala, ainda são funcionários humanos que o registram nos hotéis, limpam o seu quarto, servem o café e assim por diante.

Por ora, os seres humanos ainda não se tornaram desnecessários. No momento em que escrevemos este livro, primeiro trimestre de 2019, o desemprego nos Estados Unidos está em seu mínimo histórico e continua caindo.[10] Com cada vez mais mulheres trabalhando, a fatia da população na força de trabalho aumentou substancialmente até cerca de 2000 (quando começou a se estabilizar ou a retroceder).[11] Não faltou trabalho para os que desejam trabalhar, a despeito do rápido avanço das tecnologias poupadoras de mão de obra.

É sem dúvida verdade que provavelmente ainda estamos muito no início do processo de automação movido a IA. A percepção de que a inteligência artificial é uma nova espécie de tecnologia dificulta a previsão de suas consequências. Os futurólogos falam sobre uma "singularidade", uma forte aceleração da taxa de crescimento da produtividade impulsionada por máquinas infinitamente inteligentes, embora a maioria dos economistas seja muito cética de que estejamos próximos de uma realidade como essa. Mas se Gordon voltar a brincar de "encontre o robô" daqui a alguns anos, é bem possível que se divirta muito mais.

Por outro lado, embora a atual onda de automação esteja apenas começando, já houve outras no passado. Como a IA hoje, no passado o tear hidráulico, a máquina a vapor, a eletricidade, os chips de computador e as máquinas com aprendizagem assistida por computador automatizaram e atenuaram a necessidade de trabalho humano.[12]

O que aconteceu então foi em grande medida o que seria de esperar: ao substituir trabalhadores por máquinas em certas tarefas, a automação exerce um poderoso efeito de deslocamento. Ela torna os trabalhadores desnecessários. Foi o que aconteceu com os tecelões qualificados que fiavam e teciam na aurora da Revolução Industrial. Eles foram substituídos por máquinas. E, como se sabe, não gostaram da novidade. No começo do século XIX, os luditas destruíam máquinas em protesto contra a mecanização da tecelagem, que ameaçava seu estilo de vida como artesãos qualificados. O termo "ludita" é usado quase sempre com conotação pejorativa, para descrever alguém que rejeita obstinadamente o progresso, e o exemplo deles é muitas vezes citado para rechaçar as preocupações com a tecnologia como fonte de desemprego. Afinal, os luditas estavam errados — os empregos não desapareceram, e os salários e as condições de vida são hoje muito melhores do que em qualquer outra época.

Os luditas, no entanto, estavam menos errados do que podemos pensar. Seus empregos em particular de fato desapareceram com a Revolução Industrial, assim como o trabalho de toda uma gama de artesãos. Dizem-nos que no longo prazo tudo correu bem, mas o longo prazo foi realmente muito longo. O salário real dos operários na Grã-Bretanha reduziu-se quase à metade entre 1755 e 1802. Embora 1802 tenha sido um ano particularmente ruim, os salários dos trabalhadores se mantiveram em tendência de declínio entre 1755 e a virada do século, e só então, já no século XIX, começaram a subir de novo. Retornariam ao nível de 1755 apenas em 1820, 65 anos depois.[13]

Esse período de intenso progresso tecnológico no Reino Unido também foi uma era de intensa privação e de condições de vida muito difíceis. O historiador econômico Robert Fogel mostrou que os garotos na Inglaterra nesse período eram significativamente subnutridos, mesmo em comparação com os escravos no Sul dos Estados Unidos.[14] A literatura da época, de Frances Trollope a Charles Dickens, descreve o que estava acontecendo com a economia e a sociedade, com certa dose de absoluto horror. Foram *tempos difíceis*, sem dúvida.

Sabemos que, por fim, ocorreu uma virada no Reino Unido. Mesmo enquanto alguns trabalhadores perdiam o emprego, as inovações que reduziam a necessidade de mão de obra aumentaram a lucratividade de outros insumos e, portanto, a demanda pelos trabalhadores que os produziam. Melhorias na tecnologia de tecelagem, como a lançadeira volante de John Kay, por exemplo, aumentaram a demanda por fios, criando empregos para os trabalhadores que os produziam. E a crescente riqueza de quem lucrava com essas inovações aumentou a demanda por novos produtos e serviços em vários setores (advogados, contadores, engenheiros, alfaiates, jardineiros etc.), o que criou mais empregos.

Nada nos assegura, porém, que a recuperação é garantida. É possível que não haja volta depois da queda da demanda por mão de obra advinda da onda de automação e IA. Os setores que se tornarem mais lucrativos poderão investir em novas tecnologias para reduzir a necessidade de mão de obra, em vez de contratar mais trabalhadores. A nova riqueza pode ser usada para comprar bens produzidos em outros países.

Não sabemos o que acontecerá desta vez, já que ainda não vimos o longuíssimo prazo, mas o impacto da atual onda de automação (que começou em 1990, com o que temos já uma perspectiva superior a 25 anos) parece ser negativo até o momento. Num estudo sobre o impacto da automação, pesquisadores calcularam, para cada região, uma métrica de *exposição* a robôs industriais, considerando a difusão de robôs nas indústrias locais.[15] Em seguida, compararam a evolução dos empregos e salários nas áreas mais afetadas com aqueles nas áreas menos afetadas. O estudo revelou grandes impactos negativos, para surpresa dos autores, que haviam escrito um trabalho anterior enfatizando as forças que deveriam levar a uma recuperação.[16] O acréscimo de um robô numa *commuting zone* elimina o emprego de 6,2 trabalhadores e deprime os salários. Os efeitos sobre o desemprego são mais pronunciados na manufatura e especialmente fortes no caso de trabalhadores sem educação de nível superior, sobretudo os que executam tarefas manuais rotineiras. No entanto, não há ganhos compensadores em emprego ou salário para nenhum outro grupo, por tipo de ocupação ou nível de educação. Esses impactos locais de robôs sobre os níveis de emprego e salários lembram os impactos da maior exposição ao comércio internacional. Eles são surpreendentes pelas mesmas razões. À medida que várias tarefas em determinada indústria são automatizadas, é possível que os trabalhadores deslocados encontrem emprego em novos negócios, que se instalariam na região no intuito de aproveitar as vantagens da abundância de mão de obra, ou se mudem para outro lugar. Também é preocupante que a automação de tarefas simples não leve à contratação de mais engenheiros para supervisionar os robôs. A explicação é provavelmente semelhante à razão pela qual a competição com a China prejudica os trabalhadores de baixa qualificação; com a rigidez da economia, a realocação sem entraves é tudo, menos garantida.

Mesmo que a oferta total de empregos não caia, a atual onda de automação tende a impactar empregos que exigem certas qualificações (contabilistas e contadores) e a aumentar a demanda por trabalhadores altamente qualificados (programadores de software para as máquinas) ou inteiramente desqualificados (passeadores de cães, por exemplo), ambos mais difíceis de serem substituídos por máquinas. À medida que enriquecem, os engenheiros de software têm mais dinheiro para contratar passeadores de cães, que ficaram relativamente mais baratos com o decorrer do tempo, de modo que restam poucas alternativas de emprego para quem não tem educação superior. Mesmo que as pessoas mantenham o emprego, isso leva a um aumento da desigualdade, com salários mais altos no topo e todos os demais deslocados para atividades que não exigem qualificações específicas; ocupações em que a remuneração e as condições de trabalho podem ser muito ruins. Esse processo acentua uma tendência que se manifesta desde a década de 1980. Trabalhadores sem educação superior são afastados cada vez mais de funções semiqualificadas, como atividades burocráticas e administrativas, e empurrados para funções de baixa qualificação, como limpeza e segurança.[17]

Ludismo light?

Nesse caso, será que devemos conter o impulso à automação? Há de fato boas razões para suspeitar que algumas das automações recentes são excessivas; as empresas parecem decididas a automatizar mesmo quando

Pianola

os robôs são menos produtivos que os humanos. A automação excessiva reduz o PIB, em vez de contribuir para aumentá-lo.

Uma das razões é o viés da legislação tributária dos Estados Unidos, que tributa mais o trabalho do que o capital. Os empregadores têm de arcar com encargos sociais sobre a folha de pagamentos (cuja arrecadação financia a previdência social e o Medicare), mas não sobre o investimento em robôs. Como despesa de capital, o investimento em robôs gera deduções fiscais imediatas, na forma de depreciação, inclusive "depreciação acelerada". Se o investimento for financiado com empréstimos, ainda é possível deduzir dos rendimentos as despesas com juros. Esse benefício tributário oferece aos empregadores um incentivo para a automação, ainda que, de resto, seja menos oneroso manter os trabalhadores.[18] Além disso, mesmo sem os subsídios da legislação tributária, as muitas fricções no mercado de trabalho podem levar os gestores a sonhar com fábricas sem operários. Os robôs não exigem licença-maternidade, não protestam contra demissões de pessoal nem contra reduções de salários durante as recessões. Provavelmente não foi à toa que a automação no setor de varejo (como os caixas de autoatendimento nos mercados) começou primeiro na Europa, onde os sindicatos trabalhistas são mais fortes.

O aumento na concentração industrial e nos monopólios também pode reforçar essa tendência. O monopolista não receia a concorrência. Não tem motivos para reinventar o tempo todo o que oferece aos consumidores. Portanto, tende a focar nas inovações que reduzem os custos, aumentando as margens de lucro. Em contraste, as empresas competitivas tendem a apostar em projetos ambiciosos e inovadores para conquistar o mercado.

Ora, é verdade que mesmo que uma empresa adote uma nova tecnologia altamente produtiva, que reduza a necessidade de mão de obra, o aumento da produtividade também gera novos recursos que podem ser empregados para encontrar novos usos para a mão de obra liberada. As tecnologias que representam maior perigo para os trabalhadores são aquelas que alguns pesquisadores descreveram como tecnologias de automação "mais ou menos": produtivas o bastante para ser adotadas em face das distorções do código tributário e desempregar trabalhadores, mas não produtivas o suficiente para aumentar a produtividade total.[19]

Infelizmente, apesar de toda a bela conversa sobre singularidades, o grosso dos recursos de P&D hoje em dia é direcionado para o aprendizado de máquina e outros métodos de *big data* destinados a automatizar tarefas *existentes*, e não para a invenção de novos produtos que gerariam novas funções para os trabalhadores e, portanto, novos empregos.[20] Isso pode fazer sentido econômico para as empresas, considerando os ganhos financeiros decorrentes da substituição de trabalhadores por robôs. Mas desvia o foco dos pesquisadores e engenheiros das inovações realmente pioneiras. Por exemplo, inventar um novo software ou hardware a ser usado pelos profissionais da saúde para ajudar pacientes a fazer em casa sua terapia de reabilitação após uma cirurgia, em vez de num hospital ou numa clínica especializada, poderia reduzir os custos das seguradoras, melhorar o bem-estar dos pacientes e criar novos empregos. Contudo, grande parte do esforço de automação das seguradoras hoje se concentra na busca de algoritmos que automatizem os pedidos de cobertura ou reembolso, o que reduz custos mas destrói empregos. Essa ênfase na automação de empregos existentes aumenta a chance de que a atual onda de inovação seja tremendamente prejudicial para os trabalhadores.

O reconhecimento de que a automação desregrada pode ser ruim para os trabalhadores também é instintivo para a maioria dos americanos, à direita e à esquerda. Um aspecto muito importante em que republicanos e democratas estão de acordo, segundo as pesquisas de opinião, é a oposição a que as empresas decidam por conta própria, sem restrições, seu grau de automação. Dentre os respondentes, 85% dos americanos apoiam a limitação da automação a "trabalhos perigosos e sujos", sem diferença entre democratas e republicanos. Mesmo quando a questão é apresentada em termos mais políticos, perguntando se "deve haver limites quanto ao número de empregos que as empresas podem substituir por máquinas, ainda que elas sejam melhores e mais baratas que humanos", 58% dos americanos, inclusive metade dos republicanos, dizem que sim.[21]

Essa força de automação em específico tem exacerbado uma preocupação sempre latente. Quando um trabalhador é demitido, a empresa se vê livre dele, mas a sociedade herda a obrigação de assegurar seu bem-estar continuado. A sociedade não deseja que os trabalhadores passem fome nem que as famílias fiquem sem teto; ela deseja que eles consigam encontrar um novo emprego do qual gostem. Tememos a ira dos trabalhadores, sobretudo quando ela atiça o voto nos muitos extremistas à espreita no mundo de hoje — enquanto isso, a empresa não é obrigada a arcar com os custos do processo de requalificação, da assistência e dos efeitos sociais dessa ira.

Argumentos desse tipo costumam ser usados para justificar os obstáculos à demissão de trabalhadores. Algumas legislações trabalhistas, como a da Índia, tornam quase impossível a demissão nas grandes empresas. Outras, como a francesa, criam dificuldades e incertezas. Os trabalhadores podem recorrer e conseguir a readmissão, com direito a pagamentos retroativos. O problema dessas políticas é que elas dificultam muito a vida das empresas que precisam, como condição de sobrevivência, desligar empregados com desempenho inaceitável ou reduzir suas operações. Logo, onerar demais as demissões pode restringir as próprias admissões, agravando o desemprego.[22]

A alternativa para restringir as demissões ou proibir o uso de robôs em alguns setores é taxá-los numa alíquota bastante elevada, para evitar que sejam utilizados a menos que os ganhos de produtividade sejam suficientemente altos. Essa questão é objeto hoje de um sério debate. Bill Gates recomendou o imposto sobre robôs.[23] Em 2017, o Parlamento europeu considerou, mas acabou por rejeitar, uma proposta de "imposto sobre robôs", alegando o risco de desincentivar a inovação.[24] Mais ou menos na mesma época, a Coreia do Sul anunciou o primeiro imposto sobre robôs do mundo. O plano coreano reduz os subsídios fiscais para as empresas que investem em automação e os associa a um imposto sobre a terceirização, de modo que o imposto sobre robôs não a estimule.[25]

O problema é que, embora seja fácil banir carros autônomos (seja a ideia boa ou não), a maioria dos robôs não se parece com o R2-D2 de *Guerra nas estrelas*. Os robôs costumam estar embutidos nas máquinas, que ainda são operadas por humanos, embora em menor quantidade. Como os reguladores decidirão onde termina a máquina e começam os robôs? O imposto sobre robôs provavelmente levaria as empresas a encontrar novas maneiras de contorná-lo, distorcendo ainda mais a economia.

Por algumas dessas razões, acreditamos que é impossível evitar que a tendência em curso, de substituir as atividades humanas por robôs, cobre um alto preço sobre o estoque já minguante de empregos desejáveis para trabalhadores de baixa qualificação, primeiro nos países ricos, mas muito em breve em todos os lugares. Isso agravará, em maior ou menor grau, os efeitos do choque chinês e das demais mudanças descritas nos capítulos anteriores sobre a classe trabalhadora em grande parte do mundo desenvolvido, podendo levar ao aumento do desemprego ou à disseminação de empregos instáveis e mal remunerados.

Essa perspectiva é objeto de grande preocupação das elites, que se sentem responsáveis e ameaçadas por esse estado de coisas. Por isso é que a ideia de uma renda básica universal se tornou tão popular no Vale do Silício. A maioria das pessoas tende a pensar, porém, que o desespero induzido pelos robôs será um problema no futuro, depois que as tecnologias estiverem ainda mais avançadas. No entanto, o problema da desigualdade elevada e crescente já se apresenta diante de nós em muitos países, e em nenhum outro mais do que nos Estados Unidos. Os últimos trinta anos da história americana deveriam nos convencer de que a evolução da desigualdade não é um subproduto de mudanças tecnológicas que estão fora do nosso controle: é o resultado de políticas econômicas.

Danos autoinfligidos

Na década de 1980, os Estados Unidos e o Reino Unido não só estavam experimentando taxas de crescimento mais baixas do que as habituais, como também observando a aproximação da Europa continental e do Japão em termos de tamanho e crescimento do PIB. O crescimento econômico tornou-se uma questão de orgulho nacional. Era importante não só crescer, mas também vencer a "corrida" contra os outros países ricos. Depois de décadas de crescimento rápido, o orgulho nacional era definido pelo tamanho do PIB e por sua expansão contínua.

Para Margaret Thatcher, no Reino Unido, e Ronald Reagan, nos Estados Unidos, a causa da queda na atividade econômica no final da década de 1970 era clara (embora saibamos agora que eles na verdade não tinham ideia do que fosse): os países haviam se inclinado excessivamente para a esquerda — os sindicatos estavam fortes demais, o salário mínimo estava alto demais, os impostos eram onerosos demais, a regulação era opressiva demais. Para restaurar o crescimento era preciso tratar melhor os empresários: reduzir a tributação, desregulamentar, dessindicalizar e liberar o restante do país do excesso de dependência em relação ao governo. Como já mencionamos, a ideia de que as alíquotas tributárias precisam ser baixas para evitar o desastre é recente. Nos Estados Unidos, as alíquotas marginais mais altas foram superiores a 90% de 1951 a 1963. Declinaram em seguida, mas continuaram altas. Sob os presidentes Reagan e George H. W. Bush, caíram de 70% para menos de 30%. Bill Clinton as empurrou de volta para cima, mas somente para 40%. Desde então, elas têm variado para baixo e para cima, conforme a presidência do país troca de mãos entre democratas e republicanos, mas nunca foram muito além de 40%. A redução dos impostos foi acompanhada, primeiro sob Reagan e depois, de forma mais intensa, sob Clinton, por uma "reforma do sistema de bem-estar social" (em outras palavras, um corte profundo nesse sistema), o que se justificava com base em princípios (os pobres devem ser mais responsáveis, e, portanto, os programas de *welfare* devem ser convertidos em programas de *workfare*, em que benefícios sociais são concedidos sob a condição de se estar trabalhando) e por força de restrições orçamentárias (em consequência da diminuição da arrecadação). Os sindicatos acabaram sendo submetidos tanto pela mudança da legislação quanto pelo uso direto do poder do Estado contra os trabalhadores (Reagan, num episódio famoso, convocou o Exército para acabar com uma greve dos controladores de tráfego aéreo). A sindicalização, desde então, tem declinado.[26] A regulação da atividade econômica tornou-se menos restritiva e formou-se um novo consenso de que só por razões muito convincentes a "mão pesada do governo" deveria intervir nos negócios.

No Reino Unido, algo semelhante aconteceu. A alíquota tributária mais alta recuou de 83% em 1978 para 60% em 1979, e depois para 40%, estabilizando-se nesse patamar desde então. Os poderosíssimos sindicatos do pós-guerra (talvez poderosos demais?) foram desmantelados com mão firme — a greve dos mineiros de 1984 foi um momento decisivo do governo de Margaret Thatcher — e jamais se recuperaram. A desregulamentação tornou-se o padrão, embora a integração com a Europa, favorável à regulamentação, tenha limitado seu alcance. A única diferença entre o Reino Unido e os Estados Unidos é que no primeiro nunca houve uma tentativa séria de reduzir os programas sociais (a sra. Thatcher, ao que parece, queria fazer isso, mas foi dissuadida por seus colegas de gabinete). Os gastos públicos de fato caíram de 45% para 34% do PIB durante os anos Thatcher, mas depois se recuperaram em parte, durante governos subsequentes.[27]

A razão pela qual essas mudanças radicais foram possíveis provavelmente tem a ver com a ansiedade decorrente da desaceleração do crescimento. Apesar de não haver evidências de que grandes reduções na tributação dos ricos promovam o crescimento econômico (ainda estamos à espera da prometida virada no crescimento, tanto nos Estados Unidos quanto no Reino Unido), as evidências, à época, eram muito menos claras. Como o crescimento havia cessado em 1973, a reação natural foi concentrar as críticas nas políticas macroeconômicas keynesianas das décadas de 1960 e 1970, como fizeram Milton Friedman e Robert Lucas, professores (de inclinações à direita) da escola de economia de Chicago e ganhadores do prêmio Nobel.

A "Reaganomics", como veio a ser chamada a economia dominante nesse período, era muito sincera sobre o fato de que os benefícios do crescimento ocorreriam à custa de alguma desigualdade. A ideia era que os ricos se beneficiariam primeiro, mas os pobres também acabariam ganhando. Essa é a famosa teoria do gotejamento, jamais tão bem descrita quanto pelo professor John Kenneth Galbraith, de Harvard, que disse tratar-se daquela que na década de 1890 era conhecida como a "teoria do cavalo e do pardal": "Se você alimentar o cavalo com bastante aveia, parte dela cairá na estrada para os pardais".[28]

Com efeito, a década de 1980 introduziu uma mudança radical no contrato social nos Estados Unidos e no Reino Unido. Qualquer que tenha sido

Pianola

o crescimento econômico desde então, ele foi integralmente absorvido pelos ricos. Teria a Reaganomics ou a sua versão britânica sido responsável por essa distorção?

A grande reversão

Na década de 1980, enquanto o crescimento continuou moroso, a desigualdade explodiu. Graças ao trabalho notável e exaustivo de Thomas Piketty e Emmanuel Saez, o mundo agora sabe o que aconteceu: 1980 é o ano da eleição de Reagan. Ele coincide também quase exatamente com o ano em que a fatia da renda nacional absorvida pelo 1% mais rico reverteu cinquenta anos de declínio e iniciou um aumento persistente nos Estados Unidos. Em 1928, no final dos "anos loucos", o 1% mais rico capturava 24% da renda. Em 1979, esse número tinha caído para cerca de um terço disso. Em 2017, o último ano para o qual existiam dados quando este livro foi escrito, a proporção estava de volta a quase o mesmo nível de 1929. O agravamento da desigualdade de *renda* foi acompanhado pela exacerbação da desigualdade de *riqueza* (renda é o que as pessoas recebem todos os anos; riqueza é a fortuna acumulada), embora esta não tenha atingido o nível do começo dos anos 1920. A fatia da riqueza do 1% do topo nos Estados Unidos subiu de 22% em 1980 para 39% em 2014.[29]

A história no Reino Unido é muito semelhante. O ponto de virada, como nos Estados Unidos, ocorreu bem próximo a 1979, ano em que a sra. Thatcher assumiu como primeira-ministra. De 1920 a 1979, a fatia de renda dos mais ricos caiu de maneira constante. A partir de então, ocorre uma ascensão igualmente constante, interrompida de maneira breve pela crise financeira global de 2009. Ao contrário do que aconteceu nos Estados Unidos, a desigualdade ainda não alcançou os níveis da década de 1920, mas falta muito pouco.[30]

Na Europa continental, o padrão é espantosamente diferente. Até 1920, a fatia de renda dos mais ricos na França ou na Alemanha, na Suíça ou na Suécia, nos Países Baixos ou na Dinamarca não era muito diferente daquela nos Estados Unidos ou no Reino Unido. Em algum momento depois de 1920, porém, a desigualdade desabou em todos esses países, como nos Estados Unidos, e permaneceu baixa, ao contrário do que ocorreu nos Estados Unidos. Há pequenos altos e baixos, e na Suécia a guinada para cima é de fato significativa a partir de algum momento nos anos 1980, mas os níveis continuam muito baixos pelos padrões americanos.[31]

Esses dados se referem à *renda pré-tributação*, antes de os ricos pagarem impostos e os pobres receberem transferências. Portanto, não levam em conta qualquer tentativa de redistribuição dos ricos para os pobres. Como os impostos diminuíram nos Estados Unidos, é de supor que a desigualdade *pós-tributação* tenha aumentado ainda mais que a desigualdade *pré-tributação* depois de 1979. Percebemos um breve aumento à época do Tax Reform Act, de 1986, mas, em grande medida, as curvas dos níveis de renda pré-tributação e pós-tributação basicamente seguem no mesmo passo.[32] Os impostos são importantes para a redistribuição, mas o aumento da desigualdade é um fenômeno muito mais profundo do que o efeito mecânico de uma menor redistribuição.

Ao mesmo tempo, por volta de 1980, os salários pararam de crescer, pelo menos para aqueles com menor nível de escolaridade. O salário médio por hora ajustado pela inflação dos trabalhadores americanos que não exerciam função gerencial aumentou durante as décadas de 1960 e 1970, chegou ao pico na segunda metade dos anos 1970 e passou a declinar ao longo da era Reagan-Bush, antes de voltar a subir lentamente. Em consequência disso, o salário real médio em 2014 não era mais alto que o de 1979. Durante o mesmo período (de 1979 até hoje), o salário médio dos trabalhadores com menor nível de escolaridade efetivamente *caiu*. Entre os que abandonaram o ensino médio, os que o concluíram e aqueles com formação superior incompleta, os ganhos reais auferidos por semana entre trabalhadores do sexo masculino que cumpriam jornada integral em 2018 eram de 10% a 20% inferiores aos níveis reais em 1980.[33] Se tivesse ocorrido algum efeito de gotejamento decorrente de impostos mais baixos, como alegam seus defensores, seria de esperar que o crescimento do salário tivesse acelerado nos anos Reagan-Bush. Mas aconteceu o contrário. A fatia

Pianola

do trabalho (a proporção da receita destinada ao pagamento de salários) diminuiu continuamente desde a década de 1980. Na manufatura, quase 50% do valor das vendas era usado para pagar trabalhadores, em 1982; essa fração tinha caído para cerca de 10% em 2012.[34]

O fato de que essa grande reversão tenha ocorrido durante os anos Reagan e Thatcher provavelmente não é uma coincidência, mas não há razão para presumir que Reagan e Thatcher a tenham causado. Sua eleição também foi um sintoma da política da época, dominada pela angústia associada ao fim do crescimento. Não é impossível que, se ambos tivessem perdido as eleições, o vencedor, qualquer que fosse, tivesse percorrido em maior ou menor grau o mesmo caminho.

Ainda mais importante, não é óbvio a priori que as políticas de Reagan e Thatcher tenham sido a principal causa do aumento da desigualdade. O diagnóstico do que realmente aconteceu nesse período, com suas implicações óbvias para as políticas públicas, foi e continua a ser um tema de intenso debate entre os economistas; alguns, como Thomas Piketty, responsabilizam diretamente as mudanças nas políticas públicas, enquanto a maioria destaca que as transformações estruturais da economia e determinadas mudanças tecnológicas também tiveram um papel importante nisso.[35]

Não é fácil chegar a uma resposta para essa questão porque o período foi marcado por transformações monumentais na economia mundial. Em 1979, a China iniciou um processo de reformas de mercado. Em 1984, a Índia deu os primeiros tímidos passos para a liberalização. Esses países acabariam por se tornar dois dos maiores mercados do mundo. Tudo isso contribuiu para que o comércio internacional, como proporção do PIB mundial, aumentasse em 50% ao longo desse período,[36] trazendo as consequências que discutimos no capítulo 3.

O advento da computação foi outro marco fundamental da época. A Microsoft foi fundada em 1975; em 1976, o computador Apple I entrou no mercado, seguido um ano depois pelo Apple II, muito mais vendido; a IBM lançou o primeiro computador pessoal em 1981. Além disso, em 1979, a NTT lançou no Japão o primeiro sistema de telefones celulares com ampla distribuição. Em grande medida, sob o impulso das vendas de telefones celulares, a Apple tornou-se em 2018 a primeira empresa de 1 trilhão de dólares.

Até que ponto a mudança tecnológica e a globalização explicam a trajetória de aumento da desigualdade nos Estados Unidos e no Reino Unido? Em que medida as políticas públicas, em especial a tributação, contribuíram para essa disparidade crescente?

Com a informatização, veio outra mudança tecnológica. Talvez não tenha sido uma revolução do tipo deflagrado pela máquina a vapor, como argumentou Robert Gordon; no entanto, assim como a máquina a vapor e seu filho pródigo, o motor de combustão interna, essa nova mudança extinguiu muitos empregos. Hoje, provavelmente, ninguém mais ganha a vida como datilógrafo, exceto os três homens solitários de idade incerta que se sentam sob uma árvore em Calcutá, próximos do lugar onde Abhijit cresceu, e que por uma pequena quantia datilografam o seu nome e endereço em documentos públicos. Poucos são os estenógrafos restantes. Mesmo na Casa Branca, seus dias parecem contados. E esse progresso tecnológico em grande parte teve viés negativo para os menos qualificados.

Essa mudança tecnológica que favoreceu os trabalhadores qualificados explica claramente o aumento dos retornos associados à educação superior,[37] mas não o que aconteceu no topo da distribuição de renda — exceto se imaginarmos que houve transformações drásticas de habilidade só entre as pessoas extremamente ricas. Em geral consideramos que há um aumento mais ou menos contínuo das qualificações conforme a educação e os salários avançam. Portanto, se a explosão da desigualdade entre os grupos de renda mais alta resultou apenas do progresso tecnológico, o alargamento da distribuição de renda deveria ter ocorrido não apenas na direção dos super-ricos, mas também na direção dos meramente ricos. Contudo, a renda dos que ganham entre 100 mil e 200 mil dólares por ano, por exemplo, aumentou apenas um pouco mais rápido que a média, enquanto a renda dos que ganham acima de 500 mil dólares disparou.[38]

Isso sugere que mudanças plausíveis na tecnologia dificilmente explicam o aumento estratosférico da renda no topo da pirâmide, e tampouco esclarecem a diferença entre os Estados Unidos e a Europa continental; as mudanças tecnológicas foram semelhantes em todos os países ricos.

O vencedor fica com tudo?

A tecnologia, no entanto, também mudou a organização da economia. Muitas das inovações mais bem-sucedidas, produzidas pela revolução da alta tecnologia, foram produtos do tipo "o vencedor fica com tudo"; não fazia sentido permanecer no MySpace quando o mundo inteiro estava no Facebook, e o Twitter só faz sentido se alguém estiver retuitando os seus tuítes. As inovações tecnológicas também transformaram as indústrias que já existiam e criaram grandes benefícios para aquelas com as quais até então estavam em grande medida desconectadas, como os setores hoteleiro e de transporte. Se os motoristas sabem, por exemplo, que todos os passageiros usam determinada plataforma de carona solidária, é nela que vão optar por ficar. No sentido oposto, se os passageiros sabem que todos os motoristas usam determinada plataforma, é a ela que irão recorrer. Esses efeitos de rede explicam em parte o domínio de empresas de tecnologia gigantes como Google, Facebook, Apple, Amazon, Uber e Airbnb, mas também de mamutes da "velha economia", como Walmart e Federal Express. Além disso, a globalização da demanda aumentou o valor das marcas, à medida que clientes chineses e indianos ricos podem agora almejar os mesmos bens. E a capacidade de navegar, comparar e ostentar no Facebook tornou os clientes mais conscientes das diferenças de preço e qualidade, mas também mais sensíveis aos modismos.

O resultado é uma economia do tipo "o vencedor fica com tudo" (ou, se não tanto, quase tudo), em que as novas empresas capturam grande parte do mercado. Como vimos no capítulo sobre crescimento, em muitos setores as vendas ficaram mais concentradas, e também constatamos o domínio cada vez maior das "empresas superestrelas". E, nos setores que se tornaram mais concentrados, a fatia da receita destinada a pagar salários diminuiu ainda mais, visto que essas empresas, sendo monopólios ou quase monopólios, geram mais lucros, que tendem a ser distribuídos para os acionistas. Assim, o aumento da concentração ajuda a explicar, em parte, por que os salários não estão acompanhando o PIB.[39]

A ascensão das superestrelas também explica de certa forma por que a desigualdade salarial, no geral, tem aumentado: algumas empresas são hoje muito mais lucrativas do que outras e pagam salários mais altos. Também é verdade que agora a lucratividade das empresas é mais variável, com vencedores e perdedores mais claros, mesmo fora do conjunto das superestrelas.[40] Com efeito, nos Estados Unidos, o aumento da desigualdade entre os salários médios em diferentes empresas pode explicar dois terços do aumento total da desigualdade (o aumento da desigualdade entre os trabalhadores de uma mesma empresa explica o resto). Muito desse aumento da desigualdade entre as empresas parece dever-se a mudanças em quem trabalha onde; os trabalhadores mais bem remunerados em empresas que pagam mal estão migrando para empresas que pagam bem. Supondo que maiores ganhos reflitam maior produtividade (o que, em média, tende a ser verdade), os trabalhadores mais produtivos estão trabalhando cada vez mais com outros trabalhadores de alta produtividade.[41]

Essa tendência é consistente com a teoria de que as superestrelas atraem capital e bons trabalhadores.[42] Se pessoas produtivas se beneficiam trabalhando com outras pessoas produtivas, então o mercado deve criar as condições para que elas trabalhem em conjunto e formem empresas de alta produtividade, as quais, em consequência, oferecerão salários e benefícios mais altos. Além disso, depois que uma empresa investiu numa galáxia de talentos, seu CEO está em condições de fazer uma grande diferença; se levar esses trabalhadores para o caminho errado, estará desperdiçando uma grande capacidade produtiva. Portanto, essas empresas devem se esforçar para contratar o melhor CEO possível, mesmo que para isso precisem lhe pagar o que pode parecer uma remuneração obscena.[43] A ascensão dos grupos de alta renda, nessa visão, é apenas o reverso da ascensão das superestrelas, que valorizam conseguir as melhores gerência e direção e estão dispostas a pagar caro por isso.

A rigidez da economia também contribui para o aumento da desigualdade entre as empresas. À medida que a produção em alguns setores se concentra nas superestrelas, outras empresas desses setores fecham as portas em todo o país (pense na loja de departamentos local competindo com a Amazon), e há ainda aquelas que encerram as suas atividades em razão do efeito de novas tecnologias ou de novas formas de comércio.

Como os trabalhadores não se deslocam, o crescimento salarial nas localidades afetadas se achata ou é revertido, assim como os aluguéis. Isso é bom para as empresas que sobrevivem nesses lugares, sobretudo se os seus clientes vierem de outras partes. O aumento inesperado nos lucros resultante desse cenário pode levar a maiores investimentos nessas empresas, mas provavelmente não o bastante para conter o declínio geral na área. Em outras palavras, a distinção entre empresas boas e ruins pode se dever em parte ao mero acaso. Empresas em mercados locais em declínio que têm a sorte de conseguir continuar vendendo nos mercados nacional ou mundial poderão se sair muito bem, ao menos durante algum tempo, até que a drenagem de talentos comece a se agravar, conforme trabalhadores jovens e ambiciosos saem desses lugares.

Em outras palavras, a globalização e a ascensão da indústria de tecnologia da informação, combinadas com a rigidez econômica e, sem dúvida, com outras mudanças importantes, embora talvez mais locais, criaram um mundo de empresas boas e ruins, o que, por sua vez, contribuiu para o aumento da desigualdade. Sob essa perspectiva, o que aconteceu pode ter sido lastimável, mas provavelmente não poderia ter sido evitado.

Não há algo de podre no reino da Dinamarca

No entanto, a explicação do tipo "o vencedor fica com tudo" para o aumento da desigualdade não dá conta de toda a história.

E isso porque, assim como no caso do progresso tecnológico com viés na qualificação, a explicação deve servir tanto para a Dinamarca quanto para os Estados Unidos. Mas não é esse o caso. A Dinamarca é um país capitalista no qual a parcela de renda do 1% do topo era superior a 20% na década de 1920, assim como nos Estados Unidos. Quando diminuiu, porém, essa parcela manteve-se baixa, pairando hoje em torno de 5%.[44] A Dinamarca é um país pequeno, mas possui muitas empresas grandes e conhecidas, como a Maersk, gigante do setor de transporte marítimo, a Bang & Olufsen, fabricante de produtos eletrônicos com design belíssimo, e a cervejaria Tuborg. As rendas no topo da pirâmide, porém, nunca chegaram à estratosfera. Situação semelhante ocorre em muitos países da Europa Ocidental e também no Japão.[45] O que há de diferente entre esses países e os Estados Unidos?

Parte da resposta é o setor financeiro. Estados Unidos e Reino Unido dominam a ponta avançada desse setor — bancos de investimento, títulos de alto risco, fundos de hedge, ativos lastreados em hipotecas, participações privadas, quants etc. —, onde despontaram muitos dos ganhos astronômicos observados nos últimos anos. Dois professores de finanças da Harvard Business School estimam que investidores que utilizam intermediários nos mercados financeiros pagam 1,3% de seus investimentos aos gestores de fundos *todos os anos*, o que, num horizonte de trinta anos de poupança para a aposentadoria, equivale a entregar ao gestor um terço dos seus ativos investidos.[46] Um belo pedaço, sem dúvida, mas nada comparado aos ganhos dos gestores de fundos de hedge, fundos de capital fechado e fundos de capital de risco, epítomes da ponta avançada do setor financeiro, onde, pelo menos até recentemente, os investidores pagavam aos gestores *todos os anos* de 3% a 5% do montante investido. Considerando que os montantes investidos crescem de maneira constante, não admira que esses gestores estejam ficando extremamente ricos.

A remuneração dos profissionais do setor financeiro é hoje 50% a 60% superior à de outros profissionais com qualificações comparáveis. Não era assim nas décadas de 1950, 1960 ou 1970.[47] Esse aumento de ganhos é parte significativa da mudança observada na participação das faixas de alta renda. No Reino Unido, a economia mais dominada pelo setor financeiro entre as grandes economias do mundo, de 1998 a 2007, os profissionais do setor, embora representem somente cerca de um quinto do 1% do topo, absorveram cerca de 60% do aumento nos rendimentos desse grupo.[48] Nos Estados Unidos, de 1979 a 2005, a parcela das rendas mais elevadas auferida por profissionais do setor financeiro quase dobrou.[49] Na França, onde o setor financeiro ainda significa, em grande medida, bancos e seguradoras, a mudança na desigualdade foi muito menor, em termos absolutos. Entre 1996 e 2007, a parcela da renda nacional do 0,1%

mais rico da população passou de 1,2% para 2% (depois diminuiu, durante a crise financeira, recuperando-se parcialmente por volta de 2014),[50] mas estima-se que cerca de metade desse acréscimo deve-se ao aumento dos rendimentos no setor financeiro.[51]

A narrativa das superestrelas não se encaixa muito bem nesse setor. As finanças não são um esporte de equipe, mas um setor supostamente marcado por gênios individuais, pessoas capazes de detectar as irracionalidades que infectam os mercados em certo momento ou de identificar o próximo Google ou Facebook antes de todos os outros. Mas é difícil perceber como isso explica por que um gestor ordinário do setor financeiro recebe valores extraordinários, ano após ano. Com efeito, na maioria dos anos, os fundos de gestão ativa não obtêm melhores resultados do que os "fundos passivos", que simplesmente replicam o índice do mercado de ações. Na verdade, os fundos de investimento típicos dos Estados Unidos apresentam *desempenho inferior* ao do mercado de ações[52] — eles parecem ter absorvido o discurso do talento individual, mas não o talento em si. Grande parte dos prêmios pagos aos profissionais do setor financeiro são quase certamente genuínas *rendas*; ou seja, recompensa não pelo talento ou pelo trabalho árduo, mas pela mera sorte de ter caído naquele cargo.[53]

Essas rendas, muito à semelhança das rendas auferidas em cargos públicos nos países pobres, analisadas no capítulo 5, distorcem todo o funcionamento do mercado de trabalho. Conforme se desenrolava a crise global de 2008, provocada em grande medida por uma combinação de irresponsabilidade e incompetência por parte dos gurus das finanças, um estudo revelou que 28% dos recém-graduados em Harvard haviam optado por empregos no setor financeiro.[54] Esse índice fora de 6% em 1969 e 1973.[55] Devemos nos preocupar com isso porque, se algum emprego paga um prêmio dissociado de sua utilidade — como no caso dos gestores de fundos que auferem fortunas para não fazer nada, ou de muitos talentosos engenheiros e cientistas do MIT contratados para desenvolver softwares que possibilitem negociações na Bolsa no espaço de milissegundos —, isso faz com que indivíduos extremamente capazes sejam desviados de empresas onde poderiam contribuir com mais proveito para a sociedade. Negociações mais rápidas podem ser lucrativas, ao permitirem que o operador reaja mais depressa às novas informações, mas, considerando que o tempo de reação já é de segundos ou menos, parece implausível que o aumento dessa velocidade melhore a alocação dos recursos na economia de alguma maneira significativa. E contratar os mais brilhantes profissionais pode até ser uma forma eficaz para uma empresa financeira se promover no mercado, mas, se desse esforço não resultar nada útil, todos esses talentos estarão sendo desperdiçados. Talvez, em um mundo mais saudável, eles estivessem compondo a próxima grande sinfonia ou curando pacientes de câncer no pâncreas.

E há ainda um outro problema. Os salários e bônus dos CEOs das grandes empresas são definidos pelos comitês de remuneração dos conselhos de administração, e esses comitês tomam como referência os salários de empresas comparáveis. Cria-se, então, um processo de contágio; se uma empresa (digamos, financeira) começa a pagar mais ao seu CEO, outras, não necessariamente financeiras, também se sentem compelidas a aumentar a remuneração do seu, para preservar seus melhores quadros. Do contrário, o seu CEO se sentiria subavaliado em comparação com os colegas com quem joga golfe. Os consultores que ajudam os CEOs a compilar uma lista do que acontece em empresas "comparáveis" são muito habilidosos ao selecionar uma amostra de salários particularmente generosos; assim, os salários da ponta avançada do setor financeiro tendem a contaminar o resto da economia. A prática de comparar salários para negociar aumentos na remuneração se espalhou muito além das maiores empresas, e mesmo muito além dos setores com fins lucrativos.

Esse círculo vicioso é alimentado pelo fato de os CEOS, em todos os lugares, e não apenas nas empresas do setor financeiro, tentarem com muito afinco aparelhar os conselhos de administração com pessoas sob sua influência (ou que só estejam interessadas em receber seus honorários como diretores). Assim, eles muitas vezes são bem remunerados por um mero lance de sorte; quando o valor de mercado da empresa sobe, ainda que por motivos circunstanciais (os preços do petróleo disparam, por exemplo, ou a taxa de câmbio favorece a empresa), a remuneração dos CEOS também aumenta. A única exceção, que de certa forma comprova a regra, são as empresas que têm um único grande acionista com assento no conselho de administração (e que se mantém atento, porque é o seu dinheiro que está em jogo); nesse caso, a remuneração dos CEOS depende muito menos do acaso que do desempenho e dos resultados.[56]

As opções de compra de ações provavelmente contribuíram para a disparada dos salários dos CEOS, ao normalizar a ideia de que a sua remuneração estava diretamente vinculada ao valor para os acionistas e nada mais. Além disso, associar a remuneração dos gestores ao mercado de ações significa que o seu salário deixa de estar ligado à escala de salários da empresa. Quando todos os funcionários pertencem à mesma escala, os CEOS precisam aumentar os salários na base para aumentar o próprio salário. Com as opções de compra de ações, eles não têm motivos para aumentar os níveis salariais na base, e, na verdade, têm todas as razões para cortar custos. O paternalismo, outrora um atributo das grandes empresas, que exigiam lealdade mas cuidavam dos seus, agora se restringe a profissionais de elite em empresas de software, e se expressa na forma de refeições gratuitas e lavagem a seco em troca de longas jornadas.

Uma solução para o enigma apresentado pela Dinamarca talvez seja o fato de que o setor financeiro é muito mais dominante no Reino Unido e nos Estados Unidos do que na Europa continental,[57] e, talvez, a escolha mais atraente para os graduados de elite daqueles países. Da mesma forma, as opções de compra de ações (e, de maneira geral, a remuneração ligada ao mercado de ações) são muito mais prováveis no mundo anglo-saxão, onde mais pessoas estão familiarizadas com o mercado de ações e onde se negociam papéis de empresas de certo porte.

Impostos no topo da pirâmide e mudança cultural

Impostos mais baixos provavelmente também contribuíram, como argumentou Thomas Piketty. Quando as alíquotas tributárias no topo são de 70% ou mais, as empresas são mais propensas a concluir que pagar salários estratosféricos é um desperdício de dinheiro e assim reduzem a remuneração da alta gerência. Com alíquotas tributárias dessa ordem, os conselhos de administração enfrentam uma escolha muito nítida: com uma alíquota tributária marginal de 70%, 1 dólar de salário representa apenas 30 centavos no bolso do gestor, em comparação com 1 dólar inteiro para a empresa. Isso desvaloriza o salário para o CEO e torna mais barato para o conselho de administração remunerá-lo com outras "moedas", como permitir que ele vá em busca dos projetos de seus sonhos. Isso pode nem sempre ser o que os acionistas desejam (eles desejam lucros mais altos, não tamanho propriamente dito) — os economistas nas décadas de 1960 e 1970 estavam preocupados com a construção de impérios pelos gestores —, mas pode ser melhor para os trabalhadores, ou para o mundo. O CEO poderia, por exemplo, priorizar o crescimento da empresa, sua popularidade entre os trabalhadores ou o desenvolvimento de novos produtos, porque isso seria bom para o mundo, mesmo não sendo o melhor para o valor da ação. Os acionistas talvez até tolerassem essas concessões, para manter o CEO feliz. Quem sabe até fosse uma das razões para o aumento do salário dos trabalhadores quando as alíquotas tributárias eram altas.

Portanto, o objetivo das elevadíssimas alíquotas tributárias nas décadas de 1950 e 1960, que se aplicavam apenas às faixas de renda extremamente altas, não era tanto "espremer os ricos", mas eliminá-los. Quase ninguém as pagava, porque as rendas estratosféricas haviam praticamente desaparecido.[58] Quando essas alíquotas foram reduzidas para um máximo de 30%, os supersalários voltaram a se tornar atraentes.

Em outras palavras, as elevadas alíquotas tributárias para o topo da distribuição de renda efetivamente acarretaram uma redução não só na desigualdade pós-tributação, mas também na *desigualdade pré-tributação*. Isso é importante porque, como já vimos, a desigualdade pré-tributação explica em grande medida as diferenças de desigualdade entre a Europa e os Estados Unidos nas últimas décadas. E algumas evidências sugerem que o declínio das alíquotas tributárias mais elevadas possa ter algo a ver com isso: no nível dos países, constata-se uma forte correlação entre o tamanho dos cortes nas alíquotas tributárias no topo, de 1970 para cá, e o aumento

Pianola

da desigualdade. Alemanha, Suécia, Espanha, Dinamarca e Suíça, onde as alíquotas marginais no topo continuaram altas, não observaram um forte aumento nas camadas de alta renda. Em contraste, Estados Unidos, Irlanda, Canadá, Reino Unido, Noruega e Portugal reduziram significativamente suas alíquotas tributárias mais elevadas e observaram um grande aumento na participação dos mais ricos na renda.[59]

Contudo, além das alíquotas tributárias, também é provável que, nos Estados Unidos, tenha ocorrido uma mudança de cultura que criou um ambiente social no qual os altos salários se tornaram aceitáveis. Afinal como os profissionais do setor financeiro conseguiram convencer os acionistas e o mundo de que poderiam receber quantias tão exorbitantes pelos seus serviços, se estivermos corretos na opinião de que, em grande medida, eles são principalmente rentistas?

Em nossa visão, além da redução dos impostos, a narrativa dos incentivos que serviu como pilar para a revolução Reagan-Thatcher convenceu uma fração substancial dos não ricos (e a maioria dos ricos que ainda tinham alguma dúvida a respeito) de que aqueles salários exorbitantes eram legítimos. A baixa tributação era um sintoma disso, mas a mudança ideológica foi ainda mais profunda. Os ricos puderam avançar e pagar a si mesmos mais dinheiro do que jamais conseguiriam gastar, sem provocar arrepios, contanto que tivessem "feito por merecer" esse dinheiro. Muitos economistas, com seu amor incondicional pela ideia de incentivos, tiveram um papel fundamental na difusão e legitimação dessa narrativa. Como vimos, muitos deles continuam a favor da alta remuneração dos CEOS, embora não se oponham a um aumento generalizado da tributação. A narrativa se espalhou: mesmo hoje, embora muita gente nos Estados Unidos e no Reino Unido se ressinta claramente da própria situação econômica, a tendência é culpar a imigração e a liberalização do comércio internacional, e não o fato de que os recursos sejam sugados pelos muito ricos.

Estaria correta a premissa básica de que os salários elevados eram essenciais para estimular as pessoas mais produtivas a dar o melhor de si e gerar prosperidade para todos nós? O que sabemos a respeito do efeito dos impostos sobre os esforços dos ricos?

Um conto de dois esportes

A Europa é uma sociedade mais igualitária que os Estados Unidos, com desigualdade muito mais baixa na renda pré-tributação, carga tributária mais elevada e tributação altamente progressiva. Há uma exceção interessante nessa realidade: os pagamentos aos atletas de ponta. A Major League Baseball, nos Estados Unidos, aplica um imposto sobre o luxo, pelo qual são multadas as equipes cuja folha de pagamento exceda certo limite. A multa é de 22,5% sobre a quantia excedente para a equipe que ultrapassar o limite pela primeira vez em cinco anos, e pode chegar a 50%, nos casos de reincidência. A maior parte das outras grandes ligas esportivas nos Estados Unidos (NFL, NBA, Major League Soccer etc.) adota tetos salariais. O máximo que podia ser pago a uma equipe da NBA em 2018 era 177 milhões de dólares. Não é nenhuma ninharia, sem dúvida, mas no mesmo ano o jogador de futebol Lionel Messi recebeu um total anual de 84 milhões de dólares de seu clube, o Barcelona, valor muito acima do que seria possível nos Estados Unidos.

O teto salarial nos esportes profissionais certamente não vem de nenhum idealismo nórdico. Sem dúvida, a principal razão para a sua existência é o controle de custos. É o que o cartel de donos de times faz para limitar a parcela da receita que vai para os jogadores e, como consequência, aumentar a fatia que eles próprios põem no bolso. Mas os tetos salariais têm o mérito, e esse é o motivo declarado da sua existência, de assegurar algum grau de equidade entre os times, tornando as competições muito mais interessantes. Dinheiro ilimitado gera muito mais desigualdade, com o resultado de que, dentro de uma liga, somente poucos times terão alguma chance de vencer. Na Europa, onde as ligas nacionais de futebol não adotam tetos salariais, alguns times (como Manchester City, Manchester United, Liverpool, Arsenal e Chelsea, na Inglaterra) gastam muito mais do que outros e desfrutam de domínio incontestе. Tanto que, em 2016, as chances de o Leicester vencer a Premier League eram de 5 mil contra um, mais baixas do que a probabilidade de ver Elvis andando por aí. Os agenciadores de apostas perderam 25 milhões de libras quando a equipe, para surpresa de todos, venceu o campeonato.

Há muita oposição ao teto salarial nos Estados Unidos. Um artigo da *Forbes* o tachou de antiamericano, argumentando que, "no capitalismo, o gasto de dinheiro com os empregados (que é o que os atletas são, no esporte profissional) deve ter por base o desempenho, sem obstruções pelo sistema".[60] Os jogadores evidentemente o odeiam, se ressentem dessa limitação como profundamente injusta e já fizeram inúmeras greves contra ela. O curioso é que o único argumento que ninguém apresenta é que os jogadores se dedicariam mais se ganhassem um pouco (ou muito) mais. Todos concordam que o esforço para ser o melhor é suficiente.

Vencer não é tudo[61]

O que é verdade para os atletas profissionais também parece ser verdade para as pessoas ricas.

A questão da tributação dos ricos assumiu um papel central no discurso político nos Estados Unidos no final de 2018. Com a proposta de Alexandria Ocasio-Cortez de uma alíquota marginal do imposto de renda acima de 70% e a convocação de Elizabeth Warren para a criação de um imposto progressivo sobre riqueza, a política tributária tornou-se um dos temas centrais da eleição presidencial de 2020.

Considerando a importância duradoura do imposto de renda como uma questão de política econômica, não surpreende que tenham sido realizados tantos estudos para verificar se as pessoas param de trabalhar quando o imposto de renda aumenta. A análise abalizada dessa literatura, feita por Emmanuel Saez e colegas, conclui que o nível de esforço real no trabalho não é sensível a alíquotas tributárias elevadas, ao contrário do esforço de evasão e elisão fiscal.[62] O corte de impostos promovidos por Reagan em 1986, por exemplo, resultou em um único grande aumento no rendimento tributável de pessoas físicas, que logo desapareceu. Isso sugere que o aumento consistiu principalmente na declaração de rendimentos passados até então ocultos, para aproveitar as condições agora mais favoráveis, e não em um acréscimo de novos rendimentos, decorrentes do aumento do esforço real no trabalho. Nos países em que não há muitas brechas fiscais, uma vez que os tributos incidem sobre todos os tipos de renda (sem tratamento diferencial para renda de investimento, renda de trabalho ou "honorários de corretor imobiliário"), o rendimento tributável (e, portanto, o esforço real subjacente) é insensível à tributação.

Isso deve fazer sentido. Para os atletas de elite, como Vince Lombardi teria afirmado, "vencer não é tudo, é só o que importa". Eles de modo algum darão menos do que o melhor possível só porque a alíquota de impostos subiu. O mesmo princípio provavelmente se aplica a CEOS e aspirantes a CEO.

E quanto à ideia de que as melhores empresas querem os melhores gestores e estão dispostas a pagar caro por eles? Será que elas teriam condições de fazer isso se os impostos fossem altos? A resposta é sim. O argumento de que os melhores CEOS irão para onde ganharem mais dinheiro não muda se o governo ficar com 70% da remuneração. O emprego mais bem pago continua sendo o emprego mais bem pago, contanto que a alíquota tributária seja a mesma para todas as empresas.

No entanto, alíquotas tributárias marginais elevadas para as faixas de renda mais altas também podem reduzir a atratividade das profissões mais lucrativas — mas não necessariamente as mais úteis do ponto de vista social —, como as do setor financeiro. Sem o fascínio de elevadíssimos salários, os aspirantes a altos gestores talvez prefiram ir para onde serão os mais produtivos, não para onde ganharão mais dinheiro. Um lado bom da crise de 2008 foi ter reduzido o apelo do setor financeiro para as mentes mais brilhantes; um estudo das escolhas de carreira pelos diplomados do MIT revelou que quem se formou em 2009 era 45% menos propenso a escolher esse setor do que quem havia se formado entre 2006 e 2008.[63] Daí talvez resulte uma melhor alocação de talentos, e, na medida em que os salários desse setor contagiam os de todos os outros, é possível que isso venha a reduzir ainda mais a desigualdade de renda.

No fim das contas, portanto, acreditamos que alíquotas tributárias marginais elevadas, aplicadas somente sobre as rendas mais altas, são uma maneira perfeitamente sensata de conter a explosão da elevada desigualdade de renda. Elas não serão extorsivas, uma vez que incidirão sobre bem poucas pessoas; os altos gestores simplesmente deixarão de embolsar fortunas. E, por tudo que sabemos, essas alíquotas não desmotivarão ninguém a se dedicar tanto quanto possível no trabalho. Em termos das consequências disso para as escolhas profissionais das pessoas, será provavelmente num sentido positivo. Isso não significa negar a importância das mudanças econômicas estruturais, que tornaram cada vez mais difícil para aqueles com baixo nível de instrução alcançar o sucesso, gerando um aumento na desigualdade mesmo entre os 99% remanescentes.[64] Lidar com essa questão exigirá abordagens complementares. Mas podemos começar eliminando os ultrassuper-ricos (o que significa, caso você esteja com pena deles, torná-los apenas super-ricos).

Os Panama Papers

Uma coisa que os ricos certamente tentarão fazer para reagir a um aumento de impostos será procurar maneiras de não os pagar.

Um efeito da ausência de tetos salariais no futebol europeu e dos consequentes salários astronômicos pagos aos atletas é encorajar os jogadores a sonegar impostos. Em 2016, Lionel Messi (que faturou mais de 100 milhões de euros em 2017) foi julgado culpado por três acusações de fraude fiscal no valor de 4,1 milhões de euros e condenado à prisão, depois suspensa. Em julho de 2018, o governo espanhol e Cristiano Ronaldo assinaram um acordo pelo qual ele concordou em pagar uma multa de 19 milhões de euros e ser liberado da pena de prisão; fora condenado em quatro acusações de fraude fiscal, no valor de 14,7 milhões de euros, resultantes do uso de empresas de fachada fora da Espanha para ocultar renda oriunda de direitos de imagem de 2011 a 2014. Além disso, muitos daqueles que não cometem fraudes procuram impostos mais baixos. Comparando países da Europa que aumentaram ou reduziram impostos em diferentes momentos, um estudo revelou que, quando a alíquota tributária de um país aumenta em 10%, o número de jogadores estrangeiros atuando no futebol local diminui em 10%.[65] Em 2018, Ronaldo se mudou da Espanha para a Itália no intuito de reduzir sua conta de impostos.

A exposição dos chamados Panama Papers — que revelou os esforços do escritório de advocacia panamenho Mossack Fonseca em prol da plutocracia global, ao constituir centenas de milhares de empresas de fachada para sonegar impostos — mostrou como a evasão fiscal se tornara difundida. A lista de nomes incluía ex-primeiros-ministros da Islândia, do Paquistão e do Reino Unido. Mesmo nos países escandinavos, notórios pela honestidade, e onde, em média, apenas 3% dos impostos de pessoas físicas são sonegados, os muito ricos cometem delitos bastante sérios. Um estudo estimou que o 0,01% no topo da distribuição de renda na Noruega, na Suécia e na Dinamarca sonegou de 25% a 30% dos impostos devidos.[66]

Se os impostos aumentam demais, o mesmo acontece com a evasão fiscal. A questão é: em que medida? A curto prazo, a resposta será sem dúvida substancial. Já falamos sobre isso no contexto dos cortes tributários de Reagan. Quando a tributação sobe, esperamos ver o contrário: uma queda acentuada no rendimento tributável — na medida em que quem puder ocultar renda o fará imediatamente —, mas na sequência um efeito menor.

Em parte por essa razão, um pequeno número de políticos nos Estados Unidos e alguns economistas[67] pressionam por um imposto progressivo sobre a riqueza, aplicável à riqueza em âmbito mundial (em 2019, Elizabeth Warren propôs um imposto sobre a riqueza de 2% sobre patrimônios superiores a 50 milhões de dólares e de 3% sobre patrimônios superiores a 1 bilhão). A ideia não é nova. Afinal, a maioria dos americanos que tem casa própria já paga um imposto sobre o valor da casa: o imposto predial, recolhido pelo governo do município. Esse imposto, porém, é regressivo. Suponha que a sua casa valha 300 mil dólares e que você pague 1% de imposto predial (3 mil dólares). Nesse caso, você pagará efetivamente 10% sobre a sua riqueza líquida, se tiver uma hipoteca de 270 mil dólares (visto que a sua riqueza líquida é, então, de 30 mil dólares), mas 0,1% sobre sua riqueza líquida se tiver ativos financeiros de 2,7 milhões de dólares e nenhuma hipoteca (visto que a sua riqueza líquida é, nesse caso, de 3 milhões de dólares).

O imposto sobre a riqueza seria progressivo e se aplicaria a todas as formas de riqueza, e não apenas a imobiliária. A vantagem do imposto aplicado sobre riquezas muito grandes, do ponto de vista da desigualdade, é que as pessoas muito ricas não consomem grande parte da renda que extraem do seu patrimônio. Em vez disso, tiram uma pequena parte da renda da riqueza, na forma de dividendo, e reinvestem o restante no fundo fiduciário da família, ou em qualquer outra estrutura que lhes tenha possibilitado o acúmulo patrimonial. Na atual legislação tributária da maioria dos países, não há incidência de impostos sobre as quantias que são reinvestidas nesses fundos.[68] É em parte por essa razão que Warren Buffett, como ele gosta de nos lembrar, paga muito pouco imposto de renda.[69] É difícil usar o imposto de renda como mecanismo de redistribuição se a maior parte das altas rendas é efetivamente (e legalmente) blindada contra a tributação. Além disso, as vantagens tributárias são exponenciais. A nova riqueza gera nova renda de investimento, em grande parte não tributada pelas mesmas razões, tornando os ricos ainda mais ricos. Um imposto sobre a riqueza, aplicável às grandes fortunas, resolve esse problema. A melhor maneira de pensar essa proposta não é em termos de uma forma de induzir os ricos a fazerem um esforço especial para "retribuir", como a imprensa econômica e os políticos tentam explicá-la (mas se isso os fizer se sentir melhor, tudo bem). Na verdade, trata-se simplesmente de uma maneira (até certo ponto) conveniente e objetiva, do ponto de vista administrativo, de garantir que eles paguem impostos sobre todas as suas rendas, como quer que as apliquem: imaginemos que uma pessoa com patrimônio de 50 milhões de dólares gere pelo menos 2,5 milhões de dólares como renda de investimento, num ano comum. Um imposto de 2% sobre a riqueza (1 milhão de dólares) equivale a um imposto de 40% sobre essa renda, o que não é nada absurdo.

Ao contrário do imposto sobre a herança, que passou a ser malvisto depois de ser chamado de "imposto sobre a morte", a ideia do imposto sobre a riqueza é muito popular. Em 2018, 61% dos participantes de uma pesquisa de opinião conduzida pelo *New York Times* se disseram favoráveis a ele, inclusive 50% dos republicanos.[70] Logo, a proposta pode até ser politicamente viável. Nas últimas décadas, porém, muitos países eliminaram o imposto sobre a riqueza, quando existente, e poucos o adotaram (a Colômbia é uma exceção). Na França, a eliminação do imposto sobre a riqueza foi uma das primeiras providências do governo centrista de Emmanuel Macron, depois da eleição de 2017. Como vimos, foi uma manobra política muito perigosa; a abolição do imposto e a tentativa de sobretaxar os combustíveis foram a motivação original do movimento dos coletes amarelos. No esforço para sufocar o protesto, Macron prometeu uma série de concessões, mas não restabeleceu o imposto sobre a riqueza.

Há duas razões pelas quais os impostos sobre a riqueza são tão difíceis politicamente. Primeiro, por causa do lobby. Indivíduos detentores de grandes patrimônios financiam as campanhas de políticos à esquerda e à direita, e poucos são a favor da tributação da riqueza, mesmo quando muito liberais sob outros aspectos. Segundo, é fácil evitar os impostos, de maneira legal ou ilegal, sobretudo nos pequenos países da União Europeia, onde as pessoas podem transferir a sua riqueza para outros lugares. A consequência é uma corrida para os países com as menores alíquotas de impostos.

Todavia, não podemos perder de vista o fato de que tudo isso acontece em parte porque o mundo tolera a evasão fiscal: a maioria das legislações tributárias tem uma profusão de lacunas, e as penalidades por manter dinheiro no exterior são ineficazes. Como vimos, os países com legislação tributária simples, sem grandes lacunas, perdem menos do que os Estados Unidos com a evasão fiscal quando os impostos sobem.[71] Gabriel Zucman argumentou de maneira convincente que há muitas soluções relativamente objetivas para limitar a evasão e a elisão fiscal. Entre as suas ideias estão a criação de um registro financeiro global, para rastrear a riqueza onde quer que esteja (possibilitando assim a sua tributação); uma reforma no sistema de tributação das pessoas jurídicas, de modo que os lucros globais de empresas multinacionais sejam distribuídos no local onde elas fazem suas vendas; e uma regulação mais rigorosa dos bancos e empresas de advocacia que ajudam as pessoas a praticar evasão ou elisão fiscal por meio de paraísos fiscais.[72]

Naturalmente, não basta identificar um conjunto de medidas. É preciso haver vontade política para implementá-las. As três sugestões de Zucman talvez sejam particularmente ardilosas, uma vez que envolvem cooperação internacional, e os homens (sim, quase sempre homens) no topo, neste exato momento, não parecem ser exatamente capazes de unir esforços para implementá-las. Sem isso, os países podem se sentir tentados a engajar-se numa guerra fiscal, esperando dessa forma atrair capital e talentos. Esquemas de tributação especial para trabalhadores estrangeiros altamente qualificados foram adotados na Bélgica, na Dinamarca, na Finlândia, nos Países Baixos, em Portugal, na Espanha, na Suécia e na Suíça. Na Dinamarca, por exemplo, estrangeiros que auferem rendimentos elevados pagam apenas um imposto, com alíquota única de 30%, durante três anos (em comparação com uma alíquota máxima de 62% para os dinamarqueses). Essa iniciativa foi muito eficaz para atrair estrangeiros com altas rendas, o que pode ser bom para a Dinamarca, mas ruim para outros países. Agora, eles precisam escolher entre tributar menos os seus cidadãos de alta renda ou empurrá-los para outros países.[73] Essa tensão entre bem-estar nacional e bem-estar global no desenho da política de tributação da renda assomou amplamente no debate sobre competição fiscal.

Mas o fato é que esses são problemas políticos, não impossibilidades econômicas. O espírito deste livro é enfatizar que não há cláusulas pétreas na economia que nos impeçam de construir um mundo mais humano, ainda que muita gente, movida por uma fé cega, por interesse próprio ou pela simples incompreensão da economia, afirme o contrário.

Cidadãos unidos?

Do estrito ponto de vista da eficiência econômica, portanto, as evidências sugerem que nada impede um governo de adotar uma tabela progressiva para o imposto de renda, com alíquotas marginais extremamente altas nas faixas de renda superiores. Se a Dinamarca é capaz de aplicar alíquotas elevadas às rendas superiores sem que o capital fuja para países vizinhos com tributação mais baixa, e sem que todos os seus cidadãos ricos decidam se mudar para a Irlanda (ou o Panamá), então nada impede, do ponto de vista estritamente econômico, que uma economia grande e muito menos integrada em âmbito global, como os Estados Unidos, aja da mesma maneira.

A dificuldade de aumentar impostos para as faixas de renda superiores é política. Com efeito, parece que estamos em meio a um círculo vicioso de concentração de poder político e econômico. À medida que enriquecem, os ricos têm cada vez mais interesse e mais recursos para organizar a sociedade de modo a preservar o estado de coisas, inclusive financiando as campanhas de legisladores dispostos a reduzir as alíquotas tributárias para as faixas de renda superiores. A decisão da Suprema Corte dos Estados Unidos conhecida como "Cidadãos Unidos", que julgou inconstitucional a imposição de limites legislativos ao financiamento de campanhas eleitorais pelas empresas, legitimou formalmente que o dinheiro tem o poder ilimitado de influenciar eleições.

Contudo, parece improvável que essa situação possa prosseguir de maneira irrestrita sem gerar uma forte reação. Alíquotas tributárias elevadas sobre as maiores rendas já são muito populares. Pesquisas de opinião sugerem que 51% dos eleitores apoiam alíquotas tributárias marginais de 70% sobre rendas superiores a 10 milhões de dólares.[74] Em nossas enquetes, mais de dois terços dos respondentes que, sob outros aspectos, não se revelaram particularmente liberais, achavam que empreendedores com renda superior a 430 600 dólares por ano (o que os incluía no 1% do topo) pagavam poucos impostos.[75]

Até certo ponto, a recente ascensão do populismo nos Estados Unidos é o começo dessa reação. Por trás dela existe um profundo senso de desempoderamento, uma percepção, certa ou errada, de que as elites sempre decidem, e seja como for, o que decidem não ajuda o cidadão comum. Nos Estados Unidos, Trump, apesar de sua riqueza e de suas conexões com a elite, foi eleito com base na promessa de combater os negócios de sempre. Os republicanos, no entanto, se perfilaram atrás dele, confiantes de que

Pianola 313

ele era pró-ricos. Com efeito, Trump entregou o corte de impostos. Mas não se sabe ao certo quanto tempo esse faz de conta vai durar até que tudo exploda. Os ricos talvez acabem por concluir que é de seu próprio interesse defender uma mudança radical em prol da real distribuição da prosperidade, ou talvez essa solução acabe por lhes ser imposta em bases ainda menos favoráveis. Isso porque o agravamento da desigualdade está na raiz de uma profunda intensificação da angústia social e da infelicidade.

Não ficar para trás

Os cientistas sociais há muito suspeitam que o senso de autoestima das pessoas tem a ver com a sua posição nos grupos de que fazem parte — os vizinhos, os colegas, o país. Se isso for verdade, a desigualdade, por óbvio, afetaria diretamente o bem-estar. Considerando como essa suposição nos parece plausível, tem sido incrivelmente difícil comprová-la de uma vez por todas. As evidências sugerem, por exemplo, que, em qualquer nível de renda, as pessoas tendem a ser menos felizes quando a renda média no local em que residem é superior à que elas auferem.[76] Mas isso pode acontecer porque elas moram num bairro elegante, onde tudo é mais caro, da habitação a uma xícara de café. Em outras palavras, os fatos podem ser explicados sem referência à desigualdade em si.

Um estudo recente realizado na Noruega mostra que uma maior *conscientização* sobre o lugar ocupado por uma pessoa na distribuição de renda aumenta o grau em que a felicidade dessa pessoa depende do seu nível de renda.[77] Na Noruega, os dados fiscais estão disponíveis para todos há muitos anos, mas os registros eram mantidos em meio físico e, portanto, era difícil acessá-los. Em 2001, quando os dados passaram a ser disponibilizados on-line, isso mudou. A partir de então, qualquer um podia xeretar os vizinhos e amigos com apenas alguns cliques. A bisbilhotice tornou-se tão popular que foi apelidada de "voyeurismo tributário", e todos passaram a invadir, sem pudores, a privacidade alheia. O que vimos imediatamente depois da transparência on-line foi que os pobres estavam mais tristes e os ricos, mais felizes. A consciência do próprio lugar no sistema hierárquico parece afetar o bem-estar.

De certo modo, estamos todos vivendo alguma versão do experimento norueguês. Com o bombardeio de imagens da vida alheia na internet e nos meios de comunicação, é impossível para quem está empacado na vida não saber que o resto do mundo parece avançar. O reverso dessa percepção é o impulso de mostrar ao mundo que também somos capazes de não ficar para trás e, se possível, passar à frente deles. Essa é a lógica por trás das compras ostentatórias, destinadas a exibir status. Num experimento recente, um banco indonésio ofereceu a alguns de seus clientes de alta renda (em grande parte urbanos e de classe média superior) um novo cartão de crédito platinum.[78] No grupo de controle, os clientes receberam uma oferta de upgrade para seus cartões com todos os benefícios de um cartão platinum, exceto a aparência. Ficou claro para os clientes que teriam exatamente os mesmos benefícios, mas isso não os dissuadiu de gostar mais do cartão platinum e com cara de platinum; 21% dos que receberam a oferta de um cartão platinum a aceitaram, em comparação com 14% dos que receberam a simples oferta de upgrade.

Curiosamente, a compulsão de ostentar é menos intensa quando a pessoa se sente bem consigo mesma. Os pesquisadores constataram que o simples fato de escrever um texto curto sobre um momento em que a pessoa fez algo de que se orgulhava reduzia a demanda por cartões platinum. Isso cria um círculo vicioso, com pessoas que se sentem economicamente vulneráveis se mostrando especialmente ansiosas para demonstrar seu valor por meio de compras inúteis que mal podem custear, e uma indústria plenamente preparada para aliviar esses impulsos por um bom preço.

O pesadelo americano

Os americanos têm um outro problema peculiar. Alimentados com uma dieta constante do "sonho americano" junto com os cereais do café da manhã, eles tendem a acreditar, apesar de tudo, que, embora seja desigual, a sua sociedade recompensa a diligência e o esforço. Num estudo recente, pesquisadores perguntaram a pessoas nos Estados Unidos e em vários países europeus suas opiniões a respeito da mobilidade social.[79] Confrontados com a pergunta "De quinhentas famílias divididas em cinco grupos de cem, quantas crianças nascidas de pais do grupo mais pobre continuarão no grupo mais pobre, quantas subirão um grupo, dois grupos ou avançarão para o grupo mais rico?", os americanos se mostraram mais otimistas do que os europeus. Eles acreditam, por exemplo, que, de cem crianças pobres, doze avançarão para o quintil mais rico e somente 32 ficarão atoladas na pobreza. Em contraste, os franceses acreditam que, de cem crianças pobres, nove galgarão ao topo e 35 continuarão na pobreza.

Essa visão americana cor-de-rosa não reflete a realidade nos Estados Unidos hoje. Além da estagnação geral na base da pirâmide, a mobilidade intergeracional declinou de maneira acentuada no país. A mobilidade hoje é substancialmente mais baixa nos Estados Unidos do que na Europa. No âmbito dos países da OCDE, as crianças do quintil inferior com maior probabilidade de aí permanecer são as dos Estados Unidos (33,1%), enquanto as com menor probabilidade são as da Suécia (26,7%). A média para o continente europeu é inferior a 30%. A probabilidade de avançar para o quintil superior é de 7,8% nos Estados Unidos, mas de quase 11% em média na Europa.[80]

Os lugares nos Estados Unidos mais propensos a se apegar à ultrapassada noção americana de mobilidade social, ou seja, o sonho americano, são na verdade os menos propensos a realizá-la. De maneira geral, os americanos também acreditam que o esforço é recompensado (com o corolário de que os pobres devem ser em parte responsabilizados por suas próprias agruras), e, provavelmente por isso, quem acredita que a mobilidade é alta também tende a suspeitar de qualquer iniciativa do governo para lidar com os problemas enfrentados pelos pobres.[81]

Quando percepções demasiado otimistas da mobilidade se chocam com a realidade, há um forte desejo de evitar a verdade embaraçosa. A maioria dos americanos cujos salários e renda estagnaram e que se confrontam com um abismo cada vez maior entre a riqueza que veem à sua volta e as desgraças financeiras que os afligem se deparam com a escolha entre, de um lado, culpar-se por não aproveitarem as oportunidades que, na sua visão, a sociedade oferece a todos, e, de outro, encontrar alguém a quem responsabilizar por se apropriar de seus empregos. E assim explode o sentimento de desespero e raiva.

Por todos os critérios, a desesperança encontra-se em ascensão nos Estados Unidos e tornou-se letal. Tem havido um aumento sem precedentes na mortalidade entre americanos brancos de meia-idade com baixo nível de escolaridade, e uma redução na expectativa de vida — que em 2015, 2016 e 2017 diminuiu para todos os americanos. Essa tendência funesta é específica dos americanos brancos e, em especial, daqueles sem formação universitária: em todos os grupos raciais dos Estados Unidos, exceto brancos, a mortalidade está caindo. Outras jurisdições anglófonas que adotaram um modelo social muito semelhante ao dos Estados Unidos, a saber, Reino Unido, Austrália, Irlanda e Canadá, também atravessam uma mudança parecida, ainda que mais lenta. Em todos os demais países ricos, por outro lado, a mortalidade está diminuindo, e com maior rapidez para aqueles com baixo nível de escolaridade (que já tinham taxas de mortalidade mais altas) do que para os mais bem instruídos. Em outras palavras, enquanto no resto do mundo as taxas de mortalidade entre indivíduos com e sem formação universitária convergiam, nos Estados Unidos o movimento foi no sentido contrário. Anne Case e Angus Deaton mostraram que o aumento da mortalidade no país deve-se a uma forte alta nas "mortes de desesperança" (relacionadas à intoxicação por álcool e drogas, suicídio, doenças hepáticas por alcoolismo e cirrose) entre homens e mulheres brancos de meia-idade, aliada a uma desaceleração no progresso contra outras causas de mortalidade (inclusive doenças cardíacas). As declarações de saúde e saúde mental seguem um padrão semelhante. Desde a década de 1990, brancos de meia-idade com baixo nível de escolaridade são cada vez mais propensos a se descrever em condições ruins de saúde e a se queixar de dores. Também é mais provável que revelem sintomas de depressão.[82]

Isso provavelmente não é um resultado das rendas baixas (ou desiguais) per se. Afinal de contas, os negros não tiveram um desempenho econômico muito melhor ao longo do período e não foram afetados por essa tendência nas declarações de saúde. E não houve nenhum aumento da mortalidade na Europa Ocidental mesmo depois da estagnação da renda na Grande Recessão. Por outro lado, a mortalidade na Rússia explodiu após a dissolução da União Soviética, em 1991, e, como nos Estados Unidos, a maior parte do aumento decorreu de mudanças na mortalidade por doenças vasculares e mortes violentas (sobretudo suicídios, homicídios, intoxicação não intencional e acidentes de trânsito) entre jovens e adultos de meia-idade.[83]

Case e Deaton também observam que, embora o aumento da mortalidade nos Estados Unidos tenha começado na década de 1990, isso foi a culminância de uma tendência que tivera início muito antes. Depois do grupo de pessoas que entrou no mercado de trabalho no final da década de 1970, cada grupo que se seguiu teve um desempenho pior do que o anterior de muitas maneiras diferentes.[84] Em todas as faixas etárias, entre os americanos brancos com menor nível de escolaridade, cada grupo subsequente era mais propenso a ter dificuldades de socialização, estar acima do peso e sofrer com estresse psicológico, sintomas de depressão e dores crônicas. Havia também uma propensão maior ao suicídio e à overdose de drogas. O peso acumulado desses problemas é que acaba levando ao aumento da mortalidade.

Inúmeros fatores de ação lenta podem ter provocado essa erosão do bem-estar entre os americanos com menor nível de escolaridade. Cada um desses grupos era também menos propenso que o anterior a ingressar na força de trabalho. Os salários reais de quem tinha um trabalho não eram mais altos do que os dos grupos anteriores, sendo às vezes mais baixos, e essas pessoas eram menos propensas a desenvolver uma ligação forte com um cargo ou empresa. Também tinham menor probabilidade de serem casadas ou estar em um relacionamento estável. No cômputo geral, a classe trabalhadora branca sem formação de nível superior entrou em colapso após a década de 1970, e essa queda provavelmente resultou do tipo específico de crescimento econômico desigual que acometeu o país.

Raiva contra o mundo

A alternativa ao desespero é a raiva.

Estar consciente da ausência de mobilidade social nem sempre predispõe uma pessoa a apoiar a redistribuição. No estudo que acabamos de discutir, depois de levantar as opiniões dos americanos, os pesquisadores apresentaram a alguns deles um infográfico sugerindo que a mobilidade era muito mais baixa do que supunham (e aos demais um outro infográfico, mostrando os mesmos dados de um ângulo mais otimista). Diante disso, os participantes que de início haviam se identificado com o Partido Republicano mostraram-se ainda *menos* propensos a concordar que o governo poderia contribuir para a solução.[85]

Uma alternativa é rebelar-se contra o sistema, talvez a um elevado custo pessoal. Em um experimento em Odisha, Índia, os empregados de uma empresa, ao perceberem que os salários variavam de forma arbitrária, passaram a trabalhar com menos afinco e a faltar com mais frequência em comparação com os de outras empresas, onde os salários eram constantes. Como esses trabalhadores recebiam salário fixo por cada dia de trabalho, ao faltar eles se prejudicavam. Os trabalhadores de empresas com salários desiguais também eram menos propensos a cooperar em busca de um objetivo coletivo, associado a uma recompensa. Eles se dispunham a tolerar remunerações desiguais, contanto que essa diferença estivesse claramente associada ao desempenho.[86]

Nos Estados Unidos, há outra reação possível. Como muita gente acredita que o sistema de mercado americano é fundamentalmente justo, é preciso encontrar outro culpado. Se essas pessoas não conseguem um emprego, deve ser porque as elites de alguma maneira conspiraram para oferecê-lo a um afro-americano, a um hispânico ou até mesmo a um chinês. Então elas pensam: por que eu deveria confiar no governo dessas elites para redistribuir em meu favor? Mais dinheiro para o governo é mais dinheiro para "essa outra gente".

Portanto, quando o crescimento não acontece, ou não beneficia o sujeito comum, é preciso encontrar um bode expiatório. Isso é particularmente verdadeiro nos Estados Unidos, mas está ocorrendo na Europa também. Os contrapontos naturais são os imigrantes e o comércio. Por trás das visões anti-imigração, como argumentamos no capítulo 2, existem dois equívocos: o exagero da quantidade de migrantes que estão entrando, ou prestes a entrar, e a crença na ficção de que os imigrantes de baixa qualificação deprimem os salários.

O aumento do comércio internacional, como vimos no capítulo 3, prejudica os pobres dos países ricos. Isso provocou uma reação não só contra o comércio, mas também contra o "sistema" vigente e as elites. Autor, Dorn e Hanson descobriram que, nos distritos eleitorais dos Estados Unidos mais afetados pelo choque chinês, políticos moderados foram substituídos por políticos mais radicais. Nos distritos com inclinação originalmente democrata, democratas centristas foram substituídos por democratas mais liberais. Nos distritos com inclinação originalmente republicana, republicanos moderados foram substituídos por republicanos mais conservadores. As regiões mais afetadas pelo comércio tendiam a se localizar em estados tradicionalmente republicanos, e, portanto, o resultado disso foi empurrar muitos distritos para candidatos mais conservadores. Essa tendência começou bem antes das eleições de 2016.[87] O problema, evidentemente, é que, como os candidatos conservadores tendem a se opor a qualquer forma de intervenção governamental (sobretudo para promover a redistribuição), eles então exacerbaram o problema de que pouco estava sendo feito para compensar os indivíduos prejudicados pelo comércio. Muitos estados afetados pelo comércio e governados por republicanos conservadores recusaram fundos federais para expandir o Medicare, o que, por sua vez, fomentou o ressentimento contra o comércio.

Um ciclo negativo semelhante pode emergir à medida que as pessoas começam a compreender que vivem numa sociedade muito mais desigual e menos plena de oportunidades do que supunham até então. Como no estudo que acabamos de mencionar, elas podem ficar ainda mais aborrecidas com o governo e ainda menos propensas a acreditar que ele tenha capacidade de fazer alguma coisa para ajudá-las.

Isso tem duas implicações. Em primeiro lugar, a obsessão pelo crescimento que está na base da revolução Reagan-Thatcher, e da qual nenhum chefe de Estado discordou desde então, provocou danos duradouros. Quando os benefícios do crescimento econômico são capturados em grande medida por uma pequena elite, o crescimento pode ser a receita para um desastre social (como o que estamos experimentando hoje). Argumentamos anteriormente que é preciso ter cautela com qualquer política promovida em nome do crescimento, uma vez que é provável que se trate de um embuste. Talvez devamos até ficar mais preocupados diante da perspectiva de que tal política possa funcionar, visto que o crescimento beneficiará apenas uns poucos felizardos.

A segunda implicação é que se nós, coletivamente, enquanto sociedade, não conseguirmos agir agora em prol de políticas capazes de ajudar as pessoas a sobreviver e a preservar sua dignidade neste mundo altamente desigual, a confiança dos cidadãos na capacidade da sociedade de enfrentar esse problema pode ficar comprometida para sempre. Isso ressalta a urgência de conceber e financiar de maneira adequada uma política social eficaz.

8. Legit.gov: governo legítimo

UM TEMA RECORRENTE NESTE LIVRO é que não é razoável esperar que os mercados sempre entreguem resultados justos, aceitáveis e até eficientes. Numa economia marcada pela rigidez, por exemplo, a intervenção do governo é necessária para ajudar as pessoas a se mudarem quando isso faz sentido, mas, às vezes, também para que elas continuem no mesmo lugar, sem renunciar ao seu padrão de vida e à sua dignidade. De maneira geral, num mundo de desigualdade estratosférica no qual "o vencedor" fica com tudo, o padrão de vida dos pobres e dos ricos já apresenta enormes divergências, e se tornará irremediavelmente diferente se permitirmos que os mercados sejam os condutores de todos os resultados sociais.

Como vimos, a tributação é útil para conter a desigualdade no topo da distribuição de renda e riqueza. A eliminação do 1% mais rico, porém, não pode ser a finalidade das políticas sociais. Também precisamos descobrir como ajudar o restante das pessoas.

Qualquer inovação nessas políticas tende a demandar novos recursos. Os super-ricos provavelmente não serão ricos o suficiente para financiar todo o governo, sobretudo se a desigualdade pré-tributação diminuir, como esperamos. Além disso, se a história serve como guia, eles sem dúvida resistirão, provavelmente com algum sucesso. Outros também terão de pagar; a experiência de muitos países mostra que isso é perfeitamente factível. O desafio é político. O problema é a corroída legitimidade do Estado. O Estado é considerado não confiável, ou algo pior que isso, por uma maioria crescente do eleitorado. Como restaurar a sua legitimidade?

Tributar e gastar?

As democracias arrecadam dinheiro através dos impostos. A arrecadação tributária total (considerando todos os níveis de governo) nos Estados Unidos em 2017 foi de apenas 27% do PIB. Esse valor está 7% abaixo da média dos países da OCDE. Os Estados Unidos empataram com a Coreia do Sul, e apenas quatro outros países do grupo tiveram arrecadação tributária mais baixa (México, Irlanda, Turquia e Chile).[1]

Qualquer esforço significativo de política pública exigiria mais financiamento. Ainda que os Estados Unidos aumentassem seus impostos sobre os ricos de maneira a equiparar-se à Dinamarca, a arrecadação tributária total como fatia do PIB do país ainda seria muito mais baixa do que era, em 2017, na Dinamarca (46%), na França (46%), na Bélgica (45%), na Suécia (44%) e na Finlândia (43%). Uma explicação é que, se as alíquotas tributárias nos Estados Unidos fossem elevadas para esses níveis, é possível que as altas rendas diminuíssem muito, porque as empresas deixariam de pagar salários astronômicos; esse efeito talvez seja desejável em si mesmo, mas não alcançaria o objetivo de aumentar a arrecadação. Em outras palavras, ainda que fosse desejável em termos de limitação da desigualdade, a atual proposta de aumentar as alíquotas tributárias acima de 70% dificilmente geraria tanto dinheiro novo para o Estado.

Um imposto sobre a riqueza geraria mais receita, contanto que fossem tomadas providências para reduzir a evasão. Saez e Zucman estimam que um imposto sobre a riqueza de 2% cobrado de americanos com patrimônio superior a 50 milhões de dólares (que afetaria cerca de 75 mil pessoas), e de 3% para americanos com patrimônio superior a 1 bilhão de dólares, arrecadaria 2,75 trilhões de dólares ao longo de dez anos, ou 1% do PIB.[2] Como vimos, o imposto sobre a riqueza de 2% para pessoas com patrimônio superior a 50 milhões de dólares é efetivamente mais popular do que o aumento da alíquota marginal do imposto de renda.[3] No entanto, mesmo no nível proposto, essa tributação adicional ainda arrecadaria apenas 1% do PIB.

Mesmo nos países europeus que possuem alíquotas elevadas para as faixas de renda do topo e um imposto sobre a riqueza, a maior parte das

Legit.gov: governo legítimo

receitas do governo é oriunda de impostos que incidem sobre o cidadão comum. Em outras palavras, o sonho de uma reforma que reduzisse a carga tributária de 99% dos contribuintes ainda não permitiria que os Estados Unidos promovessem uma redistribuição significativa para os que ficaram para trás. A reforma tributária deve abranger não apenas os super-ricos, mas também os apenas ricos e até a classe média.

Nas atuais circunstâncias, essa é uma zona proibida para os políticos americanos à esquerda e à direita. A proposta de aumentar impostos para (quase) todo mundo não é popular. Em nossa enquete, 48% dos respondentes disseram achar que os pequenos empresários já pagavam impostos demais, e menos de 5% opinaram que pagavam pouco. Essas mesmas opiniões se aplicavam também aos trabalhadores assalariados.[4] O mais difícil talvez seja convencer o contribuinte americano a pagar mais e a receber mais em serviços públicos. Suspeitamos que os economistas tenham a sua parcela de culpa pela relutância das pessoas em pagar impostos, de diferentes maneiras.

Antes de mais nada, muitos economistas proeminentes despertaram o fantasma de que as pessoas deixarão de trabalhar se os impostos aumentarem. Por exemplo Milton Friedman, que, numa declaração famosa, afirmou: "Sou a favor de cortar impostos, em quaisquer circunstâncias e sob quaisquer pretextos, por qualquer razão, sempre que possível".[5] Esses economistas sustentam que impostos elevados matam as iniciativas e impedem o crescimento, mesmo na falta de dados que justifiquem esses receios. Já vimos que os ricos não param de trabalhar quando os impostos sobem. E quanto aos outros 99%? Será que eles decidiriam se aposentar e se mudar para o campo? Existe uma volumosa literatura econômica sobre esse tema que deixa claro que não.[6]

Um dos melhores exemplos é a Suíça. No final da década de 1990 e início dos anos 2000, a Suíça fez a transição de um sistema de pagamento de impostos que abrangia a renda auferida nos dois anos anteriores para um sistema mais comum de retenção imediata de imposto na fonte. No velho sistema, os impostos devidos em 1997 e 1998 eram calculados com base na renda auferida em 1995 e 1996; os impostos devidos em 1999 e 2000 eram calculados com base na renda auferida em 1997 e 1998, e assim por diante. O novo sistema de retenção na fonte funciona como o dos Estados Unidos: os impostos estimados para 2000, por exemplo, são cobrados ao longo do ano; no começo do ano seguinte, 2001, o contribuinte preenche uma declaração de imposto de renda e então ajusta-se o valor devido. Na transição para o novo sistema, a Suíça teve de criar uma isenção temporária dos tributos. O cantão de Thurgau fez a transição em 1999. Em 1997 e 1998, os contribuintes pagaram impostos sobre a renda de 1995 e 1996. Em 1999, começaram a pagar impostos sobre a renda de 1999. Para evitar a dupla tributação, não se lançaram impostos sobre a renda de 1997 e 1998: esses foram os anos de isenção fiscal. Como os cantões suíços fizeram a transição em anos diferentes, entre 1999 e 2001, seus residentes tiveram isenções fiscais em anos diferentes, dependendo de onde moravam. Elas foram temporárias e amplamente divulgadas de antemão. Portanto, ao decidirem se (e quanto) trabalhariam no ano, as pessoas já sabiam que não pagariam impostos. Essa foi uma excelente oportunidade para verificar se a redução das alíquotas tributárias afetaria a disposição das pessoas para o trabalho; basta comparar a oferta de mão de obra antes, durante e depois das isenções fiscais. A resposta é que ela *não mudou absolutamente nada*. A redução de impostos não teve nenhum impacto sobre a decisão de trabalhar ou não, e nenhum efeito sobre as horas trabalhadas.[7]

Embora o exemplo da Suíça seja muito nítido, o resultado é mais geral. Os impostos parecem não desestimular o trabalho.[8] Entretanto, os eleitores ainda podem se opor à tributação se acharem que *outras pessoas* trabalharão menos caso os impostos aumentem. Em nossa pesquisa, perguntamos a alguns participantes se eles deixariam de trabalhar ou trabalhariam menos se os impostos fossem mais altos: 72% disseram que de modo algum deixariam de trabalhar, e 60% afirmaram que trabalhariam tanto quanto antes. Esses resultados são muito consistentes com os dados. Também perguntamos a outros participantes como achavam que um *cidadão comum de classe média* responderia. Nesse caso, somente 35% dos entrevistados disseram acreditar que o cidadão comum de classe média trabalharia tanto quanto antes, e 50% disseram acreditar que ele pararia de trabalhar.[9] Por-

Legit.gov: governo legítimo

tanto, ao julgar a si próprios, os americanos quase acertam, mas ao prever o comportamento dos amigos e vizinhos são muito pessimistas.

Será que o governo é o problema?

Outra razão que leva as pessoas a resistirem ao aumento de impostos em troca de mais serviços é o ceticismo de muita gente nos Estados Unidos (mas também no Reino Unido e em diversos países em desenvolvimento) em relação às intervenções do Estado. Pelo menos desde Reagan, temos sido alimentados com o mantra de que, "na presente crise, o governo não é a solução para nossos problemas, o governo é o problema".[10]

Em 2015, somente 23% dos americanos achavam que podiam confiar no governo "sempre" ou "na maior parte do tempo"; 59% tinham opinião negativa sobre ele; 20% achavam que o governo não dispunha de ferramentas para melhorar a igualdade de oportunidades entre ricos e pobres e 32% achavam que reduzir a tributação sobre os ricos e as empresas para encorajar investimentos seria uma forma mais eficaz de ampliar a igualdade de oportunidades do que aumentar impostos para financiar programas sociais.[11]

Esse ceticismo radical sobre a atuação do governo talvez seja a maior restrição contra ajudar os mais necessitados, paradoxalmente porque muitos desses indivíduos carentes têm essas mesmas opiniões negativas sobre o governo e o Estado. Manpreet Singh Badal, um jovem e brilhante ministro no estado indiano do Punjab, viu sua carreira política tropeçar justamente nessa questão. Como os agricultores do Punjab recebem água e eletricidade gratuitas, todos irrigam em excesso as suas terras, o que provoca uma redução acelerada do lençol freático, com o risco de em poucos anos não haver mais água a ser bombeada para a superfície. É de interesse geral reduzir o consumo de água imediatamente. A solução de Badal foi oferecer aos agricultores uma importância fixa em dinheiro, como forma de ressarcimento, e passar a cobrá-los pela eletricidade, de modo que eles não bombeassem mais água do que o necessário para as suas terras, esperando assim que o custo da energia atuasse como dissuasor do uso excessivo de água. Do ponto de vista da lógica econômica, era uma decisão óbvia. Mas do ponto de vista político foi um suicídio. A medida, adotada em janeiro de 2010, teve de ser revogada dez meses depois, Badal perdeu o emprego como ministro das Finanças e acabou tendo de deixar seu partido. Os agricultores simplesmente não acreditaram que receberiam qualquer dinheiro, e suas poderosas associações se opuseram radicalmente às medidas. O espantoso é que, em 2018, de volta ao governo, Badal decidiu tentar novamente. Dessa vez, o plano era *primeiro* fazer uma transferência de 48 mil rupias (o equivalente a 2823 dólares, ajustados pela paridade do poder de compra) para todos os agricultores, diretamente em suas contas bancárias, antes de lhes cobrar pela eletricidade, a ser deduzida dessa mesma conta. O subsídio foi calculado de modo que, à taxa corrente, o agricultor que consumisse menos de 9 mil unidades de energia sairia ganhando (o Estado estima que o consumo médio se situa entre 8 mil e 9 mil unidades). A ideia era deixar absolutamente claro que não se tratava de um imposto disfarçado, uma maneira de tirar dinheiro dos agricultores. E dessa vez o governo foi mais devagar. Começou com um pequeno programa-piloto, e agora está planejando um estudo randomizado controlado mais amplo, para avaliar o impacto desse esquema no consumo de água e no bem-estar dos agricultores. Estes, no entanto, continuam desconfiados. Seu sindicato continua a afirmar que "o verdadeiro plano do governo é interromper o subsídio à energia para a agricultura".[12]

Por que será que as pessoas desconfiam tanto do governo? Em parte, sem dúvida, isso tem a ver com uma questão histórica. Na Índia, as pessoas já viveram muitas situações em que o governo não honrou seus compromissos. Nos Estados Unidos, há muitos anos, predomina nitidamente uma ideologia de autossuficiência e independência, embora em grande medida fantasiosa — os estados em que as pessoas mais se orgulham de sua autonomia são também os mais dependentes de subsídios federais (Mississippi, Louisiana, Tennessee e Montana encabeçam a lista de ajuda federal, como proporção da receita).[13] Em parte, também, como já sugerimos, isso tem a ver com uma desconfiança em relação à elite. Os programas de governo

Legit.gov: governo legítimo

são vistos como a maneira que a elite encontrou para oferecer subsídios a todos menos aos diligentes (homens?) brancos. Mas o repertório de narrativas sobre desperdícios no governo inspiradas pelos economistas não ajuda em nada. Mencione uma intervenção do governo em uma sala cheia de economistas e você ouvirá um inconfundível risinho abafado. Muitos economistas, talvez a maioria deles, acreditam que os incentivos do governo são sempre problemáticos, e, portanto, as intervenções governamentais, embora muitas vezes necessárias, tendem a ser desastradas ou corruptas.[14]

Mas ruins em relação a quê? O problema é que não há substituto para muitas coisas que o governo faz (embora, evidentemente, muitos governos façam mais do que deveriam, como dirigir uma companhia aérea na Índia ou uma usina de cimento na China). Quando um tornado atinge uma região, quando um indigente precisa de cuidados médicos ou quando uma indústria fecha as portas, raramente há uma "solução de mercado". O governo existe, em parte, para resolver problemas que nenhuma outra instituição, realisticamente, pode atacar. Para demonstrar que o governo desperdiça, *é preciso mostrar que há uma maneira alternativa e mais funcional de organizar a mesma atividade.*

Há, sem dúvida, desperdícios do governo na maioria dos países. Uma série de estudos realizados em países como Índia, Indonésia, México e Uganda mostraram que mudanças na maneira de agir dos governos podem acarretar melhorias substanciais. Na Indonésia, por exemplo, a simples distribuição de um cartão indicando que alguém era qualificável para um programa aumentou em 26% os subsídios recebidos pelos pobres. Depois que tomaram consciência de seus direitos, as pessoas se tornaram capazes de se defender melhor.[15] Por outro lado, como observamos no capítulo 5, também há um enorme desperdício nas empresas privadas, o que sugere que a boa gestão de recursos talvez seja mais difícil do que supomos.

De fato, descobrir maneiras de reduzir o mau uso do dinheiro do governo é mais difícil do que parece. Fórmulas simples não funcionam; a privatização, por exemplo, não é uma panaceia. As poucas evidências disponíveis comparando a prestação privada e pública de um mesmo serviço são muito confusas. Na Índia, as escolas particulares independentes são mais baratas, mas crianças encaminhadas aleatoriamente para essas escolas pontuam tão baixo nos exames quanto as que permanecem em escolas particulares financiadas por recursos públicos.[16] Na França, serviços privados para reinserir no mercado de trabalho desempregados de longo prazo são menos eficazes do que seus equivalentes públicos.[17]

Em 2016, o governo liberiano transferiu a responsabilidade de administrar 93 escolas públicas a oito diferentes organizações (algumas ONGs e algumas empresas com fins lucrativos) e, o que é muito interessante, conduziu um ERC para avaliar o impacto da experiência. Os resultados foram ambíguos. O desempenho dos estudantes nessas escolas foi um pouco melhor, em média, mas as escolas independentes também gastaram muito dinheiro por aluno (o dobro do que custavam os alunos regulares); portanto, as coisas não estavam em pé de igualdade. Além disso, quatro das oito organizações se saíram apenas ligeiramente melhor do que as escolas públicas. A Bridge Academy, a empresa que se destacou, obteve boas pontuações, mas só depois de receber uma considerável injeção de dinheiro externo e de dispensar todos os alunos que excediam seus limites por turma.[18] Outra empresa, a More Than Me, uma instituição filantrópica dos Estados Unidos, envolveu-se num chocante escândalo sexual.[19] Não houve cura miraculosa.

A obsessão com a corrupção

Parte do que motiva o ceticismo em relação aos governos é uma obsessão generalizada com a corrupção deles, em todo o mundo. Talvez isso aconteça porque a ideia de servidores públicos vivendo uma vida fácil financiada pelo dinheiro dos contribuintes ofenda as pessoas e, portanto, muitas vezes, esteja no cerne das campanhas políticas. Presume-se que, se houvesse vontade política suficiente, seria possível combater a corrupção. Evidentemente, essa suposição é em grande parte verdadeira. Como esperar o expurgo da corrupção quando os próprios chefes de governo estão atolados até o pescoço em dinheiro sujo?

Legit.gov: governo legítimo

No entanto, a ideia de que basta haver vontade política para erradicar a corrupção não leva em conta o principal fator relativo às fontes de corrupção e nossa capacidade de controlá-la. Em geral, precisamente porque os governos assumem funções rejeitadas pelo mercado é que eles se tornam suscetíveis à corrupção. Vejamos o exemplo da multa por poluição. De bom grado o poluidor pagaria uma parcela da multa a alguém no devido órgão público para se livrar desse problema. Mas será que a situação seria melhor se uma empresa privada, com fins lucrativos, cobrasse as multas? Provavelmente não, uma vez que seus gestores gostam tanto de dinheiro quanto os servidores públicos. Além disso, como mostra a história da cobrança de impostos por organizações privadas, incentivar agentes privados a cobrar impostos (ou multas) envolve o risco de também esses agentes praticarem extorsões.

Ou consideremos uma vaga numa boa escola pública. É muito tentador para um funcionário da escola aceitar um pagamento para abrir uma "porta lateral" para um aluno rico mas sem qualificação — o que, segundo os rumores, é uma prática muito comum nas melhores escolas de ensino médio da China. Mas isso não tem nada a ver com o governo em si; tem a ver com o racionamento. Sempre que um bem é racionado, a tentação de abrir caminho com dinheiro para obtê-lo é muito forte. Isso ficou extremamente claro com os escândalos de admissão que abalaram as universidades particulares de elite nos Estados Unidos, como Stanford e Yale, em 2019; os pais abastados mas não suficientemente ricos para pagar o "preço" integral de uma entrada pela porta dos fundos para os seus rebentos (digamos, um novo edifício para a universidade) contratavam um consultor que oferecia uma porta dos fundos mais acessível (por exemplo, uma propina para treinadores de equipes universitárias).

A questão mais ampla é que nossos objetivos sociais muitas vezes nos levam a não seguir os ditames do mercado. Não há solução de mercado pura para a cobrança de multas, e a razão pela qual as escolas públicas cobram anuidades baixas e as universidades privadas não cobram o preço de mercado é porque queremos que as crianças pobres, mas talentosas, tenham a chance de conseguir as melhores oportunidades. Mas, sempre que alguém tentar interferir no mercado, surgirá a tentação de trapacear.

Uma vez que é da natureza do governo se interpor diante do mercado, a luta contra a corrupção no governo será uma batalha difícil e permanente, mesmo com as melhores intenções.

Além disso, o combate à corrupção não é de modo algum uma atividade sem custos. Na Itália, constituiu-se uma organização governamental de controle denominada Consip, subordinada ao Ministério de Economia e Finanças, em resposta a uma sucessão de escândalos de corrupção. Sua função era adquirir suprimentos em nome de departamentos do governo, e esses suprimentos mudavam de tempos em tempos. Assim, por vezes os departamentos tinham de fazer suas próprias compras; outras vezes, recorriam à Consip. Quando tinham acesso a ela, eles a utilizavam na maior parte das vezes, mas isso acabava custando substancialmente mais ao governo, pois em geral havia versões mais baratas dos mesmos produtos no mercado. Em outras palavras, os departamentos podiam comprar aquilo de que precisavam por um preço menor, mas preferiam não exercer essa opção quando era possível recorrer à Consip. Por conseguinte, no final das contas, a Consip veio a se tornar uma fonte de prejuízo. Teria sido muito melhor deixar que os funcionários do governo fizessem o que sempre fizeram, sem limitações.[20]

Por que será que quase todo mundo utilizava a Consip quando ela estava disponível, mesmo sabendo que seria possível obter os mesmos produtos por um preço menor em outros lugares? Provavelmente porque sabiam que, assim, estariam protegidos de qualquer acusação de corrupção. Não há nada de especial na intenção dos funcionários do governo de seguir rigorosamente todas as prescrições para evitar problemas. Os médicos nos Estados Unidos, por exemplo, pedem muitos exames para evitar acusações de negligência profissional. E é quase certo que as grandes empresas que se valem dos serviços de uma única agência de viagens perdem dinheiro na maioria dos casos, uma vez que essa agência exclusiva não se empenha em procurar os melhores negócios. Mas isso reduz o risco de que os empregados ganhem dinheiro por fora.

Essas considerações ilustram uma questão mais ampla. A última moda no combate à corrupção é a *transparência*, a ideia de que as operações dos governos devem estar disponíveis para o escrutínio de terceiros, como os auditores independentes, os meios de comunicação e o público em geral. Existem sólidas evidências de que em muitas situações a transparência ajuda. Em especial, informar os beneficiários finais sobre a diferença entre aquilo a que têm direito e o que de fato estão recebendo é um instrumento poderoso para o combate à corrupção.[21] Entretanto, como deixa claro o exemplo da Consip, a transparência também tem as suas desvantagens. O monitoramento em geral depende de outras partes, nem sempre plenamente capazes de compreender o quadro global ou avaliar até que ponto os objetivos sociais mais amplos estão sendo atendidos; o máximo que eles podem fazer é verificar se o processo correto está sendo seguido devidamente. Isso, por sua vez, significa que os burocratas tendem a se empenhar ao extremo para seguir rigorosamente todas as prescrições, de modo a não chamar atenção. Daí resulta um viés específico para cumprir a letra da lei, mesmo quando o espírito da lei é inteiramente diferente.

Em última análise, a representação dos burocratas e políticos como idiotas incompetentes ou parasitas corruptos, pela qual os economistas são em grande parte responsáveis, é profundamente prejudicial.

Em primeiro lugar, ela provoca um reflexo automático contra todas as propostas de expandir o governo, mesmo quando ele é claramente indispensável, como nos Estados Unidos de hoje. Em nossa enquete com respondentes americanos, a confiança nos burocratas revelou-se tão baixa quanto a confiança nos economistas: somente 26% disseram confiar "um pouco" ou "muito" nos servidores públicos.[22] Isso provavelmente explica por que tão poucas pessoas acham que o governo pode ser parte da solução.

Em segundo lugar, ela afeta quem deseja trabalhar para o governo. Atrair pessoal qualificado é essencial para o bom funcionamento do governo. Para um jovem talentoso nos Estados Unidos, no entanto, a carreira no governo, dada a sua reputação, não é atraente. Nenhum de nós jamais ouviu um aluno de graduação prestes a receber o diploma dizer que estava interessado em seguir carreira no governo. Esse tipo de preconceito pode desencadear um círculo vicioso. Se somente os menos capazes se interessarem por trabalhar no governo, teremos um serviço público ineficiente, ao qual nenhum jovem talentoso desejará se juntar. Na França, por outro lado, trabalhar no serviço público é fonte de prestígio, o que o torna atraente para as mentes mais brilhantes.

A imagem do governo também afeta a reputação de honestidade de quem deseja trabalhar no serviço público. Um estudo na Índia replicou o experimento suíço com banqueiros que analisamos no capítulo 4,[23] no qual se solicitou aos participantes (nesse caso, estudantes universitários) que, em ambiente privado, lançassem um dado 42 vezes e registrassem os números que obtinham em cada lance; a recompensa era meia rupia para o número um, uma rupia para o número dois, uma rupia e meia para o número três e assim sucessivamente. Os alunos tinham liberdade para mentir sobre os números, e a proporção dos que mentiram no experimento indiano coincidiu mais ou menos com a dos que mentiram no experimento suíço. No entanto, da mesma forma como, na Suíça, os que foram lembrados da sua condição de banqueiros mentiram mais, na Índia os estudantes que planejavam trabalhar no governo mentiram mais.[24] Em contraste, quando o estudo voltou a ser replicado, dessa vez na Dinamarca (que, com razão, se orgulha do seu setor social), os pesquisadores encontraram resultados exatamente contrários aos da Índia: os que pensavam em trabalhar no governo eram muito *menos* propensos a trapacear.[25]

Em terceiro lugar, quando se assume que a maioria das pessoas que trabalham no governo é desonesta ou preguiçosa (ou ambas), faz sentido tentar destituí-las de todo o seu poder decisório (e, assim, comprometer a criatividade ao afastar pessoas criativas). Isso exerce um impacto direto na eficácia dos servidores públicos. Um experimento recente no Paquistão revelou que oferecer um pouco mais de flexibilidade aos funcionários encarregados das compras em hospitais e escolas, concedendo-lhes um pequeno caixa para gastos com suprimentos básicos, melhorou em muito a sua capacidade de negociar preços mais baixos, resultando em grande economia para o governo.[26]

Impor demasiadas restrições aos servidores públicos e aos contratos do governo pode desestimular o talento quando ele é mais necessário. Não obstante o fato de os Estados Unidos serem líderes mundiais em compu-

Legit.gov: governo legítimo

tação, nenhuma das grandes empresas de tecnologia se candidatou a desenvolver o sistema de computação do Obamacare. Ao que parece, havia tantos pré-requisitos exigidos pelo governo que poucas empresas se interessaram por participar do processo. A Federal Acquisition Regulation, que regulamenta as compras federais nos Estados Unidos, tem 1800 páginas. Assim, para conseguir um contrato de fornecimento com o governo, é mais importante ser bom no preenchimento de formulários do que no trabalho em si.[27] As empresas que sistematicamente vencem as concorrências da Usaid, uma agência do governo americano, são conhecidas como "bandidos de Washington". É muito difícil para outras organizações conseguir uma fatia desse negócio, mesmo quando têm experiência relevante na área.

Por fim, e talvez mais importante, o mantra de que o governo é corrupto e incompetente produziu cidadãos descrentes, que reagem às notícias de corrupção descarada entre os líderes eleitos com um dar de ombros resignado, de Washington a Jerusalém e Moscou. Basicamente, eles aprenderam a não esperar mais nada, a não se interessar por nada. Perversamente, a obsessão com a corrupção miúda está alimentando a desfaçatez generalizada.

"America first"?

Os Estados Unidos parecem estar num impasse. Quarenta anos de promessas de que o paraíso está logo ali criaram um ambiente em que ninguém confia em ninguém, muito menos no governo. A crescente influência econômica e política dos ricos, resultado da infrutífera busca pelo elixir do crescimento, se juntou a sentimentos antigoverno cultivados diligentemente pelos ricos para rechaçar quaisquer tentativas de refrear a expansão de sua riqueza. O governo padece de uma paralisia crônica porque é politicamente impossível aumentar impostos, e até os jovens mais idealistas se convenceram de que ele é irremediavelmente ultrapassado, e assim correm para fundações privadas, isso quando não desistem e se juntam a um fundo de "impacto social ou partem deliberadamente para um empreendimento com fins lucrativos. E, no entanto, a única saída possível é conferir aos governos atribuições muito mais amplas.

É possível que esse também seja o futuro de vários outros países. A desigualdade também cresceu na França, embora muito menos do que nos Estados Unidos: entre 1983 e 2014, a renda média do 1% do topo aumentou em 100%, e a do 0,1% do topo em 150%. Como o crescimento do PIB foi lento, o padrão de vida da maioria das pessoas, exceto o dos ricos, tendeu a estagnar: nesse mesmo período, a renda aumentou em apenas 25% (menos de 1% ao ano) para os 99% remanescentes.[28] Essa disparidade impulsionou uma crescente desconfiança em relação à elite e a ascensão do partido xenófobo Rassemblement National. A recente rodada de reformas tributárias empreendidas pelo governo centrista de Macron tornou a tributação menos progressiva: a alíquota do imposto único foi aumentada, o imposto sobre a riqueza foi abolido e os impostos sobre capital foram reduzidos. A justificativa oficial é que isso é necessário para habilitar a França a atrair capital de outros países. Talvez seja verdade, mas há o risco de que outros países na Europa se sintam forçados a também cortar impostos, deflagrando uma guerra fiscal. A experiência americana nos adverte de que isso pode ser muito difícil de reverter. Os países europeus precisam cooperar para manter seus impostos mais ou menos estáveis.

Os governos dos países em desenvolvimento arrecadam ainda menos que os Estados Unidos. Um país mediano de baixa renda arrecada menos de 15% do PIB em impostos, em comparação com quase 50% na Europa (e 34% na OCDE, em média). Até certo ponto, o subdesenvolvimento do sistema tributário é consequência da natureza da economia; grande parte da atividade econômica é gerada por empresas minúsculas ou por fazendas distantes, cuja renda é difícil de confirmar. Em grande medida, porém, o baixo nível de tributação é uma escolha política. Índia e China oferecem um contraste interessante. Historicamente, a maioria dos cidadãos em ambos os países sempre teve renda baixa demais para que valesse a pena tributá-la. Mas, à medida que a renda cresceu, a Índia continuou elevando o limiar acima do qual as pessoas devem ser tributadas — quando as novas alíquotas são anunciadas, o novo limite de isenção fiscal com frequência é manchete nos jornais. Assim, a fatia da população que paga imposto de renda se manteve estável, em torno de 2% a 3%. Na China, onde os limiares não foram ajustados, a fração da população que paga imposto de renda subiu de menos de 0,1% em 1986 para cerca de 20% em 2008. As receitas oriundas do imposto de renda na China cresceram de menos de 0,1% do PIB em 1986 para 2,5% em 2008, enquanto na Índia estagnaram em torno de 0,5% do PIB. De maneira geral, a arrecadação fiscal na Índia vem se mantendo estável em cerca de 15% do PIB há muitos anos, enquanto na China está acima de 20%, o que permite que os chineses invistam mais e/ou incorram em mais gastos sociais.[29] O novo imposto indiano sobre bens e serviços deve ajudar, dificultando a evasão fiscal; sendo, porém, um imposto mais ou menos proporcional sobre as compras, tem bem pouco efeito distributivo.

Além disso, muito à semelhança dos Estados Unidos, a Índia não tem sido especialmente bem-sucedida em usar os impostos para limitar o aumento da desigualdade de renda pré-tributação entre os mais ricos. De acordo com o World Inequality Database, a participação do 1% do topo no PIB da Índia passou de 7,3%, em 1989, para mais de 20%, em 2015. Na China, onde o esforço foi um pouco maior, houve também um aumento, embora menor: de 6,4% para 13,9%.[30]

O interessante contraexemplo aqui é a América Latina — caso típico, durante muitos anos, de crescimento acompanhado por desigualdade explosiva (que depois se converteu em desigualdade sem crescimento) —, onde nas últimas décadas observou-se uma redução significativa da desigualdade. Esse processo foi induzido não só pelo aumento dos preços das commodities, mas também por intervenções de política econômica, aumento dos salários mínimos e, em especial, redistribuição em grande escala.[31]

A maneira como a redistribuição se deu nesses países é instrutiva. A oposição política a programas de transferência de renda na América Latina é formulada em termos das consequências morais e psicológicas das doações, assim como nos Estados Unidos o debate sobre o sistema de bem-estar social é dominado pelo medo da acomodação e da indolência. Desde o início, Santiago Levy — professor de economia que desempenhou um importante papel na concepção do Progresa, programa de transferência de renda mexicano que serviu de modelo para muitos outros — estava bastante consciente da necessidade de conseguir a adesão da direita.[32] O programa enfatizava o caráter de troca. As transferências eram muito explicitamente condicionais: as famílias tinham de levar as crianças ao médico e mandá-las para a escola como requisitos para receber o dinheiro. Um estudo randomizado controlado demonstrou que os filhos dos beneficiários do programa obtinham melhores resultados.[33] Provavelmente em razão disso, esses programas têm sido duradouros. Durante décadas, sucessivos governos por vezes rebatizaram o Progresa (que se tornou Oportunidades e, depois, Prospera); as mudanças, no entanto, não vão muito além disso. Em 2019, o novo governo mexicano de esquerda parece estar em vias de substituir o programa por outro igualmente generoso, com menos restrições.

Nesse meio-tempo, o programa de transferência condicional de renda foi imitado em toda a região e além (chegando à cidade de Nova York). De início, a maioria dos programas adotava condições semelhantes, sendo muitas vezes comparados por estudos randomizados controlados. Essa série de experimentos teve dois impactos. Em primeiro lugar, demonstrou que nada de terrível acontece quando se dá dinheiro aos pobres. Como veremos no próximo capítulo, os beneficiários não convertem todo o dinheiro em bebida nem param de trabalhar. Isso foi fundamental para mudar a percepção do público sobre a redistribuição de renda, em todo o mundo em desenvolvimento. Nas eleições indianas de 2019, pela primeira vez, os dois principais partidos abraçaram a transferência de renda para os pobres como elemento central de sua plataforma. Em segundo lugar, à medida que os países começavam a experimentar o modelo e a testar algumas variantes do programa, ficou claro que os pobres não precisavam de tanta tutela quanto o modelo original determinava. Houve desde então uma reviravolta completa no debate público sobre a redistribuição de renda, e o Progresa e seus sucessores foram experimentos que contribuíram muito para isso.

A batalha contra o crescimento da desigualdade não foi permanentemente vencida, mesmo na América Latina. As alíquotas tributárias máximas continuam baixas e as rendas mais altas não estão em queda contínua (desde 2000, segundo o World Inequality Database, elas estão estabilizadas no Chile, aumentando na Colômbia e completamente instáveis no Brasil).[34] Seja como for, a experiência do Progresa deixa claro que a concepção cuidadosa de programas sociais será fundamental para expor o aparente impasse nos Estados Unidos e problemas semelhantes que venham a despontar em outros lugares.

Resolver essa questão talvez seja um dos maiores desafios de nossa época. Um desafio muito maior que as viagens espaciais, talvez maior até que a cura do câncer. Afinal, o que está em jogo é todo o conceito da vida boa como a conhecemos. Nós temos os recursos. O que nos falta são ideias que nos ajudem a transpor as barreiras das discordâncias e das desconfianças que nos dividem. Se conseguirmos engajar o mundo seriamente nessa missão e envolver as melhores mentes no trabalho com governos, ONGs e outros agentes para redesenhar nossos programas sociais em busca de efetividade e viabilidade política, é possível que a história venha a se lembrar de nossa época com gratidão.

9. Dinheiro e cuidado

MUITA GENTE QUE VAI à cidade de Lucknow, no Norte da Índia, visita um gigantesco monumento indo-islâmico do século XVIII, no meio da cidade velha, chamado Bada Imambara. É uma construção inusitada entre as edificações daquele período, nem fortaleza nem palácio, nem mesquita nem mausoléu. Os guias contam muitas histórias sobre o monumento, ajustadas, obviamente, às preferências do público — disseram a Abhijit que ele era parte das defesas do reino contra o Raj britânico, embora nem de longe pareça um forte. Na verdade, o monumento foi construído em 1784 pelo rei de Oudh, Asaf-ud-Daula, para proporcionar emprego aos súditos famintos, em razão do fracasso das safras.

Uma história sobre esse projeto deixou Abhijit muito impressionado. Reza a lenda que a obra se estendeu muito além do previsto porque o trabalho executado pelos trabalhadores durante o dia era destruído pelas elites à noite. A ideia era proporcionar às elites, que também viviam da agricultura e, portanto, estavam igualmente famintas, maneiras de auferir o suficiente para sobreviver. Sendo aristocratas, as elites preferiam morrer a deixar o povo perceber que estavam numa situação desesperadora, daí o artifício do esforço noturno.

Como quer que se encare a arrogância perversa que tornou necessária essa farsa, e quer ou não ela tenha de fato acontecido, a história salienta um aspecto importante. É fácil esquecer, sobretudo numa crise, a necessidade de proteger tanto quanto possível a dignidade das pessoas que recebem ajuda. Asaf-ud-Daula, para seu crédito, não cometeu esse erro. Ou, pelo menos, é como a história se lembra dele.

Dinheiro e cuidado

Argumentaremos que o equilíbrio entre dinheiro e cuidado deve ser uma preocupação central na concepção das políticas sociais. No atual debate, num extremo estão os que acreditam que o melhor a fazer pelos indivíduos que não floresceram na economia de mercado é dar-lhes algum dinheiro e ir embora, deixando que encontrem os próprios caminhos no mundo; no outro extremo estão os que não acreditam na capacidade dos pobres de cuidar de si mesmos e, em consequência, ou os abandonam à própria sorte ou se intrometem de maneira desmedida na vida deles, restringindo suas escolhas e punindo os que não entram na linha. Um lado atua como se a autoestima dos beneficiários dos programas sociais fosse irrelevante; o outro não se importa ou acha que o impacto na autoestima é o preço a ser pago pela ajuda pública. Todavia, o desejo de ser respeitado é com frequência uma das razões da falta de apoio às intervenções sociais, mesmo entre quem precisa delas, e também uma das causas de seu fracasso. Neste capítulo vamos explorar as implicações dessa perspectiva em particular para a concepção das políticas sociais.

Programas sociais na moda

Não há nada mais na moda hoje, pelo menos entre os programas sociais, do que a renda básica universal (RBU), ou renda básica de cidadania. Elegante em sua simplicidade, ela é o programa moderno de bem-estar social de meados do século, popular entre empreendedores do Vale do Silício, gurus da mídia, certos tipos de filósofos e economistas e políticos excêntricos. Os preconizadores da RBU como programa social imaginam o governo pagando a todas as pessoas, independentemente de necessitarem ou não, uma renda básica garantida significativa (cogitou-se nos Estados Unidos algo em torno de 1000 dólares por mês). Isso pode ser uma ninharia para Bill Gates, mas é muito dinheiro para quem está desempregado, permitindo-lhe, se a situação chegar a esse ponto, que passe toda a vida sem um emprego remunerado. O Vale do Silício gosta da ideia da RBU porque receia que suas inovações possam provocar muitos transtornos sociais. Benoît

Hamon, candidato socialista à substituição de François Hollande como presidente da França, tentou usar essa proposta para animar sua malfadada campanha; Hillary Clinton mencionou-a vez por outra (ela também perdeu); na Suíça, houve um referendo a respeito (mas apenas um quarto dos eleitores votou a favor); na Índia, a RBU apareceu recentemente em um documento oficial do Ministério das Finanças, e ambos os partidos que concorriam às eleições tinham alguma versão de um programa de transferência incondicional de renda em sua plataforma, embora em nenhum dos casos ela fosse universal.

Muitos economistas, remontando pelo menos a Milton Friedman, aprovam a atitude de não intervenção da RBU. Como vimos, vários deles foram predispostos a assumir que as pessoas sabem o que é melhor para elas, e não veem razão para acreditar que um burocrata do governo teria mais capacidade de julgamento do que o indivíduo em si. Para esses economistas, dar dinheiro aos beneficiários de programas sociais é obviamente a coisa certa a fazer. Se comprar alimentos fizer sentido, as pessoas comprarão alimentos; mas, se preferirem roupas, elas devem ter o direito de decidir. Programas como o Supplemental Nutrition Assistance Program (Snap), nos Estados Unidos, destinado apenas à compra de alimentos, estão se alargando. De maneira semelhante, distribuir dinheiro como recompensa por algum tipo de "bom comportamento", como fazem programas de transferência condicional de renda como o Progresa/Oportunidades/Prospera, no México, e seus muitos imitadores, apenas leva as pessoas a se esforçar à toa. Se o objetivo é realmente induzi-las a se comportar bem, elas agirão assim de qualquer maneira, e, se discordarem, o provável é que estejam mais certas do que o governo. Quando, em 2019, o governo mexicano, de viés esquerdista, anunciou sua intenção de substituir o Prospera por um outro programa, de transferência incondicional, uma das justificativas foi que "palestras sobre saúde, exames médicos (e outras obrigações) eram um fardo para as mulheres".[1]

Existe ainda a atração inequívoca de um programa universal que não tenta segmentar e monitorar as pessoas. A maioria dos programas se apresenta com regras complicadas de triagem e monitoramento, para se certificar de que os benefícios vão para as pessoas certas. Assegurar-se de que as condições de educação e saúde das crianças estão sendo cumpridas não é barato. No México, transferir cem pesos para um domicílio custa cerca de dez pesos. Desses dez pesos, 34% estão relacionados ao custo de identificação dos beneficiários e 25% são usados para garantir o cumprimento das condições para receber a transferência.[2]

A proliferação de regras também dificulta a inscrição, e, talvez como consequência, a seleção dos beneficiários é muito menos que universal. No Marrocos, Esther analisou um programa que concede aos domicílios o direito a empréstimos subsidiados para conectar a casa ao sistema de abastecimento de água.[3] Quando ela visitou pela primeira vez os bairros onde o programa seria implementado, a empresa francesa responsável pelo projeto, a Veolia, exibiu orgulhosamente o "ônibus Veolia", que percorria toda a região para fornecer informações. Curiosamente, não havia ninguém no ônibus, e, quando Esther foi de casa em casa, ficou claro que as pessoas muitas vezes tinham uma vaga ideia do programa, mas não sabiam o que seria necessário para se inscrever. Ocorre que o procedimento não era tão simples e não podia ser feito no ônibus. Os clientes potenciais tinham de ir à prefeitura com vários papéis para comprovar sua residência e o direito de propriedade, preencher um pedido e voltar algumas semanas depois para verificar se fora aprovado. Esther e seus colegas propuseram um serviço simples: um funcionário iria em cada casa, tiraria cópias dos documentos necessários, preencheria o pedido e o entregaria na prefeitura. A solução foi extremamente eficaz; as inscrições foram multiplicadas por sete.

Para piorar as coisas, as pessoas que se sentem mais intimidadas no processo de inscrição para esses programas são com frequência as mais necessitadas. Em Delhi, as viúvas e mulheres divorciadas que vivem na pobreza têm direito a uma pensão mensal de 1500 rupias (ou 85 dólares, ajustados pelo poder de compra), uma quantia substancial para elas, mas a adesão é baixa: um estudo do Banco Mundial revelou que dois terços das mulheres qualificáveis não estavam inscritas no programa.[4] Uma das explicações pode ser o processo de inscrição, que envolve um conjunto complexo de normas, que a maioria das pessoas não compreende ou não consegue executar.

342   *Boa economia para tempos difíceis*

Para compreender a extensão em que as normas em si ou o desconhecimento delas impedia a inscrição nesse programa, um estudo dividiu aleatoriamente, em quatro grupos, 1200 mulheres indianas qualificáveis.[5] Um grupo foi o de controle; outro grupo recebeu informações sobre o programa; o terceiro grupo recebeu informações e alguma ajuda no processo de inscrição; e o último grupo, além de receber informações e ajuda, também foi acompanhado pelo representante local de uma ONG até o escritório para inscrever-se. O fornecimento de informações aumentou o número de mulheres que iniciaram o processo de inscrição, mas não significativamente o número delas que de fato o concluíram. Em contraste, ajudá-las no processo resultou em mais pedidos de inscrição. As mulheres que receberam ajuda tinham probabilidade 6% maior de completar todos os passos, e as que foram levadas ao escritório tinham probabilidade 11% maior de solicitar a inscrição, quase o dobro da taxa básica. Um aspecto importante é que as mulheres mais vulneráveis (analfabetas, sem conexões políticas) foram as que mais se beneficiaram com a intervenção, o que reforça a visão de que eram as mais propensas a serem excluídas pelo processo em si. Mesmo com a ajuda, porém, a adesão foi de apenas 26%, para receber o que era em grande medida dinheiro sem custo. A razão para isso, provavelmente, era que as mulheres tinham pouca fé na capacidade do governo de fazer alguma coisa e, assim, não percebiam a importância de realizar esse esforço.

O mesmo se aplica aos Estados Unidos. Entre 2008 e 2014, milhões de novas crianças conseguiram acesso a almoço grátis nas escolas, depois que ficou decidido que os filhos de pais obviamente pobres — aqueles já cobertos por outros programas de combate à pobreza — seriam inscritos de maneira automática. Na verdade, essas crianças já tinham direito ao almoço grátis desde uma alteração nas regras em 2004, mas, à época, os pais precisavam reivindicar o benefício, o que não acontecia.[6]

Ou vejamos o caso do Snap. De 30 mil idosos não inscritos no programa mas aparentemente qualificáveis, um grupo escolhido aleatoriamente foi informado de sua provável elegibilidade; dessas pessoas, um subgrupo aleatório efetivamente recebeu ajuda na inscrição. Passados nove meses,

Dinheiro e cuidado

apenas 6% do grupo de controle havia se inscrito; a informação aumentava essa taxa para 11%, e, com a ajuda, a proporção aumentava para 18%.[7]

Não contribui em nada o fato de que ser identificado como pobre nos Estados Unidos está associado a um certo estigma, resultado da fé persistente na ideia de que qualquer um pode alcançar o sucesso, apesar das evidências em contrário, como já analisamos. Muita gente, portanto, resiste a admitir para si ou para os outros que é pobre a ponto de precisar de ajuda. Observamos um caso interessante a esse respeito em nosso experimento com trabalhadores de baixa renda na Califórnia. O nome *"food stamps"* [vale-alimentação, e nome pelo qual o Snap é conhecido] decorre do fato de, no passado, os trabalhadores serem pagos com vales impressos. Hoje os beneficiários dos vales recebem o auxílio através de cartões eletrônicos que funcionam como cartões de débito, evitando o estigma da entrega dos vales impressos. Mas nem todos os indivíduos elegíveis para o Snap sabem disso. Nosso experimento foi realizado nos escritórios da H&R Block, empresa cujo negócio é a preparação de declarações de imposto de renda. A maioria das pessoas que aparece nos escritórios da H&R Block em janeiro é de trabalhadores de baixa renda que esperam receber a restituição do imposto. Em alguns desses escritórios, escolhidos ao acaso, os trabalhadores com maior probabilidade de serem elegíveis para o Snap receberam um panfleto produzido por uma empresa de relações públicas apresentando o cartão eletrônico de auxílio como um "Golden State Advantage Card". O cartão era descrito como uma maneira de "conseguir comprar mais no supermercado" e salientava o fato de que as famílias de trabalhadores eram elegíveis. Os integrantes do grupo de controle, por sua vez, foram questionados se desejavam se inscrever para o programa de *"food stamps"* e receberam um panfleto que usava a linguagem mais comum do programa. Cartazes no escritório reforçavam as mensagens em ambos os casos. Descobrimos que os clientes eram muito mais propensos a se interessar pelo Snap quando não se usava o rótulo *"food stamps"*.[8]

No sentido oposto, o receio de ser excluído injustamente de um programa pode desencorajar a inscrição dos que mais necessitam dele. É por isso que as organizações que trabalham com indivíduos em condições de pobreza extrema insistem enfaticamente na necessidade de serviços universais. Quando ouviu que o governo francês ajudaria 30% dos pobres a escapar da pobreza, Thierry Rauch, à época um sem-teto na França, reagiu da seguinte maneira: "O que está claro para mim é que eu e a minha família não seremos incluídos nesse número". E continuou: "Se o apoio não for para todos, não tenho dúvida de que serei excluído". Depois de toda uma vida sendo "excluído", ele havia desistido de tentar ser escolhido.[9]

O mesmo pessimismo contraproducente foi encontrado no Marrocos. Esther e seus colegas compararam o desempenho do Tayssir, um programa tradicional de transferência condicional de renda, que demandava frequência escolar, com outro plano de transferência de renda que se propunha a ajudar os pais a educar os filhos mas sem exigir frequência regular na escola. Durante o trabalho de campo do projeto, Esther visitou uma família que não estava inscrita no programa. Ela perguntou por quê. A família tinha três filhos na idade certa, todos matriculados na escola. O pai explicou que costumava trabalhar fora da aldeia o dia todo, às vezes dias seguidos, e portanto não podia garantir que os filhos frequentassem a escola com regularidade. Ele receava que os filhos faltassem demais e que ele acabasse perdendo o benefício, com o agravante de, ainda por cima, parecer um pai relapso.

Os dados sugerem que esse caso não era uma exceção. Algumas famílias com filhos propensos a abandonar a escola preferiam desistir da transferência de renda pelo receio de não ter condições de cumprir os requisitos. Ao que parece, não queriam passar pela vergonha de serem excluídas por mau desempenho, preferindo excluir-se por iniciativa própria. Assim, uma transferência incondicional, apresentada como uma *maneira de ajudar as famílias* a educar os filhos, em vez de impor uma *condição*, foi mais eficaz na melhoria da educação de famílias frágeis (e igualmente eficaz para todas as outras famílias).[10]

Dinheiro e cuidado

Onde está o dinheiro?

Considerando as desvantagens dos atuais programas de transferência de renda, de onde vem a resistência à RBU? Por que será que há tão poucos programas de transferência irrestritos e universais, onde quer que seja?

Uma explicação simples é o dinheiro. Os programas universais, em que ninguém é excluído, são dispendiosos. A proposta de pagar 1000 dólares por mês a todos os americanos custaria 3,9 trilhões de dólares. Isso representa um acréscimo de cerca de 1,3 trilhão de dólares ao valor de todos os programas de bem-estar social existentes, mais ou menos o equivalente a todo o orçamento federal, ou 20% da economia dos Estados Unidos.[11] Para financiá-lo sem cortar todas as funções tradicionais do governo (defesa, educação pública etc.), seria necessário eliminar todos os programas de assistência social existentes *e* elevar a carga tributária dos Estados Unidos ao nível da Dinamarca. É por isso que até mesmo os entusiastas da RBU falam de um modelo em que a transferência é menor à medida que as pessoas são mais ricas, chegando a zero acima de certo nível de renda. Logo, na verdade, os programas não seriam exatamente universais. Se a RBU fosse paga apenas à metade mais pobre dos americanos, o custo total seria muito mais acessível, algo da ordem de 1,95 trilhão de dólares. Essa solução, porém, exigiria a focalização dos beneficiários, com todas as suas armadilhas.

Moralidade de classe média

Como muitos de seus amigos, aos doze anos de idade Abhijit estava apaixonado por Audrey Hepburn. Ele a descobriu como Eliza Doolittle na versão cinematográfica do musical *My Fair Lady*, de Lerner e Loewe, baseado na peça *Pigmaleão*, de George Bernard Shaw (um esquerdista radical de sua época). Na peça, o pai dela, Alfred, faz um breve discurso filosófico verdadeiramente maravilhoso (antes de mais ou menos oferecer-se para vender a filha por 5 libras):

Pergunto-lhe o que sou. Sou um dos pobres não merecedores: é isso o que sou. Pense no que esse estigma significa para um homem. Significa que o pobre enfrenta a moral da classe média o tempo todo. Se há algo acontecendo e me candidato, é sempre a mesma história: "Você não merece, então não pode ter". Mas as minhas necessidades são tão grandes quanto as da viúva mais merecedora, que conseguiu dinheiro de seis instituições de caridade diferentes, em uma semana, pela morte do mesmo marido. Não preciso de menos que um homem merecedor: preciso de mais. Não como com menos apetite do que ele e bebo muito mais. Quero um pouco de diversão, porque sou um homem que pensa. Quero alegria, uma canção e uma banda quando me sinto para baixo. E por tudo eles me cobram exatamente o que cobram dos merecedores e dignos. O que é a moral da classe média? Apenas uma desculpa para nunca me dar nada.[12]

Era difícil ser pobre na Inglaterra vitoriana, em que a peça é ambientada. Para ser merecedor de caridade era preciso ser abstêmio, frugal, carola e, acima de tudo, esforçado. Do contrário, o caminho era o abrigo de pobres, onde o trabalho era compulsório e maridos e mulheres ficavam separados; a menos que se tratasse de um devedor inadimplente, caso em que seu destino era o cárcere ou uma viagem forçada para a Austrália ou a Nova Zelândia. Um "mapa descritivo da pobreza de Londres", de 1898, classificava algumas áreas como de "classe mais baixa, depravada, semicriminosa".[13]

Não estamos muito longe disso hoje. Mencione as palavras "sistema de bem-estar social" a um grupo de endinheirados nos Estados Unidos, na Índia ou na Europa e sempre haverá alguém a balançar a cabeça, preocupado que esse tipo de iniciativa converta os pobres em "imprestáveis", para usar uma expressão vitoriana ainda popular entre certa classe de indianos. "Dê dinheiro aos pobres e eles deixarão de trabalhar ou beberão todo o dinheiro." Por trás de afirmações como essa está a suspeita de que os pobres são pobres porque carecem de vontade de subir na vida; basta ter alguma desculpa e eles caem fora.

Nos Estados Unidos, a depressão econômica da década de 1930 deu à pobreza uma face mais benigna temporariamente, em razão de sua própria

Dinheiro e cuidado

onipresença. Todo mundo conhecia alguém acometido subitamente pela pobreza. Os bravos migrantes de Oklahoma retratados por John Steinbeck em *As vinhas da ira* são personagens conhecidos das turmas de ensino médio no país. O New Deal de Franklin D. Roosevelt marcou o começo de uma era em que a pobreza era vista como algo que a sociedade podia combater, e vencer, com a intervenção do governo. Essa mentalidade perdurou até a década de 1960, culminando com a "guerra contra a pobreza" de Lyndon B. Johnson. Quando o crescimento desacelerou e os recursos escassearam, no entanto, a guerra contra a pobreza degenerou em guerra contra os pobres. Ronald Reagan insistia na imagem da chamada "rainha dos programas sociais": mulher, negra, preguiçosa e estelionatária. O modelo da imagem era Linda Taylor, uma mulher de Chicago que tinha quatro identidades falsas e foi condenada a pagar 8 mil dólares por fraudes, pelas quais passou vários anos na prisão — na verdade, um ano e meio a mais do que Charles Keating, o velho herói e bilionário capitalista, figura central do mais famoso escândalo de corrupção da era Reagan e da crise das associações de poupança e empréstimo que custaria aos contribuintes mais de 500 bilhões de dólares em operações de regate financeiro.

Em uma nova reviravolta, a torpeza moral dos pobres era agora apresentada como consequência do próprio sistema de bem-estar social. Em 1986, Reagan, num pronunciamento que ficou famoso, declarou perdida a guerra contra a pobreza: os programas sociais haviam desencorajado o trabalho e incentivado a dependência, resultando na "crise da ruptura das famílias, sobretudo entre os beneficiários mais pobres dos programas sociais, tanto negros quanto brancos".[14] Em discurso à nação, pelo rádio, em 15 de fevereiro de 1986, Reagan declarou:

> Estamos correndo o risco de criar uma cultura de pobreza permanente, tão inescapável quanto qualquer grilhão ou algema; uma segunda América segregada, uma América de sonhos ceifados e vidas tolhidas. A ironia é que programas de bem-estar social mal concebidos, instituídos em nome da compaixão, contribuíram efetivamente para converter em tragédia nacional um problema que vinha diminuindo. Desde a década de 1950, a pobreza nos

Estados Unidos vinha declinando. A sociedade americana, uma sociedade de oportunidades, estava produzindo maravilhas. O crescimento econômico oferecia uma escada a ser galgada por milhões, no esforço para escapar da pobreza e ingressar na prosperidade. Em 1964, declarou-se a famosa guerra contra a pobreza, e ocorreu algo interessante. A pobreza, medida pela dependência, parou de recuar e efetivamente começou a piorar. Acho que poderíamos dizer que a pobreza venceu a guerra. E em parte a pobreza venceu porque, em vez de ajudar os pobres, os programas públicos romperam os vínculos que mantinham unidas as famílias pobres.

Talvez o efeito mais insidioso do sistema de bem-estar social seja a usurpação do papel de provedor. Nos estados nos quais as transferências para os pobres são mais altas, a ajuda pública a uma mãe solteira, por exemplo, pode superar em muito o salário mínimo. Em outras palavras, pode levá-la a parar de trabalhar. Muitas famílias têm direito a benefícios substancialmente mais altos quando o pai não está presente. Como se sente o homem que sabe que os filhos estarão muito melhor se ele nunca for reconhecido legalmente como seu pai? Sob as regras vigentes dos programas sociais, uma adolescente grávida pode tornar-se beneficiária de programas que a instalarão em casa própria e lhe darão assistência médica, alimentação e vestuário. Ela só precisa cumprir uma condição: não se casar nem identificar o pai [...]. A tragédia dos programas sociais se prolongou por tempo demais. É hora de reformular nosso sistema de bem-estar social de modo que ele seja julgado por quantos americanos livrou da dependência desses programas.[15]

Essas deploráveis afirmações não resistem a um escrutínio. Poderíamos encher muitas estantes de livros com estudos sobre os efeitos dos programas sociais na fertilidade e na estrutura familiar. A conclusão preponderante dessa literatura é que esses efeitos, se é que existem, são muito pequenos.[16] Os receios de Reagan eram infundados.

Apesar dessa evidência esmagadora, a ideia de que os programas de assistência social agravam a pobreza, os clichês de "dependência", "cultura de benefícios", "crise dos valores familiares" e a associação implícita com raça ou etnia são difusos em diferentes épocas e lugares. Em junho de 2018, o presidente francês Emmanuel Macron gravou a si próprio enquanto preparava um discurso sobre as propostas de reforma dos programas de combate à pobreza que pretendia apresentar. A gravação foi divulgada pelo governo com o intuito de apresentar uma visão sincera do presidente "nos bastidores", abrindo uma janela para o seu estilo autêntico e suas opiniões francas. Nós o vemos, apesar de todas as diferenças entre os dois, adotando em grande medida o tom de Reagan, repetindo várias vezes que o atual sistema tem se revelado ineficaz e reiterando seis vezes, no intervalo de poucos minutos, a urgente necessidade de tornar os pobres mais responsáveis.[17]

Nos Estados Unidos, essa mentalidade se converteu em ação em 1996, quando o presidente Bill Clinton sancionou, com o apoio dos dois partidos, o Personal Responsibility and Work Opportunity Reconciliation Act, que substituiu o programa Aid to Families with Dependent Children pelo programa Temporary Assistance for Needy Families, impondo novos requisitos de trabalho aos beneficiários. Clinton também expandiu o programa Earned Income Tax Credit (EITC), cujo objetivo é suplementar os rendimentos dos *trabalhadores* pobres (condicionando a ajuda do governo a já ter algum trabalho). Em 2018, o Conselho de Assessores Econômicos do presidente Trump divulgou um relatório defendendo o requisito de trabalho como condição para enquadramento nos três principais programas de assistência social americanos que não envolvem pagamentos em dinheiro: Medicaid, Snap (vale-alimentação) e auxílio-moradia.[18] Em junho de 2018, o estado do Arkansas tornou-se o primeiro a impor uma exigência de trabalho ao Medicaid para adultos. Curiosamente, o principal argumento do Conselho de Assessores Econômicos já não era o fracasso da guerra contra a pobreza, mas, ao contrário, o fato de que "nossa guerra contra a pobreza em grande parte já terminou e foi um grande sucesso". O relatório argumentava que

a rede de proteção — incluindo políticas tributárias e de transferência de renda [monetária e não monetária] — contribuiu para uma redução drástica da pobreza [medida corretamente] nos Estados Unidos. Contudo, as políticas foram seguidas de um declínio na autossuficiência [em termos de recebimento de benefícios] entre adultos capazes, em idade de trabalhar. A ampliação dos requisitos de trabalho nesses programas sociais sem pagamentos em dinheiro melhoraria a autossuficiência, com pouco risco de reversão substancial dos avanços no tratamento das dificuldades materiais.

Em outras palavras, as pessoas tinham de lutar pelo jantar, para não serem destituídas da "ética de trabalho americana, a motivação que impulsiona os americanos a trabalhar mais horas por semana e mais semanas por ano do que qualquer um de nossos pares econômicos, uma contribuição duradoura para o sucesso dos Estados Unidos". Sem dúvida, apesar de por vezes doloroso, o sacrifício valia a pena para evitar que um grande número de pobres sucumbisse à preguiça, um dos sete pecados capitais. Os puritanos teriam aplaudido.

O pão nosso de cada dia nos dai hoje

Os puritanos também teriam concordado com a relutância em entregar dinheiro, uma reticência compartilhada historicamente pela esquerda e pela direita. Na Índia, um dos esforços recentes mais bem-sucedidos da esquerda foi a demanda de uma lei nacional de segurança alimentar. Aprovada em 2013, ela promete cinco quilos de cereais subsidiados para quase dois terços dos indianos, mais de 700 milhões de pessoas.[19] No Egito, o programa de subsídio alimentar custou 85 bilhões de libras egípcias em 2017-8 (4,95 bilhões de dólares, ou 2% do PIB).[20] A Indonésia tem o Rastra (antes chamado Raskin), programa que distribui arroz subsidiado a mais de 33 milhões de domicílios.[21]

A distribuição de cereais é complicada e dispendiosa. O governo precisa comprá-los, armazená-los e transportá-los, não raro ao longo de muitas centenas de quilômetros. Na Índia, a estimativa é de que o transporte e o armazenamento onerem em 30% o custo do programa. Além disso, há o desafio de garantir que os beneficiários inscritos efetivamente recebam

Dinheiro e cuidado

os cereais ao preço pretendido. Em 2012, os domicílios indonésios enquadrados no programa Raskin receberam apenas um terço da quantidade devida e pagaram 40% acima do preço oficial.[22]

Na Índia, o governo está pensando agora em adotar as chamadas transferências diretas de benefícios, isto é, depositar o dinheiro na conta dos beneficiários em vez de lhes dar alimentos (ou outros benefícios materiais), visto que isso seria muito mais barato e muito menos sujeito a corrupção. Existe, porém, uma forte oposição à ideia, liderada principalmente pelos intelectuais de esquerda. Um deles entrevistou 1200 domicílios na Índia, perguntando se preferiam receber dinheiro ou alimentos. Dois terços dos domicílios disseram preferir receber alimentos a dinheiro. Em estados onde o sistema de distribuição de alimentos funcionava bem (principalmente no Sul da Índia), essa preferência foi ainda mais forte. Ao serem indagados por quê, 13% dos domicílios mencionaram custos de transação (o banco e o mercado ficam longe, o que dificulta a conversão de dinheiro em alimentos). Mas um terço dos domicílios que disseram preferir alimentos argumentou que isso os protegia da tentação de desperdiçar o dinheiro. Em Dharmapuri, no estado de Tamil Nadu, um respondente afirmou: "Comida é mais seguro. Dinheiro a gente gasta logo". Outro disse: "Mesmo que você me desse dez vezes mais dinheiro, eu ainda iria preferir as lojas de alimentos, porque os alimentos não podem ser desperdiçados".[23]

Subestimando-se

E, no entanto, nada nos dados sugere que eles têm razão para se preocupar tanto. Em 2014, 119 países em desenvolvimento tinham programas de transferência incondicional de renda, e 52 tinham programas de transferência condicional. No total, 1 bilhão de pessoas participavam de pelo menos um desses programas.[24] A fase inicial de muitos deles foi implementada em caráter experimental. O que fica muito claro com base em todos esses experimentos é que não há apoio nos dados para a visão de que os pobres torram o dinheiro satisfazendo desejos em vez de atender necessidades. Na verdade, quem recebe as transferências *aumenta a fatia* das despesas totais com alimentos (isto é, não se trata apenas de as pessoas gastarem mais com alimentos quando têm mais dinheiro, mas de gastarem tão mais a ponto de aumentar a fração dos gastos com alimentos); a nutrição melhora, e as despesas com educação e saúde também.[25] Tampouco há evidências de que as transferências de renda acarretem maiores gastos com tabaco e bebida,[26] e elas geralmente aumentam as despesas com alimentos tanto quanto as provisões de alimentos.[27]

Mesmo os homens não parecem desperdiçar o dinheiro; quando as transferências são feitas de maneira aleatória para homens ou mulheres, não há diferença em quanto é gasto com alimentos ou com bebida e tabaco, por exemplo.[28] Ainda somos a favor de dar o dinheiro à mulher, porque isso restabelece um pouco do equilíbrio de poder dentro da família e permite que ela faça o que lhe parece mais importante (inclusive trabalhar fora de casa),[29] e não porque achamos que o homem beberia todo o dinheiro.

Evitando o poço de cobras

Não há evidências de que as transferências de renda levem as pessoas a trabalhar menos.[30] Para os economistas, essa conclusão é surpreendente — por que você trabalharia se não precisa de dinheiro para sobreviver? E quanto à tentação da preguiça, para a qual a punição bíblica é ser jogado em um poço de cobras no inferno?

Parece plausível que muita gente (talvez a maioria) realmente aspire a fazer alguma coisa na vida, mas que a necessidade de sobreviver com muito pouco as deixe paralisadas. Talvez um dinheiro extra as encoraje a trabalhar com mais afinco e/ou a tentar novas realizações. Em Gana, Abhijit e seus colegas realizaram um experimento no qual ofereceram aos beneficiários a chance de produzir bolsas que, então, os próprios pesquisadores compravam a preços muito generosos. Algumas das trabalhadoras mulheres (escolhidas aleatoriamente) também participaram de um programa que lhes oferecia um ativo produtivo — cabras, na maior parte das vezes — e um treinamento sobre como usar esse recurso da melhor maneira, além de um reforço à sua autoconfiança (tratava-se de mulheres muito pobres, que nem sempre se achavam capazes de realizar alguma coisa com sucesso). Embora os cuidados com a cabra aumentassem a sua carga de trabalho (e também lhes proporcionassem alguma renda, deixando-as menos desesperadas por dinheiro), as mulheres que participaram do programa produziram mais bolsas e ganharam mais com elas do que as que não receberam o ativo. O mais interessante é que a grande diferença entre o desempenho desses dois grupos ficava evidente quando o design das bolsas era mais complexo. As que haviam recebido o ativo trabalhavam mais rápido, porém mantendo o necessário padrão de qualidade. A explicação mais plausível é que o ativo as liberava da preocupação com a sobrevivência, o que lhes dava capacidade e energia suficientes para focar no trabalho.[31]

Também é verdade que o pobre típico no mundo em desenvolvimento não consegue empréstimos (ou só os obtém a taxas de juros astronômicas) nem conta com ninguém para socorrê-lo se o seu empreendimento fracassa. Essas duas restrições tornam muito difícil para ele começar o negócio de seus sonhos. Uma transferência de renda que se mantenha por alguns anos proporciona tanto um financiamento extra quanto um apoio ao consumo caso o empreendimento fracasse. Talvez uma renda garantida deixe o pobre mais disposto a ir para outro lugar a fim de encontrar um emprego melhor, aprender novas habilidades ou começar um negócio.

Tudo isso, porém, talvez se aplique apenas a países em desenvolvimento, onde os pobres são mesmo muito pobres e o dinheiro de fato os *habilita* a trabalhar. É possível que, nos Estados Unidos, as coisas sejam muito diferentes, já que todos, por mais pobres que sejam, normalmente conseguem encontrar trabalho. Será que o efeito preguiça também se manifesta por lá? Evidências que remontam à década de 1960 sugerem que a preguiça também não deve ser uma grande preocupação nos Estados Unidos. A bem da verdade, o primeiro grande estudo randomizado nas ciências sociais, o experimento de manutenção de renda de Nova Jersey, foi concebido justamente para determinar o impacto do "imposto de renda negativo". O imposto de renda negativo (IRN) implementa a ideia de que o sistema de tributação da renda deve ser concebido para garantir que todos recebam pelo menos uma renda mínima. Os pobres devem pagar impostos negativos, de modo que recebam, ao final, mais recursos do que auferem de renda inicialmente. À medida que enriquecem, no entanto, eles irão receber transferências cada vez menores, até que em algum momento começam a pagar imposto ao sistema.

Isso é diferente da RBU, pois, para as pessoas no limiar entre receber do sistema e pagar ao sistema, existe provavelmente um forte desincentivo ao trabalho. Em outras palavras, além do *efeito renda* (não preciso trabalhar se já tenho dinheiro suficiente para sobreviver), com que a maioria dos formuladores de políticas se preocupa, esses esquemas podem exercer um *efeito substituição* (trabalhar é menos importante, uma vez que a renda adicional que obtenho com o trabalho é retirada em outra ponta, com a redução nos pagamentos recebidos dos programas sociais).

Muitos acadêmicos e formuladores de políticas, de ambos os partidos, foram a favor do imposto de renda negativo. À esquerda, o Office of Economic Opportunity, sob o presidente democrata Lyndon Johnson, lançou a ideia e desenvolveu um plano para a substituição dos programas sociais tradicionais por um IRN. À direita, Milton Friedman defendeu a substituição dos programas de transferência existentes por um único IRN. O presidente republicano Richard Nixon propôs o IRN em 1971, como parte de seu pacote de reforma da seguridade social, mas não obteve a aprovação do Congresso. Uma importante preocupação na época era que os beneficiários trabalhassem menos em consequência do programa, e, assim, o governo acabasse pagando benefícios a pessoas que do contrário poderiam prover o próprio sustento.

Foi então que Heather Ross, doutoranda em economia do MIT, propôs, talvez pela primeira vez no âmbito da economia, a ideia de um experimento para esclarecer a questão. Ross sentia-se frustrada que os políticos recorressem a evidências informais para justificar políticas econômicas e que não houvesse bases factuais para estabelecer se as pessoas de baixa renda deixariam de trabalhar se recebessem ajuda de programas desse tipo. Em 1967, ela apresentou ao Office of Economic Opportunity uma proposta

Dinheiro e cuidado

de ERC. A proposta acabou sendo financiada, e, nas palavras de Ross, ela acabou com uma "tese de 5 milhões de dólares".[32]

O resultado dessa inspirada proposta não seria apenas um novo experimento de Nova Jersey sobre o IRN, mas também uma série de outros. No começo da década de 1970, Donald Rumsfeld (sim, o mesmo) afastou o IRN da implementação plena e direcionou-o para uma série de experimentos. O primeiro ocorreu em áreas urbanas de Nova Jersey e da Pensilvânia (1968-72); os subsequentes, em áreas rurais de Iowa e da Carolina do Norte (1969-73) e em Gary, Indiana (1971-4); e o maior deles foi o experimento de manutenção de renda em Seattle, Washington, e Denver, Colorado (1971-82, abrangendo 4800 domicílios).[33]

Os experimentos de IRN demonstraram de maneira convincente a viabilidade e a utilidade de executar ERCs na formulação de políticas públicas. Apenas décadas depois projetos intelectuais igualmente ambiciosos voltariam a ter papel central nas políticas sociais. Isto posto, tendo sido esses os primeiros experimentos em ciências sociais, não surpreende que sua concepção e implementação estivessem longe da perfeição. Os participantes estavam perdidos, as amostras eram pequenas demais para gerar resultados exatos, e, mais preocupante, a coleta de dados foi comprometida.[34] Além disso, como o experimento foi pouco duradouro e de pequena escala, também não foi fácil extrapolar o que aconteceria em resposta a um programa mais longo e universal.

Todavia, no conjunto, os resultados sugerem que o programa de IRN reduzia um pouco a oferta de trabalho, mas nem de longe tanto quanto se receava. Em média, a redução no tempo trabalhado foi de apenas duas a quatro semanas no intervalo de um ano, considerando um emprego em horário integral.[35] No experimento mais amplo, realizado em Seattle e Denver, os maridos que receberam o IRN reduziram suas horas de trabalho em apenas 9%, em comparação com aqueles que não receberam, embora as esposas que o receberam tenham reduzido sua carga horária em 20%.[36] No geral, a conclusão oficial do estudo foi que o programa de manutenção de renda não exercia grandes efeitos sobre a propensão das pessoas a trabalhar, em especial dos provedores da família.[37]

Também há exemplos de programas de transferência incondicional locais em várias partes dos Estados Unidos. O Fundo Permanente do Alasca distribuiu, desde 1982, um dividendo anual de 2 mil dólares por pessoa, ao que parece sem impacto adverso sobre o emprego.[38] Está claro que o Fundo Permanente do Alasca, embora universal e permanente (como indica o nome), é também muito pequeno em comparação com a RBU. Se fosse suficiente para prover a subsistência, as pessoas talvez tivessem parado de trabalhar. Um programa mais parecido com a RBU é o de cassinos instalados em território cherokee, que pagam dividendos aos membros dessa tribo indígena. As transferências, cerca de 4 mil dólares anuais por adulto, são um grande reforço na renda, uma vez que a renda per capita domiciliar dos americanos nativos é de mais ou menos 8 mil dólares. Comparando famílias elegíveis e não elegíveis em Smoky Mountains, antes e depois dos pagamentos, um estudo não encontrou efeitos sobre o trabalho na família, mas constatou grandes impactos positivos sobre a educação dos adolescentes.[39]

Renda superbásica universal

Portanto, não há indícios de que as transferências incondicionais de renda conduzam a uma vida dissoluta. O que isso nos diz sobre a concepção das políticas de bem-estar social?

Nos países em desenvolvimento, onde muitas pessoas correm o risco de se verem destituídas de condições básicas de uma hora para outra, e onde inexistem as redes de proteção comuns nos países ricos (atendimento de emergência, abrigos, bancos de alimentos), a importância de contar com um apoio como a RBU pode ser enorme, tanto ao enfrentar a má sorte quanto ao tentar algo novo.

Uma das maneiras mais comuns de as pessoas se salvaguardarem contra os riscos relacionados à renda em muitas partes do mundo em desenvolvimento é agarrando-se à terra. No capítulo 2 analisamos a relutância em migrar, e uma das razões para isso é que aqueles que migram correm o risco de perder os direitos de propriedade da terra. O interessante é que a maior parte dos domicílios rurais na Índia hoje em dia, por exemplo, aufere o grosso da sua renda não da agricultura, mas de outras fontes. A propriedade da terra, porém, ainda tem o seu valor, porque oferece a garantia de que, se tudo o mais falhar, ainda é possível cultivar o próprio sustento.

A consequência disso é que as regiões com uma grande concentração de pequenos proprietários tendem a ter dificuldade de se industrializar. Isso decorre em parte da configuração da reforma agrária; os direitos territoriais concedidos aos pobres geralmente podem ser herdados, mas não vendidos. Além disso, também há uma forte resistência em vender por parte dos camponeses. No estado indiano de Bengala Ocidental, quando os comunistas chegaram ao poder, depois de vencerem as eleições de 1977, a primeira prioridade foi conceder aos colonos direitos permanentes sobre as terras que lavravam. Esse direito podia ser herdado, mas não vendido. Trinta anos mais tarde, o mesmo governo comunista, consciente da falta de desenvolvimento industrial no estado, tentou comprar as terras dos camponeses (inclusive as dos colonos). A iniciativa foi rechaçada com resistência tão furiosa que os planos foram arquivados. Os comunistas acabaram sendo afastados do poder depois de intensos protestos contra as desapropriações e da sangrenta repressão com que foram recebidos.

Os camponeses de Bengala Ocidental desejavam a promessa de um emprego, uma fonte de renda estável, como compensação pela perda de suas terras. Se houvesse algum tipo de RBU que lhes oferecesse essa garantia, talvez a resistência tivesse sido muito menor e a conversão de terras agrícolas em áreas industriais tivesse transcorrido com muito mais facilidade. No capítulo 5, mencionamos o mau uso da terra como importante fonte de má alocação na Índia, responsável provavelmente por perdas significativas de crescimento econômico. Se aliviasse a necessidade de enraizar-se na terra a todo custo, a RBU reduziria essa má alocação, e poderia reduzir também a má distribuição do trabalho, tornando mais aceitável para quem havia recebido terras vendê-las e mudar-se para locais com melhores oportunidades de trabalho.

A Índia, entretanto, não tem nada parecido com uma RBU. O atual esquema proposto pelo governo é aplicável somente a camponeses e está muito longe de garantir condições de vida mínimas. A renda mínima garantida proposta pela oposição guarda mais semelhanças com o IRN. O plano era destiná-la aos pobres e gradualmente tributar a renda, à medida que esta aumentasse. Na verdade, bem poucos países têm algo parecido com uma RBU, ou seja, uma renda oferecida a todos e não tributada. Quando os países oferecem alguma coisa, são transferências, condicionais ou não, direcionadas aos pobres. Mas garantir o direcionamento correto no mundo em desenvolvimento tende a ser uma tarefa particularmente difícil, porque a maioria das pessoas trabalha no campo ou em negócios minúsculos. É quase impossível para o governo saber o quanto ganham, o que torna muito difícil identificar os pobres e lhes oferecer a renda extra.[40]

A alternativa para o direcionamento é o autodirecionamento. Na Índia, o National Rural Employment Guarantee Act (NREGA) é o maior desses programas autodirecionados (e talvez uma espécie de modelo para a garantia de emprego federal proposta nos Estados Unidos). Toda família rural tem direito a cem dias de trabalho por ano, recebendo o salário mínimo oficial, que, na maioria dos lugares, é mais alto do que o salário efetivo. Não há triagem oficial, mas impõe-se o requisito de trabalhar, geralmente em canteiros de obras, o que exclui qualquer pessoa com uma alternativa preferível a ficar sob o sol durante oito horas por dia.

O programa é popular entre os pobres. Tão popular que o governo de Modi, depois de vencer as eleições de 2014, decidiu não o combater de frente, embora tenha feito campanha contra ele. Uma vantagem de um programa de *workfare* como o NREGA é que, em lugares onde não é possível impor o salário mínimo, ele o substitui, pelo menos em parte. Os trabalhadores podem recorrer ao salário do NREGA para negociar com os empregadores do setor privado, e há evidências de que o fazem.[41] Além disso, um estudo revelou que a oferta de emprego privado subiu mesmo com o aumento dos salários. Ao entrar em conluio para pagar pouco demais, os empregadores estavam de fato reduzindo o número de empregos, talvez porque algumas pessoas não tinham condições ou não estavam dispostas a trabalhar por tão pouco.

Dinheiro e cuidado

O ponto mais controverso em qualquer programa de *workfare* é que alguém tem de criar milhões de empregos. Na Índia, essa atribuição é responsabilidade do conselho de casta da aldeia (o *panchayat*). Mas existe muita desconfiança entre as autoridades centrais e os conselhos das aldeias; não sem algum motivo, cada lado está sempre acusando o outro de corrupção. O resultado é o tipo de burocracia e de ineficiência que costuma surgir quando há muita ênfase no combate à corrupção. Aprovar uma proposta de projeto e iniciar os trabalhos é algo que leva vários meses e demanda muito esforço do chefe do *panchayat*. Isso significa que o programa é incapaz de se ajustar de forma eficiente a mudanças repentinas nas circunstâncias, como uma seca inesperada. Também significa que, se por acaso você vive numa aldeia em que a liderança do *panchayat* concluiu que os projetos são problemáticos demais, azar o seu. Em Bihar, o estado mais pobre da Índia, menos da metade das pessoas que se inscrevem no NREGA em busca de um trabalho consegue trabalhar.[42]

O programa acaba por ficar ligeiramente sujeito à corrupção, uma vez que as pessoas envolvidas no monitoramento de sua execução podem abusar de sua autoridade para bloquear pagamentos e extorquir propinas. A redução do número de camadas de burocratas envolvidos no acompanhamento do programa reduziu a riqueza mediana dos funcionários do NREGA em 14%.[43] E, mesmo quando conseguem trabalho, as pessoas geralmente só recebem o pagamento meses depois.

Tudo isso sugere que há muito boas razões para considerar a adoção da RBU nos países em desenvolvimento. O problema, evidentemente, é o dinheiro. A maioria dos países em desenvolvimento precisa aumentar a tributação, mas essa mudança não será rápida. De início, a maior parte do dinheiro terá de vir da extinção de outros programas, inclusive alguns dos maiores e mais populares, como os subsídios à energia. Reduzir o número de programas pode acarretar a vantagem adicional de concentrar a capacidade limitada do governo em apenas algumas iniciativas. O governo da Índia tem centenas de programas oficiais. Muitos deles basicamente não têm fundos, mas possuem escritório exclusivo e alguns funcionários, que trabalham bem pouco. Manish Sisodia, vice-ministro no governo de Delhi, certa vez gracejou que, ao assumir o cargo, percebeu a existência de um item no orçamento relacionado à compra de ópio. Ele descobriu que aquilo era o vestígio de um programa havia muito tempo extinto, para ajudar refugiados afegãos viciados em ópio estabelecidos em Delhi.

Qualquer renda universal que o governo dos países pobres possa oferecer será superbásica, "RSBU". O Economic Survey da Índia propôs algo semelhante em 2017. Ele estimou que uma transferência anual de 7620 rupias (430 dólares, ajustados pela PPC) a 75% da população do país empurraria quase todos os indianos para acima da linha de pobreza de 2011-2, exceto aqueles em condição de pobreza absoluta. Mesmo para os padrões da Índia, 7620 rupias é muito pouco (menos do que vários economistas propuseram para uma RBU indiana), mas talvez seja o suficiente para sobreviver. O estudo calcula o custo desse programa em 4,9% do PIB do país. Em 2014-5, os mais importantes programas de subsídio da Índia, a fertilizantes, petróleo e alimentos, consumiam 2,07% do PIB, enquanto os dez maiores programas de assistência social custavam 1,38% do PIB; assim, a eliminação desses programas poderia custear cerca de dois terços da RSBU.[44]

Essa proposta parte do princípio de que seria muito fácil excluir 25% da população do país do programa. Talvez seja realmente possível introduzir uma forma branda de autosseleção. Exigir que os beneficiários fossem até um caixa eletrônico toda semana e entrassem com a sua identidade biométrica no sistema, quer sacassem o dinheiro ou não, teria a dupla vantagem de eliminar beneficiários fantasmas e tornar a requisição do benefício incômoda demais para os ricos. Deveria haver opções alternativas de recebimento voltadas para os incapazes, ou no caso de haver falhas tecnológicas (que geralmente ocorrem, sobretudo para trabalhadores manuais, cujas impressões digitais são desgastadas pelo trabalho físico). Com a apresentação correta, porém ("venha pegar um dinheiro extra quando precisar"), uma exigência razoável como identificar-se num caixa eletrônico uma vez por semana poderia desestimular ao menos 25% da população de sacar o dinheiro por impulso, sem necessidade, e ao mesmo tempo garantir o acesso daqueles que realmente necessitam.

Dinheiro e cuidado

Embora sejamos a favor da RSBU, com base no que sabemos até agora, ainda não temos dados sobre o seu impacto a longo prazo. Grande parte de nossas evidências vem de intervenções relativamente breves. Não podemos ter certeza de como as pessoas reagirão à garantia de uma renda básica permanente. Quando o impacto da renda extra perder a força, será que os beneficiários voltarão a se sentir desanimados e trabalharão menos? Ou passarão a aspirar mais alto e se esforçarão ainda mais? Qual será o impacto de uma renda garantida sobre as famílias no longo prazo? Essa é a pergunta que um ERC de grande escala realizado no Quênia, no qual Abhijit está envolvido, espera responder. Em 44 aldeias, garantiu-se a todos os adultos, durante doze anos, 0,75 dólar por dia. Em oitenta aldeias, todos os adultos receberão a transferência durante dois anos. Em 71 aldeias, todos os adultos receberão um pagamento único de 500 dólares por adulto. Por fim, em outras cem aldeias, ninguém terá a garantia de qualquer renda, mas dados locais serão coletados com regularidade. No total, quase 15 mil domicílios estão participando do experimento. Começaremos a ver os resultados no começo de 2020.

No entanto, já podemos ver evidências de longo prazo das transferências condicionais de renda em vigor há vários anos em muitos países. Esses programas começaram a ser implementados na década de 1990, e aqueles que à época eram crianças são hoje jovens adultos. Parece ter havido um efeito positivo duradouro sobre o bem-estar desses indivíduos. Na Indonésia, por exemplo, em 2007, o governo instituiu o PKH, um programa de transferência condicional de renda, em 438 subdistritos do país (selecionados aleatoriamente de um conjunto de 736), atingindo um total de 700 mil domicílios. O programa tinha as características típicas da maioria dos programas de transferência condicional de renda: os domicílios recebiam uma transferência mensal se enviassem os filhos para a escola e obtivessem cuidados preventivos. As aldeias inscritas no programa em 2007 continuam a receber os benefícios até hoje, mas, por conta da inércia burocrática, o governo nunca expandiu o programa para as aldeias de controle. A comparação entre as aldeias beneficiadas e as aldeias de controle mostra ganhos substanciais e duradouros em saúde e educação; houve um aumento drástico nos nascimentos assistidos por profissionais de saúde e uma redução pela metade do número de crianças fora da escola. Com o passar do tempo, o programa também afetou o estoque de capital humano; reduziu em 23% o número de crianças raquíticas, e a conclusão da escolaridade aumentou. Todavia, apesar dos ganhos em capital humano e das transferências em si, os domicílios não estão quantitativamente mais ricos. Essa é uma advertência importante sobre os efeitos de longo prazo de transferências puramente financeiras. É possível que a disponibilidade de dinheiro dos governos seja muito pequena para fazer diferença significativa nas rendas (e que o custo de grandes transferências seja alto demais para o sistema).[45]

Considerando tudo isso, a melhor combinação talvez seja uma RSBU a que todos tenham acesso, em caso de necessidade, e transferências maiores destinadas aos muito pobres e vinculadas ao cuidado preventivo e à educação das crianças. As condições para o recebimento das transferências não precisam ser muito rigorosas. No Marrocos, vimos que uma "transferência rotulada de renda", que apenas encorajava o uso do dinheiro para ajudar nos custos da educação, mas sem fazer imposições, parece ter sido tão eficaz na mudança do comportamento quanto um programa típico de transferência condicional de renda.[46] Do mesmo modo, o PKH, na Indonésia, não foi rigoroso na imposição de condicionantes. Nesse sentido, também foi uma "transferência rotulada de renda". Isso reduz os custos administrativos e evita a exclusão das famílias mais frágeis. O direcionamento também pode ser feito de maneira relativamente barata, focando nas regiões pobres e recorrendo a algum tipo de identificação pelos líderes comunitários e a dados de disponibilidade imediata. Haverá erros. Mas, contanto que sejamos liberais na aplicação dos testes (de modo a não rejeitar quem necessite de ajuda, mesmo ao custo de oferecer ajuda a quem não precise dela), e contanto que a RSBU seja acessível para prover o mínimo, podemos conseguir o melhor dos dois mundos.

RBU para os Estados Unidos?

A política social nos Estados Unidos (e na maioria dos outros países ricos) também precisa ser reinicializada. Há muita gente zangada e que sente que há muito tempo as coisas não correm bem para o seu lado. E não há indícios imediatos de que a situação se ajustará por si mesma. Nesse caso, seria a RBU a resposta para os Estados Unidos?

Se os eleitores forem persuadidos de que o governo está no caminho certo, talvez oponham menos resistência a pagar o aumento de impostos necessário para financiar a mudança. De acordo com um estudo do Pew Research Center,[47] 61% dos americanos são favoráveis a uma política governamental que ofereça a todos os americanos uma renda garantida suficiente para atender às suas necessidades básicas, caso os robôs venham a ser capazes de executar todos os trabalhos humanos. Entre os democratas, 77% são favoráveis. Entre os republicanos, essa proporção se reduz a 38%. Enquanto isso, 65% dos democratas (mas apenas 30% dos republicanos) dizem que o governo é responsável por ajudar os trabalhadores desempregados, mesmo que para isso seja necessário aumentar impostos. Considerando esse nível de apoio e o fato de que a carga tributária nos Estados Unidos é inferior aos padrões globais, seria possível imaginar um aumento do peso dos impostos no país de 26% para 31,2% do PIB. Assim, todos os americanos poderiam receber 3 mil dólares por ano.[48] Para uma família de quatro pessoas, seriam 12 mil dólares por ano, metade da linha de pobreza. Não é uma fortuna, mas é uma quantia significativa para qualquer um no terço mais pobre da população. Se essa transferência de renda for financiada por um imposto sobre o capital, e se, por causa da automação, houver um aumento da fatia do capital na economia, a RBU poderia ficar mais generosa com o passar do tempo. Na Europa, há menos espaço para o aumento de impostos, mas toda uma gama de transferências sociais (habitação, auxílio de renda etc.) poderia ser consolidada em um único pagamento, com poucas restrições sobre como gastá-lo. Foi isso que se tentou fazer em 2017 e 2018 na Finlândia, onde 2 mil trabalhadores *desempregados*, escolhidos aleatoriamente, passaram a receber uma RBU em substituição a todos os programas de ajuda tradicionais (habitação, seguro-desemprego etc.). Os 173 222 restantes formavam o grupo de controle. Os primeiros resultados sugerem que os beneficiários da RBU estão mais satisfeitos. Não há diferença nos rendimentos dos dois grupos, o que talvez seja compatível com tudo que vimos até agora.[49]

No entanto, será que a RBU realmente levará os destituídos a se sentirem tão menos zangados? Muitos proponentes da RBU, mas não os pobres, parecem vê-la como uma maneira de "comprar" os que se tornarão improdutivos na nova economia e não conseguirão encontrar trabalho. Se eles tivessem a RBU, ficariam contentes em não mais procurar trabalho e fariam alguma outra coisa. Tudo o que sabemos até agora, porém, parece indicar que essa hipótese é muito improvável. Aos participantes da nossa pesquisa, fizemos a seguinte pergunta: "Se houvesse uma renda básica universal de 13 mil dólares por ano, sem condicionantes, você acha que deixaria de trabalhar ou de procurar emprego?". De maneira pouco surpreendente, 87% disseram que não.[50] Todas as evidências dispersas por este livro sugerem que a maior parte das pessoas realmente quer trabalhar, não só porque precisa do dinheiro; o trabalho gera um senso de propósito, de pertencimento e de dignidade.

Em 2015, a Rand Corporation conduziu uma pesquisa minuciosa sobre as condições de trabalho de cerca de 3 mil americanos.[51] Perguntou-se aos participantes com que frequência o trabalho lhes proporcionava: "satisfação de realizar um trabalho bem-feito", "sentimento de realizar um trabalho útil", "senso de realização pessoal", "oportunidade de exercer impacto positivo sobre a comunidade/sociedade", "oportunidades de usar plenamente os seus talentos" e "objetivos a serem almejados". Os pesquisadores descobriram que quatro em cada cinco trabalhadores dos Estados Unidos diziam sempre, ou pelo menos na maioria das ocasiões, encontrar no trabalho pelo menos uma dessas fontes de significado.

Mais ou menos na mesma época, o Pew Research Center coletou dados sobre a satisfação dos americanos com o trabalho e perguntou aos entrevistados se eles sentiam que o trabalho lhes transmitia um senso de identidade.[52] Cerca de metade (51%) respondeu que sim, enquanto a outra

Dinheiro e cuidado

metade (47%) afirmou que o trabalho para eles era apenas o que faziam para viver.

Não está totalmente claro como os números desses dois estudos se encaixam, mas não há dúvida de que muita gente se importa com o trabalho em termos que vão muito além de simplesmente receber um pagamento. Todavia, os trabalhadores mais bem-educados e mais bem remunerados são os que tendem a ver o trabalho como parte de sua identidade; somente 37% dos que ganham 30 mil dólares por ano ou menos dizem associar o trabalho a um senso de identidade. Há também algumas diferenças significativas por setor de atividade. Por exemplo, 62% dos adultos que trabalham na assistência médica e 70% dos que trabalham na educação dizem que o trabalho lhes confere um senso de identidade, em comparação com 42% dos que trabalham em hotelaria e 36% no comércio varejista ou atacadista.

As pessoas pensam em termos de trabalhos bons e ruins, ou pelo menos em trabalhos mais significativos e menos significativos. Os trabalhos mais bem pagos são em média melhores, mas o que você faz também é importante. As pessoas podem resistir a ter de mudar de um trabalho que amam para um que percebem como inútil, ainda que a remuneração seja mais ou menos a mesma. E, de fato, as pessoas ficam sem chão quando perdem um emprego que mantiveram por muitos anos. Muitos estudos revelaram que, em média, os trabalhadores nunca se recuperam totalmente em termos de rendimentos após uma demissão em massa. Em média, os trabalhos que conseguem em seguida pagam menos, são menos estáveis e não oferecem os mesmos benefícios.[53]

Em parte, isso provavelmente guarda relação com o fato, que analisamos no capítulo 2, de os mercados de trabalho terem muito a ver com encontrar a combinação certa entre empregadores e empregados; encontrar um empregador que confia em você e valoriza o seu trabalho, e vice-versa, é uma questão de sorte. Quando você encontra um emprego assim, é natural que tente conservá-lo, o que leva a uma carreira mais estável e mais compensadora do ponto de vista econômico e sob outros aspectos. Ao perder essa conexão, é difícil restabelecê-la, sobretudo se você for mais velho e já tiver hábitos formados.

Isso explica algo extraordinário e assustador. Um estudo revelou que, quando trabalhadores com muita estabilidade são despedidos durante processos de demissão em massa, é mais provável que morram nos anos imediatamente subsequentes.[54] Perder o emprego literalmente provoca ataques cardíacos. O impacto estimado da demissão sobre a taxa de mortalidade diminui com o tempo, mas não volta a zero, ao contrário de problemas mais contínuos, como alcoolismo, depressão, dores crônicas e vícios. No geral, o estudo concluiu que os trabalhadores de meia-idade que são demitidos perdem entre um ano e um ano e meio na expectativa de vida.

As transições são onerosas de modos que a maioria das análises econômicas ignora. Como economistas, preocupamo-nos com a perda de renda e com o tempo e o esforço despendidos na busca de um novo emprego, mas o custo da perda do emprego em si parece não constar de nossos modelos. Provavelmente não surpreende que a RBU, uma ideia que instintivamente atrai os economistas, também ignore esse custo. A RBU pressupõe um mundo em que os trabalhadores demitidos se veem livres da obrigação de trabalhar. Os aposentados jovens que vivem da RBU encontram um novo significado na vida, trabalhando em casa, como voluntários em suas comunidades, dedicando-se a artesanatos ou explorando o mundo. Infelizmente, as evidências sugerem que é na verdade difícil para as pessoas encontrar significado fora da estrutura do trabalho. Desde o início da American Time Use Survey, uma pesquisa sobre o uso do tempo pelos americanos, na década de 1960, o tempo dedicado ao lazer e os tipos de lazer em si aumentaram muito, tanto para homens quanto para mulheres.[55] Para homens jovens, parte considerável desse tempo, desde 2004, se destina a videogames.[56] Para todos os demais grupos, o grosso desse tempo é absorvido pela televisão. Em 2017, os homens passavam em média cinco horas e meia por dia em atividades de lazer (como navegar na internet, ver televisão, socializar com outras pessoas e realizar trabalho voluntário) e as mulheres, cinco horas. Ver televisão era a atividade de lazer que ocupava mais tempo (2,8 horas por dia). A socialização fora de casa vinha em um distante segundo lugar, com 38 minutos.[57] Durante a Grande Recessão, quando o tempo dedicado ao trabalho fora de casa declinou, a televisão e sono absorveram metade do tempo livre.[58]

Dinheiro e cuidado

Aparentemente, porém, ver televisão e dormir nem sempre nos deixam felizes. Daniel Kahneman e Alan Krueger, com base em pesquisas nas quais pediam aos participantes para reconstruir seus dias e relatar como se sentiam em cada momento, mostraram que, entre as atividades de lazer, ver televisão, usar o computador e cochilar eram as que ofereciam menos prazer imediato e menos senso de realização. A socialização é uma das atividades mais prazerosas.[59]

Parece que é muito difícil para as pessoas, individualmente, descobrir como dar significado à vida. A maioria precisa da disciplina de um ambiente de trabalho estruturado, ao qual cada um acrescenta significado e propósito. Isso é algo que é mencionado quando os indivíduos se preocupam com a automação. Na pesquisa do Pew Research Center, 64% dos respondentes disseram achar que as pessoas terão dificuldade em descobrir o que fazer da vida se forem forçadas a competir com robôs e computadores avançados no trabalho e na busca por emprego.[60] De fato, as pessoas que dispõem de mais tempo (aposentados, desempregados, aqueles de fora da força de trabalho) são menos propensas a realizar trabalho voluntário do que aquelas que se encontram empregadas em tempo integral.[61] O trabalho voluntário é algo que praticamos *além* de nossas atividades regulares, não *em lugar* delas.

Em outras palavras, se estivermos certos de que a verdadeira crise dos países ricos é o fato de muitas pessoas que se consideravam da classe média terem perdido a autoestima que costumavam extrair do trabalho, então a RBU não é a solução. Há duas razões para que tenhamos respostas diferentes para essa questão, conforme estejamos tratando dos países ricos ou dos países pobres. Primeiro, a RBU é fácil, e muitos países pobres carecem da capacidade de governança para gerir programas mais complexos. Esse problema não se aplica aos Estados Unidos, e menos ainda à França e ao Japão.

Segundo, na maioria dos países em desenvolvimento, a pessoa comum sem dúvida gostaria de ter um emprego estável, com bons rendimentos e benefícios, mas *não o considera algo a que tem direito*. Uma grande parte dos pobres e quase pobres do mundo, que basicamente vivem nos países em desenvolvimento, são trabalhadores autônomos. Eles não gostam de ser autônomos, mas estão acostumados a trabalhar por conta própria. Sabem que talvez tenham de transitar de uma ocupação para outra inteiramente diferente no intervalo de um mês e até de um dia, dependendo das oportunidades disponíveis. Vendem lanches de manhã e trabalham como costureiras de tarde. Ou trabalham no campo durante as monções e como fabricantes de tijolo na estação seca.

Em parte por essa razão, esses indivíduos não constroem a vida em torno do trabalho; eles têm o cuidado de manter relações com os vizinhos, os parentes, com a casta e os grupos religiosos, além de suas associações formais e informais. Em Bengala Ocidental, terra natal de Abhijit, o clube (ou, na pronúncia local, o *klaab*) é uma instituição fundamental; a maioria das aldeias e bairros urbanos possui pelo menos um. Os membros são homens com idade entre dezesseis e 35 anos; eles se reúnem todos os dias para jogar críquete, futebol ou cartas, ou então o *carrom*, um jogo de mesa típico do Sul da Ásia. Eles costumam se descrever como assistentes sociais. Assim, quando ocorre uma morte em alguma família, por exemplo, aparecem e ajudam. Mas também praticam uma forma branda de extorsão em nome da "assistência social" ou das práticas religiosas, e é isso que, somado às contribuições dos políticos locais, que os utilizam como soldados de infantaria, custeia o funcionamento do clube e suas comemorações ocasionais. Em grande medida, no entanto, o clube também serve como uma maneira de evitar que os garotos locais se metam em problemas, num contexto em que a maioria não trabalha ou não gosta do que faz. Ele fornece um mínimo de significado.

Além da flexisseguridade

Se a RBU não evitar a ruptura provocada pelo nosso atual modelo econômico, o que o fará? Os economistas e muitos formuladores de políticas gostam do modelo dinamarquês de "flexisseguridade". Ele permite a plena flexibilidade do mercado de trabalho, no sentido de que as pessoas podem ser demitidas com bastante facilidade sempre que não são mais necessárias, mas oferece subsídios à demissão, para que elas não sofram grande perda

Dinheiro e cuidado 369

econômica. Além disso, há um esforço integrado do governo para que o trabalhador consiga outro emprego (talvez depois de um significativo processo de requalificação profissional). Em comparação com um sistema em que os trabalhadores só contam consigo mesmos (como o dos Estados Unidos), a flexisseguridade procura garantir que a perda do emprego não seja uma tragédia, mas uma fase normal da vida. Em comparação com um sistema que dificulta a demissão de trabalhadores sob contrato de trabalho permanente (como o da França), a flexisseguridade permite que os empregadores se ajustem às mudanças nas circunstâncias e evitem o conflito entre os "insiders", aqueles que têm a sorte de ter empregos fortemente protegidos, e os "outsiders", que não têm emprego algum.

Isso é coerente com o reflexo básico do economista: devemos deixar que o mercado faça o seu trabalho e proteger os que se encontram em situação precária. A longo prazo, evitar a realocação da mão de obra dos setores em retração para os setores em expansão é uma medida ineficiente e dispendiosa. Para muitos atores da economia, em especial os jovens trabalhadores, qualquer ajuda no processo de requalificação profissional é valiosa. Já vimos que o programa TAA funcionou.

No entanto, não achamos que a flexisseguridade ofereça uma resposta completa. Como já vimos, perder o emprego significa muito mais do que simplesmente perder renda. Muitas vezes, significa ser arrancado de um plano de vida perfeitamente ajustado e de uma concepção específica do que vem a ser uma vida boa. Em especial, as pessoas mais velhas e aqueles que trabalharam por muitos anos em determinado local ou para determinada empresa provavelmente terão mais dificuldade para mudar. O processo de requalificação profissional é oneroso, considerando que restam relativamente poucos anos de trabalho para esses indivíduos. Eles têm muito a perder e pouco a ganhar mudando para outra carreira (e ainda mais para outro lugar). A única transição relativamente fácil seria mudar para outra função na mesma área e em posição semelhante.

Por isso é que no final do capítulo 3 propusemos a ideia um tanto radical de que alguns trabalhadores recebam subsídios para continuar no mesmo lugar. Quando todo um setor é abalado pelo comércio ou pela tecnologia, o salário dos trabalhadores mais velhos poderia ser subsidiado integralmente ou em parte. Essa política deveria ser deflagrada apenas quando uma indústria local está em declínio, sendo reservada aos empregados mais velhos (acima de cinquenta ou 55 anos), com pelo menos dez (ou oito, ou doze) anos de experiência em posição comparável.

Os economistas relutam instintivamente em abrir tanto espaço ao arbítrio governamental. Como o governo vai saber quais são as indústrias em declínio?

Não temos dúvida de que haverá alguns erros e abusos. Contudo, essa tem sido a desculpa para não intervir durante todos esses anos em que o comércio internacional roubou a vida das pessoas enquanto alegava que todos sairiam ganhando. Se desejamos afirmar que o comércio é bom para todos, precisamos conceber mecanismos para que efetivamente seja assim, o que implica identificar os perdedores e compensá-los. A bem da verdade, os economistas especialistas em comércio, inclusive os que estão no governo, têm acesso aos números e sabem muito bem onde as importações estão aumentando rápido e onde a terceirização está acelerando o passo; a rodada de tarifas impostas pelos Estados Unidos em 2018 foi calculada com base nesses dados. Uma guerra comercial traz o risco de afetar muitas outras pessoas na economia, enquanto um subsídio bem direcionado protegeria os grupos mais vulneráveis sem acarretar novas formas de ruptura. Também seria possível conceber uma política semelhante para identificar e intervir nos setores e locais onde a automação está acontecendo de forma mais rápida.

Proeminentes economistas especialistas em urbanismo, como Moretti, veem com desconfiança as políticas públicas localizadas, pois receiam que essas iniciativas simplesmente acabem redistribuindo as atividades de uma região para outra, possivelmente das regiões mais produtivas para as menos produtivas. Mas se pessoas acima de certa idade não podem ou não querem se mudar, então não está claro que escolha temos. Hoje, grandes bolsões de pessoas abandonadas pontilham toda a paisagem dos Estados Unidos, com centenas de cidades assoladas pelo ódio e pelo consumo de drogas, onde todos aqueles que têm condições já foram embora ou estão pensando em partir. Será muito difícil ajudar as pessoas nesses lugares. O objetivo das políticas

Dinheiro e cuidado

sociais, portanto, deve ser ajudar os lugares já afligidos, porém também, talvez mais importante, evitar que outros sucumbam ao mesmo destino.

De certa forma, foi isso que a Europa fez com a sua Política Agrícola Comum. Os economistas a odeiam, porque, graças a subsídios, alguns poucos fazendeiros obtiveram grandes ganhos à custa de todos os demais. No entanto, os economistas esquecem que, ao evitar o colapso de muitas fazendas, essa política permitiu que os campos de vários países europeus ficassem muito mais verdes e vibrantes. No passado, como recebiam mais para produzir mais, os fazendeiros tendiam a intensificar a agricultura, dando origem a vastos campos feios. Desde 2005-6, porém, a ajuda oferecida aos fazendeiros não está ligada à produção, mas à preservação ambiental e à proteção animal. O resultado é que pequenas fazendas artesanais têm condições de sobreviver, e nos proporcionam produtos de alta qualidade e belas paisagens. Isso é algo que a maioria dos europeus provavelmente considera importante preservar e que sem dúvida contribui para a sua qualidade de vida e para o próprio senso de ser europeu. Será que o PIB francês seria mais alto se a produção agrícola estivesse mais concentrada e se as sedes das fazendas fossem substituídas por celeiros? Talvez. E a sensação de bem-estar, seria mais elevada? Provavelmente não.

A analogia entre preservar o emprego fabril nos Estados Unidos e proteger a natureza na França pode parecer estranha. Belas paisagens no interior, no entanto, atraem turistas e retêm os jovens para que cuidem dos pais idosos. Do mesmo modo, uma cidade industrial assegura instituições de ensino, equipes esportivas, uma rua principal com algumas lojas e o senso de pertencimento a um lugar. Isso também é o meio ambiente, algo que todos apreciamos, e a sociedade deve estar pronta a pagar por ele da mesma forma que está pronta a pagar por árvores.

Keynesianismo inteligente: subsidiando o bem comum

Em 2018, uma abordagem muito diferente, baseada no subsídio ao trabalho, ganhou terreno no Partido Democrata dos Estados Unidos. Em 2019, os candidatos das primárias presidenciais Cory Booker, Kamala Harris, Bernie Sanders e Elizabeth Warren propuseram, todos eles, algum tipo de garantia federal pela qual qualquer americano que quisesse trabalhar teria direito a um bom emprego (15 dólares por hora com aposentadoria e assistência médica no mesmo nível de outros empregados federais, auxílio-creche e doze semanas de licença familiar remunerada) em atividades como serviços comunitários, *home care*, manutenção de parques etc. O New Deal Verde proposto por congressistas democratas inclui a garantia de emprego federal. A ideia evidentemente não é nova; o National Rural Employment Guarantee Act, da Índia, segue mais ou menos as mesmas linhas, assim como o New Deal original.

Não é fácil conduzir bem programas desse tipo, a julgar pela experiência da Índia. Criar e organizar empregos em quantidade suficiente provavelmente seria ainda mais difícil nos Estados Unidos, considerando que poucas pessoas estão dispostas a cavar fossos ou construir estradas, que é o que se faz na Índia. Além disso, os empregos precisariam ser úteis. Se transparecer que são tarefas irrelevantes, mera embromação, o trabalho não impulsionará a autoestima dos empregados. Entre fazer de conta que trabalham e viver do seguro-desemprego, eles talvez prefiram esta última opção. Por fim, dada a escala necessária, o programa teria de ser implementado por empresas privadas, contratadas pelo governo, e conhecidas por entregar baixa qualidade a altos preços.

Uma estratégia mais realista talvez seja o governo ampliar a demanda por serviços públicos intensivos em mão de obra, aumentando a verba destinada a eles sem necessariamente fornecê-los diretamente. Uma consideração importante, sobretudo no mundo em desenvolvimento, é não criar empregos nos quais as pessoas trabalham pouco e ganham muito. Como já vimos, a presença desses empregos congela o mercado de trabalho, porque todo mundo faz fila para consegui-los. A consequência é que o nível de emprego total pode efetivamente diminuir. Os empregos precisam ser úteis e o salário deve ser justo. Muitas são as possibilidades. Cuidar de idosos, educar, cuidar de crianças são setores nos quais os ganhos de produtividade resultantes da automação, pelo menos por enquanto, ainda são

Dinheiro e cuidado 373

limitados. Na verdade, parece provável que os robôs nunca venham a ser inteiramente capazes de substituir o toque humano no cuidado de crianças muito pequenas e de idosos muito velhos, embora possam complementá-lo de maneira bastante eficaz.

Outra razão pela qual os humanos dificilmente serão preteridos nas escolas e pré-escolas é que, se os robôs assumirem todas as funções que demandam habilidades técnicas limitadas (de tarefas mecânicas à contabilidade), as pessoas serão cada vez mais valorizadas pela flexibilidade e empatia. A bem da verdade, as pesquisas mostram que as habilidades sociais se tornaram mais valorizadas no mercado de trabalho na última década, em comparação com as habilidades cognitivas.[62] Existem bem poucas pesquisas sobre como ensinar habilidades sociais, mas parece ser uma questão de bom senso que os seres humanos manterão algumas vantagens comparativas nisso em relação ao software. Com efeito, um experimento conduzido no Peru mostra que alunos de um internato a quem foram designadas aleatoriamente camas próximas às de colegas altamente sociáveis também desenvolveram habilidades sociais. Em contraste, alunos cujas camas se situavam próximas às de colegas com bons resultados escolares não melhoraram suas notas.[63]

A vantagem comparativa dos seres humanos nos cuidados pessoais e no ensino significa que a produtividade relativa desses setores ficará cada vez mais defasada à medida que as máquinas tomarem conta de todo o resto, e eles tendem também a atrair menos investimentos privados do que setores onde seja possível alcançar maiores ganhos de produtividade. Ao mesmo tempo, o cuidado de idosos é sem dúvida um objetivo social valioso que tem sido mal atendido, e os investimentos no cuidado de crianças na primeira infância e na melhoria da educação em geral podem gerar ganhos enormes para a sociedade. Os custos, porém, serão altos; esses dois setores, sozinhos, provavelmente poderiam absorver tanto dinheiro quanto o governo estivesse disposto a investir. Mas se esse for um dinheiro gasto para remunerar bem as pessoas por empregos estáveis e respeitados, ele alcançará dois objetivos importantes: produzir algo relevante para a sociedade e gerar uma ocupação com significado para muitas pessoas.

Largando na frente

A mobilidade social intergeracional das crianças está intimamente relacionada às áreas em que elas são criadas. Uma criança nascida na metade inferior da distribuição de renda nos Estados Unidos chegará, em média, ao 46º percentil da distribuição se crescer em Salt Lake City, Utah, mas alcançará apenas o 36º percentil se, por acaso, for de Charlotte, Carolina do Norte. Essas diferenças espaciais se manifestam bem antes que a pessoa comece a trabalhar: crianças em zonas de baixa mobilidade têm menos probabilidade de fazer faculdade e são mais propensas a ter filhos mais cedo.[64]

Em 1994, o Departamento de Habitação e Desenvolvimento Urbano dos Estados Unidos lançou um programa chamado Moving to Opportunity, que oferecia aos moradores de conjuntos habitacionais a possibilidade de participar de uma loteria que lhes dava a chance de se mudar para bairros menos pobres. Cerca de metade das famílias que ganharam vouchers conseguiram aproveitá-los e acabaram em bairros muito menos pobres.

Uma equipe de pesquisadores pôde acompanhar os vencedores e perdedores da loteria de vouchers para ver se algo mudou para eles. Os primeiros resultados para as crianças foram um tanto decepcionantes: enquanto as meninas gozavam de melhores condições mentais e alcançavam resultados superiores na escola, o mesmo não ocorria entre os meninos.[65] No entanto, num prazo mais estendido, cerca de vinte anos depois da primeira loteria, as grandes diferenças na vida se tornavam evidentes. Os jovens adultos cujos pais haviam ganhado vouchers auferiam 1624 dólares a mais por ano do que aqueles cujos pais não haviam tido a mesma sorte. Eles tinham ainda mais probabilidade de ir para a faculdade, moravam em áreas mais prósperas, e as mulheres eram menos propensas a ser mães solteiras. Alguns desses efeitos, portanto, provavelmente também serão transmitidos às gerações seguintes.[66]

O que explica por que algumas áreas são "melhores" do que outras para a mobilidade social? Os pesquisadores estão longe de chegar a um acordo a esse respeito, mas é claro que algumas características do contexto

Dinheiro e cuidado

parecem ter correlação com o aumento da mobilidade social, das quais a mais importante é a qualidade das escolas. O mapa da mobilidade social, como se constata, está intimamente relacionado com o mapa de desempenho em testes de educação padronizados.[67]

Graças a décadas de pesquisas sobre educação, sabemos razoavelmente bem o que pode ser feito para melhorar os resultados do aprendizado. Em 2017, um estudo resumiu 196 ERCs conduzidos sobre intervenções (tanto das escolas quanto dos pais) para melhorar o desempenho escolar em economias desenvolvidas.[68] Embora a efetividade dessas intervenções apresentasse ampla variação, uma boa educação pré-escolar e a orientação intensiva nas escolas para as crianças menos favorecidas pareciam contribuir para resultados superiores. Algumas crianças correm um risco maior de ficar para trás em termos de desempenho escolar e, então, ficar totalmente perdidas; prepará-las antecipadamente na pré-escola e manter a vigilância para identificar e tratar lacunas de aprendizado antes que estas se tornem grandes demais impede que isso se consume. Essa conclusão é inteiramente consistente com o que descobrimos no nosso trabalho em países em desenvolvimento.[69]

Também há evidências de que os ganhos a curto prazo no desempenho escolar se convertem em diferenças a longo prazo nas oportunidades. Por exemplo, um ERC realizado no Tennessee, que reduziu o tamanho das turmas de 20-25 alunos para 12-17, acarretou melhoria na pontuação em testes escolares a curto prazo e maiores chances de ir para a faculdade mais tarde. Os alunos alocados em turmas menores gozaram de um padrão de vida mais alto no futuro, sob os critérios de aquisição de casa própria, nível de poupança, situação conjugal e local de residência.[70] Ensino individualizado e turmas menores exigem pessoal, o que poderia a um só tempo gerar empregos e ajudar os jovens ao longo de sua carreira escolar.

A restrição nos Estados Unidos é o financiamento local da educação. A consequência dessa limitação é que os lugares que mais precisam de boa educação pública são os que têm menos dinheiro para arcar com os seus custos. Um esforço financeiro substancial poderia fazer grande diferença. De maneira geral, uma consequência do baixo nível de financiamento público da educação nos Estados Unidos é que a pré-escola não é subsidiada pela federação e, assim, apenas 28% das crianças americanas frequentam algum tipo de programa de educação pré-escolar,[71] em contraste com a França, por exemplo, onde esse primeiro estágio da educação é subsidiado, tem frequência quase universal há anos e,[72] recentemente, se tornou obrigatório.

As primeiras evidências em apoio à educação pré-escolar vieram de alguns ERCS pioneiros, que observaram um grande efeito das intervenções pré-escolares de alta qualidade a curto e a longo prazo, o que levou James Heckman, ganhador do prêmio Nobel, a proclamá-las a melhor solução para reduzir a desigualdade.[73] Alguns desses experimentos, porém, foram minúsculos, possibilitando que os programas fossem dirigidos de forma conveniente.

Dois ERCS mais amplos, que avaliaram de maneira mais realista, "em escala", programas de educação pré-escolar (o programa nacional Head Start e o experimento pré-escolar do Tennessee), foram mais decepcionantes; ambos observaram efeitos a curto prazo, mas os efeitos sobre os resultados de testes escolares desapareceram ou até se inverteram depois de alguns poucos anos.[74] Isso levou muita gente a concluir que os programas de educação pré-escolar são superestimados.

Na verdade, porém, uma importante descoberta do estudo nacional Head Start é que a eficácia do programa parece variar tremendamente com a qualidade do mesmo. Em especial, os programas de ensino em período integral são mais eficazes que os programas de meio período, e os que incluem visitas domiciliares e outras formas de envolvimento com os pais também se mostram mais eficientes. Há ainda evidências independentes de ERCS realizados tanto nos Estados Unidos quanto em outros países que demonstram a eficácia das visitas domiciliares, em que professores de pré--escola e assistentes sociais trabalham com os pais para lhes demonstrar como brincar com os filhos.[75]

Por ora, a conclusão geral é que é preciso fazer mais pesquisas para descobrir ao certo o que funciona melhor na primeira infância. O que já sabemos, no entanto, sugere que os recursos são importantes; quando se ampliou a escala do Head Start, muitos centros tentaram reduzir os custos, cortando serviços, o que os tornou ineficazes. Manter a qualidade é fundamental e gera o benefício extra de promover a expansão de empregos atraentes para muitas pessoas, sobretudo se forem remunerados adequadamente. Esses empregos seriam ao mesmo tempo recompensadores e não robotizáveis (sem dúvida, não se pode imaginar um robô visitando os pais de uma criança em casa).

Igualmente importante, parece possível treinar professores de pré-escola a baixo custo e de forma rápida, contanto que se disponha do material de apoio necessário. Na Índia, trabalhamos com Elizabeth Spelke, uma professora de psicologia de Harvard, no desenvolvimento de um currículo de matemática pré-escolar envolvendo jogos baseados no conhecimento matemático intuitivo, destinado a crianças que ainda não aprenderam a ler, a escrever, nem mesmo a contar, como preparação para o ensino fundamental. Ele foi avaliado em um ERC envolvendo várias centenas de pré-escolas nas favelas de Delhi.[76] Liz, a princípio, ficou horrorizada com as condições da cidade — com os puxadinhos minúsculos, apinhados de estudantes de várias idades, e o baixo nível de formação dos professores, muitos dos quais mal tinham concluído o ensino médio. Era um contexto bem diferente das condições do laboratório dela em Harvard. Acontece que aqueles professores, com uma semana de treinamento e bom material de apoio, eram capazes de manter a atenção das crianças da favela, que se divertiram com os jogos durante várias semanas, progredindo com rapidez e gosto enquanto aprendiam uma boa dose de matemática.

O acesso inadequado às creches é também uma das mais graves desvantagens enfrentadas por mulheres casadas e solteiras de baixa renda nos Estados Unidos. A falta de creches de alta qualidade em tempo integral subvencionadas pelo governo significa que ou as mães não trabalham (uma vez que as creches muitas vezes custam quase tanto quanto elas ganhariam), ou são obrigadas a aceitar o melhor emprego disponível perto de familiares (de suas mães, em particular), de modo que possam ter ajuda no cuidado dos filhos. As mulheres arcam com uma substancial "pena por ter filhos" no mercado de trabalho, a qual é responsável por uma larga parcela do diferencial de rendimentos entre gêneros que subsiste nas economias avançadas.[77] Mesmo na progressista Dinamarca, onde quase não há diferença na renda de homens e mulheres antes da maternidade, a chegada de um filho abre uma lacuna equivalente mais ou menos a 20% dos rendimentos, a longo prazo. As mulheres começam a ficar para trás em relação aos homens em termos de hierarquia profissional e de progresso na carreira pouco depois do nascimento do primeiro filho. Além disso, as novas mães mudam de emprego para trabalhar em empresas mais "amigáveis à família", avaliadas pela proporção de mulheres com crianças pequenas no efetivo de pessoal. Cerca de 13% delas abandonam para sempre a força de trabalho.[78] A expansão de uma rede de creches de qualidade em tempo integral altamente subvencionada pelo governo é uma maneira eficaz de aumentar a renda de mulheres pobres simplesmente tornando o trabalho mais atraente.

O cuidado de idosos é outra área com enorme potencial de expansão, uma vez que os Estados Unidos contam com bem poucos serviços de cuidado domiciliar de pessoas mais velhas e bem poucos lares para idosos com financiamento público. Dinamarca e Suécia, em contraste, gastam 2% do PIB no cuidado de idosos.[79] Um banco de dados centralizado de *e-health*, no qual os registros dos pacientes são armazenados de forma eletrônica, facilita a colaboração de hospitais e autoridades locais. Todas as pessoas com oitenta anos ou mais (não só os pobres) têm direito a visitas e a assistência domiciliar, e todas as pessoas viúvas com mais de 65 anos são monitoradas para atendimento em caso de necessidade. Os idosos também recebem dinheiro para melhorias que tornem a casa mais segura. Os que precisam de cuidados contínuos geralmente terminam em lares de idosos, pagos com a pensão pública a que têm direito.

Trabalhar com idosos pode ser uma tarefa desafiadora, e, nos Estados Unidos, esses serviços pagam muito pouco; em outras palavras, não são atraentes. Mas isso também pode mudar. Precisamos fornecer os recursos para contratar pessoas em número satisfatório, treiná-las de maneira adequada, garantir que tenham tempo suficiente para passar com cada paciente e remunerá-las bem o bastante para que se orgulhem do que fazem.

Dinheiro e cuidado

Ajuda para se mudar

Considerando a importância dos bairros, tanto para encontrar bons empregos quanto para criar os filhos, ajudar as pessoas a se mudar é outra política importante.

Nos Estados Unidos, a ampliação do programa Moving to Opportunity para todo o país, possibilitando que todos se mudem para bons bairros, não é de fato possível, mas ajudar os trabalhadores a mudar de região ou de emprego talvez seja viável. Já existem, efetivamente, vários programas com esse objetivo, mas muitos deles fazem pouco mais que sugerir empregos aos trabalhadores e ajudá-los no processo seletivo. A experiência com essas políticas de "mercado de trabalho ativo" é muito decepcionante, tanto na Europa quanto nos Estados Unidos. Os efeitos são positivos, mas pequenos, e em grande medida ocorrem à custa de trabalhadores semelhantes que não são ajudados.[80]

Um programa mais ambicioso (e dispendioso) ofereceria a trabalhadores que perderam o emprego acesso automático a um período bem mais longo de seguro-desemprego. Eles teriam tempo para se reciclar e procurar novas oportunidades, e, portanto, não se veriam obrigados a aceitar o primeiro emprego disponível, mal remunerado, ou viver de assistência social. Esse programa ofereceria aos trabalhadores desempregados não só opções de treinamento a curto prazo, mas também alternativas mais avançadas, talvez até em faculdades ou em escolas comunitárias, com bolsa de estudo integral. Precisamos começar a pensar no desafio não só como busca de emprego, mas também como desenvolvimento de carreira. Um ERC realizado nos Estados Unidos avaliou recentemente três programas que tentaram adotar essa abordagem. A ideia central era ampliar a duração do treinamento de trabalhadores desempregados para vários meses, desenvolver habilidades especializadas em setores com escassez de pessoal (como assistência médica e manutenção de computadores) e, por fim, parear trabalhadores e setores. Os resultados depois de dois anos são muito promissores. Durante o segundo ano da avaliação, depois de terem concluído o treinamento, os participantes tinham maior probabilidade não só de conseguir um emprego, mas um emprego melhor do que o dos não participantes do programa, e no geral ganhavam 29% a mais do que eles.[81]

E, importante, esses programas também ajudaram na realocação. Para desempregados e trabalhadores menos favorecidos, eles ofereciam ajuda em áreas como cuidado infantil, transporte, referências pessoais para o aluguel de casas e serviços legais, durante o treinamento e no período inicial do novo emprego. Essa ajuda pode ser ampliada, abrangendo habitação provisória e escola ou creche para as crianças. Vouchers para moradia, menores do que os fornecidos pelo Moving to Opportunity, ajudariam a tornar os bons bairros mais acessíveis.

Talvez seja relevante também ajudar as empresas que precisam de trabalhadores a olhar além do perímetro imediato e das redes de referência locais. A maioria dos programas que procuram facilitar o processo de compatibilização de trabalhadores e empregadores foca nos trabalhadores. Para os empregadores, porém, encontrar o trabalhador certo também é um processo demorado e oneroso. Um estudo sugere que os custos de recrutamento (anúncio de vagas, seleção de candidatos e treinamento) variam entre 1,5% e 11% do salário anual do trabalhador. Grandes empresas costumam ter um departamento de recursos humanos; para as pequenas empresas, no entanto, esses custos de recrutamento podem ser um obstáculo real. Um estudo recente na França mostrou que eles são grandes o suficiente para retardar a contratação. Os pesquisadores se associaram à agência de emprego nacional para ajudar no recrutamento das empresas. Anunciaram as vagas, recrutaram candidatos promissores e selecionaram os melhores; as empresas às quais foram oferecidos esses serviços anunciaram mais vagas e contrataram 9% a mais de trabalhadores permanentes do que as que não participaram do programa.[82] Serviços desse tipo ajudariam os empregadores a ir além de meros canais de referência informais, acessando um conjunto de candidatos mais amplo.

Programas como esse podem se pagar — novas habilidades e melhor compatibilidade entre trabalhadores e empregadores são importantes para qualquer economia —, mas, mesmo que isso não aconteça, os ganhos em termos de redução da angústia e da restauração da dignidade

Dinheiro e cuidado

em nossa sociedade seriam profundos, pois não se limitariam aos trabalhadores desempregados, estendendo-se a todos aqueles que receiam que o seu emprego possa estar um dia ameaçado, ou que conheçam alguém afetado. Igualmente importante, ao mudar a narrativa desses programas de "você está sendo socorrido" para "lamento que isso tenha acontecido com você, mas, adquirindo novas habilidades e/ou se mudando, você está ajudando a economia a se manter robusta", podemos alterar a percepção de muitos trabalhadores de que são vítimas de uma guerra movida contra eles pelo resto de nós.

Por exemplo, a suposta "guerra contra o carvão" do governo Obama era vista como uma guerra contra os *trabalhadores* do carvão. Pode ser que estes tenham muito orgulho do seu trabalho e acreditem que nada poderia substituí-lo, mas vale lembrar que, até pouco tempo atrás, eles lutavam contra os seus empregadores, e não ao lado deles, como hoje. Esses trabalhadores realizam exatamente o tipo de trabalho físico perigoso e arriscado que, para a maioria dos americanos, poderia ser executado por máquinas. O mesmo pode ser dito dos metalúrgicos; nada impede que se concebam trabalhos menos perigosos capazes de gerar o mesmo nível de orgulho.

No entanto, quando, em março de 2016, Hillary Clinton anunciou friamente que "vamos tirar do mercado muitos mineiros e muitas empresas de carvão", os carvoeiros, talvez não sem motivo, sentiram que isso solapava impiedosamente o seu estilo de vida sem que ninguém sentisse a menor necessidade de se desculpar ou de indenizá-los pela perda. Clinton imediatamente retratou-se, mencionando a necessidade de cuidar dos mineiros, mas ao começar sua frase com "nós" enquadrou o debate claramente como uma questão de "nós" contra "eles". A frase foi alardeada na propaganda política durante meses a fio.

Na verdade, toda e qualquer transição pode e deve ser vista como uma oportunidade para demonstrar empatia pelos trabalhadores que sofrerão os seus efeitos. Mudar de carreira e de cidade são coisas difíceis, mas também oportunidades para que a economia e os indivíduos encontrem a melhor combinação de talento e emprego. Todos os trabalhadores deveriam ser capazes de encontrar significado no emprego, como ocorre com quatro entre cinco americanos. Um programa para melhorar as transições de emprego seria um direito universal. Mas, ao contrário da RBU, que é apenas um direito universal à renda, o novo programa se associaria ao que parece ser uma parte da identidade social. Todos devemos ter o direito universal a uma vida produtiva na sociedade.

Muitos países europeus investem muito mais em programas de transição de emprego do que os Estados Unidos. Em razão dos 2% do PIB que a Dinamarca gasta com políticas ativas de suporte ao mercado de trabalho (treinamento, ajuda na busca de emprego etc.), existe uma alta mobilidade entre empregos no país (mudança direta de um emprego para outro), assim como muitas transições de entrada e saída de empregos. A taxa de desligamentos involuntários é semelhante à de outros países da OCDE, mas a rapidez com que os trabalhadores demitidos encontram outro emprego é muito maior: três em cada quatro trabalhadores desligados encontram novo emprego no espaço de um ano. Outro aspecto importante: o modelo dinamarquês sobreviveu à crise e à recessão de 2008 sem um grande aumento no desemprego involuntário, à época. A Alemanha gasta 1,5% do PIB com políticas ativas de suporte ao mercado de trabalho, taxa que passou para 2,45% durante a crise, quando o desemprego estava muito mais alto.[83] Na França, por outro lado, não obstante as afirmações de como o país deseja fazer mais pelos desempregados, as despesas com essas políticas estão empacadas em 1% do PIB há mais de uma década. O indicador equivalente para os Estados Unidos é de apenas 0,11% do PIB.[84]

Na verdade, os Estados Unidos têm o seu próprio modelo, que poderia seguir. O Trade Adjustment Assistance, analisado no capítulo 3, oferece aos trabalhadores de empresas aprovadas dinheiro para pagar treinamento e seguro-desemprego estendido enquanto estão em treinamento. Além de ser muito eficaz, esse programa fez exatamente o que um programa do tipo deve fazer: ajudar os trabalhadores nos lugares menos favorecidos a se mudar. Seu efeito sobre a renda futura foi duas vezes maior para aqueles cujos empregadores originais estavam em regiões mais afligidas. E os trabalhadores que receberam ajuda do TAA também revelaram maior probabilidade de mudar de região e de setor de atividade.[85] No entanto, em

Dinheiro e cuidado

vez de tornar-se um padrão do que poderia ser feito para ajudar os trabalhadores a administrar vários tipos de transições difíceis, o TAA continuou minúsculo. Como isso pode fazer sentido?

Juntos na dignidade

A relutância em recorrer aos programas de governo disponíveis, mesmo quando funcionam bem, pode ter a ver com o fato de a maioria dos republicanos e uma parcela substancial dos democratas serem contra o governo adotar um programa de renda universal ou um programa de emprego nacional em apoio aos que perdem o emprego por força da automação, embora uma proporção muito maior seja a favor de limitar o direito das empresas de substituir pessoas por robôs.[86] As razões subjacentes são, em parte, desconfiança quanto aos motivos do governo (só querem ajudar "aquela gente") e, em parte, um ceticismo exagerado quanto à capacidade do governo de cumprir o prometido. Há, porém, uma outra coisa que até as pessoas e organizações à esquerda compartilham: suspeita em relação às doações, à filantropia sem empatia ou compreensão. Em outras palavras, elas não querem a indulgência do governo.

Quando Abhijit estava servindo num Painel de Pessoas Eminentes das Nações Unidas para elaborar o que viriam a ser os novos Objetivos de Desenvolvimento do Milênio, ele com frequência estava sujeito ao lobby discreto de eminentes ONGs internacionais que tinham opiniões sobre quais deveriam ser alguns desses objetivos. Geralmente, essa era uma maneira muito agradável de aprender sobre iniciativas interessantes, e Abhijit gostava desses encontros. Mas o único de que ele se lembra nitidamente foi com uma organização chamada ATD Fourth World.

Ao entrar na cavernosa sala na sede da União Europeia onde se realizou a reunião, ele logo percebeu que eram pessoas muito diferentes. Nada de ternos, gravatas, saltos altos; só se viam rostos enrugados, agasalhos de inverno rotos e também uma certa ânsia que ele associou a calouros na primeira semana de faculdade. Tratava-se de pessoas, ele ficou sabendo, que tinham experimentado a pobreza extrema e ainda eram muito pobres. Elas queriam participar de uma conversa sobre os anseios dos pobres.

O encontro revelou-se algo que ele nunca tinha vivenciado. As pessoas intervinham rápido, falavam sobre a vida, a natureza da pobreza e o fracasso das políticas públicas com base nas próprias experiências. Abhijit tentava responder; de início, procurou ser tão delicado quanto possível quando discordava de algo, mas logo percebeu que estava sendo indulgente; aquelas pessoas não eram de modo algum menos sofisticadas ou capazes do que ele em argumentar de volta.

Ele saiu do encontro com um enorme respeito pela ATD Fourth World e compreendendo por que o slogan da entidade era "Todos juntos na dignidade para superar a pobreza". Era uma organização que punha a dignidade acima de tudo, antes mesmo das necessidades básicas, se fosse preciso. Eles haviam desenvolvido uma cultura interna em que todos eram levados a sério como seres humanos pensantes, o que lhes conferia uma confiança que Abhijit não esperava encontrar.

A Travailler et Apprendre Ensemble, ou TAE, é uma pequena empresa constituída pela ATD Fourth World para oferecer emprego permanente às pessoas em situação de pobreza extrema. Numa manhã de inverno, fomos a Noisy-le-Grand, no leste de Paris, para assistir a uma das reuniões da equipe. Quando chegamos, o grupo estava preparando a programação para a semana de trabalho, integrando suas diferentes atividades, distribuindo tarefas entre as pessoas e elaborando o plano em um quadro branco. Terminado esse trabalho, eles começaram a discutir um evento da empresa. A atmosfera era descontraída, mas engajada, os problemas eram analisados com seriedade, e todos então partiram para iniciar suas tarefas. Poderia ser a reunião semanal de uma pequena startup no Vale do Silício.

O que era diferente eram as atividades que eles estavam programando (serviços de limpeza, construção civil e manutenção de computadores) e as pessoas ao redor da mesa. Depois da reunião, continuamos a conversar com Chantal, Gilles e Jean-François. Chantal tinha sido enfermeira, mas, depois de um acidente, ficou com sérias limitações. Sem poder trabalhar durante muitos anos, acabou ficando sem casa. Foi quando recorreu à

ATD, em busca de ajuda. A ATD lhe proporcionou habitação e a direcionou para a TAE quando estava pronta para trabalhar. Chantal já trabalhava na empresa havia dez anos quando a conhecemos, primeiro na equipe de limpeza, depois na de software, e tinha se tornado uma líder. Agora, estava pensando em partir e criar uma pequena ONG para ajudar pessoas incapazes a encontrar trabalho.

Gilles também tinha trabalhado na TAE durante dez anos. Depois de um período de grave depressão, ele se sentia incapaz de trabalhar em ambientes estressantes. A TAE permitiu que trabalhasse em seu próprio ritmo, e ele aos poucos melhorou.

Jean-François e a mulher tinham perdido a custódia do filho, Florian, que sofria de TDAH, e o próprio Jean-François, que tinha problemas de temperamento, foi colocado sob custódia administrativa do Estado. Eles recorreram à ATD, que obteve permissão para levar Florian a um de seus centros, sob supervisão, e foi então que Jean-François conheceu a TAE.

O CEO, Didier, já tinha sido CEO de uma empresa "tradicional" antes de assumir a TAE. Pierre-Antoine, seu ajudante, fora assistente social em uma agência de emprego. Pierre explicou as limitações do modelo tradicional de colocação profissional. Quando as pessoas têm uma dificuldade, é possível ajudar. Quando acumulam dificuldades, não correspondem ao que os empregos comuns esperam delas e, com frequência, logo desistem ou são rejeitadas. O que é diferente na TAE é que a função se ajusta às pessoas.

O importante, segundo o que nos disse Bruno Tardieu, um líder da ATD que participou da reunião, é que, "durante toda a vida, as pessoas lhes deram coisas. Ninguém lhes pediu para contribuir". Na TAE, a contribuição dessas pessoas é solicitada. Elas tomam decisões juntas, treinam umas às outras, comem juntas todos os dias e cuidam umas das outras. Quando uma pessoa começa a faltar, ela é logo procurada. Quando alguém precisa de tempo para lidar com uma crise pessoal, recebe ajuda.

O espírito da TAE reflete bem o da organização-mãe. A ATD Fourth World foi fundada por Joseph Wresinski, um padre católico, na França, nos anos 1950, a partir da convicção de que a pobreza extrema é resultado não da inferioridade ou inadequação de um grupo de pessoas, mas da exclusão sistemática. Exclusão e incompreensão alimentam uma à outra. As pessoas em situação de extrema pobreza são extorquidas de sua dignidade e capacidade de agir. Elas são levadas a supor que devem ser gratas pela ajuda, mesmo quando não a desejam. Usurpadas da dignidade, logo se tornam desconfiadas, e essa desconfiança é interpretada como ingratidão e obstinação, que aprofundam ainda mais o fosso em que estão presas.[87]

O que uma pequena empresa na França, que emprega menos de uma dúzia de pessoas extremamente pobres, lutando pela sobrevivência, nos ensina sobre as políticas sociais de maneira geral?

Primeiro, que sob as condições certas *todos* podem ter um emprego e ser produtivos. Essa crença deu origem a um experimento francês que tenta criar "territórios com desemprego de longo prazo zero", nos quais o governo e organizações da sociedade civil se comprometem a encontrar emprego para todos num curto espaço de tempo. Para isso, o governo oferece um subsídio de até 18 mil euros por empregado a qualquer organização que concorde em contratar *qualquer* desempregado de longa data que esteja em busca de emprego. Ao mesmo tempo, ONGs estão sendo engajadas para encontrar esses desempregados (inclusive os que enfrentam dificuldades múltiplas: deficiências mentais ou físicas, condenações criminais anteriores etc.), conseguir um emprego compatível para eles e oferecer-lhes a assistência necessária para que sejam capazes de assumi-lo.

Segundo, o trabalho não é necessariamente o que se segue *depois* que todos os outros problemas foram resolvidos e as pessoas estão "prontas", e sim uma parte do processo de recuperação em si. Jean-François conseguiu reaver a custódia do filho depois de achar um emprego, e encontra inspiração no orgulho que o filho sente por ele agora que está trabalhando.

Muito longe de Noisy-le-Grand, em Bangladesh, uma ONG enorme, a Brac, chegou à mesma conclusão. Eles observaram que as pessoas mais pobres das aldeias onde atuavam eram excluídas (ou se excluíam) de muitos de seus programas. Para resolver o problema, conceberam a ideia de "abordagem de graduação". Depois de identificar as pessoas mais pobres da aldeia, com a ajuda da comunidade, a Brac dá a elas um ativo produtivo (como algumas vacas ou cabras) e, durante dezoito meses, lhes oferece

Dinheiro e cuidado

apoio emocional, social e financeiro, além de treiná-las para usar esses ativos da melhor maneira possível. ERCS sobre o programa realizados em sete países concluíram que ele exerce grande impacto.[88] Na Índia, tivemos a oportunidade de acompanhar as amostras de avaliação ao longo dos últimos dez anos. Apesar do progresso econômico na área, que melhorou a situação de todas as famílias, ainda encontramos diferenças muito grandes e persistentes na vida dos beneficiários do programa em comparação com o grupo de controle. Eles consomem mais, têm mais ativos e são mais saudáveis e felizes; agora são "graduados", deixaram de ser exceções para se tornar "pobres normais".[89] Isso é muito diferente dos acompanhamentos de longo prazo nos programas de pura transferência de renda, que até agora têm sido decepcionantes.[90] Pôr essas famílias de volta no trilho, rumo ao trabalho produtivo, exigiu mais que dinheiro. Também foi importante tratá-las como seres humanos, dispensando-lhes o respeito a que não estavam acostumadas, reconhecendo tanto o seu potencial quanto os danos que lhes foram infligidos por anos de privação.

O profundo desrespeito pela dignidade humana dos pobres é endêmico nos sistemas de proteção social. Um exemplo particularmente doloroso disso é o de Chantal, já mencionada, uma das empregadas da TAE que conhecemos. Quando ela e o marido, ambos incapacitados, solicitaram ajuda em casa com os quatro filhos, dois dos quais também são incapacitados, a proposta que receberam foi a de um programa de acolhimento familiar temporário para os filhos. Essa solução "temporária" acabou se estendendo por dez anos, durante os quais o casal só podia ver os filhos uma vez por semana, em visita supervisionada. A suspeita de que pais pobres são incapazes de cuidar dos filhos é generalizada. Até a década de 1980, dezenas de milhares de crianças suíças pobres foram afastadas das famílias e alojadas em fazendas. Em 2012, o governo da Suíça se desculpou formalmente pelas separações. Essa discriminação é, na verdade, uma forma de racismo contra os pobres, uma lembrança de uma política do Canadá, onde dezenas de crianças indígenas foram enviadas para internatos e proibidas de falar a língua nativa, a fim de facilitar sua "assimilação" na cultura canadense dominante.

Um sistema de proteção social que trata alguém com esse tipo de crueldade torna-se punitivo, e as pessoas não pouparão esforços para evitar qualquer envolvimento com ele. Não devemos nos iludir. Esse tratamento não afeta somente uma pequena parcela das pessoas em situação de extrema pobreza que são muito diferentes do resto de nós. Quando parte do sistema social envolve punição e humilhação, toda a sociedade recua. A última coisa que um trabalhador quer na vida, quando acabou de perder o emprego, é ser tratado como "essa gente".

Respeito antes de tudo

É possível adotar um modelo diferente. Certa vez, fomos ao escritório da Mission Locale, na cidade de Sénart, perto de Paris, para assistir a uma reunião de "jovens criadores". A Mission Locale é um serviço integrado de atendimento médico, assistência social e colocação profissional destinado a jovens menos favorecidos. O programa de jovens criadores é voltado a qualquer jovem, homem ou mulher, que esteja atualmente desempregado e deseje iniciar um pequeno negócio. Sentados em torno de uma mesa, os jovens explicam o que querem fazer. Ouvimos exposições de planos para academia de ginástica, salão de beleza e loja de cosméticos orgânicos. Perguntamos a eles, então, por que desejavam ter um negócio próprio. Para nossa surpresa, nenhum deles falou em dinheiro. Um após o outro, todos mencionaram dignidade, amor-próprio e autonomia.

A abordagem do programa de jovens criadores é muito diferente do método típico das agências de emprego. Na abordagem tradicional, o objetivo do orientador é identificar sem perda de tempo alguma coisa que os jovens, na maioria egressos do ensino médio ou detentores de formação profissionalizante, poderiam fazer, geralmente algum tipo de programa de treinamento, e então encaminhá-los. A presunção é que o orientador sabe o que é bom para cada pessoa (a moda, hoje, é fazer isso com o auxílio de algum tipo de algoritmo de aprendizado de máquina). Os jovens, então, ou se conformam ou perdem os benefícios.

Didier Dugast, que concebeu o programa de jovens criadores, nos disse que, com imensa frequência, a abordagem tradicional é um fracasso completo. Os jovens que chegam a ele foram tutelados a vida toda sobre o que fazer. Talvez tenham ouvido na escola e também em casa que não eram capazes. Eles chegam magoados e feridos, com a autoestima no fundo do poço (confirmamos essas condições em nosso estudo quantitativo),[91] o que costuma se manifestar na forma de desconfiança instintiva em relação a tudo o que lhes é oferecido e, portanto, na tendência a resistir às sugestões.

A ideia básica do programa de jovens criadores é começar com o projeto proposto pelo jovem e levá-lo muito a sério. Na primeira entrevista, o jovem é convidado a explicar o que quer fazer, por que quer fazê-lo e como esse objetivo se encaixa em sua vida pessoal e em seus planos. Assistimos a três entrevistas: a de uma jovem que desejava montar uma farmácia de medicina chinesa, a de um jovem que ambicionava vender seus desenhos pela internet e a de uma jovem que pretendia montar um negócio de *home care* para idosos. Em todos os casos, essas primeiras entrevistas foram longas (cerca de uma hora cada), e o assistente social se empenhou em compreender o projeto, obviamente jamais o julgando, em momento algum. Seguiram-se entrevistas mais detalhadas, assim como oficinas em grupo. No decorrer das conversas, o assistente social começou a focar em convencer os jovens de que eles tinham controle sobre o próprio destino e o necessário para ser bem-sucedidos. Ao mesmo tempo, ele também deixava claro que havia mais de uma maneira de alcançar o sucesso; talvez a aspirante a farmacêutica pudesse iniciar um curso para se tornar enfermeira ou paramédica.

Participamos do ERC desse projeto. Novecentos jovens que se inscreveram foram designados ou para o programa, ou para serviços regulares. Constatamos que os integrantes do programa tinham maior probabilidade de conseguir emprego e de ganhar mais. Os efeitos foram muito mais amplos para aqueles que, no início, apresentavam maior carência. O mais surpreendente, à primeira vista, foi constatar que o programa efetivamente *reduz* a probabilidade de trabalhar por conta própria, embora tenha início com a proposta do candidato de começar um negócio próprio. O principal mérito do programa (e sua filosofia explícita) é que o projeto de negócio próprio é o ponto de partida, mas não necessariamente o ponto de chegada. O programa é basicamente uma forma de terapia com o objetivo de restaurar a confiança. O importante é encontrar ocupações estáveis e compensadoras no prazo de seis meses a um ano. Em contraste, um programa concorrente que também avaliamos, que apenas escolhia os candidatos mais promissores para um curso de microempreendedorismo e então focava em oferecer condições para o sucesso do projeto inicial, não surtiu efeito absolutamente algum, sobretudo porque selecionava o tipo de pessoa propensa a ser bem-sucedida independentemente de receber ajuda ou não.[92]

Em nossa opinião, o profundo respeito pela dignidade dos jovens foi o que mais contribuiu para o sucesso da iniciativa de jovens criadores em Sénart. Muitos desses jovens nunca tinham sido levados a sério por ninguém em função oficial (professores, burocratas, autoridades policiais). Como já vimos, as pesquisas em educação mostram que as crianças internalizam rapidamente a sua posição na hierarquia, e os professores a reforçam. Os professores dizem que certas crianças são mais inteligentes do que outras (mesmo que tenham sido escolhidas aleatoriamente) e as tratam de maneira diferente, o que as leva de fato a alcançar melhores resultados.[93] Na França, conduziu-se uma avaliação randomizada de uma intervenção da Énergie Jeunes inspirada pela ideia de "garra" de Angela Duckworth.[94] Nessa intervenção, vídeos motivacionais foram mostrados a estudantes para que eles se considerassem fortes e poderosos, e isso teve um impacto positivo sobre a sua frequência à escola, suas atitudes em sala de aula e até suas notas nas provas. Esse impacto não pareceu estar baseado na percepção das crianças de sua própria garra ou seriedade (na verdade, as crianças se subavaliaram a esse respeito),[95] mas sim no fato de que se tornaram muito mais otimistas quanto às possibilidades de sucesso para pessoas como elas. A ATD Fourth World, em colaboração com o Institute Supérieur Maria Montessori, em Paris, está tentando romper esse círculo vicioso de baixas expectativas o mais rápido possível. Nos projetos de habitação emergencial que administra,

Dinheiro e cuidado

a ATD opera escolas montessorianas de alta qualidade, tão brilhantes e bem administradas quanto as poucas escolas montessorianas privadas que atendem às classes mais altas no centro de Paris.

A mesma mudança de atitude, de indulgência para respeito, também esteve no cerne do programa Becoming a Man, implementando nas áreas pobres de Chicago. O programa tenta moderar a violência entre os jovens. No entanto, em vez de lhes dizer que é errado ser violento, começa reconhecendo que para adolescentes em bairros menos favorecidos a violência pode ser o padrão; portanto, ser agressivo ou até combativo talvez seja necessário para evitar a reputação de vítima. Alguém que viva nesses lugares poderia desenvolver a tendência instintiva de reagir com violência sempre que desafiado. Assim, em vez de condenar o comportamento ou punir o jovem pela violência, o Becoming a Man convida as crianças de bairros pobres a participar de uma série de atividades, inspiradas na terapia comportamental cognitiva, para ajudá-las a discernir quando a luta é uma reação apropriada e quando é um impulso negativo. Basicamente, elas são induzidas a apenas esperar um minuto para avaliar o cenário e escolher a forma de ação adequada. A participação no programa diminuiu o número total de prisões durante o período de intervenção em cerca de um terço, reduziu à metade as prisões por crimes violentos e aumentou a proporção de formados em cerca de 15%.[96]

O que há em comum entre um camponês afetado pela seca na Índia, um jovem no South Side de Chicago e um homem branco de cinquenta anos que acabou de ser demitido? Embora possam *ter* problemas, eles não são *o* problema. Eles têm o direito de ser vistos pelo que são, em vez de definidos pelas dificuldades que os cercam. Várias vezes, vimos em nossas viagens por países em desenvolvimento que a esperança é o combustível que move as pessoas. Defini-las pelos seus problemas é converter circunstância em essência. É a negação da esperança. A resposta natural a essa confusão é então assumir essa identidade, com consequências traiçoeiras para a sociedade em geral.

O objetivo das políticas sociais, nesta época de mudanças e ansiedade, deve ser ajudar as pessoas a absorver os choques que as impactam sem permitir que eles afetem a percepção que elas têm de si mesmas. Infelizmente, esse não é o sistema que herdamos. Nosso sistema de proteção social ainda mantém um revestimento vitoriano, e muitos políticos não tentam superar, nem sequer disfarçar, o desprezo que sentem pelos pobres e os menos afortunados. Mesmo com uma mudança de atitude, nosso sistema precisa de uma profunda reformulação e de uma forte injeção de imaginação. Neste capítulo oferecemos pistas sobre como chegar lá, mas, obviamente, não temos todas as soluções, e suspeitamos que ninguém as tenha. Temos muito ainda a aprender. Mas, contanto que compreendamos qual é o objetivo, podemos vencer.

Conclusão: A boa e a má economia

> [...] Umas após as outras
> As casas se levantam e tombam, desmoronam, são ampliadas,
> Removidas, destruídas, restauradas, ou em seu lugar
> Irrompe um campo aberto, uma usina, um atalho.
> Velhas pedras para novas construções, velhos lenhos para novas chamas,
> Velhas chamas em cinzas convertidas, e cinzas sobre a terra [...]
>
> T.S. Eliot, "East Coker"*

A ECONOMIA IMAGINA UM MUNDO de dinamismo irreprimível. As pessoas se inspiram, mudam de emprego, deixam de fazer máquinas para fazer música, penduram as chuteiras e decidem percorrer o mundo. Novos negócios surgem, crescem, fracassam, morrem e são substituídos por ideias mais oportunas e brilhantes. A produtividade aumenta em saltos breves, as nações enriquecem. O que era feito nas fábricas de Manchester passa a ser feito nas de Mumbai, depois nas de Mianmar, e talvez, um dia, nas de Mombaça ou Mogadíscio. Manchester renasce como Manchester digital, Mumbai converte suas fábricas em habitações sofisticadas e shopping centers onde os profissionais do setor financeiro gastam seus novos e gordos contracheques. As oportunidades estão por toda parte, esperando para serem descobertas e agarradas por quem precisa delas.

Sendo economistas dedicados ao estudo de países pobres, sabemos há muito tempo que as coisas não funcionam bem assim, pelo menos

---

* Tradução de Ivan Junqueira, in: T.S. Eliot, *Poesia*. Rio de Janeiro: Nova Fronteira, 1981. (N. T.)

nos países em que trabalhamos e em que passamos algum tempo. O possível migrante de Bangladesh passa fome com a família em sua aldeia em vez de enfrentar as incertezas de procurar um emprego na cidade. O ganense em busca de emprego fica sentado em casa pensando em quando a oportunidade que imaginava obter com seus estudos cairá em seu colo. O comércio internacional fecha fábricas no Cone Sul da América Latina, mas poucas novas empresas chegam para substituí-las. Com muita frequência, a mudança parece beneficiar apenas outras pessoas, indivíduos invisíveis e inacessíveis. Aqueles que perderam o emprego nas fábricas de Mumbai não desfrutarão de seus reluzentes restaurantes. Talvez seus filhos venham a trabalhar neles como garçons — empregos que eles geralmente não querem.

O que constatamos nos últimos anos é que essa história se repete em muitos lugares do mundo desenvolvido. Todas as economias são rígidas. É certo que há diferenças importantes. Pequenas empresas nos Estados Unidos crescem muito mais rápido que na Índia ou no México, e as que não crescem são fechadas, forçando os proprietários a mudar de atividade. As empresas na Índia, e em menor extensão no México, parecem empacadas no espaço e no tempo, nem crescendo para ser o próximo Walmart, nem partindo para algo mais promissor.[1] Todavia, esse dinamismo dos Estados Unidos oculta enormes variações conforme a geografia. Os negócios fecham as portas em Boise e renascem na florescente Seattle, mas os trabalhadores que perdem o emprego em Boise não têm condições de migrar para Seattle, e na verdade não o desejam, porque muito daquilo que mais prezam — os amigos e a família, as lembranças e os laços de fidelidade — ficará para trás. No entanto, à medida que os bons empregos desaparecem e a economia local entra em colapso, as escolhas parecem cada vez mais prementes, enquanto a raiva aumenta. É isso que está acontecendo no Leste da Alemanha; em boa parte da França, fora das grandes cidades; na terra do Brexit e nas áreas republicanas dos Estados Unidos; mas também em grandes bolsões do Brasil e do México. Os ricos e talentosos saltam lépidos para os centros vibrantes do sucesso econômico, mas grande parte dos remanescentes ficará para trás. Este é o mundo que produziu Donald

Conclusão: A boa e a má economia

Trump, Jair Bolsonaro e o Brexit, e engendrará muitos outros desastres, a menos que façamos alguma coisa.

E, no entanto, como economistas do desenvolvimento, também estamos bastante cientes de que o fato mais notável dos últimos quarenta anos é o ritmo da mudança, para o bem e para o mal. A queda do comunismo, a ascensão da China, a intensa redução da pobreza mundial, a explosão da desigualdade, o surto e a derrocada do HIV, a imensa queda na mortalidade infantil, a difusão do computador pessoal e do telefone celular, a Amazon e o Alibaba, o Facebook e o Twitter, a Primavera Árabe, a proliferação do nacionalismo autoritário e catástrofes climáticas iminentes — vimos tudo isso nas últimas quatro décadas. No final da década de 1970, quando Abhijit dava os primeiros passos para se tornar economista, a União Soviética ainda impunha respeito, a Índia estava descobrindo como ser ela mesma, a extrema esquerda adorava a China, os chineses cultuavam Mao, Reagan e Thatcher apenas começavam a atacar o moderno Estado de bem-estar social e 40% da população mundial vivia na mais abjeta pobreza. Muita coisa se transformou desde então. Grande parte para melhor.

E, no entanto, nem todas as mudanças foram desejadas. Muitas boas ideias simplesmente aconteceram, e más ideias também. Certas mudanças foram acidentais, enquanto algumas resultaram de efeitos não previstos de outras. Parte do aumento da desigualdade, por exemplo, foi o lado ruim da rigidez econômica, que torna ainda mais lucrativo estar no lugar certo na hora certa. O aumento da desigualdade, por sua vez, financiou o boom da construção, que criou empregos para os trabalhadores não qualificados nas cidades do mundo em desenvolvimento, pavimentando o caminho para a redução da pobreza.

Seria errado, porém, subestimar o quanto dessas mudanças foi induzido por políticas públicas — a abertura da China e da Índia para o empreendedorismo e para o comércio; o corte de impostos sobre os ricos no Reino Unido, nos Estados Unidos e em seus imitadores; a cooperação global para combater mortes desnecessárias; a priorização do crescimento econômico em detrimento do meio ambiente; o estímulo às migrações internas, através de melhorias na conectividade, ou o seu desestímulo, por falta de investimento em espaços urbanos habitáveis; o declínio do Estado de bem-estar social, mas também a reinvenção recente das transferências sociais no mundo em desenvolvimento, e assim por diante. As políticas públicas são poderosas. Os governos têm o poder de produzir enormes benefícios, mas também de provocar imensos danos, e assim também os grandes doadores privados e bilaterais de recursos para apoiar o desenvolvimento.

Muitas dessas políticas se erguem sobre os ombros da boa e da má economia (e das ciências sociais, de modo geral). Os cientistas sociais já escreviam sobre as ambições insanas do dirigismo no estilo soviético, sobre a necessidade de liberar o gênio empreendedor em países como a Índia e a China, sobre o potencial das catástrofes ambientais e sobre o poder extraordinário das conexões de rede muito antes de esses temas se tornarem óbvios para o mundo. Filantropos inteligentes estavam praticando boa ciência social ao insistirem em distribuir medicamentos antirretrovirais a pacientes de HIV no mundo em desenvolvimento, garantir testes muito mais amplos e salvar milhões de vidas. A boa economia prevaleceu sobre a ignorância e a ideologia ao promover a distribuição gratuita, na África, de mosquiteiros para cama tratados com inseticida, em vez de sua venda a preços subsidiados, o que reduziu a morte de crianças por malária a menos da metade. Já a má economia impulsionou a redução da carga tributária dos mais ricos e o arrocho dos programas sociais, vendeu a ideia de que o Estado é impotente e corrupto e os pobres são preguiçosos e pavimentou o caminho para o atual impasse de desigualdade explosiva e inércia raivosa. Uma economia míope nos disse que o comércio é bom para todos e que o crescimento acelerado está por toda parte. Trata-se apenas de se esforçar mais e aguentar todas as dores. Uma economia cega não percebeu a explosão da desigualdade mundo afora, o consequente agravamento da fragmentação social e o desastre ambiental iminente, procrastinando a ação, talvez de modo irreversível.

Como John Maynard Keynes, que transformou a política macroeconômica com as suas ideias, escreveu: "Os homens práticos, que se consideram isentos de quaisquer influências intelectuais, são geralmente escravos de

Conclusão: A boa e a má economia

algum economista já falecido. Os insanos em posição de autoridade, que ouvem vozes no ar, têm suas loucuras inspiradas por algum escrevinhador acadêmico de poucos anos atrás". As ideias são poderosas. As ideias impulsionam mudanças. A boa economia sozinha não pode nos salvar. Mas sem ela estamos condenados a repetir os erros do passado. Ignorância, achismos, ideologia e inércia se conjugam para nos dar respostas que parecem plausíveis e promissoras, mas previsivelmente nos traem. Como a história não se cansa de demonstrar, as ideias mais promissoras, no fim das contas, podem ser boas ou más. Hoje, a ideia de que continuar aberto à migração inevitavelmente destruirá nossas sociedades parece estar vencendo, apesar de todas as evidências em contrário. O único recurso que temos contra as ideias ruins é manter a vigilância, resistir à sedução do "óbvio", duvidar das promessas de milagres, questionar as evidências, ter paciência com a complexidade e admitir com honestidade o que sabemos e o que não sabemos. Sem essa vigilância, conversas sobre problemas multifacetados degeneram em bordões e caricaturas, enquanto as análises de políticas públicas são substituídas pelo elixir da charlatanice.

O chamado à ação não se limita a economistas acadêmicos — destina-se a todos nós que ansiamos por um mundo melhor, mais sensato e humano. A economia é importante demais para ficar por conta dos economistas.

Agradecimentos

Todos os livros são o produto de muitas mentes, mas este, em especial, é ainda mais do que a maioria. Chiki Sarkar encorajou-nos a perseguir este projeto antes mesmo de termos qualquer ideia de para onde ele nos levaria. Seu entusiasmo, inteligência vívida e fé em nossas capacidades nos serviram de guia e apoio durante todo o processo. Um pouco mais tarde, durante o desenvolvimento do livro, Andrew Wylie juntou-se ao nosso esforço. O respaldo de sua vasta experiência nos proporcionou a confiança para prosseguir. Neel Mukherjee leu todo o manuscrito em sua primeira versão, ainda bruta, e ofereceu-nos orientação, conselhos sobre estilo e, acima de tudo, a garantia de que este era um livro que valia ser escrito e até lido. Maddie McKelway fez um trabalho extraordinário para garantir que todos os fatos no manuscrito fossem checados e citados corretamente e que todas as frases fizessem (pelo menos algum) sentido. Clive Priddle, como em nossos livros anteriores, compreendeu exatamente aonde estávamos tentando chegar, não raro antes de nós mesmos. Suas intervenções editoriais fizeram deste trabalho um livro.

Ao escrever um livro que vai muito além de nossas "competências centrais", tivemos de confiar decisivamente na sabedoria de muitos de nossos amigos economistas. Como estamos cercados por muitas pessoas brilhantes, é impossível lembrar de onde vieram todas as ideias. Listar algumas dessas pessoas envolve o risco de omitir muitas outras, mas nos sentimos compelidos a mencionar (sem comprometê-las, evidentemente) Daron Acemoglu, David Atkin, Arnaud Costinot, Dave Donaldson, Rachel Glennerster, Penny Goldberg, Michael Greenstone, Bengt Holmstrom, Michael Kremer, Ben Olken, Thomas Piketty, Emma Rothschild, Emmanuel Saez, Frank Schilbach, Stefanie Stantcheva e Ivan Werning. Muito obrigado a todos vocês por nos ensinar. Agradecemos, também, a nossos orientadores de doutorado Josh Angrist, Jerry Green, Andreu Mas Colell, Eric Maskin e Larry Summers, assim como a nossos muitos professores, colaboradores, amigos e alunos cujas digitais estão por toda parte neste livro. Mais uma vez, correndo o risco de cometer uma grande injustiça, temos que dizer que este livro não seria o que é não fosse a influência de, entre outros, Philippe Aghion, Marianne Bertrand, Arun Chandrasekhar, Daniel Cohen, Bruno Crepon, Ernst Fehr, Amy Finkelstein, Maitreesh Ghatak, Rema Hanna, Matt Jackson, Dean Karlan, Eliana La Ferrara, Matt Low, Ben Moll, Sendhil Mullainathan, Kaivan Munshi, Andrew Newman, Paul Niehaus, Rohini Pande, Nancy Qian, Amartya Sen, Bob Solow, Cass Sunstein, Tavneet Suri e Robert Townsend.

Nosso ano de licença passado na École d'Économie de Paris foi uma dádiva divina. A escola foi um local de trabalho agradável e divertido, tanto pelo ambiente acadêmico como pelo convívio inspirador e revigorante. Somos especialmente gratos a Luc Behagel, Denis Cogneau, Olivier Compte, Hélène Giacobino, Mark Gurgand, Sylvie Lambert e Karen Macours; assim como a Gilles Postel-Vinay e Katia Zhuravskaya, pelos sorrisos sempre acolhedores, as muitas conversas animadas e os muitos suados jogos de tênis. Nossos colegas do Instituto de Tecnologia de Massachusetts, Glenn e Sara Ellison, que coordenaram o seu período sabático com o nosso, tornaram o ano ainda mais maravilhoso. Somos gratos pelo apoio financeiro da Région Île-de-France (Chaire Blaise Pascal), do Axa Research Fund, da ENS Foundation, da École d'Économie de Paris e do Instituto de Tecnologia de Massachusetts. Muito obrigado pelo apoio.

Por mais de quinze anos, a equipe do J-PAL não apenas fomentou nossa pesquisa, mas também nos manteve otimistas em relação à economia e à humanidade. Somos infinitamente afortunados por trabalhar todos os dias com pessoas gentis, generosas e dedicadas, ano após ano. Obrigado a Iqbal Dhaliwal, pela condução do barco, e a John Floretta, Shobhini Mukherjee, Laura Poswell e Anna Schrimpf, que são as nossas companhias diárias, visíveis ou invisíveis. E, é claro, obrigado também a Heather McCurdy e Jovanna Mason por tentarem destemidamente pôr alguma aparência de ordem em nossa vida.

Os pais de Esther, Michel e Violaine Duflo, e seu irmão Colas e família, são em grande parte responsáveis por nossa adorável estada em Paris. Obrigado por tudo o que fazem por nós, ano após ano.

Os pais de Abhijit, Dipak e Nirmala Banerjee, são para ele os leitores ideais do que ele escreve, sempre. Ele agradece aos dois por lhe ensinarem boa parte da economia que ele conhece, e, talvez mais importante, as razões pelas quais deve se importar.

Notas

1. Tornar a economia grande novamente (pp. 11-21)

1. Amber Phillips, "Is Split-Ticket Voting Officially Dead?". *Washington Post*, 2017. Disponível em: <https://www.washingtonpost.com/news/the-fix/wp/2016/11/17/is-split-ticket-voting-officially-dead/?utm_term=.6b57fc114762>.
2. "8. Partisan Animosity, Personal Politics, Views of Trump". Pew Research Center, 2017. Disponível em: <https://www.people-press.org/2017/10/05/8-partisan-animosity-personal-politics-views-of-trump>.
3. "Poll: Majority of Democrats Think Republicans Are 'Racist,' 'Bigoted' or 'Sexist'". *Axios*, 2017. Disponível em: <https://www.countable.us/articles/14975-poll-majority-democrats-think-republicans-racist-bigoted-sexist>.
4. Stephen Hawkins, Daniel Yudkin, Míriam Juan-Torres, e Tim Dixon, "Hidden Tribes: A Study of America's Polarized Landscape". *More in Common*, 2018. Disponível em: <https://www.moreincommon.com/media/nhplchwt/hidden_tribes_report.pdf>.
5. Charles Dickens, *Hard Times*. Revista semanal *Household Words*, Londres, 1854.
6. Matthew Smith, "Leave Voters Are Less Likely to Trust Any Experts — Even Weather Forecasters". YouGov, 2017. Disponível em: <https://yougov.co.uk/topics/politics/articles-reports/2017/02/17/leave-voters-are-less-likely-trust-any-experts-eve>.
7. Essa pesquisa foi realizada em colaboração com Stefanie Stantcheva e está descrita em Abhijit Banerjee, Esther Duflo e Stefanie Stantcheva, "Me and Everyone Else: Do People Think Like Economists?". Massachusetts Institute of Technology, 2019. Mimeografado.
8. "Steel and Aluminum Tariffs". Chicago Booth, IGM Forum, 2018. Disponível em: <http://www.igmchicago.org/surveys/steel-and-aluminum-tariffs>.
9. "Refugees in Germany". Chicago Booth, IGM Forum, 2017. Disponível em: <http://www.igmchicago.org/surveys/refugees-in-germany> (As respostas são normalizadas pelo número de pessoas que opinam).
10. "Robots and Artificial Intelligence". Chicago Booth, IGM Forum, 2017. Disponível em: <http://www.igmchicago.org/surveys/robots-and-artificial-intelligence>.
11. Paola Sapienza e Luigi Zingales, "Economic Experts versus Average Americans". *American Economic Review*, v. 103, n. 10, pp. 636-42, 2013. Disponível em: <https://doi.org/10.1257/aer.103.3.636>.
12. "A Mean Feat". *Economist*, 9 jan. 2016. Disponível em: <https://www.economist.com/finance-and-economics/2016/01/09/a-mean-feat>.
13. Siddhartha Mukherjee, *The Emperor of All Maladies: A Biography of Cancer*. Nova York: Scribner, 2010.

2. Fugindo da boca do tubarão (pp. 22-70)

1. United Nations International Migration Report Highlight. Disponível em: <https://www.un.org/en/development/desa/population/migration/publications/migrationreport/docs/MigrationReport2017_Highlights.pdf>. Acesso em: 1 jun. 2017; Mathias Czaika e Hein de Haas, "The Globalization of Migration: Has the World Become More Migratory?". *International Migration Review*, v. 48, n. 2, pp. 283-323, 2014.
2. "EU Migrant Crisis: Facts and Figures". News: European Parliament, 30 jun. 2017. Disponível em: <http://www.europarl.europa.eu/news/en/headlines/society/20170629STO78630/eu-migrant-crisis-facts-and-figures>. Acesso em: 21 abr. 2019.
3. Alberto Alesina, Armando Miano e Stefanie Stantcheva, "Immigration and Redistribution". NBER Working Paper n. 24733, 2018.
4. Oscar Barrera Rodriguez, Sergei M. Guriev, Emeric Henry e Ekaterina Zhuravskaya, "Facts, Alternative Facts, and Fact-Checking in Times of Post-Truth Politics". *SSRN Electronic Journal*, 2017. Disponível em: <https://dx.doi.org/10.2139/ssrn.3004631>.
5. Alesina, Miano e Stantcheva, "Immigration and Redistribution", op. cit.
6. Rodriguez, Guriev, Henry e Zhuravskaya, "Facts, Alternative Facts, and Fact Checking in Times of Post-Truth Politics", op. cit.
7. Warsan Shire, "Home". Disponível em: <https://www.seekersguidance.org/articles/social-issues/home-warsan-shire>. Acesso em: 5 jun. 2019.
8. Maheshwor Shrestha, "Push and Pull: A Study of International Migration from Nepal". Policy Research Working Paper WPS n. 7965 (Washington, DC: World Bank Group, 2017). Disponível em: <http://documents.worldbank.org/curated/en/318581486560991532/Push-and-pull-a-study-of-international-migration-from-Nepal>.
9. *Aparajito*. Direção: Satyajit Ray. Produção: Merchant Ivory Productions, 1956.
10. Usando dados de 65 países, Alwyn Young descobriu que os moradores das cidades consomem 52% mais que os moradores de áreas rurais. Alwyn Young, "Inequality, the Urban-Rural Gap, and Migration". *Quarterly Journal of Economics*, v. 128, n. 4, pp. 1727-85, 2013.
11. Abhijit Banerjee, Nils Enevoldsen, Rohini Pande e Michael Walton, "Information as an Incentive: Experimental Evidence from Delhi". Harvard. Disponível em: <https://scholar.harvard.edu/files/rpande/files/delhivoter_shared-14.pdf>. Acesso em: 21 abr. 2019. Mimeografado.
12. Lois Labrianidis e Manolis Pratsinakis, "Greece's New Emigration at Times of Crisis". LSE Hellenic Observatory GreeSE Paper 99, 2016.
13. John Gibson, David McKenzie, Halahingano Rohorua e Steven Stillman, "The Long-Term Impacts of International Migration: Evidence from a Lottery". *World Bank Economic Review*, v. 32, n. 1, pp. 127-47, fev. 2018.
14. Michael Clemens, Claudio Montenegro e Lant Pritchett, "The Place Premium: Wage Differences for Identical Workers Across the U.S. Border". Center for Global Development Working Paper n. 148, 2009.

Notas 403

15. Emi Nakamura, Jósef Sigurdsson e Jón Steinsson, "The Gift of Moving: Intergenerational Consequences of a Mobility Shock". NBER Working Paper n. 22392, 2017, revisado em jan. 2019, DOI: 10.3386/w22392.

16. Ibid.

17. Matti Sarvimäki, Roope Uusitalo e Markus Jäntti, "Habit Formation and the Misallocation of Labor: Evidence from Forced Migrations". 2019. Disponível em: <https://ssrn.com/abstract=3361356> ou <http://dx.doi.org/10.2139/ssrn.3361356>.

18. Gharad Bryan, Shyamal Chowdhury e Ahmed Mushfiq Mobarak, "Underinvestment in a Profitable Technology: The Case of Seasonal Migration in Bangladesh". *Econometrica*, v. 82, n. 5, pp. 1671-748, 2014.

19. David Card, "The Impact of the Mariel Boatlift on the Miami Labor Market". *Industrial and Labor Relations Review*, v. 43, n. 2, pp. 245-57, 1990.

20. George J. Borjas, "The Wage Impact of the *Marielitos*: A Reappraisal". *Industrial and Labor Relations Review*, v. 70, n. 5, pp. 1077-110, 13 fev. 2017.

21. Giovanni Peri e Vasil Yasenov, "The Labor Market Effects of a Refugee Wave: Synthetic Control Method Meets the Mariel Boatlift". *Journal of Human Resources*, v. 54, n. 2, pp. 267-309, jan. 2018.

22. Ibid.

23. George J. Borjas, "Still More on Mariel: The Role of Race". NBER Working Paper n. 23504, 2017.

24. Jennifer Hunt, "The Impact of the 1962 Repatriates from Algeria on the French Labor Market". *Industrial and Labor Relations Review*, v. 45, n. 3, pp. 556-72, abr. 1992.

25. Rachel M. Friedberg, "The Impact of Mass Migration on the Israeli Labor Market". *Quarterly Journal of Economics*, v. 116, n. 4, pp. 1373-408, nov. 2001.

26. Marco Tabellini, "Gifts of the Immigrants, Woes of the Natives: Lessons from the Age of Mass Migration". HBS Working Paper n. 19-005, 2018.

27. Mette Foged e Giovanni Peri, "Immigrants' Effect on Native Workers: New Analysis on Longitudinal Data". *American Economic Journal: Applied Economics*, v. 8, n. 2, pp. 1-34, 2016.

28. *The Economic and Fiscal Consequences of Immigration*. National Academies of Sciences, Engineering, and Medicine (Washington, DC: National Academies Press, 2017). Disponível em: <https://doi.org/10.17226/23550>.

29. Christian Dustmann, Uta Schönberg e Jan Stuhler, "Labor Supply Shocks, Native Wages, and the Adjustment of Local Employment". *Quarterly Journal of Economics*, v. 132, n. 1, pp. 435-83, fev. 2017.

30. Michael A. Clemens, Ethan G. Lewis e Hannah M. Postel, "Immigration Restrictions as Active Labor Market Policy: Evidence from the Mexican Bracero Exclusion". *American Economic Review*, v. 108, n. 6, pp. 1468-87, jun. 2018.

31. Foged e Peri, "Immigrants' Effect on Native Workers", op. cit.

32. Patricia Cortés, "The Effect of Low-Skilled Immigration on US Prices: Evidence from CPI Data". *Journal of Political Economy*, v. 116, n. 3, pp. 381-422, 2008.

33. Patricia Cortés e José Tessada, "Low-Skilled Immigration and the Labor Supply of Highly Skilled Women". *American Economic Journal: Applied Economics*, v. 3, n. 3, pp. 88-123, jul. 2011.
34. Emma Lazarus, "The New Colossus". In: *Emma Lazarus: Selected Poems*. Org. John Hollander. Nova York: Library of America, 2005, p. 58.
35. Ran Abramitzky, Leah Platt Boustan e Katherine Eriksson, "Europe's Tired, Poor, Huddled Masses: Self-Selection and Economic Outcomes in the Age of Mass Migration". *American Economic Review*, v. 102, n. 5, pp. 1832-56, 2012.
36. "Immigrant Founders of the 2017 Fortune 500". Center for American Entrepreneurship, 2017. Disponível em: <http://startupsusa.org/fortune500>.
37. Nakamura, Sigurdsson e Steinsson, "The Gift of Moving", op. cit.
38. Jie Bai, "Melons as Lemons: Asymmetric Information, Consumer Learning, and Quality Provision". Working Paper, 2018. Disponível em: <https://drive.google.com/file/d/0B52sohAPtnAWYVhBYm11cDBrSmM/view>. Acesso em: 19 jun. 2019.
39. "Para transformar dinheiro em capital, o possuidor de dinheiro tem, portanto, de encontrar no mercado de mercadorias o trabalhador livre, e livre em dois sentidos: de ser uma pessoa livre, que dispõe de sua força de trabalho como sua mercadoria, e de, por outro lado, ser alguém que não tem outra mercadoria para vender, livre e solto, carecendo absolutamente de todas as coisas necessárias à realização de sua força de trabalho." Karl Marx, *Das Kapital*. Hamburgo: Verlag von Otto Meissner, 1867 [citado em tradução de Rubens Enderle, in: *O capital*, Livro 1. São Paulo: Boitempo, 2011].
40. Girum Abebe, Stefano Caria e Esteban Ortiz-Ospina, "The Selection of Talent: Experimental and Structural Evidence from Ethiopia". Working Paper, 2018.
41. Christopher Blattman e Stefan Dercon, "The Impacts of Industrial and Entrepreneurial Work on Income and Health: Experimental Evidence from Ethiopia". *American Economic Journal: Applied Economics*, v. 10, n. 3, pp. 1-38, jul. 2018.
42. Girum Abebe, Stefano Caria, Marcel Fafchamps, Paolo Falco, Simon Franklin e Simon Quinn, "Anonymity or Distance? Job Search and Labour Market Exclusion in a Growing African City". csae Working Paper wps/2016-10-2, 2018.
43. Stefano Caria, "Choosing Connections. Experimental Evidence from a Link-Formation Experiment in Urban Ethiopia". Working Paper, 2015; Pieter Serneels, "The Nature of Unemployment Among Young Men in Urban Ethiopia". *Review of Development Economics*, v. 11, n. 1, pp. 170-86, 2007.
44. Carl Shapiro e Joseph E. Stiglitz, "Equilibrium Unemployment as a Worker Discipline Device". *American Economic Review*, v. 74, n. 3, pp. 433-44, jun. 1984.
45. Emily Breza, Supreet Kaur e Yogita Shamdasani, "The Morale Effects of Pay Inequality". *Quarterly Journal of Economics*, v. 133, n. 2, pp. 611-63, 2018.
46. Dustmann, Schönberg e Stuhler, "Labor Supply Shocks, Native Wages, and the Adjustment of Local Employment", op. cit.
47. Patricia Cortés e Jessica Pan, "Foreign Nurse Importation and Native Nurse Displacement". *Journal of Health Economics*, v. 37, pp. 164-80, 2017.

Notas

48. Kaivan Munshi, "Networks in the Modern Economy: Mexican Migrants in the U.S. Labor Market". *Quarterly Journal of Economics*, v. 118, n. 2, pp. 549-99, 2003.

49. Lori Beaman, "Social Networks and the Dynamics of Labor Market Outcomes: Evidence from Refugees Resettled in the U.S.". *Review of Economic Studies*, v. 79, n. 1, pp. 128-61, jan. 2012.

50. George Akerlof, "The Market for 'Lemons': Quality Uncertainty and the Market Mechanism". *Quarterly Journal of Economics*, v. 84, n. 3, pp. 488-500, 1970.

51. Os avaliadores e editores aparentemente acharam o trabalho de Akerlof difícil de compreender. Basicamente, o tipo de raciocínio circular que explica o resultado exige uma exposição matemática própria para garantir sua irrefutabilidade, e em 1970 esse estilo específico de argumentação matemática era pouco conhecido pela maioria dos economistas. Portanto, levou algum tempo para que os periódicos acadêmicos se aventurassem a publicá-lo. Uma vez publicado, porém, ele se tornou um clássico instantâneo, e continua sendo um dos trabalhos mais influentes de todos os tempos. Esse tipo de matemática, que é uma aplicação do ramo da matemática aplicada denominada "teoria dos jogos", é hoje lecionado a alunos de graduação em economia.

52. Banerjee, Enevoldsen, Pande e Walton, "Information as an Incentive", op. cit.

53. Relatório sobre a qualidade do ar. AirVisual, 2018. Disponível em: <https://www.airvisual.com/world-most-polluted-cities>. Acesso em: 21 abr. 2019.

54. Abhijit Banerjee e Esther Duflo, "The Economic Lives of the Poor". *Journal of Economic Perspectives*, v. 21, n. 1, pp. 141-68, 2007.

55. Global Infrastructure Hub, *Global Infrastructure Outlook*. Oxford Economics, 2017.

56. Edward Glaeser, *Triumph of the City: How Our Greatest Invention Makes Us Richer, Smarter, Greener, Healthier, and Happier*. Londres: Macmillan, 2011.

57. Jan K. Brueckner, Shihe Fu Yizhen Gu e Junfu Zhang, "Measuring the Stringency of Land Use Regulation: The Case of China's Building Height Limits". *Review of Economics and Statistics*, v. 99, n. 4, pp. 663-77, 2017.

58. Abhijit Banerjee e Esther Duflo, "Barefoot Hedge-Fund Managers". *Poor Economics*. Nova York: PublicAffairs, 2011.

59. W. Arthur Lewis, "Economic Development with Unlimited Supplies of Labour". *Manchester School*, v. 22, n. 2, pp. 139-91, 1954.

60. Robert Jensen e Nolan H. Miller, "Keepin' 'Em Down on the Farm: Migration and Strategic Investment in Children's Schooling". NBER Working Paper n. 23122, 2017.

61. Robert Jensen, "Do Labor Market Opportunities Affect Young Women's Work and Family Decisions? Experimental Evidence from India". *Quarterly Journal of Economics*, v. 127, n. 2, pp. 753-92, 2012.

62. Bryan, Chowdhury e Mobarak, "Underinvestment in a Profitable Technology", op. cit.

63. Maheshwor Shrestha, "Get Rich or Die Tryin': Perceived Earnings, Perceived Mortality Rate, and the Value of a Statistical Life of Potential Work-Migrants from Nepal". World Bank Policy Research Working Paper n. 7945, 2017.

64. Maheshwor Shrestha, "Death Scares: How Potential Work-Migrants Infer Mortality Rates from Migrant Deaths". World Bank Policy Research Working Paper n. 7946, 2017.

65. Donald Rumsfeld, *Known and Unknown: A Memoir*. Nova York: Sentinel, 2012.

66. Frank H. Knight, *Risk, Uncertainty, and Profit*. Boston: Hart, Schaffner, and Marx, 1921.

67. Justin Sydnor, "(Over)insuring Modest Risks". *American Economic Journal: Applied Economics*, v. 2, n. 4, pp. 177-99, 2010.

68. Voltaremos à ideia dessas crenças motivadas no capítulo 4. Como referência, ver Roland Bénabou e Jean Tirole, "Mindful Economics: The Production, Consumption, and Value of Beliefs". *Journal of Economic Perspectives*, v. 30, n. 3, pp. 141-64, 2016.

69. Alexis de Tocqueville, *Democracy in America*. Londres: Saunders e Otley, 1835.

70. Alberto Alesina, Stefanie Stantcheva e Edoardo Teso, "Intergenerational Mobility and Preferences for Redistribution". *American Economic Review*, v. 108, n. 2, pp. 521--54, 2018, DOI: 10.1257/aer.20162015.

71. Benjamin Austin, Edward Glaeser e Lawrence H. Summers, "Saving the Heartland: Place-Based Policies in 21st Century America". Brookings Papers on Economic Activity Conference Drafts, 2018.

72. Peter Ganong e Daniel Shoag, "Why Has Regional Income Convergence in the U.S. Declined?". *Journal of Urban Economics*, v. 102, pp. 76-90, 2017.

73. Enrico Moretti, *The New Geography of Jobs*. Boston: Houghton Mifflin Harcourt, 2012.

74. Ganong e Shoag, "Why Has Regional Income Convergence in the U.S. Declined?", op. cit.

75. "Starbucks". Indeed.com. Disponível em: <https://www.indeed.com/q-Starbucks-l-Boston,-ma-jobs.html>. Acesso em: 21 abr. 2019; "Starbucks". Indeed.com. Disponível em: <https://www.indeed.com/q-Starbucks-l-Boise-jobs.html>. Acesso em: 21 abr. 2019.

76. Esse exemplo é de Ganong e Shoag, em Peter Ganong e Daniel Shoag, "Why Has Regional Income Convergence in the U.S. Declined?", op. cit.

77. "The San Francisco Rent Explosion: Part II". Priceonomics. Disponível em: <https://priceonomics.com/the-san-francisco-rent-explosion-part-ii>. Acesso em: 4 jun. 2019.

78. De acordo com o RentCafé, o aluguel médio em Mission Dolores é de 3728 dólares para 74 metros quadrados. "San Francisco, CA Rental Market Trends". Disponível em: <https://www.rentcafe.com/average-rent-market-trends/us/ca/san-francisco>. Acesso em: 4 jun. 2019.

79. "New Money Driving Out Working-Class San Franciscans". *Los Angeles Times*, 21 jun. 1999. Disponível em: <https://www.latimes.com/archives/la-xpm-1999-jun--21-mn-48707-story.html>. Acesso em: 4 jun. 2019.

80. Glaeser, *Triumph of the City*, op. cit.

Notas   407

81. Atif Mian e Amir Sufi desenvolveram esses argumentos no livro *House of Debt: How They (and You) Caused the Great Recession, and How We Can Prevent It from Happening Again* (Chicago: University of Chicago Press, 2014) e em muitos artigos, como Atif Mian, Kamalesh Rao e Amir Sufi, "Household Balance Sheets, Consumption, and the Economic Slump". *Quarterly Journal of Economics*, v. 128, n. 4, pp. 1687-726, 2013.

82. Matthew Desmond, *Evicted: Poverty and Profit in the American City*. Nova York: Crown, 2016.

83. Mark Aguiar, Mark Bils, Kerwin Kofi Charles e Erik Hurst, "Leisure Luxuries and the Labor Supply of Young Men". NBER Working Paper n. 23552, 2017.

84. Kevin Roose, "Silicon Valley Is Over, Says Silicon Valley". *New York Times*, 4 mar. 2018.

85. Andrew Ross Sorkin, "From Bezos to Walton, Big Investors Back Fund for 'Flyover' Start-Ups". *New York Times*, 4 dez. 2017.

86. Glenn Ellison e Edward Glaeser, "Geographic Concentration in U.S. Manufacturing Industries: A Dartboard Approach". *Journal of Political Economy*, v. 105, n. 5, pp. 889-927, 1997.

87. Bryan, Chowdhury e Mobarak, "Underinvestment in a Profitable Technology", op. cit.

88. Tabellini, "Gifts of the Immigrants, Woes of the Natives", op. cit.

3. O ônus do comércio internacional (pp. 71-125)

1. "Steel and Aluminum Tariffs". Chicago Booth, IGM Forum, 2018. Disponível em: <http://www.igmchicago.org/surveys/steel-and-aluminum-tariffs>.

2. "Import Duties". Chicago Booth, IGM Forum, 2016. Disponível em: <http://www.igmchicago.org/surveys/import-duties>.

3. Abhijit Banerjee, Esther Duflo e Stefanie Stantcheva, "Me and Everyone Else: Do People Think Like Economists?". Massachusetts Institute of Technology, 2019. Mimeografado.

4. Ibid.

5. *The Collected Scientific Papers of Paul A. Samuelson*, v. 3. Cambridge, MA: MIT Press, 1966, p. 683.

6. Ibid.

7. David Ricardo, *On the Principles of Political Economy and Taxation*. Londres: John Murray, 1817.

8. Paul A. Samuelson e William F. Stolper, "Protection and Real Wages". *Review of Economic Studies*, v. 9, n. 1, pp. 58-73, 1941.

9. P. A. Samuelson, "The Gains from International Trade Once Again". *Economic Journal*, v. 72, n. 288, pp. 820-9, 1962, DOI: 10.2307/2228353.

10. John Keats, "Ode on a Grecian Urn". In: *The Complete Poems of John Keats*. 3. ed. Nova York: Penguin Classics, 1977.

11. Petia Topalova, "Factor Immobility and Regional Impacts of Trade Liberalization: Evidence on Poverty from India". *American Economic Journal: Applied Economics*, v. 2, n. 4, pp. 1-41, 2010, DOI: 10.1257/app.2.4.1.

12. "GDP Growth (annual %)". Banco Mundial. Disponível em: <https://data.worldbank.org/indicator/ny.gdp.mktp.kd.zg?end=2017&start=1988>. Acesso em: 29 mar. 2019.

13. Evidentemente, os otimistas do comércio, entre os quais Jagdish Bhagwati, T. N. Srinivasan e seguidores, desenvolveram o argumento de que o crescimento pré-1991 estava na iminência de desacelerar e parar, e foi salvo pelo resgate financeiro e pela liberalização do comércio.

14. Tractatus 7, in Ludwig von Wittgenstein, *Tractatus Logico-Philosophicus*, publicado originalmente por *Annalen der Naturphilosophie*, 1921. Edição original da Chiron Academic Press publicada em 2017, com introdução de Bertrand Russell.

15. "GDP Growth (annual %)", Banco Mundial, op. cit.

16. A fatia do PIB para o 1% superior (em termos de renda) aumentou de 6,1% em 1982 para 21,3% em 2015. World Inequality Database. Disponível em: <https://wid.world/country/india>. Acesso em: 15 mar. 2019.

17. Diego Cerdeiro e Andras Komaromi, aprovados por Valerie Cerra, "The Effect of Trade on Income and Inequality: A Cross-Sectional Approach". Fundo Monetário Internacional, Background Papers, 2017.

18. Pinelopi Koujianou Goldberg e Nina Pavcnik, "Distributional Effects of Globalization in Developing Countries". *Journal of Economic Literature*, v. 45, n. 1, pp. 39-82, mar. 2007.

19. Thomas Piketty, Li Yang e Gabriel Zucman, "Capital Accumulation, Private Property and Rising Inequality in China, 1978-2015". *American Economic Review*, v. 109, n. 7, pp. 2469-96, 2019. Disponível em: <http://gabriel-zucman.eu/files/PYZ2017.pdf>. Acesso em: 19 jun. 2019.

20. Topalova, "Factor Immobility and Regional Impacts of Trade Liberalization", op. cit.

21. Gaurav Datt, Martin Ravallion e Rinku Murgai, "Poverty Reduction in India: Revisiting Past Debates with 60 Years of Data". VOX CEPR Policy Portal. Disponível em: <voxeu.org>. Acesso em: 15 mar. 2019.

22. Eric V. Edmonds, Nina Pavcnik e Petia Topalova, "Trade Adjustment and Human Capital Investments: Evidence from Indian Tariff Reform". *American Economic Journal: Applied Economics*, v. 2, n. 4, pp. 42-75, 2010, DOI: 10.1257/app.2.4.42.

23. Orazio Attanasio, Pinelopi K. Goldberg e Nina Pavcnik, "Trade Reforms and Trade Inequality in Colombia". *Journal of Development Economics*, v. 74, n. 2, pp. 331-66, 2004; Brian K. Kovak, "Regional Effects of Trade Reform: What Is the Correct Level of Liberalization?". *American Economic Review*, v. 103, n. 5, pp. 1960-76, 2013.

24. Pinelopi K. Goldberg, Amit Khandelwal, Nina Pavcnik e Petia Topalova, "Trade Liberalization and New Imported Inputs". *American Economic Review*, v. 99, n. 2, pp. 494-500, 2009.

Notas

25. Abhijit Vinayak Banerjee, "Globalization and All That". In: Abhijit Vinayak Banerjee, Roland Bénabou e Dilip Mookherjee (Orgs.), *Understanding Poverty*. Nova York: Oxford University Press, 2006.

26. Topalova, "Factor Immobility and Regional Impacts of Trade Liberalization", op. cit.

27. Abhijit Banerjee e Esther Duflo, "Growth Theory Through the Lens of Development Economics", cap. 7. In: Philippe Aghion e Stephen Durlauf (Orgs.), *The Handbook of Economic Growth*, v. 1, parte A. Amsterdam: North Holland, 2005, pp. 473-552.

28. Topalova, "Factor Immobility and Regional Impacts of Trade Liberalization", op. cit.

29. Pinelopi K. Goldberg, Amit K. Khandelwal, Nina Pavcnik e Petia Topalova, "Multiproduct Firms and Product Turnover in the Developing World: Evidence from India". *Review of Economics and Statistics*, v. 92, n. 4, pp. 1042-9, 2010.

30. Robert Grundke e Cristoph Moser, "Hidden Protectionism? Evidence from Non--Tariff Barriers to Trade in the United States". *Journal of International Economics*, v. 117, pp. 143-57, 2019.

31. World Trade Organization, "Members Reaffirm Commitment to Aid for Trade and to Development Support". 2017. Disponível em: <https://www.wto.org/english/news_e/news17_e/gr17_13jul17_e.htm>. Acesso em: 18 mar. 2019.

32. David Atkin, Amit K. Khandelwal e Adam Osman, "Exporting and Firm Performance: Evidence from a Randomized Experiment". *Quarterly Journal of Economics*, v. 132, n. 2, pp. 551-615, 2017.

33. "Rankings by Country of Average Monthly Net Salary (After Tax) (Salaries and Financing)". Numbeo. Disponível em: <https://www.numbeo.com/cost-of-living/country_price_rankings?itemId=105>. Acesso em: 18 mar. 2019.

34. Abhijit V. Banerjee e Esther Duflo, "Reputation Effects and the Limits of Contracting: A Study of the Indian Software Industry". *Quarterly Journal of Economics*, v. 115, n. 3, pp. 989-1017, 2000.

35. Amos Tversky e Daniel Kahneman, "The Framing of Decisions and Psychology of Choice". *Science*, v. 211, pp. 453-8, 1981.

36. Jean Tirole, "A Theory of Collective Reputations (with Applications to the Persistence of Corruption and to Firm Quality)". *Review of Economic Studies*, v. 63, n. 1, pp. 1-22, 1996.

37. Rocco Machiavello e Ameet Morjaria, "The Value of Relationships: Evidence from Supply Shock to Kenyan Rose Exports". *American Economic Review*, v. 105, n. 9, pp. 2911-45, 2015.

38. Wang Xiaodong, "Govt Issues Guidance for Quality of Products". *China Daily*, atualizado em 14 set. 2017. Disponível em: <http://www.chinadaily.com.cn/china/2017-09/14/content_31975019.htm>. Acesso em: 29 mar. 2019.

39. Gujanita Kalita, "The Emergence of Tiruppur as the Export Hub of Knitted Garments in India: A Case Study". Icrier. Disponível em: <https://www.econ-jobs.

com/research/52329-The-Emergence-of-Tiruppur-as-the-Export-Hub-of-Knitted-
-Garments-in-India-A-Case-Study.pdf>. Acesso em: 21 abr. 2019.

40. L. N. Revathy, "GST, Export Slump Have Tiruppur's Garment Units Hanging by a Thread". Disponível em: <https://www.thehindubusinessline.com/economy/gst-
-export-slump-have-Tiruppurs-garment-units-hanging-by-a-thread/article9968689.
ece>. Acesso em: 21 abr. 2019.

41. "Clusters 101". Cluster Mapping. Disponível em: <http://www.clustermapping.
us/content/clusters-101>. Acesso em: 18 mar. 2019.

42. Antonio Gramsci, "'Wave of Materialism' and 'Crisis of Authority'". In: *Selections from the Prison Notebooks*. Nova York: International Publishers, 1971, pp. 275-6; *Prison Notebooks*, v. 2, caderno 3, 1930, ed. de 2011, pp. ss-34, *Past and Present*, pp. 32-3.

43. De acordo com o Banco Mundial, o grau de abertura da Índia era de 42% em 2015, comparado com 28% dos Estados Unidos e 39% da China. "Trade Openness — Country Rankings". TheGlobalEconomy.com. Disponível em: <https://www.
theglobaleconomy.com/rankings/trade_openness>. Acesso em: 8 mar. 2019.

44. Pinelopi K. Goldberg, Amit K. Khandelwal, Nina Pavcnik e Petia Topalova, "Imported Intermediate Inputs and Domestic Product Growth: Evidence from India". *Quarterly Journal of Economics*, v. 125, n. 4, pp. 1727-67, 2010.

45. Paul Krugman, "Taking on China". *New York Times*, 30 set. 2010.

46. J. D. Vance, *Hillbilly Elegy: A Memoir of a Family and Culture in Crisis*. Nova York: Harper, 2016.

47. David Autor, David Dorn e Gordon Hanson, "The China Syndrome: Local Labor Market Effects of Import Competition in the United States". *American Economic Review*, v. 103, n. 6, pp. 2121-68, 2013; David Autor, David Dorn e Gordon Hanson, "The China Shock: Learning from Labor-Market Adjustment to Large Changes in Trade". *Annual Review of Economics*, v. 8, pp. 205-40, 2016.

48. Ragnhild Balsvik, Sissel Jensen e Kjell G. Salvanes, "Made in China, Sold in Norway: Local Labor Market Effects of an Import Shock". *Journal of Public Economics*, v. 127, pp. 137-44, 2015; Wolfgang Dauth, Sebastian Findeisen e Jens Suedekum, "The Rise of the East and the Far East: German Labor Markets and Trade Integration". *Journal of the European Economic Association*, v. 12, n. 6, pp. 1643-
-75, 2014; Vicente Donoso, Víctor Martín e Asier Minondo, "Do Differences in the Exposure to Chinese Imports Lead to Differences in Local Labour Market Outcomes? An Analysis for Spanish Provinces". *Regional Studies*, v. 49, n. 10, pp. 1746-64, 2015.

49. M. Allirajan, "Garment Exports Dive 41 Percent in October on GST Woes". *Times of India*, 16 nov. 2017. Disponível em: <https://timesofindia.indiatimes.com/bu-
siness/india-business/garment-exports-dive-41-in-october-on-gst-woes/article-
show/61666363.cms>.

50. Atif Mian, Kamalesh Rao e Amir Sufi, "Housing Balance Sheets, Consumption, and the Economic Slump". *Quarterly Journal of Economics*, v. 128, n. 4, pp. 1687-726, 2013.

Notas

51. A história é relatada em um artigo da revista *Atlantic*. Alana Semuels, "Ghost Towns of the 21st Century". *Atlantic*, 20 out. 2015.
52. Autor, Dorn e Hanson, "The China Syndrome", op. cit.
53. David H. Autor, Mark Duggan, Kyle Greenberg e David S. Lyle, "The Impact of Disability Benefits on Labor Supply: Evidence from the VA's Disability Compensation Program". *American Economic Journal: Applied Economics*, v. 8, n. 3, pp. 31-68, 2016.
54. David H. Autor, "The Unsustainable Rise of the Disability Rolls in the United States: Causes, Consequences, and Policy Options". In: John Karl Scholz, Hyunpyo Moon e Sang- Hyop Lee (Orgs.), *Social Policies in an Age of Austerity*. Northampton, MA: Edward Elgar, 2015, pp. 107-36.
55. Aparna Soni, Marguerite E. Burns, Laura Dague e Kosali I. Simon, "Medicaid Expansion and State Trends in Supplemental Security Income Program Participation". *Health Affairs*, v. 36, n. 8, pp. 1485-8, 2017.
56. Ver, por exemplo, Enrico Moretti e Pat Kline, "People, Places and Public Policy: Some Simple Welfare Economics of Local Economic Development Programs". *Annual Review of Economics*, v. 6, pp. 629-62, 2014.
57. David Autor, David Dorn e Gordon H. Hanson, "When Work Disappears: Manufacturing Decline and the Fall of Marriage Market Value of Young Men". NBER Working Paper n. 23173, 2018, DOI: 10.3386/w23173. Publicado em *American Economic Review: Insights*, v. 1, n. 2, 2019. Disponível em <https://www.aeaweb.org/articles?id=10.1257/aeri.20180010>.
58. Anne Case e Angus Deaton, "Rising Morbidity and Mortality in Midlife Among White Non-Hispanic Americans in the 21st Century". *PNAS*, v. 112, n. 49, pp. 15078-83, 2015. Disponível em: <https://doi.org/10.1073/pnas.1518393112>.
59. Arnaud Costinot e Andrés Rodríguez-Clare, "The US Gains from Trade: Valuation Using the Demand for Foreign Factor Services". *Journal of Economic Perspectives*, v. 32, n. 2, pp. 3-24, primavera 2018.
60. Rodrigo Adao, Arnaud Costinot e Dave Donaldson, "Nonparametric Counterfactual Predictions in Neoclassical Models of International Trade". *American Economic Review*, v. 107, n. 3, pp. 633-89, 2017; Costinot e Rodríguez-Clare, "The US Gains from Trade", op. cit.
61. "GDP Growth (annual %)". Banco Mundial. Disponível em: <https://data.worldbank.org/indicator/ny.gdp.mktp.kd.zg>. Acesso em: 29 mar. 2019.
62. Costinot e Rodríguez-Clare, "The US Gains from Trade", op. cit.
63. Sam Asher e Paul Novosad, "Rural Roads and Local Economic Development". Policy Research Working Paper n. 8466. Washington, DC: World Bank, 2018.
64. Sandra Poncet, "The Fragmentation of the Chinese Domestic Market Peking Struggles to Put an End to Regional Protectionism". *China Perspectives*. Disponível em: <https://journals.openedition.org/chinaperspectives/410>. Acesso em: 21 abr. 2019.
65. *O negócio é ser pequeno* foi um livro escrito pelo ecologista alemão Schumacher em 1974 para defender a ideia gandhiana de pequenas fazendas nas aldeias. E. F.

Schumacher, *Small Is Beautiful: A Study of Economics as If People Mattered*. Londres: Blond & Briggs, 1973.

66. Nirmala Banerjee, "Is Small Beautiful?". In: Amiya Bagchi e Nirmala Banerjee (Orgs.), *Change and Choice in Indian Industry*. Calcutta: K. P. Bagchi & Company, 1981.

67. Chang-Tai Hsieh e Benjamin A. Olken, "The Missing 'Missing Middle'". *Journal of Economic Perspectives*, v. 28, n. 3, pp. 89-108, 2014.

68. Adam Smith, *The Wealth of Nations*. W. Strahan and T. Cadell, 1776.

69. Dave Donaldson, "Railroads of the Raj: Estimating the Impact of Transportation Infrastructure". *American Economic Review*, v. 108, n. 4-5, pp. 899-934, 2018.

70. Dave Donaldson e Richard Hornbeck, "Railroads and American Growth: A 'Market Access' Approach". *Quarterly Journal of Economics*, v. 131, n. 2, pp. 799-858, 2016.

71. Arnaud Costinot e Dave Donaldson, "Ricardo's Theory of Comparative Advantage: Old Idea, New Evidence". *American Economic Review*, v. 102, n. 3, pp. 453-8, 2012.

72. Asher e Novosad, "Rural Roads and Local Economic Development", op. cit.

73. David Atkin e Dave Donaldson, "Who's Getting Globalized? The Size and Implications of Intra-National Trade Costs". NBER Working Paper n. 21 439, 2015.

74. "U.S. Agriculture and Trade at a Glance". US Department of Agriculture Economic Research Service. Disponível em: <https://www.ers.usda.gov/topics/international-markets-us-trade/us-agricultural-trade/us-agricultural-trade-at-a-glance>. Acesso em: 8 jun. 2019.

75. Ibid.

76. "Occupational Employment Statistics". Bureau of Labor Statistics, 2019. Disponível em: <https://www.bls.gov/oes/2017/may/oes452099.htm>. Acesso em: 29 mar.

77. "Quick Facts: United States". US Census Bureau. Disponível em: <https://www.census.gov/quickfacts/fact/map/us/inc910217>. Acesso em: 29 mar. 2019.

78. Benjamin Hyman, "Can Displaced Labor Be Retrained? Evidence from Quasi-Random Assignment to Trade Adjustment Assistance". 10 jan. 2018. Disponível em: <https://ssrn.com/abstract=3155386> ou <http://dx.doi.org/10.2139/ssrn.3155386>.

79. "Education and Training". Veterans Administration. Disponível em: <https://benefits.va.gov/gibill>. Acesso em: 21 jun. 2019.

80. Sewin Chan e Ann Huff Stevens, "Job Loss and Employment Patterns of Older Workers". *Journal of Labor Economics*, v. 19, n. 2, pp. 484-521, 2001.

81. Henry S. Farber, Chris M. Herbst, Dan Silverman e Till von Wachter, "Whom Do Employers Want? The Role of Recent Employment and Unemployment Status and Age". *Journal of Labor Economics*, v. 37, n. 2, pp. 323-49, abr. 2019. Disponível em: <https://doi.org/10.1086/700184>.

82. Benjamin Austin, Edward Glaesar e Lawrence Summers, "Saving the Heartland: Place-Based Policies in 21st Century America". Brookings Papers on Economic Activity Conference Drafts 2018. Disponível em: <https://www.brookings.edu/wp-content/uploads/2018/03/3_austinetal.pdf>. Acesso em: 19 jun. 2019.

Notas

413

4. Preferências, desejos e necessidades (pp. 126-82)

1. John Sides, Michael Tesler e Lynn Vavreck, *Identity Crisis: The 2016 Presidential Campaign and the Battle for the Meaning of America*. Princeton, NJ: Princeton University Press, 2018.

2. George Stigler e Gary Becker, "De gustibus non est disputandum". *American Economic Review*, v. 67, n. 2, pp. 76-90, 1977.

3. Abhijit Banerjee e Esther Duflo, *Poor Economics: A Radical Rethinking of the Way to Fight Global Poverty*. Nova York: PublicAffairs, 2011.

4. Abhijit V. Banerjee, "Policies for a Better-Fed World". *Review of World Economics*, v. 152, n. 1, pp. 3-17, 2016.

5. Abhijit Banerjee, "A Simple Model of Herd Behavior". *Quarterly Journal of Economics*, v. 107, n. 3, pp. 797-817, 1992.

6. Lev Muchnik, Sinan Aral e Sean J. Taylor, "Social Influence Bias: A Randomized Experiment". *Science*, v. 341, n. 6146, pp. 647-51, 2013.

7. Drew Fudenberg e Eric Maskin, "The Folk Theorem in Repeated Games with Discounting or with Incomplete Information". *Econometrica*, v. 54, n. 3, pp. 533-54, 1986; Dilip Abreu, "On the Theory of Infinitely Repeated Games with Discounting". *Econometrica*, v. 56, n. 2, pp. 383-96, 1988.

8. Elinor Ostrom, *Governing the Commons*. Cambridge: Cambridge University Press, 1990.

9. Ver, por exemplo, E. R. Prabhakar Somanathan e Bhupendra Singh Mehta, "Decentralization for Cost-Effective Conservation". *Proceedings of the National Academy of Sciences*, v. 106, n. 11, pp. 4143-7, 2009; J. M. Baland, P. Bardhan, S. Das e D. Mookherjee, "Forests to the People: Decentralization and Forest Degradation in the Indian Himalayas". *World Development*, v. 38, n. 11, pp. 1642-56, 2010. Isso não significa, porém, que a propriedade comunitária sempre funciona. Na verdade, a própria teoria deixa claro que isso pode não acontecer. Imagine, por exemplo, que você receie que outro membro da comunidade nem sempre vá seguir as regras. Nesse caso, você se sente mais tentado a trapacear também, uma vez que, se outras pessoas deixarem o gado pastar em excesso, a qualidade do pasto comum irá piorar e a ameaça de não poder usá-lo já não será tão assustadora. Com efeito, a evidência de que as áreas florestais de propriedade comunitária são menos desflorestadas não é tão convincente.

10. Robert M. Townsend, "Risk and Insurance in Village India". *Econometrica*, v. 62, n. 3, pp. 539-91, 1994; Christopher Udry, "Risk and Insurance in a Rural Credit Market: An Empirical Investigation in Northern Nigeria". *Review of Economic Studies*, v. 61, n. 3, pp. 495-526, 1994.

11. Um livro recente, com argumentos muito bem construídos, que reforça essa posição é *The Third Pillar: How Markets and the State Leave Community Behind*, de Raghuram Rajan (Nova York: HarperCollins, 2019).

12. Harold L. Cole, George J. Mailath e Andrew Postlewaite, "Social Norms, Savings Behavior, and Growth". *Journal of Political Economy*, v. 100, n. 6, pp. 1092-125, 1992.

414   *Boa economia para tempos difíceis*

13. Debates da Assembleia Constituinte da Índia (anais), v. 7, 1948. Disponíveis em: <https://cadindia.clpr.org.in/constitution_assembly_debates/volume/7/1948-11-04>. Muitos já escreveram sobre o relacionamento entre os dois, principalmente a romancista Arundhati Roy, em seu livro *The Doctor and the Saint*, de 2017 (que foca mais em Ambedkar), e Ramachandra Guha, em seu recente *Gandhi* (que fala mais, é claro, sobre Gandhi). Os dois não se davam bem. Gandhi achava que Ambedkar era exaltado demais, e este insinuava que o velho era em certa medida uma fraude. Não obstante essas diferenças, foi com as bênçãos de Gandhi que Ambedkar acabou redigindo a Constituição. Arundhati Roy, *The Doctor and the Saint: Caste, War, and the Annihilation of Caste*. Chicago: Haymarket Books, 2017; Ramachandra Guha, *Gandhi: The Years That Changed the World, 1914-1948*. Nova York: Knopf, 2018.

14. Viktoria Hnatkovska, Amartya Lahiri e Sourabh Paul, "Castes and Labor Mobility". *American Economic Journal: Applied Economics*, v. 4, n. 2, pp. 274-307, 2012.

15. Karla Hoff, "Caste System". World Bank Policy Research Working Paper n. 7929, 2016.

16. Kanchan Chandra, *Why Ethnic Parties Succeed: Patronage and Ethnic Headcounts in India*. Cambridge: Cambridge University Press, 2004; Christophe Jaffrelot, *India's Silent Revolution: The Rise of the Lower Castes in North India*. Londres: Hurst and Company, 2003; Yogendra Yadav, *Understanding the Second Democratic Upsurge: Trends of Bahujan Participation in Electoral Politics in the 1990s*. Delhi: Oxford University Press, 2000.

17. Abhijit Banerjee, Amory Gethin e Thomas Piketty, "Growing Cleavages in India? Evidence from the Changing Structure of Electorates, 1962-2014". *Economic & Political Weekly*, v. 54, n. 11, pp. 33-44, 2019.

18. Abhijit Banerjee e Rohini Pande, "Parochial Politics: Ethnic Preferences and Politician Corruption". CEPR Discussion Paper DP6381, 2007.

19. "Black Guy Asks Nation for Change". *The Onion*, 19 mar. 2008. Disponível em: <https://politics.theonion.com/black-guy-asks-nation-for-change-1819569703>. Acesso em: 19 jun. 2019.

20. Eileen Patten, "Racial, Gender Wage Gaps Persist in U.S. Despite Some Progress". Pew Research Center, 1 jul. 2016.

21. Raj Chetty, Nathaniel Hendren, Maggie R. Jones e Sonya R. Porter, "Race and Economic Opportunity in the United States: An Intergenerational Perspective". NBER Working Paper n. 24441, 2018.

22. De acordo com um estudo do Stanford Center on Poverty and Inequality, "no final de 2015, nada menos que 9,1% dos homens negros jovens (20 a 34 anos) estavam encarcerados, taxa 5,7 vezes superior à de homens brancos jovens (1,6%). Nada menos que 10% das crianças negras tinham um dos pais encarcerado em 2015, em comparação com 3,6% das crianças hispânicas e 1,7% das crianças brancas". Becky Pettit e Bryan Sykes, "State of the Union 2017: Incarceration". Stanford Center on Poverty and Inequality.

23. Nesse sentido, os afro-americanos são mais parecidos com os muçulmanos da Índia do que com as castas intocáveis. Os muçulmanos estão ficando para trás em

Notas 415

relação à população hindu em termos econômicos e são alvo de forte violência por parte da população majoritária hindu.

24. Jane Coaston, "How White Supremacist Candidates Fared in 2018". *Vox*, 7 nov. 2018. Disponível em: <https://www.vox.com/policy-and-politics/2018/11/7/18064670/white-supremacist-candidates-2018-midterm-elections>. Acesso em: 22 abr. 2019.

25. Robert P. Jones, Daniel Cox, Betsy Cooper e Rachel Lienesch, "How Americans View Immigrants and What They Want from Immigration Reform: Findings from the 2015 American Values Atlas". Public Religion Research Institute, 29 mar. 2016.

26. Leonardo Bursztyn, Georgy Egorov e Stefano Fiorin, "From Extreme to Mainstream: How Social Norms Unravel". NBER Working Paper n. 23 415, 2017.

27. Apud Chris Haynes, Jennifer L. Merolla e S. Karthik Ramakrishnan, *Framing Immigrants: News Coverage, Public Opinion, and Policy*. Nova York: Russell Sage Foundation, 2016.

28. Ibid.

29. Anirban Mitra e Debraj Ray, "Implications of an Economic Theory of Conflict: Hindu-Muslim Violence in India". *Journal of Political Economy*, v. 122, n. 4, pp. 719--65, 2014.

30. Daniel L. Chen, "Club Goods and Group Identity: Evidence from Islamic Resurgence During the Indonesian Financial Crisis". *Journal of Political Economy*, v. 118, n. 2, pp. 300-54, 2010.

31. Amanda Agan e Sonja Starr, "Ban the Box, Criminal Records, and Statistical Discrimination: A Field Experiment". *Quarterly Journal of Economics*, v. 133, n. 1, pp. 191-235, 2017.

32. Ibid.

33. Claude M. Steele e Joshua Aronson, "Stereotype Threat and the Intellectual Test Performance of African Americans". *Journal of Personality and Social Psychology*, v. 69, n. 5, pp. 797-811, 1995.

34. Steven J. Spencer, Claude M. Steele e Diane M. Quinn, "Stereotype Threat and Women's Math Performance". *Journal of Experimental Social Psychology*, v. 35, n. 1, pp. 4-28, 1999.

35. Joshua Aronson, Michael J. Lustina, Catherine Good, Kelli Keough, Claude M. Steele e Joseph Brown, "When White Men Can't Do Math: Necessary and Sufficient Factors in Stereotype Threat". *Journal of Experimental Social Psychology*, v. 35, n. 1, pp. 29-46, 1999.

36. Robert Rosenthal e Lenore Jacobson, "Pygmalion in the Classroom". *Urban Review*, v. 3, n. 1, pp. 16-20, 1968.

37. Dylan Glover, Amanda Pallais e William Pariente, "Discrimination as a Self--Fulfilling Prophecy: Evidence from French Grocery Stores". *Quarterly Journal of Economics*, v. 132, n. 3, pp. 1219-60, 2017.

38. Ariel Ben Yishay, Maria Jones, Florence Kondylis e Ahmed Mushfiq Mobarak, "Are Gender Differences in Performance Innate or Socially Mediated?". World Bank Policy Research Working Paper n. 7689, 2016.

39. Rocco Macchiavello, Andreas Menzel, Antonu Rabbani e Christopher Woodruff, "Challenges of Change: An Experiment Training Women to Manage in the Bangladeshi Garment Sector". University of Warwick Working Paper Series n. 256, 2015.

40. Jeff Stone, Christian I. Lynch, Mike Sjomeling e John M. Darley, "Stereotype Threat Effects on Black and White Athletic Performance". *Journal of Personality and Social Psychology*, v. 77, n. 6, pp. 1213-27, 1999.

41. Ibid.

42. Marco Tabellini, "Racial Heterogeneity and Local Government Finances: Evidence from the Great Migration". Harvard Business School BGIE Unit Working Paper n. 19-006, 2018. Disponível em: <https://ssrn.com/abstract=3220439> ou <http://dx.doi.org/10.2139/ssrn.3220439>; Conrad Miller, "When Work Moves: Job Suburbanization and Black Employment". NBER Working Paper n. 24728, jun. 2018, DOI: 10.3386/w24728.

43. Ellora Derenoncourt, "Can You Move to Opportunity? Evidence from the Great Migration". Working Paper. Disponível em: <https://scholar.harvard.edu/files/elloraderenoncourt/files/derenoncourt_jmp_2018.pdf>. Acesso em: 22 abr. 2019.

44. Leonardo Bursztyn e Robert Jensen, "How Does Peer Pressure Affect Educational Investments?". *Quarterly Journal of Economics*, v. 130, n. 3, pp. 1329-67, 2015.

45. Ernst Fehr, "Degustibus Est Disputandum". Emerging Science of Preference Formation, palestra de abertura, Universitat Pompeu Fabra, Barcelona, Espanha, 7 out. 2015.

46. Alain Cohn, Ernst Fehr e Michel Andre Marechal, "Business Culture and Dishonesty in the Banking Industry". *Nature*, v. 516, pp. 86-9, 2014.

47. Para uma visão geral do trabalho deles, ver Roland Bénabou e Jean Tirole, "Mindful Economics: The Production, Consumption, and Value of Beliefs". *Journal of Economic Perspectives*, v. 30, n. 3, pp. 141-64, 2016.

48. William Julius Wilson, *When Work Disappears: The World of the New Urban Poor*. Nova York: Knopf Doubleday, 1997.

49. J. D. Vance, *Hillbilly Elegy: A Memoir of a Family and Culture in Crisis*. Nova York: Harper, 2016.

50. Dan Ariely, George Loewenstein e Drazen Prelec, "'Coherent Arbitrariness': Stable Demand Curves without Stable Preferences". *Quarterly Journal of Economics*, v. 118, n. 1, pp. 73-106, 2003.

51. Daniel Kahneman, Jack L. Knetsch e Richard H. Thaler, "Experimental Tests of the Endowment Effect and the Coase Theorem". *Journal of Political Economy*, v. 98, n. 6, pp. 1325-48, 1990.

52. Dan Ariely, George Loewenstein e Drazen Prelec, "'Coherent Arbitrariness': Stable Demand Curves without Stable Preferences", op. cit.

53. Muzafer Sherif, *The Robber's Cave Experiment: Intergroup Conflict and Cooperation*. Middletown, CT: Wesleyan University Press, 1998.

54. Gerard Prunier, *The Rwanda Crisis: History of a Genocide*. Nova York: Columbia University Press, 1997.

Notas 417

55. Paul Lazarsfeld e Robert Merton, "Friendship as a Social Process: A Substantive and Methodological Analysis". In: Morroe Berger, Theodore Abel e Charles H. Page (Orgs.), *Freedom and Control in Modern Society*. Nova York: Van Nostrand, 1954.

56. Matthew Jackson, "An Overview of Social Networks and Economic Applications". *Handbook of Social Economics*, 2010. Disponível em: <https://web.stanford.edu/jacksonm/socialnetecon-chapter.pdf>. Acesso em: 5 jan. 2019.

57. Kristen Bialik, "Key Facts about Race and Marriage, 50 Years after Loving v. Virginia". Pew Research Center, 2017. Disponível em: <http://www.pewresearch.org/fact-tank/2017/06/12/key-facts-about-race-and-marriage-50-years-after-loving-v-virginia>.

58. Abhijit Banerjee, Esther Duflo, Maitreesh Ghatak e Jeanne Lafortune, "Marry for What? Caste and Mate Selection in Modern India". *American Economic Journal: Microeconomics*, v. 5, n. 2, 2013. Disponível em: <https://doi.org/10.1257/mic.5.2.33>.

59. Cass R. Sunstein, *Republic.com*. Princeton, NJ: Princeton University Press, 2001; Cass R. Sunstein, *#Republic: Divided Democracy in the Age of Social Media*. Princeton, NJ: Princeton University Press, 2017.

60. "Little Consensus on Global Warming: Partisanship Drives Opinion". Pew Research Center, 2006. Disponível em: <http://www.people-press.org/2006/07/12/little-consensus-on-global-warming>.

61. Cass R. Sunstein, "On Mandatory Labeling, with Special Reference to Genetically Modified Foods". *University of Pennsylvania Law Review*, v. 165, n. 5, pp. 1043-95, 2017.

62. Matthew Gentzkow, Jesse M. Shapiro e Matt Taddy, "Measuring Polarization in High-Dimensional Data: Method and Application to Congressional Speech". Working Paper, 2016.

63. Yuriy Gorodnickenko, Tho Pham e Oleksandr Talavera, "Social Media, Sentiment and Public Opinions: Evidence from #Brexit and #us Election". National Bureau of Economics Research Working Paper n. 24 631, 2018.

64. Shanto Iyengar, Gaurav Sood e Yphtach Lelkes, "Affect, Not Ideology: A Social Identity Perspective on Polarization". *Public Opinion Quarterly*, 2012. Disponível em: <http://doi.org/10.1093/poq/nfs038>.

65. "Most Popular Social Networks Worldwide as of January 2019, Ranked by Number of Active Users (in millions)". Statista.com, 2019. Disponível em: <https://www.statista.com/statistics/272014/global-social-networks-ranked-by-number-of-users>. Acesso em: 21 abr. 2019.

66. Maeve Duggan, Nicole B. Ellison, Cliff Lampe, Amanda Lenhart e Mary Madden, "Social Media Update 2014". Pew Research Center, 2015. Disponível em: <http://www.pewinternet.org/2015/01/09/social-media-update-2014>.

67. Johan Ugander, Brian Karrer, Lars Backstrom e Cameron Marlow, "The Anatomy of the Facebook Social Graph". Cornell University, 2011. Disponível em: <https://arxiv.org/abs/1111.4503v1>.

68. Yosh Halberstam e Brian Knight "Homophily, Group Size, and the Diffusion of Political Information in Social Networks: Evidence from Twitter". *Journal of Public*

Economics, v. 143, pp. 73-88, nov. 2016. Disponível em: <https://doi.org/10.1016/j.jpubeco.2016.08.011>.

69. David Brock, *The Republican Noise Machine*. Nova York: Crown, 2004.

70. David Yanagizawa-Drott, "Propaganda and Conflict: Evidence from the Rwandan Genocide". *Quarterly Journal of Economics*, v. 129, n. 4, 2014. Disponível em: <https://doi.org/10.1093/qje/qju020>.

71. Matthew Gentzkow e Jesse Shapiro, "Ideological Segregation Online and Offline". *Quarterly Journal of Economics*, v. 126, n. 4, 2011. Disponível em: <http://doi.org/10.1093/qje/qjr044>.

72. Levi Boxell, Matthew Gentzkow e Jesse Shapiro, "Greater Internet Use Is Not Associated with Faster Growth in Political Polarization among us Demographic Groups". Proceedings of the National Academy of Sciences of the United States of America, 2017. Disponível em: <https://doi.org/10.1073/pnas.1706588114>.

73. Gregory J. Martin and Ali Yurukoglu, "Bias in Cable News: Persuasion and Polarization". *American Economic Review*, v. 107, n. 9, 2017. Disponível em: <http://doi.org/10.1257/aer.20160812>.

74. Ibid.

75. Matthew Gentzkow, Jesse M. Shapiro e Matt Taddy, "Measuring Polarization in High-Dimensional Data: Method and Application to Congressional Speech". Working Paper, 2016.

76. Julia Cagé, Nicolas Hervé e Marie-Luce Viaud, "The Production of Information in an Online World: Is Copy Right?". Net Institute Working Paper, 2017. Disponível em: <http://dx.doi.org/10.2139/ssrn.2672050>.

77. "2015 Census". American Society of News Editors. Disponível em: <https://www.asne.org/diversity-survey-2015>.

78. "Sociocultural Dimensions of Immigrant Integration". In: Mary C. Waters e Marissa Gerstein Pineau (Orgs.), *The Integration of Immigrants into American Society*. Washington, DC: National Academies of Sciences Engineering Medicine, 2015.

79. Hunt Allcott e Matthew Gentzkow, "Social Media and Fake News in the 2016 Election". *Journal of Economic Perspectives*, v. 31, n. 2, 2017. Disponível em: <http://doi.org/10.1257/jep.31.2.211>.

80. Donghee Jo, "Better the Devil You Know: An Online Field Experiment on News Consumption". Northeastern University Working Paper. Disponível em: <https://www.dropbox.com/s/6r8c2qcmugblaqs/JMP.pdf?dl=0&raw=1>. Acesso em: 20 jun. 2019.

81. Gordon Allport, *The Nature of Prejudice*. Cambridge, MA: Addison-Wesley, 1954.

82. Elizabeth Levy Paluck, Seth Green e Donald P. Green, "The Contact Hypothesis Re-evaluated". *Behavioral Public Policy*, pp. 1-30, 2017.

83. Johanne Boisjoly, Greg J. Duncan, Michael Kremer, Dan M. Levy e Jacque Eccles, "Empathy or Antipathy? The Impact of Diversity". *American Economic Review*, v. 96, n. 5, pp. 1890-905, 2006.

Notas 419

84. Gautam Rao, "Familiarity Does Not Breed Contempt: Generosity, Discrimination, and Diversity in Delhi Schools". *American Economic Review*, v. 109, n. 3, pp. 774-809, 2019.
85. Matthew Lowe, "Types of Contact: A Field Experiment on Collaborative and Adversarial Caste Integration". osf, última atualização em 29 maio de 2019. Disponível em: <osf.io/u2d9x>.
86. Thomas C. Schelling, "Dynamic Models of Segregation". *Journal of Mathematical Sociology*, v. 1, pp. 143-86, 1971.
87. David Card, Alexandre Mas e Jesse Rothstein, "Tipping and the Dynamics of Segregation". *Quarterly Journal of Economics*, v. 123, n. 1, pp. 177-218, 2008.
88. O sistema francês de habitação social não é uma loteria, mas, em princípio, deve atuar para espalhar a população: uma comissão se reúne no nível de *departement* (semelhante ao distrito) para distribuir unidades vagas às famílias inscritas em todo o departamento, com base no tamanho da família e em outros critérios de prioridade, mas não na raça. As habitações subsidiadas em bairros bons, porém, são tão lucrativas que os incentivos para a fraude são muito fortes. Em meados da década de 1990, a distribuição de unidades residenciais em Paris se revelou um importante mecanismo de clientelismo, instalado e mantido por Jacques Chirac (prefeito de Paris e depois presidente da França). Yann Algan, Camille Hémet e David D. Laitin, "The Social Effects of Ethnic Diversity at the Local Level: A Natural Experiment with Exogenous Residential Allocation". *Journal of Political Economy*, v. 124, n. 3, pp. 696-733, 2016.
89. Joshua D. Angrist e Kevin Lang, "Does School Integration Generate Peer Effects? Evidence from Boston's Metco Program". *American Economic Review*, v. 94, n. 5, pp. 1613-34, 2004.
90. Abhijit Banerjee, Donald Green, Jennifer Green e Rohini Pande, "Can Voters Be Primed to Choose Better Legislators? Experimental Evidence from Rural India". Poverty Action Lab Working Paper, 2010. Disponível em: <https://www.poverty-actionlab.org/sites/default/files/publications/105_419_Can%20Voters%20be%20Primed_Abhijit_Oct2009.pdf>. Acesso em: 19 jun. 2019.

5. O fim do crescimento? (pp. 183-255)

1. Robert Gordon, *The Rise and Fall of American Growth*. Princeton, nj: Princeton University Press, 2016.
2. C. I. Jones, "The Facts of Economic Growth". In: John B. Taylor e Harald Uhlig (Orgs.), *Handbook of Macroeconomics*, v. 2. Amsterdam: North Holland, 2016, pp. 3-69.
3. Angus Maddison, "Historical Statistics of the World Economy: 1-2008 ad". Groningen Growth and Development Centre: Maddison Project Database, 2010.
4. Angus Maddison, "Measuring and Interpreting World Economic Performance 1500-2001". *Review of Income and Wealth*, v. 51, n. 1, pp. 1-35, 2005. Disponível em: <https://doi.org/10.1111/j.1475-4991.2005.00143.x>.

5. Robert Gordon, *The Rise and Fall of American Growth*, op. cit., p. 258.
6. J. Bradford DeLong, Claudia Goldin e Lawrence F. Katz, "Sustaining U.S. Economic Growth". In: Henry J. Aaron, James M. Lindsay, Pietro S. Nivola, *Agenda for the Nation*. Washington, DC: Brookings Institution, 2003, pp. 17-60.
7. Robert Gordon, *The Rise and Fall of American Growth*, op. cit., p. 575, figura 17.2. O crescimento anualizado da PTF nos Estados Unidos foi de 0,46% por ano entre 1880 e 1920 e de 1,89% por ano entre 1920 e 1970.
8. Nicholas Crafts, "Fifty Years of Economic Growth in Western Europe: No Longer Catching Up but Falling Behind?". *World Economics*, v. 5, n. 2, pp. 131-45, 2004.
9. Robert Gordon, *The Rise and Fall of American Growth*, op. cit.
10. O crescimento anualizado da PTF nos Estados Unidos foi de 1,89% entre 1920 e 1970 e de 0,57% entre 1970 e 1995; Robert Gordon, *The Rise and Fall of American Growth*. Princeton, NJ: Princeton University Press, 2016, p. 575, figura 17.2.
11. Robert Gordon, *The Rise and Fall of American Growth*, op. cit., p. 575, figura 17.2. O crescimento anual da PTF de 0,40 entre 2004 e 2014 foi ainda mais baixo durante os períodos de 1973-94 (0,70) e 1890-1920 (0,46).
12. "Total Factor Productivity". Federal Reserve Bank of San Francisco. Disponível em: <https://www.frbsf.org/economic-research/indicators-data/total-factor-productivity-tfp>. Acesso em: 19 jun. 2019.
13. Robert Gordon e Joel Mokyr, "Boom vs. Doom: Debating the Future of the US Economy". Debate no Chicago Council of Global Affairs, 31 out. 2016.
14. Robert Gordon, *The Rise and Fall of American Growth*, op. cit., pp. 594-603.
15. Robert Gordon e Joel Mokyr, "Boom vs. Doom: Debating the Future of the US Economy", op. cit.
16. Alvin H. Hansen, "Economic Progress and Declining Population Growth". *American Economic Review*, v. 29, n. 1, pp. 1-15, 1939.
17. Angus Maddison, *Growth and Interaction in the World Economy: The Roots of Modernity*. Washington, DC: AEI Press, 2005.
18. Thomas Piketty, *Capital in the Twenty-First Century*. Cambridge, MA: Harvard University Press, 2013, p. 73, tabela 2.1. Os dados usados por Piketty para o crescimento de longo prazo são oriundos de Angus Maddison e podem ser encontrados no banco de dados do Projeto Maddison. Disponível em: <https://www.rug.nl/ggdc/historicaldevelopment/maddison/releases/maddison-project-database-2018>.
19. Para o leitor que tenha interesse em examinar essa literatura, será útil saber que quando os economistas usam o termo "bem-estar" eles não estão se referindo a programas sociais. Portanto, isso é o que eles chamariam de cálculo do bem-estar.
20. Chad Syverson, "Challenges to Mismeasurement Explanations for the US Productivity Slowdown". *Journal of Economic Perspectives*, v. 31, n. 2, pp. 165-86, 2017. Disponível em: <https://doi.org/10.1257/jep.31.2.165>.
21. Ibid.
22. Hunt Allcott, Luca Braghieri, Sarah Eichmeyer e Matthew Gentzkow, "The Welfare Effects of Social Media". NBER Working Paper n. 25514, 2019.

Notas 421

23. Robert M. Solow, "A Contribution to the Theory of Economic Growth". *Quarterly Journal of Economics*, v. 70, n. 1, pp. 65-94, 1956. Disponível em: <https://doi.org/10.2307/1884513>.

24. "Estimating the U.S. Labor Share". Bureau of Labor Statistics, 2017. Disponível em: <https://www.bls.gov/opub/mlr/2017/article/estimating-the-us-labor-share.htm>. Acesso em: 15 abr. 2019.

25. O economista J. Brad DeLong, de Berkeley, salientou esse ponto em seu artigo "Productivity Growth, Convergence e Welfare: Comment". *American Economic Review*, v. 78, n. 5, pp. 1138-54, 1988. Recentemente, ele atualizou esse gráfico, usando dados do Banco Mundial. Disponível em: <www.bradford-delong.com/2015/08/in-which-i-once-again-bet-on-a-substantial-growth-slowdown-in-china.html>.

26. Arquimedes: *"Give me a lever and a place to stand and I will move the earth"* [Dê-me uma alavanca e um ponto de apoio e levantarei o mundo]. *The Library of History of Diodorus Siculus*, fragmentos do Livro XXVI. Trad. de F. R. Walton. In: *Loeb Classical Library*, v. 11. Cambridge: Harvard University Press, 1957.

27. Robert E. Lucas Jr., "On the Mechanics of Economic Development". *Journal of Monetary Economics*, v. 22, n. 1, pp. 3-42, 1988.

28. Robert E. Lucas Jr., "Why Doesn't Capital Flow from Rich to Poor Countries?". *American Economic Review*, v. 80, n. 2, pp. 92-6, 1990.

29. Francesco Caselli, "Accounting for Cross-Country Income Differences". In: Philippe Aghion e Steven N. Durlauf (Orgs.), *Handbook of Economic Growth*, v. 1, parte A. Amsterdam: North Holland, 2005, pp. 679-741.

30. Anne Robert Jacques Turgot, "Sur le Memoire de M. de Saint-Péravy". In: G. Schelle (Org.), *Oeuvres de Turgot et documents le concernant, avec biographie et notes*. Paris: F. Alcan, 1913.

31. Karl Marx, *Das Kapital*. Hamburg: Verlag von Otto Meisner, 1867. Felizmente para o capitalismo, há um passo em falso na lógica de Marx. Como apontou Solow, quando o retorno do capital diminui, a velocidade da acumulação também diminui. Logo, a menos que os capitalistas passem a poupar mais, justamente no momento em que é menos vantajoso fazê-lo, a acumulação diminuirá e a taxa de lucro interromperá sua tendência de queda.

32. Julia Carrie, "Amazon Posts Record 2.5bn Profit Fueled by Ad and Cloud Business". *Guardian*, 26 jul. 2018. Parte do lucro decorre do fato de a Amazon vender armazenamento em nuvem. Mas o armazenamento em nuvem é, em si, subproduto do excesso de capacidade na nuvem que eles sabiam que tinham de construir para continuar sendo o formador de mercado dominante. Assim, o negócio da Amazon na nuvem é parte integrante de seu gigantismo.

33. Paul M. Romer, "Increasing Returns and Long-Run Growth". *Journal of Political Economy*, v. 94, n. 5, pp. 1002-37, 1986. Disponível em: <https://doi.org/10.1086/261420>.

34. Danielle Paquette, "Scott Walker Just Approved $3 billion Deal for a New Foxconn Factory in Wisconsin". *Washington Post*, 18 set. 2017; Natalie Kitroeff, "Foxconn Affirms Wisconsin Factory Plan, Citing Trump Chat". *New York Times*, 1 fev. 2019.

35. Enrico Moretti, "Are Cities the New Growth Escalator?". In: Abha Joshi-Ghani e Edward Glaeser (Orgs.), *The Urban Imperative: Towards Competitive Cities*. Nova Delhi: Oxford University Press, 2015, pp. 116-48.

36. Laura Stevens e Shayndi Raice, "How Amazon Picked HQ_2 and Jilted 236 Cities". *Wall Street Journal*, 14 nov. 2018.

37. "Amazon HQ_2 RFP". Set. 2017. Disponível em: <https://images-na.ssl-images-amazon.com/images/G/01/Anything/test/images/usa/RFP_3._V516043504_.pdf>. Acesso em: 14 jun. 2019.

38. Adam B. Jaffe, Manuel Trajtenberg e Rebecca Henderson, "Geographic Localization of Knowledge Spillovers as Evidenced by Patent Citations". *Quarterly Journal of Economics*, v. 108, n. 3, pp. 577-98, 1993. Disponível em: <https://doi.org/10.2307/2118401>.

39. Enrico Moretti. *The New Geography of Jobs*. Boston: Mariner Books, 2012.

40. Michael Greenstone, Richard Hornbeck e Enrico Moretti, "Identifying Agglomeration Spillovers: Evidence from Winners and Losers of Large Plant Openings". *Journal of Political Economy*, v. 118, n. 3, pp. 536-98, jun. 2010. Disponível em: <https://doi.org/10.1086/653714>.

41. Evidentemente, a pergunta feita em Nova York não era sobre o tamanho dos ganhos (todo mundo sabia que haveria algum), mas por que se admitia que a Amazon ficasse com tanto. Afinal, Alexandria ofereceu muito menos e Boston, absolutamente nada (mas Boston não venceu).

42. Jane Jacobs, "Why TVA Failed". *New York Review of Books*, 10 maio 1984.

43. Patrick Kline e Enrico Moretti, "Local Economic Development, Agglomeration Economies, and the Big Push: 100 Years of Evidence from the Tennessee Valley Authority". *Quarterly Journal of Economics*, v. 129, n. 1, pp. 275-331, 2014. Disponível em: <https://doi.org/10.1093/qje/qjt034>.

44. O crescimento de 10% na década anterior aumentará o crescimento na década seguinte em 20% de 10%, que é 2%. Daí resultará um crescimento adicional de 20% de 2%, ou 0,4%, na década seguinte, e assim por diante. É evidente que as rodadas de crescimento subsequentes são menores e ficam rapidamente cada vez menores.

45. Patrick Kline e Enrico Moretti, "Local Economic Development, Agglomeration Economies and the Big Push: 100 Years of Evidence from the Tennessee Valley Authority". *Quarterly Journal of Economics*, v. 129, n. 1, pp. 275-331, 2014. Disponível em: <https://doi.org/10.1093/qje/qjt034>.

46. Enrico Moretti, "Are Cities the New Growth Escalator?", op. cit., pp. 116-48.

47. Peter Ellis e Mark Roberts, *Leveraging Urbanization in South Asia: Managing Spatial Transformation for Prosperity and Livability*. South Asia Development Matters. Washington, DC: World Bank, 2016. Disponível em: <https://doi.org/10.1596/978-1-4648-0662-9>. Licença: Creative Commons Attribution CC BY 3.0 IGO.

48. Paul M. Romer, "Endogenous Technological Change". *Journal of Political Economy*, v. 98, n. 5, parte 2, pp. S71-S102, 1990. Disponível em: <https://doi.org/10.1086/261725>.

49. Philippe Aghion e Peter Howitt, "A Model of Growth Through Creative Destruction". *Econometrica*, v. 60, n. 2, pp. 323-51, 1992.

Notas   423

50. No verbete da Wikipédia referente a Schumpeter, lê-se: "Schumpeter disse que tinha definido para si três objetivos na vida: ser o mais notável economista do mundo, ser o mais hábil cavaleiro em toda a Áustria e ser o melhor amante de toda Viena. Ele afirmou ter alcançado dois desses objetivos, mas nunca esclareceu quais, embora aparentemente tenha dito que havia muitos cavaleiros excelentes na Áustria para que pudesse realizar todas as suas aspirações". Disponível em: <https://en.wikipedia.org/wiki/Joseph_Schumpeter>.

51. Philippe Aghion e Peter Howitt, "A Model of Growth Through Creative Destruction". *Econometrica*, v. 60, n. 2, pp. 323-51, 1992.

52. "Real GDP Growth". US Budget and Economy. Disponível em: <http://usbudget.blogspot.fr/2009/02/real-gdp-growth.html>.

53. David Leonardt, "Do Tax Cuts Lead to Economic Growth?". *New York Times*, 15 set. 2012. Disponível em: <https://nyti.ms/2mBjewo>.

54. Thomas Piketty, Emmanuel Saez e Stefanie Stantcheva, "Optimal Taxation of Top Labor Incomes: A Tale of Three Elasticities". *American Economic Journal: Economic Policy*, v. 6, n. 1, pp. 230-71, 2014. Disponível em: <https://doi.org/10.1257/pol.6.1.230>.

55. William Gale, "The Kansas Tax Cut Experiment". Brookings Institution, 2017. Disponível em: <https://www.brookings.edu/blog/unpacked/2017/07/11/the-kansas-tax-cut-experiment>.

56. Owen Zidar, "Tax Cuts for Whom? Heterogeneous Effects of Income Tax Changes on Growth and Employment". *Journal of Political Economy*, v. 127, n. 3, pp. 1437-72, 2019. Disponível em: <https://doi.org/10.1086/701424>.

57. Emmanuel Saez, Joel Slemrod e Seth H. Giertz, "The Elasticity of Taxable Income with Respect to Marginal Tax Rates: A Critical Review". *Journal of Economic Literature*, v. 50, n. 1, pp. 3-50, 2012. Disponível em: <https://doi.org/10.1257/jel.50.1.3>.

58. "Tax Reform". IGM Forum, 2017. Disponível em: <http://www.igmchicago.org/surveys/tax-reform-2>.

59. "Analysis of Growth and Revenue Estimates Based on the US Senate Committee on Finance Tax Reform Plan". Department of the Treasury, 2017. Disponível em: <https://www.treasury.gov/press-center/press-releases/Documents/TreasuryGrowthMemo12-11-17.pdf>.

60. Os signatários foram Robert J. Barro, Michael J. Boskin, John Cogan, Douglas Holtz-Eakin, Glenn Hubbard, Lawrence B. Lindsey, Harvey S. Rosen, George P. Shultz e John B. Taylor. Ver "How Tax Reform Will Lift the Economy". *Wall Street Journal: Opinion*, 2017. Disponível em: <https://www.wsj.com/articles/how-tax-reform-will-lift-the-economy-1511729894?mg=prod/accounts-wsj>.

61. Jason Furman e Lawrence Summers, "Dear Colleagues: You Responded, but We Have More Questions About Your Tax-Cut Analysis". *Washington Post*, 2017. Disponível em: <https://www.washingtonpost.com/news/wonk/wp/2017/11/30/dear-colleagues-you-responded-but-we-have-more-questions-about-your-tax-cut-analysis/?utm_term=.bbd78b5f1ef9>.

62. "Economic Report of the President together with the Annual Report of the Council of Economic Advisers". 2016. Disponível em: <https://obamawhitehouse. archives.gov/sites/default/files/docs/ERP_2016_Book_Complete%20JA.pdf>.

63. Thomas Philippon, *The Great Reversal: How America Gave up on Free Markets* (Cambridge: Harvard University Press, 2019).

64. David Autor, David Dorn, Lawrence F. Katz, Christina Patterson e John Van Reenen, "The Fall of the Labor Share and the Rise of Superstar Firms". NBER Working Paper n. 23396, 2017.

65. Para argumentos robustos no sentido de que o aumento da concentração tem sido ruim para os consumidores, ver Thomas Philippon, *The Great Reversal*, op. cit.; Jan De Loecker, Jan Eeckhout e Gabriel Unger, "The Rise of Market Power and the Macroeconomic Implications". Working Paper, 2018.

66. Esteban Rossi-Hansberg, Pierre-Daniel Sarte e Nicholas Trachter, "Diverging Trends in National and Local Concentration". NBER Working Paper n. 25066, 2018.

67. Alberto Cavallo, "More Amazon Effects: Online Competition and Pricing Behaviors". NBER Working Paper n. 25138, 2018.

68. Germán Gutiérrez e Thomas Philippon, "Ownership, Concentration e Investment". *AEA Papers and Proceedings*, v. 108, pp. 432-7, 2018. Disponível em: <https://doi.org/10.1257/pandp.20181010>; Thomas Philippon, *The Great Reversal*, op. cit.

69. Facundo Alvaredo, Lucas Chancel, Thomas Piketty, Emmanuel Saez e Gabriel Zucman, "World Inequality Report 2018: Executive Summary". World Inequality Lab, 2018.

70. Mats Elzén e Per Ferström, "The Ignorance Survey: United States". Gapminder, 2013. Disponível em: <https://static.gapminder.org/GapminderMedia/wp-uploads/ Results-from-the-Ignorance-Survey-in-the-US..pdf>.

71. "Poverty". World Bank, 2019. Disponível em: <https://www.worldbank.org/en/ topic/poverty/overview#1>. Acesso em: 14 abr. 2019.

72. "The Millennium Development Goals Report 2015: Fact Sheet". United Nations, 2015.

73. "Maternal and Child Health". Usaid.com, 17 fev. 2018. Disponível em: <https:// www.usaid.gov/global-health/health-areas/maternal-and-child-health>. Acesso em: 14 abr. 2019.

74. "The Millennium Development Goals Report 2015: Fact Sheet", op. cit.

75. "Literacy Rate, Adult Total (% of People Ages 15 and Above)". World Bank Open Data. Disponível em: <https://data.worldbank.org/indicator/se.adt.litr.zs>.

76. "Number of Deaths Due to HIV/aids". World Health Organization. Disponível em: <https://www.who.int/gho/hiv/epidemic_status/deaths_text/en>. Acesso em: 14 abr. 2019.

77. Paul Romer, "Economic Growth". In: Library of Economics and Liberty: Economic Systems. Disponível em: <https://www.econlib.org/library/Enc/ EconomicGrowth.html>. Acesso em: 13 jun. 2019.

Notas

78. William Easterly, *The Elusive Quest for Growth*. Cambridge, MA: MIT Press 2001.
79. Ross Levine e David Renelt, "A Sensitivity Analysis of Cross-Country Growth Regressions". *American Economic Review*, v. 82, n. 4, pp. 942-63, set. 1992.
80. Daron Acemoglu, Simon Johnson e James A. Robinson, "The Colonial Origins of Comparative Development: An Empirical Investigation". *American Economic Review*, v. 91, n. 5, pp. 1369-401, 2001. Disponível em: <https://doi.org/10.1257/aer.91.5.1369>; Daron Acemoglu, Simon Johnson, James A. Robinson, "Reversal of Fortune: Geography and Institutions in the Making of the Modern World Income Distribution". *Quarterly Journal of Economics*, v. 117, n. 4, pp. 1231-94, nov. 2002. Disponível em: <https://doi.org/10.1162/003355302320935025>.
81. Dani Rodrik, Arvind Subramanian e Francesco Trebbi, "Institutions Rule: The Primacy of Institutions over Geography and Integration in Economic Development". *Journal of Economic Growth*, v. 9, n. 2, pp. 131-65, 2004. Disponível em: <https://doi.org/10.1023/b:joeg.0000031425.72248.85>.
82. "Global 500 2014". *Fortune*, 2014. Disponível em: <http://fortune.com/global500/2014>. Acesso em: 13 jun. 2019.
83. William Easterly, "Trust the Development Experts — All 7 Billion". Brookings Institution, 2008. Disponível em: <https://www.brookings.edu/opinions/trust--the-development-experts-all-7-billion>.
84. "The Impact of the Internet in Africa: Establishing Conditions for Success and Catalyzing Inclusive Growth in Ghana, Kenya, Nigeria and Senegal". Dalberg, 2013.
85. "World Development Report 2016: Digital Dividends". World Bank, 2016. Disponível em: <http://www.worldbank.org/en/publication/wdr2016>.
86. Kenneth Lee, Edward Miguel e Catherine Wolfram, "Experimental Evidence on the Economics of Rural Electrification". Working Paper, 2018.
87. Julian Cristia, Pablo Ibarrarán, Santiago Cueta, Ana Santiago e Eugenio Severín, "Technology and Child Development: Evidence from the One Laptop per Child Program". *American Economic Journal: Applied Economics*, v. 9, n. 3, pp. 295-320, 2017. Disponível em: <https://doi.org/10.1257/app.20150385>.
88. Rema Hanna, Esther Duflo e Michael Greenstone, "Up in Smoke: The Influence of Household Behavior on the Long-Run Impact of Improved Cooking Stoves". *American Economic Journal: Economic Policy*, v. 8, n. 1, pp. 80-114, 2016. Disponível em: <https://doi.org/10.1257/pol.20140008>.
89. James Berry, Greg Fischer e Raymond P. Guiteras, "Eliciting and Utilizing Willingness-to-Pay: Evidence from Field Trials in Northern Ghana". Cenrep Working Paper n. 18-016, maio 2018.
90. Rachel Peletz, Alicea Cock-Esteb, Dorothea Ysenburg, Salim Haji, Ranjiv Khush e Pascaline Dupas, "Supply and Demand for Improved Sanitation: Results from Randomized Pricing Experiments in Rural Tanzania". *Environmental Science and Technology*, v. 51, n. 12, pp. 7138-47, 2017. Disponível em: <https://doi.org/10.1021/acs.est.6b03846>.
91. "India: The Growth Imperative". Relatório do McKinsey Global Institute, 2001.

92. Robert Jensen, "The Digital Provide: Information (Technology), Market Performance and Welfare in the South Indian Fisheries Sector". *Quarterly Journal of Economics*, v. 122, n. 3, pp. 879-924, ago. 2007. Disponível em: <https://doi.org/10.1162/qjec.122.3.879>.

93. Robert Jensen e Nolan H. Miller, "Market Integration, Demand e the Growth of Firms: Evidence from a Natural Experiment in India". *American Economic Review*, v. 108, n. 12, pp. 3583-625, 2018. Disponível em: <https://doi.org/10.1257/aer.20161965>.

94. Ver, por exemplo, o prospecto de uma empresa em Tiruppur: "Prospectus". Vijayeswari Textiles Limited, 25 fev. 2007. Disponível em: <http://www.idbicapital.com/pdf/idbicapital-vijayeswaritextilesltdredherringprospectus.pdf>. Acesso em: 13 jun. 2019.

95. Abhijit Banerjee e Kaivan Munshi, "How Efficiently Is Capital Allocated? Evidence from the Knitted Garment Industry in Tiruppur". *Review of Economic Studies*, v. 71, n. 1, pp. 19-42, 2004. Disponível em: <https://doi.org/10.1111/0034-6527.00274>.

96. Nicholas Bloom e John Van Reenen, "Measuring and Explaining Management Practices Across Firms and Countries". *Quarterly Journal of Economics*, v. 122, n. 4, pp. 1351-408, 2007.

97. Chris Udry, "Gender, Agricultural Production and the Theory of the Household". *Journal of Political Economy*, v. 104, n. 5, pp. 1010-46, 1996.

98. Francisco Pérez-González, "Inherited Control and Firm Performance". *American Economic Review*, v. 96, n. 5, pp. 1559-88, 2006.

99. Chang-Tai Hsieh e Peter J. Klenow, "Misallocation and Manufacturing TFP in China and India". *Quarterly Journal of Economics*, v. 124, n. 4, pp. 1403-48, 2009. Disponível em: <https://doi.org/10.1162/qjec.2009.124.4.1403>.

100. Chang-Tai Hsieh e Peter Klenow, "The Life Cycle of Plants in India and Mexico". *Quarterly Journal of Economics*, v. 129, n. 3, pp. 1035-84, 2014. Disponível em: <https://doi.org/10.1093/qje/qju014>.

101. Chang-Tai Hsieh e Peter Klenow, "Misallocation and Manufacturing TFP in China and India". *Quarterly Journal of Economics*, v. 124, n. 4, pp. 1403-48, 2009. Disponível em: <https://doi.org/10.1162/qjec.2009.124.4.1403>.

102. Qi Liang, Pisun Xu, Pornsit Jiraporn, "Board Characteristics and Chinese Bank Performance". *Journal of Banking and Finance*, v. 37, n. 8, pp. 2953-68, 2013. Disponível em: <https://doi.org/10.1016/j.jbankfin.2013.04.018>.

103. "Bank Lending Rates". Trading Economics. Acesso em: 15 abr. 2019. Disponível em: <https://tradingeconomics.com/country-list/bank-lending-rate>.

104. "Interest Rates". Trading Economics. Disponível em: <https://tradingeconomics.com/country-list/interest-rate>. Acesso em: 15 abr. 2019.

105. Gilles Duranton, Ejaz Ghani, Arti Grover Goswami e William Kerr, "The Misallocation of Land and Other Factors of Production in India". World Bank Group Policy Research Working Paper n. 7547, 2016. Disponível em: <https://doi.org/10.1596/1813-9450-7221>.

Notas

106. Nicholas Bloom, Benn Eifert, Aprajit Mahajan, David McKenzie e John Roberts, "Does Management Matter? Evidence from India". *Quarterly Journal of Economics*, v. 128, n. 1, 2013. Disponível em: <https://doi.org/10.1093/qje/qjs044>.

107. Jaideep Prabhu, Navi Radjou e Simone Ahuja, *Jugaad Innovation: Think Frugal, Be Flexible, Generate Breakthrough Growth*. San Francisco: Jossey-Bass, 2012.

108. Emily Breza, Supreet Kaur e Nandita Krishnaswamy, "Scabs: The Social Suppression of Labor Supply". NBER Working Paper n. 25 880, 2019. Disponível em: <https://doi.org/10.3386/w25880>.

109. Cálculo dos autores com base no National Sample Survey, 66th round, 2009-2010. Disponível em: <http://www.icssrdataservice.in/datarepository/index.php/catalog/89/overview>. Acesso em: 19 jun. 2019.

110. Abhijit Banerjee e Gaurav Chiplunkar, "How Important Are Matching Frictions in the Labor Market? Experimental and Non-Experimental Evidence from a Large Indian Firm". Working Paper, 2018. Disponível em: <https://gauravchiplunkar.com/wp-content/uploads/2018/08/matchingfrictions_banerjeechiplunkar_aug18.pdf>. Acesso em: 19 jun. 2019.

111. Esther Duflo, Pascaline Dupas e Michael Kremer, "The Impact of Free Secondary Education: Experimental Evidence from Ghana". Massachusetts Institute of Technology. Disponível em: <https://economics.mit.edu/files/16094>. Acesso em: 18 abr. 2019. Mimeografado.

112. "Unemployment, Youth Total (% of Total Labor Force Ages 15-24) (National Estimate)". World Bank Open Data. Disponível em: <https://data.worldbank.org/indicator/sl.uem.1524.ne.zs>. Acesso em: 15 abr. 2019.

113. Abhijit Banerjee e Gaurav Chiplunkar, "How Important Are Matching Frictions in the Labor Market?", op. cit.

114. "Labour Market Employment, Employment in Public Sector, Employment in Private Sector Different Categories-wise". Data.gov.in. Disponível em: <https://data.gov.in/resources/labour-market-employment-employment-public-sector-employment-private-sector-different>. Acesso em: 15 abr. 2019.

115. Sonalde Desai e Veena Kulkarni, "Changing Educational Inequalities in India in the Context of Affirmative Action". *Demography*, v. 45, n. 2, pp. 245-70, 2008.

116. Abhijit Banerjee e Sandra Sequeira, "Spatial Mismatches and Beliefs about the Job Search: Evidence from South Africa". Massachusetts Institute of Technology, 2019. Mimeografado.

117. Neha Dasgupta, "More Than 25 Million People Apply for Indian Railway Vacancies". Reuters, 29 mar. 2018. Disponível em: <https://www.reuters.com/article/us-india-unemployment-railways/more-than-25-million-people-apply-for--indian-railway-vacancies-idUSKBN1H524C>. Acesso em: 19 jun. 2019.

118. Frederico Finan, Benjamin A. Olken e Rohini Pande, "The Personnel Economics of the States". In: Abhijit Banerjee e Esther Duflo (Orgs.), *Handbook of Field Experiments*, v. 2. Amsterdam: North Holland, 2017.

119. Ezra Vogel, *Japan as Number One*. Cambridge, MA: Harvard University Press, 1979, pp. 153-4, 204-5, 159, 166.

120. Ernest Liu, "Industrial Policies in Production Networks". Working Paper, 2019.

121. Albert Bollard, Peter J. Klenow e Gunjan Sharma, "India's Mysterious Manufacturing Miracle". *Review of Economic Dynamics*, v. 16, n. 1, pp. 59-85, 2013.

122. Pierre-Richard Agénor e Otaviano Canuto, "Middle-Income Growth Traps". *Research in Economics*, v. 69, n. 4, pp. 641-60, 2015. Disponível em: <https://doi.org/10.1016/j.rie.2015.04.003>.

123. "Guidance Note for Surveillance under Article IV Consultation". International Monetary Fund, 2015.

124. De fato, a mortalidade infantil abaixo dos cinco anos de idade em 2017 foi de apenas 8,8 mortes por mil nascimentos com vida, muito mais baixa que na Guatemala (27,6), mas também muito semelhante à dos Estados Unidos (6,6). "Mortality Rate, under-5 (per 1,000 Live Births)". World Bank Data. Disponível em: <https://data.worldbank.org/indicator/sh.dyn.mort?end=2017&locations=gt-lk-us&start=2009>. Acesso em: 15 abr. 2019; "Maternal Mortality Rate (National Estimate per 100,000 Live Births)". World Bank Data. Disponível em: <https://data.worldbank.org/indicator/sh.sta.mmrt.ne?end=2017&locations=gt-lk-us&start=2009>. Acesso em: 15 abr. 2019; "Mortality Rate, Infant (per 1,000 Live Births)". World Bank Data. Disponível em: <https://data.worldbank.org/indicator/sp.dyn.imrt.in?end=2017&locations=gt-lk-us&start=2009>. Acesso em: 15 abr. 2019.

125. "Mortality Rate, under-5 (per 1,000 Live Births)". World Bank Data, op. cit.

126. Taz Hussein, Matt Plummer e Bill Breen (para a *Stanford Social Innovation Review*), "How Field Catalysts Galvanise Social Change". SocialInnovationExchange.org., 2018. Disponível em: <https://socialinnovationexchange.org/insights/how-field-catalysts-galvanise-social-change>.

127. Christian Lengeler, "Insecticide-Treated Bed Nets and Curtains for Preventing Malaria". *Cochrane Database of Systematic Reviews*, v. 2, n. 2, 2004. Disponível em: <https://doi.org/10.1002/14651858.cd000363.pub2>.

128. Abhijit Banerjee e Esther Duflo, *Poor Economics*. Nova York: PublicAffairs, 2011.

129. Jessica Cohen e Pascaline Dupas, "Free Distribution or Cost-Sharing? Evidence from a Randomized Malaria Prevention Experiment". *Quarterly Journal of Economics*, v. 125, n. 1, pp. 1-45, 2010.

130. "World Malaria Report 2017". World Health Organization, 2017.

131. S. Bhatt, D. J. Weiss, E. Cameron, D. Bisanzio, B. Mappin, U. Dalrymple, K. Battle, C. L. Moyes, A. Henry, P. A. Eckhoff, E. A. Wenger, O. Briët, M. A. Penny, T. A. Smith, A. Bennett, J. Yukich, T. P. Eisele, J. T. Griffin, C. A. Fergus, M. Lynch, F. Lindgren, J. M. Cohen, C. L. J. Murray, D. L. Smith, S. I. Hay, R. E. Cibulskis e P. W. Gething, "The Effect on Malaria Control on *Plasmodium falciparum* in Africa between 2000 and 2015". *Nature*, v. 526, pp. 207-11, 2015. Disponível em: <https://doi.org/10.1038/nature15535>.

132. William Easterly, "Looks like @JeffDSachs got it more right than I did on effectiveness of mass bed net distribution to fight malaria in Africa". Tuíte, 18 ago. 2017, 11h04.

Notas   429

6. Em água quente (pp. 256-77)

1. "Global Warming of 1.5°C". IPCC Special Report, Painel Intergovernamental sobre Mudanças Climáticas, 2008. Disponível em: <https://www.ipcc.ch/sr15>. Acesso em: 16 jun. 2019.

2. Como afirma um relatório do IPCC de outubro de 2018, "estima-se que as atividades humanas tenham provocado aproximadamente 1,0°C do aquecimento global acima dos níveis pré-industriais, com uma variação provável de 0,8°C a 1,2°C. O aquecimento global tende a chegar a 1,5°C entre 2030 e 2052, se continuar a aumentar às taxas atuais".

3. Emissões de CO_2 equivalente são emissões de gases do efeito estufa (CO_2, metano etc.) expressas em uma unidade comum, mediante a conversão da quantidade de outros gases à quantidade equivalente de CO_2 capaz de produzir o mesmo efeito sobre o aquecimento global. Por exemplo, 1 milhão de toneladas de metano representam 25 milhões de toneladas de CO_2 equivalente.

4. Lucas Chancel e Thomas Piketty, "Carbon and Inequality: from Kyoto to Paris". Relatório, Paris School of Economics, 2015. Disponível em: <http://piketty.pse.ens.fr/files/ChancelPiketty2015.pdf>. Acesso em: 16 jun. 2019.

5. Robin Burgess, Olivier Deschenes, Dave Donaldson e Michael Greenstone, "Weather, Climate Change and Death in India". LSE Working Paper, 2017. Disponível em: <http://www.lse.ac.uk/economics/Assets/Documents/personal-pages/robin-burgess/weather-climate-change-and-death.pdf>. Acesso em: 19 jun. 2018.

6. Orley C. Ashenfelter e Karl Storchmann, "Measuring the Economic Effect of Global Warming on Viticulture Using Auction, Retail, and Wholesale Prices". *Review of Industrial Organization*, v. 37, n. 1, pp. 51-64, 2010.

7. Joshua Graff Zivin e Matthew Neidell, "Temperature and the Allocation of Time: Implications for Climate Change". *Journal of Labor Economics*, v. 32, n. 1, pp. 1-26, 2014.

8. Joshua Goodman, Michael Hurwitz, Jisung Park e Jonathan Smith, "Heat and Learning". NBER Working Paper n. 24639, 2018.

9. Achyuta Adhvaryu, Namrata Kala e Anant Nyshadham, "The Light and the Heat: Productivity Co-benefits of Energy-saving Technology". NBER Working Paper n. 24314, 2018.

10. Melissa Dell, Benjamin F. Jones e Benjamin A. Olken, "What Do We Learn from the Weather? The New Climate-Economy Literature". *Journal of Economic Literature*, v. 52, n. 3, pp. 740-98, 2014.

11. Olivier Deschenes e Michael Greenstone, "Climate Change, Mortality, and Adaptation: Evidence from Annual Fluctuations in Weather in the US". *American Economic Journal: Applied Economics*, v. 3, n. 4, pp. 152-85, 2011.

12. Robin Burgess, Olivier Deschenes, Dave Donaldson e Michael Greenstone, "Weather, Climate Change and Death in India". LSE Working Paper, 2017. Disponível em: <http://www.lse.ac.uk/economics/Assets/Documents/personal-pages/robin-burgess/weather-climate-change-and-death.pdf>. Acesso em: 16 jun. 2019.

13. Melissa Dell, Benjamin F. Jones e Benjamin A. Olken, "What Do We Learn from the Weather? The New Climate-Economy Literature". *Journal of Economic Literature*, v. 52, n. 3, pp. 740-98, 2014.
14. Nihar Shah, Max Wei, Virginie Letschert e Amol Phadke, "Benefits of Leapfrogging to Superefficiency and Low Global Warming Potential Refrigerants in Room Air Conditioning". U.S. Department of Energy: Ernest Orlando Lawrence Berkeley National Laboratory Technical Report, 2015. Disponível em: <https://eta.lbl.gov/publications/benefits-leapfrogging-superefficiency>. Acesso em: 16 jun. 2019.
15. Maximilian Auffhammer e Catherine Wolfram, "Powering Up China: Income Distributions and Residential Electricity Consumption". *American Economic Review: Papers & Proceedings*, v. 104, n. 5, pp. 575-80, 2014.
16. Nicholas Stern, *The Economics of Climate Change: The Stern Review*. Cambridge, UK: Cambridge University Press, 2006.
17. Daron Acemoglu, Philippe Aghion, Leonardo Bursztyn e David Hemous, "The Environment and Directed Technical Change". *American Economic Review*, v. 102, n. 1, pp. 131-66, 2012.
18. Daron Acemoglu e Joshua Linn, "Market Size in Innovation: Theory and Evidence from the Pharmaceutical Industry". *Quarterly Journal of Economics*, v. 119, n. 3, pp. 1049-90, 2004.
19. Hannah Choi Granade et al., "Unlocking Energy Efficiency in the U.S. Economy". Sumário executivo. McKinsey & Company, 2009. Disponível em: <https://www.mckinsey.com/~/media/mckinsey/dotcom/client_service/epng/pdfs/unlocking%--20energy%20efficiency/us_energy_efficiency_exc_summary.ashx>. Acesso em: 16 jun. 2019.
20. "Redrawing the Energy-Climate Map". Relatório técnico. International Energy Agency, 2013. Disponível em: <https://www.iea.org/reports/redrawing-the-energy-climate-map>. Acesso em: 16 jun. 2019.
21. Meredith Fowlie, Michael Greenstone e Catherine Wolfram, "Do Energy Efficiency Investments Deliver? Evidence from the Weatherization Assistance Program". *Quarterly Journal of Economics*, v. 133, n. 3, pp. 1597-644, 2018.
22. Nicholas Ryan, "Energy Productivity and Energy Demand: Experimental Evidence from Indian Manufacturing Plants". NBER Working Paper n. 24 619, 2018.
23. Meredith Fowlie, Catherine Wolfram, C. Anna Spurlock, Annika Todd, Patrick Baylis e Peter Cappers, "Default Effects and Follow-on Behavior: Evidence from an Electricity Pricing Program". NBER Working Paper n. 23 553, 2017.
24. Hunt Allcott e Todd Rogers, "The Short-Run and Long-Run Effects of Behavioral Interventions: Experimental Evidence from Energy Conservation". *American Economic Review*, v. 104, n. 10, pp. 3003-37, 2014.
25. David Atkin, "The Caloric Costs of Culture: Evidence from Indian Migrants". *American Economic Review*, v. 106, n. 4, pp. 1144-81, 2016.
26. Em Bangladesh, um estudo revelou que oferecer incentivos para lavar as mãos antes das refeições durante algumas semanas aumentou a higiene das mãos

Notas 431

mesmo depois da eliminação dos incentivos. Além disso, as pessoas avisadas de que receberiam incentivos no futuro começaram a lavar as mãos, antecipando-se ao programa, para estar preparadas. Hussam, Reshmaan, Atonu Rabbani, Giovanni Regianni e Natalia Rigol, "Habit Formation and Rational Addiction: A Field Experiment in Handwashing". Harvard Business School BGIE Unit Working Paper n. 18-030, 2017.

27. Avraham Ebenstein, Maoyong Fan, Michael Greenstone, Guojun He e Maigeng Zhou, "New Evidence on the Impact of Sustained Exposure to Air Pollution on Life Expectancy from China's Huai River Policy". *PNAS*, v. 114, n. 39, pp. 10384-9, 2017.

28. WHO Global Ambient Air Quality Database (atualizado em 2018). Disponível em: <https://www.who.int/airpollution/data/cities/en>.

29. Umair Irfan, "How Delhi Became the Most Polluted City on Earth". *Vox*, 25 nov. 2017.

30. "The Lancet Commission on Pollution and Health". *Lancet*, v. 391, pp. 462-512, 2017.

31. "The Lancet: Pollution Linked to Nine Million Deaths Worldwide in 2015, Equivalent to One in Six Deaths". *Lancet*, notícia pública, 2018.

32. Achyuta Adhvaryu, Namrata Kala e Anant Nyshadham, "Management and Shocks to Worker Productivity: Evidence from Air Pollution Exposure in an Indian Garment Factory". IGC Working Paper, 2016. Disponível em: <https://www.theigc.org/wp-content/uploads/2017/01/Adhvaryu-et-al-2016-Working-paper.pdf>. Acesso em: 16 jun. 2019.

33. Tom Y. Chang, Joshua Graff Zivin, Tal Gross e Matthew Neidell, "The Effect of Pollution on Worker Productivity: Evidence from Call Center Workers in China". *American Economic Journal: Applied Economics*, v. 11, n. 1, pp. 151-72, 2019.

34. Uma experiência com restrição do tipo "par ou ímpar", de curta duração, em que se proibiu a circulação de carros, em dias alternados, conforme o último algarismo do número da placa fosse par ou ímpar, reduziu a quantidade de materiais particulados na atmosfera, mas foi derrubada por um grupo de elites e ambientalistas irados que diziam ter "melhores" soluções. Michael Greenstone, Santosh Harish, Rohini Pande e Anant Sudarshan, "The Solvable Challenge of Air Pollution in India". In: *India Policy Forum*. Nova Delhi: Sage Publications, jul. 2017.

35. Kevin Mortimer et al., "A Cleaner-Burning Biomass-Fuelled Cookstove Intervention to Prevent Pneumonia in Children under 5 Years Old in Rural Malawi (the Cooking and Pneumonia Study): A Cluster Randomised Controlled Trial". *Lancet*, v. 389, n. 10065, pp. 167-75, 2016.

36. Theresa Beltramo, David L. Levine e Garrick Blalock, "The Effect of Marketing Messages, Liquidity Constraints, and Household Bargaining on Willingness to Pay for a Nontraditional Cook-stove". Center for Effective Global Action Working Paper Series n. 035, 2014; Theresa Beltramo, Garrick Blalock, David I. Levine e Andres M. Simons, "Does Peer Use Influence Adoption of Efficient Cookstoves? Evidence from a Randomized Controlled Trial in Uganda". *Journal of Health Communication:*

International Perspectives, v. 20, pp. 55-66, 2015; David I. Levine, Theresa Beltramo, Garrick Blalock e Carolyn Cotterman, "What Impedes Efficient Adoption of Products? Evidence from Randomized Variation of Sales Offers for Improved Cookstoves in Uganda". *Journal of the European Economic Association*, v. 16, n. 6, pp. 1850-80, 2018; Ahmed Mushfiq Mobarak, Puneet Dwivedi, Robert Bailis, Lynn Hildemann e Grant Miller, "Low Demand for Nontraditional Cookstove Technology". *Proceedings of the National Academy of Sciences*, v. 109, n. 27, pp. 10 815-20, 2012.

37. Rema Hanna, Esther Duflo e Michael Greenstone, "Up in Smoke: The Influence of Household Behavior on the Long-Run Impact of Improved Cooking Stoves". *American Economic Journal: Economic Policy*, v. 8, n. 1, pp. 80-114, 2016.

38. Abhijit V. Banerjee, Selvan Kumar, Rohini Pande e Felix Su, "Do Voters Make Informed Choices? Experimental Evidence from Urban India". Working Paper, 2010.

7. Pianola (pp. 278-320)

1. Kurt Vonnegut, *Player Piano*. Nova York: Charles Scribner's Sons, 1952.

2. Kurt Vonnegut, *God Bless You, Mr. Rosewater*. Nova York: Holt, Rinehart and Winston, 1965.

3. Erik Brynjolfsson e Andrew McAfee, *The Second Machine Age*. Nova York: W. W. Norton & Company, 2014.

4. David H. Autor, "Why Are There Still So Many Jobs? The History and Future of Workplace Automation". *Journal of Economic Perspectives*, v. 29, n. 3, pp. 3-30, 2015.

5. Ellen Fort, "Robots Are Making $ 6 Burgers in San Francisco". *Eater San Francisco*, 21 jun. 2018.

6. Michael Chui, James Manyika e Mehdi Miremadi, "How Many of Your Daily Tasks Could Be Automated?". *Harvard Business Review*, 14 dez. 2015; e "Four Fundamentals of Business Automation". *McKinsey Quarterly*, nov. 2016. Disponível em: <https://www.mckinsey.com/business-functions/digital-mckinsey/our-insights/four-fundamentals-of-workplace-automation>. Acesso em: 19 jun. 2019.

7. "Automation, Skills Use and Training". Organisation for Economic Co-operation and Development Library. Disponível em: <https://www.oecd-ilibrary.org/employment/automation-skills-use-and-training_2e2f4eea-en>. Acesso em: 19 abr. 2019.

8. "Robots and Artificial Intelligence". Chicago Booth: The Initiative on Global Markets, IGM Forum, 30 jun. 2017.

9. Robert Gordon, *The Rise and Fall of American Growth*. Princeton, NJ: Princeton University Press, 2016.

10. Databases, Tables e Calculators by Subject, Series LNS14000000. Bureau of Labor Statistics. Disponível em: <https://data.bls.gov/timeseries/lns14000000>. Acesso em: 11 abr. 2019.

Notas 433

11. Robert Gordon, *The Rise and Fall of American Growth*, op. cit.; "Labor Force Participation Rate, Total (% total population ages 15+) (National Estimate)". World Bank Open Data. Disponível em: <https://data.worldbank.org/indicator/sl.tlf.cact.ne.zs?locations=us>.

12. Daron Acemoglu e Pascual Restrepo, "Artificial Intelligence, Automation and Work". NBER Working Paper n. 24196, 2018.

13. N. F. R. Crafts e Terence C. Mills, "Trends in Real Wages in Britain 1750-1913". *Explorations in Economic History*, v. 31, n. 2, pp. 176-94, 1994.

14. Robert Fogel e Stanley Engerman, *Time on the Cross*. Nova York: W. W. Norton & Company, 1974.

15. Daron Acemoglu e Pascual Restrepo, "Robots and Jobs: Evidence from United States Labor Markets". NBER Working Paper n. 23285, 2017.

16. Daron Acemoglu e Pascual Restrepo, "The Race Between Machine and Man: Implications of Technology for Growth, Factor Shares and Employment". NBER Working Paper n. 22252, 2017.

17. David Autor, "Work of the Past, Work of the Future". Richard T. Ely Lecture. *American Economic Association: Papers and Proceedings*, 2019.

18. Daron Acemoglu e Pascual Restrepo, "Artificial Intelligence, Automation and Work", op. cit.

19. Ibid.

20. Ibid.

21. Aaron Smith e Monica Anderson, "Americans' Attitudes towards a Future in Which Robots and Computers Can Do Many Human Jobs". Pew Research Center, 4 out. 2017. Disponível em: <http://www.pewinternet.org/2017/10/04/americans--attitudes-toward-a-future-in-which-robots-and-computers-can-do-many-human--jobs>. Acesso em: 3 abr. 2019.

22. Jean Tirole e Olivier Blanchard, por exemplo, argumentaram que a incerteza quanto ao desfecho de uma demissão poderia, de fato, exacerbar o desemprego. (David Blanchard e Olivier Tirole, "The Optimal Design of Unemployment Insurance and Employment Protection. A First Pass". NBER Working Paper n. 10443, 2004.) Contudo, não parece que os países europeus que relaxaram a proteção ao emprego tenham menos desemprego. No geral, parece não haver relação entre uma coisa e outra. Giuseppe Bertola, "Labor Market Regulations: Motives, Measures, Effects". International Labor Organization, Conditions of Work and Employment Series n. 21, 2009.

23. Kevin J. Delaney, "The Robot That Takes Your Job Should Pay Taxes, Says Bill Gates". *Quartz*, 17 fev. 2017. Disponível em: <https://qz.com/911968/bill-gates-the--robot-that-takes-your-job-should-pay-taxes>. Acesso em: 13 abr. 2019.

24. "European Parliament Calls for Robot Law, Rejects Robot Tax". Reuters, 16 fev. 2017. Disponível em: <https://www.reuters.com/article/us-europe-robots-law-making/european-parliament-calls-for-robot-law-rejects-robot-tax-iduskbn15v2km>. Acesso em: 12 abr. 2019.

25. Ryan Abbott e Bret Bogenschneider, "Should Robots Pay Taxes? Tax Policy in the Age of Automation". *Harvard Law & Policy Review*, v. 12, 2018.

26. John DiNardo, Nicole M. Fortin e Thomas Lemieux, "Labor Market Institutions and Distribution of Wages, 1973-1990: A Semiparametric Approach". *Econometrica*, v. 64, n. 5, pp. 1001-44, 1996; David Card, "The Effect of Unions on the Structure of Wages: A Longitudinal Analysis". *Econometrica*, v. 64, n. 4, pp. 957-79, 1996; Richard B. Freeman, "How Much Has Deunionization Contributed to the Rise of Male Earnings Inequality?". In: Sheldon Danziger e Peter Gottschalk (Orgs.), *Uneven Tides: Rising Income Inequality in America*. Nova York: Russell Sage Foundation, 1993, pp. 133-63.

27. Ver "UK Public Spending Since 1900". Disponível em: <https://www.ukpublic-spending.co.uk/past_spending>.

28. John Kenneth Galbraith. "Recession Economics". *New York Review of Books*, 4 fev. 1982.

29. Facundo Alvaredo, Lucas Chancel, Thomas Piketty, Emmanuel Saez e Gabriel Zucman, "World Inequality Report 2018: Executive Summary". Wid.World, 2017. Disponível em: <https://wir2018.wid.world/files/download/wir2018-summary-english.pdf>. Acesso em: 13 abr. 2019.

30. "United Kingdom". World Inequality Database, Wid.World. Disponível em: <https://wid.world/country/united-kingdom>. Acesso em: 13 abr. 2019.

31. Thomas Piketty, Emmanuel Saez e Stefanie Stantcheva, "Optimal Taxation of Top Labor Incomes: A Tale of Three Elasticities". *American Economic Journal: Economic Policy*, v. 6, n. 1, pp. 230-71, 2014, DOI: 10.1257/pol.6.1.230.

32. Facundo Alvaredo, Lucas Chancel, Thomas Piketty, Emmanuel Saez e Gabriel Zucman, "World Inequality Report 2018". Wid.World. Disponível em: <https://wir2018.wid.world/files/download/wir2018-full-report-english.pdf>.

33. David Autor, "Work of the Past, Work of the Future, op. cit.

34. David Autor, David Dorn, Lawrence F. Katz, Christina Patterson e John Van Reenen, "The Fall of the Labor Share and the Rise of Superstar Firms". NBER Working Paper n. 23396, maio 2017, DOI: 10.3386/w2339.

35. Thomas Piketty, *Capital in the Twenty-First Century*. Trad. de Arthur Goldhammer (Cambridge, MA: Harvard University Press, 2014).

36. World Bank Data. Disponível em: <https://data.worldbank.org/indicator/ne.trd.gnfs.zs>. Acesso em: 19 abr. 2019.

37. Claudia Goldin e Lawrence F. Katz, *The Race between Education and Technology*. Cambridge, MA: Harvard University Press, 2010.

38. Thomas Piketty, *Capital in the Twenty-First Century*, op. cit.

39. David Autor, David Dorn, Lawrence F. Katz, Christina Patterson e John Van Reenen, "The Fall of the Labor Share and the Rise of Superstar Firms", op. cit.

40. Jason Furman e Peter Orszag, "Slower Productivity and Higher Inequality: Are They Related?". Peterson Institute for International Economics Working Paper n. 18-4, 2018.

Notas 435

41. Jae Song, David J Price, Fatih Guvenen, Nicholas Bloom, Till von Wachter, "Firming Up Inequality". *Quarterly Journal of Economics*, v. 134, n. 1, pp. 1-50, 2019. Disponível em: <https://doi.org/10.1093/qje/qjy025>.

42. Sherwin Rosen, "The Economics of Superstars". *American Economic Review*, v. 71, n. 5, pp. 845-58, 1981.

43. Xavier Gabaix e Augustin Landier, "Why Has CEO Pay Increased So Much?". *Quarterly Journal of Economics*, v. 123, n. 1, pp. 49-100, 2008.

44. Facundo Alvaredo, Lucas Chancel, Thomas Piketty, Emmanuel Saez e Gabriel Zucman, "World Inequality Report 2018". Wid.World, 2017. Disponível em: <https://wir2018.wid.world/files/download/wir2018-full-report-english.pdf>.

45. World Inequality Database. Disponível em: <https://www.wid.world>.

46. Robin Greenwood e David Scharfstein, "The Growth of Finance". *Journal of Economic Perspectives*, v. 27, n. 2, pp. 3-28, 2013.

47. Thomas Philippon e Ariell Reshef, "Wages and Human Capital in the U.S. Finance Industry: 1909-2006". *Quarterly Journal of Economics*, v. 127, n. 4, pp. 1551-609, 2012.

48. Brian Bell e John Van Reenen, "Bankers' Pay and Extreme Wage Inequality in the UK". CEP Special Report, 2010.

49. Jon Bakija, Adam Cole e Bradley T. Heim, "Jobs and Income Growth of Top Earners and the Causes of Changing Income Inequality: Evidence from U.S. Tax Return Data". Working Paper, Williams College, 2012. Disponível em: <https://web.williams.edu/Economics/wp/BakijaColeHeimJobsIncomeGrowthTopEarners.pdf>. Acesso em: 19 jun. 2019.

50. Bertrand Garbinti, Jonathan Goupille-Lebret e Thomas Piketty, "Income Inequality in France, 1900-2014: Evidence from Distributional National Accounts (Dina)". Wid.World Working Paper Series n. 2017/4, 2017.

51. Olivier Godechot, "Is Finance Responsible for the Rise in Wage Inequality in France?". *Socio-Economic Review*, v. 10, n. 3, pp. 447-70, 2012.

52. Eugene F. Fama e Kenneth R. French, "Luck Versus Skill in the Cross-Section of Mutual-Fund Returns". *Journal of Finance*, v. 65, n. 5, pp. 1915-47, 2010.

53. Thomas Philippon e Ariell Reshef, "Wages and Human Capital in the U.S. Finance Industry: 1909-2006", op. cit.

54. Robin Greenwood e David Scharfstein, "The Growth of Finance". *Journal of Economic Perspectives*, v. 27, n. 2, pp. 3-28, 2013.

55. Claudia Goldin e Lawrence F. Katz, "Transitions: Career and Family Life Cycles of the Educational Elite". *American Economic Review*, v. 98, n. 2, pp. 363-9, 2008.

56. Marianne Bertrand e Sendhil Mullainathan, "Are CEO's Rewarded for Luck? The Ones Without Principals Are". *Quarterly Journal of Economics*, v. 116, n. 3, pp. 901-32, 2001.

57. Scharfstein e Greenwood mostraram que na maioria dos países da Europa continental a parcela do setor financeiro na economia não cresceu tanto nas décadas de 1990 e 2000, ou até decresceu. Robin Greenwood e David Scharfstein, "The Growth of Finance". *Journal of Economic Perspectives*, v. 27, n. 2, pp. 3-28, 2013.

58. Thomas Piketty, *Capital in the Twenty-First Century*, op. cit., pp. 550-1; e Emmanuel Saez e Gabriel Zucman, "Alexandria Ocasio-Cortez's Idea Is Not about Soaking the Rich". Disponível em: <https://www.nytimes.com/2019/01/22/opinion/ocasio-cortez-taxes.html>. Acesso em: 20 abr. 2019.

59. Thomas Piketty, Emmanuel Saez e Stefanie Stantcheva, "Optimal Taxation of Top Labor Incomes: A Tale of Three Elasticities". *American Economic Journal: Economic Policy*, v. 6, n. 1, pp. 230-71, 2014.

60. Maury Brown, "It's Time to Blowup the Salary Cap Systems in the NFL, NBA e NHL". *Forbes*, 10 mar. 2015. Disponível em: <https://www.forbes.com/sites/maurybrown/2015/03/10/its-time-to-blowup-the-salary-cap-systems-in-the-nfl-nba-and--nhl/#1e35ced969b3>. Acesso em: 11 abr. 2019.

61. Nossa análise nesta seção e na seguinte se baseia decisivamente no trabalho de Thomas Piketty, Emmanuel Saez e Gabriel Zucman. Ao leitor interessado em se aprofundar neste tópico, recomendamos a leitura de Thomas Piketty, *Capital in the Twentieth Century*, op. cit.; de Gabriel Zucman, *The Hidden Wealth of Nations* (Chicago: University of Chicago Press, 2015); e do novo livro de Saez e Zucman, *The Triumph of Injustice: How the Rich Dodge Taxes and How to Make Them Pay* (Nova York: W. W. Norton & Company, 2019).

62. Emmanuel Saez, Joel Slemrod e Seth H. Giertz, "The Elasticity of Taxable Income with Respect to Marginal Tax Rates: A Critical Review". *Journal of Economic Literature*, v. 50, n. 1, pp. 3-50, 2012.

63. Pian Shu, "Career Choice and Skill Development of MIT Graduates: Are the 'Best and Brightest' Going into Finance?". Harvard Business School Working Paper n. 16-067, 2017.

64. David Autor, "Skills, Education e the Rise of Earnings Inequality among the 'Other 99 Percent'". *Science*, v. 344, n. 6168, pp. 843-51, 2014.

65. Henrik J. Kleven, Camille Landais e Emmanuel Saez. "Taxation and International Migration of Superstars: Evidence from the European Football Market". *American Economic Review*, v. 103, n. 5, pp. 1892-924, 2003.

66. Annette Alstadsæter, Niels Johannesen e Gabriel Zucman, "Tax Evasion and Inequality". NBER Working Paper n. 23772, 2018.

67. Thomas Piketty, *Capital in the Twenty-First Century*, op. cit.

68. Ibid.

69. A outra parte é o fato de a renda do investimento ser tributada, de qualquer maneira, a uma alíquota mais baixa. Uma alternativa para o imposto sobre riqueza seria tributar a renda do investimento mesmo quando ela não é distribuída. O problema é que é tecnicamente muito difícil mensurar essa renda.

70. Ben Casselman e Jim Tankersly, "Democrats Want to Tax the Wealthy. Many Voters Agree". *New York Times*, 19 fev. 2019. Disponível em: <https://www.nytimes.com/2019/02/19/business/economy/wealth-tax-elizabeth-warren.html>.

71. H. J. Kleven, M. B.Knudsen, C. T. Kreiner, S. Pedersen e E. Saez, "Unwilling or Unable to Cheat? Evidence from a Tax Audit Experiment in Denmark". *Econometrica*, v. 79, pp. 651-92, 2011, DOI: 10.3982/ecta9113.

Notas

72. Gabriel Zucman, "Sanctions for Offshore Tax Havens, Transparency at Home". *New York Times*, 7 abr. 2016; Gabriel Zucman, "The Desperate Inequality behind Global Tax Dodging". *Guardian*, 8 nov. 2017.

73. Henrik Jacobsen Kleven, Camille Landais, Emmanuel Saez e Esben Schultz, "Migration and Wage Effects of Taxing Top Earners: Evidence from the Foreigners' Tax Scheme in Denmark". *Quarterly Journal of Economics*, v. 129, n. 1, pp. 333-78, 2013.

74. Ben Casselman e Jim Tankersly, "Democrats Want to Tax the Wealthy. Many Voters Agree". *New York Times*, 19 fev. 2019. Disponível em: <https://www.nytimes.com/2019/02/19/business/economy/wealth-tax-elizabeth-warren.html>.

75. Abhijit Banerjee, Esther Duflo e Stefanie Stantcheva, "Me and Everyone Else: Do People Think Like Economists?". Massachusetts Institute of Technology, 2019. Mimeografado.

76. Erzo F. P. Luttmer, "Neighbors as Negatives: Relative Earnings and Well-Being". *Quarterly Journal of Economics*, v. 120, n. 3, pp. 963-1002, 2005.

77. Ricardo Perez-Truglia, "The Effects of Income Transparency on Well-Being: Evidence from a Natural Experiment". NBER Working Paper n. 25622, 2019.

78. Leonardo Bursztyn, Bruno Ferman, Stefano Fiorin, Martin Kanz e Gautam Rao, "Status Goods: Experimental Evidence from Platinum Credit Cards". *Quarterly Journal of Economics*, v. 133, n. 3, pp. 1561-95, 2018. Disponível em: <https://doi.org/10.1093/qje/qjx048>.

79. Alberto Alesina, Stefanie Stantcheva e Edoardo Teso, "Intergenerational Mobility and Preferences for Redistribution". *American Economic Review*, v. 108, n. 2, pp. 521-54, 2018.

80. Ibid.

81. Ibid.

82. Anne Case e Angus Deaton, "Rising Midlife Morbidity and Mortality, US Whites". *Proceedings of the National Academy of Sciences*, v. 112, n. 49, pp. 15078-83, 12 dez. 2015; DOI:10.1073/pnas.1518393112; Anne Case e Angus Deaton, "Mortality and Morbidity in the 21st Century". Brookings Papers on Economic Activity, 2017.

83. Tamara Men, Paul Brennan e David Zaridze, "Russian Mortality Trends for 1991-2001: Analysis by Cause and Region". *BMJ: British Medical Journal*, v. 327, n. 7421, pp. 964-6, 2003.

84. Anne Case e Angus Deaton, "Mortality and Morbidity in the 21st Century". Brookings Papers on Economic Activity, 2017.

85. Alberto Alesina, Stefanie Stantcheva e Edoardo Teso, "Intergenerational Mobility and Preferences for Redistribution". *American Economic Review*, v. 108, n. 2, pp. 521-54, 2018.

86. Emily Breza, Supreet Kaur e Yogita Shamdasani, "The Morale Effects of Income Inequality." *Quarterly Journal of Economics*, v. 133, n. 2, pp. 611-63, 2017.

87. David Autor, David Dorn, Gordon Hanson e Kaveh Majlesi, "Importing Political Polarization. The Electoral Consequences of Rising Trade Exposure". NBER Working Paper n. 22637, set. 2016, revisto em dez. 2017.

8. Legit.gov: governo legítimo (pp. 321-37)

1. "Revenue Statistics 2018 Tax Revenue Trends in the OCDE". Organisation for Economic Co-operation and Development, 5 dez. 2018. Disponível em: <https://www.oecd.org/tax/tax-policy/revenue-statistics-highlights-brochure.pdf>. Acesso em: 18 jun. 2018.
2. Emmanuel Saez e Gabriel Zucman para Elizabeth Warren, 18 jan. 2019. Disponível em: <http://gabriel-zucman.eu/files/saez-zucman-wealthtax-warren.pdf>.
3. Ben Casselman e Jim Tankersly, "Democrats Want to Tax the Wealthy. Many Voters Agree". *New York Times*, 19 fev. 2019. Disponível em: <https://www.nytimes.com/2019/02/19/business/economy/wealth-tax-elizabeth-warren.html>.
4. Abhijit Banerjee, Esther Duflo e Stefanie Stantcheva, "Me and Everyone Else: Do People Think Like Economists?". Massachusetts Institute of Technology, 2019. Mimeografado.
5. Apud Richard A. Viguerie, *Conservatives Betrayed: How George W. Bush and Other Big Government Republicans Hijacked the Conservative Cause*. Los Angeles: Bonus Books, 2006, p. 46.
6. Emmanuel Saez, Joel Slemrod e Seth H. Giertz, "The Elasticity of Taxable Income with Respect to Marginal Tax Rates: A Critical Review". *Journal of Economic Literature*, v. 50, n. 1, pp. 3-50, 2012.
7. Isabel Z. Martinez, Emmanuel Saez e Michael Seigenthaler, "Intertemporal Labor Supply Substitution? Evidence from the Swiss Income Tax Holidays". NBER Working Paper n. 24 634, 2018.
8. Emmanuel Saez, Joel Slemrod e Seth H. Giertz, "The Elasticity of Taxable Income with Respect to Marginal Tax Rates", op. cit.
9. Abhijit Banerjee, Esther Duflo e Stefanie Stantcheva, "Me and Everyone Else", op. cit.
10. Ronald Reagan, discurso de posse. Washington, DC, 1981.
11. Alberto Alesina, Stefanie Stantcheva e Edoardo Teso, "Intergenerational Mobility and Preferences for Redistribution". *American Economic Review*, v. 108, n. 2, pp. 521-54, 2018.
12. Anju Agnihotri Chaba, "Sustainable Agriculture: Punjab Has a New Plan to Move Farmers Away from Water-Guzzling Paddy". *Indian Express*, 28 mar. 2018. Disponível em: <https://indianexpress.com/article/india/sustainable-agriculture-punjab-has-a-new-plan-to-move-farmers-away-from-water-guzzling-paddy--5064481>. Acesso em: 4 mar. 2019.
13. "Which States Rely Most on Federal Aid?". Tax Foundation. Disponível em: <https://taxfoundation.org/states-rely-most-federal-aid>. Acesso em: 19 abr. 2019.
14. Uma citação muito conhecida de Milton Friedman, que inspirou gerações de economistas, especialmente os mais à direita, popular no Twitter e encontrada em todas as coletâneas de citações, diz o seguinte: "As grandes realizações da civilização não foram produzidas por burocratas do governo". E ele acrescenta:

Notas

"Einstein não desenvolveu a sua teoria por ordem de um burocrata". A escolha do exemplo é estranha. Einstein era um burocrata (no Escritório de Patentes da Suíça) quando fez suas primeiras pesquisas e, não tivesse chegado aos resultados que chegou, seria um exemplo perfeito de desperdício no governo. Milton Friedman Quotes, BrainyQuote.com, BrainyMedia Inc., 2019. Disponível em: <https://www. brainyquote.com/quotes/milton_friedman_412621>. Acesso em: 18 jun. 2019.

15. Abhijit Banerjee, Rema Hanna, Jordan Kyle, Benjamin A. Olken e Sudarno Sumarto, "Tangible Information and Citizen Empowerment: Identification Cards and Food Subsidy Programs in Indonesia". *Journal of Political Economy*, v. 126, n. 2, 2018.

16. Karthik Muralidharan e Venkatesh Sundararaman, "The Aggregate Effect of School Choice: Evidence from a Two-Stage Experiment in India". *Quarterly Journal of Economics*, v. 130, n. 3, pp. 1011-66, 2015.

17. Luc Behaghel, Bruno Crépon e Marc Gurgand, "Private and Public Provision of Counseling to Job Seekers: Evidence from a Large Controlled Experiment". *American Economic Journal: Applied Economics*, v. 6, n. 4, pp. 142-74, 2014.

18. Mauricio Romero, Justin Sandefur e Wayne Sandholtz, "Outsourcing Service Delivery in a Fragile State: Experimental Evidence from Liberia". Working Paper, ITAM. Disponível em: <https://www.dropbox.com/s/o82lfb6tdffedya/MainText. pdf?dl=o>. Acesso em: 18 jun. 2019.

19. Finlay Young, "What Will Come of the More Than Me Rape Scandal?". ProPublica, 3 maio 2019. Disponível em: <https://www.propublica.org/article/more-than-me- -liberia-rape-scandal>. Acesso em: 18 jun. 2019.

20. Oriana Bandiera, Andrea Prat e Tommaso Valletti, "Active and Passive Waste in Government Spending: Evidence from a Policy Experiment". *American Economic Review*, v. 99, n. 4, pp. 1278-308, 2009.

21. Abhijit Banerjee, Rema Hanna, Jordan Kyle, Benjamin A. Olken e Sudarno Sumarto, "Tangible Information and Citizen Empowerment", op. cit.

22. Abhijit Banerjee, Esther Duflo e Stefanie Stantcheva, "Me and Everyone Else", op. cit.

23. Alain Cohn, Ernst Fehr e Michel Andre Marechal, "Business Culture and Dishonesty in the Banking Industry". *Nature*, v. 516, pp. 86-9, 2014.

24. Reman Hanna e Shing-Yi Wang, "Dishonesty and Selection into Public Service: Evidence from India". *American Economic Journal: Economic Policy*, v. 9, n. 3, pp. 262-90, 2017.

25. Sebastian Baufort, Nikolaj Harmon, Frederik Hjorth, Asmus Leth Olsen et al., "Dishonesty and Selection into Public Service in Denmark: Who Runs the World's Least Corrupt Public Sector?". Discussion Papers 15-12, Universidade de Copenhague, Departamento de Economia, 2015.

26. Oriana Bandiera, Michael Carlos Best, Adnan Khan e Andrea Prat, "Incentives and the Allocation of Authority in Organizations: A Field Experiment with Bureaucrats". CEP/DOM Capabilities, Competition and Innovation Seminars, London School of Economics. Londres, 24 maio 2018.

27. Clay Johnson e Harper Reed, "Why the Government Never Gets Tech Right". *New York Times*, 24 out. 2013. Disponível em: <https://www.nytimes.com/2013/10/25/opinion/getting-to-the-bottom-of-healthcaregovs-flop.html?_r=0>. Acesso em: 4 mar. 2019.

28. Bertrand Garbinti, Jonathan Goupille-Lebret e Thomas Piketty, "Income Inequality in France, 1900-2014: Evidence from Distributional National Accounts (Dina)". *Journal of Public Economics*, v. 162, pp. 63-77, 2018.

29. Thomas Piketty e Nancy Qian, "Income Inequality and Progressive Income Taxation in China and India, 1986-2015". *American Economic Journal: Applied Economics*, v. 1, n. 2, pp. 53-63, 2009, DOI: 10.1257/app.1.2.53.

30. World Inequality Database. Disponível em: <https://wid.world/country/india> e <https://wid.world/country/china>. Acesso em: 19 jun. 2019.

31. Luis Felipe López-Calva e Nora Lustig, *Declining Inequality in Latin America: A Decade of Progress?*. Washington, DC: Brookings Institution Press, 2010, pp. 1-24.

32. Santiago Levy, *Progress Against Poverty: Sustaining Mexico's Progresa-Oportunidades Program*. Washington, DC: Brookings Institution Press, 2006.

33. Dezenas de estudos documentaram vários aspectos do experimento Progresa. O primeiro trabalho foi de Paul J. Gertler e Simone Boyce, "An Experiment in Incentive-Based Welfare: The Impact of Progresa on Health in Mexico". Working Paper, 2003. Os estudos desse e de outros experimentos subsequentes estão resumidos em Ariel Fizsbein e Norbert Schady (Orgs.), *Conditional Cash Transfers: Reducing Present and Future Poverty*. Disponível em: <http://documents.worldbank.org/curated/en/914561468314712643/Conditional-cash-transfers-reducing-present--and-future-poverty>. Acesso em: 19 abr. 2019.

34. World Inequality Database. Disponível em: <https://wid.world/country/colombia>, <https://wid.world/country/chile> e <https://wid.world/country/brazil>. Acesso em: 18 jun. 2019.

9. Dinheiro e cuidado (pp. 338-92)

1. Citada por Laticia Animas, que chefia o novo programa. Benjamin Russell, "What Amlo's Anti-Poverty Overhaul Says About His Government". *Americas Quarterly*, 26 fev. 2019. Disponível em: <https://www.americasquarterly.org/content/what--amlos-anti-poverty-overhaul-says-about-his-government>. Acesso em: 17 abr. 2019.

2. David Raul Perez Coady e Hadid Vera-Llamas, "Evaluating the Cost of Poverty Alleviation Transfer Programs: An Illustration Based on Progresa in Mexico". IFRPI Discussion Paper. Disponível em: <http://ebrary.ifpri.org/utils/getfile/collection/p15738coll2/id/60365/filename/60318.pdf>. Ver também Natalia Caldes, David Coady e John A. Maluccio, "The Cost of Poverty Alleviation Transfer Programs: A Comparative Analysis of Three Programs in Latin America". *World Development*, v. 34, n. 5, pp. 818-37, 2006.

Notas

3. Florencia Devoto, Esther Duflo, Pascaline Dupas, William Parienté e Vincent Pons, "Happiness on Tap: Piped Water Adoption in Urban Morocco". *American Economic Journal: Economic Policy*, v. 4, n. 4, pp. 68-99, 2012.

4. Maria Mini Jos, Rinku Murgai, Shrayana Bhattacharya e Soumya Kapoor Mehta, "From Policy to Practice: How Should Social Pensions Be Scaled Up?". *Economic and Political Weekly*, v. 50, n. 14, 2015.

5. Sarika Gupta, "Perils of the Paperwork: The Impact of Information and Application Assistance on Welfare Program Take-Up in India". Universidade Harvard, nov. 2017. Disponível em: <https://scholar.harvard.edu/files/sarikagupta/files/gupta_jmp_11_1.pdf>. Acesso em: 19 jun. 2019.

6. Esther Duflo, "The Economist as Plumber". *American Economic Review: Papers & Proceedings*, v. 107, n. 5, pp. 1-26, 2017.

7. Amy Finkelstein e Matthew J. Notowidigdo, "Take-up and Targeting: Experimental Evidence from Snap". NBER Working Paper n. 24 652, 2018.

8. Diane Whitmore Schanzenbach, "Experimental Estimates to the Barriers of Food Stamp Enrollment". Institute for Research on Poverty Discussion Paper n. 1367--09, set. 2009.

9. Bruno Tardieu, *Quand un people parle: ATD, Quarte Monde, un combat radical contre la misère*. Paris: Éditions La Découverte, 2015.

10. Najy Benhassine, Florencia Devoto, Esther Duflo, Pascaline Dupas e Victor Pouliquen, "Turning a Shove into a Nudge? A 'Labeled Cash Transfer' for Education". *American Economic Journal: Economic Policy*, v. 7, n. 3, pp. 86-125, 2015.

11. Esses números básicos estão resumidos em uma resenha de Robert Reich de dois livros sobre a renda básica universal disponível em <https://www.nytimes.com/2018/07/09/books/review/annie-lowrey-give-people-money-andrew-yang-war-on-normal-people.html>, e também podem ser encontrados nos livros em si: Annie Lowrey, *Give People Money: How a Universal Basic Income Would End Poverty, Revolutionize Work and Remake the World* (Nova York: Crown, 2018); e Andrew Yang, *The War on Normal People: The Truth About America's Disappearing Jobs and Why Universal Basic Income Is Our Future* (Nova York: Hachette, 2018).

12. George Bernard Shaw, *Pygmalion*. Londres: Penguin Classics, 2013.

13. Map Descriptive of London Poverty 1898-9. Disponível em: <https://booth.lse.ac.uk/learn-more/download-maps/sheet9>. Acesso em: 21 abr. 2019.

14. "Radio Address to the Nation on Welfare Reform". Ronald Reagan Presidential Library and Museum. Disponível em: <https://www.reaganlibrary.gov/research/speeches/21586a>. Acesso em: 20 mar. 2019.

15. Ibid.

16. Para o leitor que desejar se aprofundar, essa literatura é resumida em vários livros: James P. Ziliak, "Temporary Assistance for Needy Families". In: Robert A. Moffitt (Org.), *Economics of Means-Tested Transfer Programs in the United States*, v. 1 (National Bureau of Economic Research e University of Chicago Press, 2016), pp.

303-93; Robert Moffitt, "The Temporary Assistance for Needy Families Program". In: Robert Moffitt (Org.), *Means-Tested Transfer Programs in the U.S.* (University of Chicago Press e NBER, 2003); Robert Moffitt, "The Effect of Welfare on Marriage and Fertility: What Do We Know and What Do We Need to Know?". In: Robert Moffitt (Org.), *Welfare, the Family, and Reproductive Behavior* (Washington, DC: National Research Council, National Academy of Sciences Press, 1998).

17. Sibith Ndiaye (@SibithNdiaye), "Le Président? Toujours exigeant. Pas encore satisfait du discours qu'il prononcera demain au congrès de la Mutualité, il nous précise donc le brief! Au boulot!". Tuíte, 12 jun. 2018, 15h28. Disponível em: <https://twitter.com/SibethNdiaye/status/1006664614619308033>. Acesso em: 19 jun. 2019.

18. "Expanding Work Requirements in Non-Cash Welfare Programs". Council of Economic Advisors, jul. 2018. Disponível em: <https://www.whitehouse.gov/wp--content/uploads/2018/07/Expanding-Work-Requirements-in-Non-Cash-Welfare--Programs.pdf>.

19. Shrayana Bhattacharya, Vanita Leah Falcao e Raghav Puri, "The Public Distribution System in India: Policy Evaluation and Program Delivery Trends". In: *The 1.5 Billion People Question: Food, Vouchers, or Cash Transfers?*. Washington, DC: World Bank, 2017.

20. "Egypt to Raise Food Subsidy Allowance in Bid to Ease Pressure from Austerity". Reuters, 20 jun. 2017. Disponível em: <https://www.reuters.com/article/us-egypt--economy/egypt-to-raise-food-subsidy-allowance-in-bid-to-ease-pressure-from-aus-terity-idusKBN19B2YW>. Acesso em: 19 jun. 2019.

21. Peter Timmer, Hastuti e Sudarno Sumarto, "Evolution and Implementation of the Rastra Program in Indonesia". In: *The 1.5 Billion People Question: Food, Vouchers, or Cash Transfers?*. Washington, DC: World Bank, 2017.

22. Abhijit Banerjee, Rema Hanna, Jordan Kyle, Benjamin A. Olken e Sudarno Sumarto, "Tangible Information and Citizen Empowerment: Identification Cards and Food Subsidy Programs in Indonesia". *Journal of Political Economy*, v. 126, n. 2, pp. 451-91, 2018.

23. Reetika Khera, "Cash vs In-Kind Transfers: Indian Data Meets Theory". *Food Policy*, v. 46, pp. 116-28, jun. 2014. Disponível em: <https://doi.org/10.1016/j.food-pol.2014.03.009>.

24. Ugo Gentilini, Maddalena Honorati e Ruslan Yemtsov, "The State of Social Safety Nets 2014 (English)". World Bank Group, 2014. Disponível em: <http://documents.worldbank.org/curated/en/302571468320707386/The-state-of-social--safety-nets-2014>. Acesso em: 19 jun. 2019.

25. Abhijit V. Banerjee, "Policies for a Better Fed World". *Review of World Economics*, v. 152, n. 1, pp. 3-17, 2016.

26. David K. Evans e Anna Popova, "Cash Transfers and Temptation Goods". *Economic Development and Cultural Change*, v. 65, n. 2, pp. 189-221, 2017.

Notas

27. Abhijit V. Banerjee, "Policies for a Better Fed World". *Review of World Economics*, v. 152, n. 1, pp. 3-17, 2016.
28. Johannes Haushofer e Jeremy Shapiro, "The Short-Term Impact of Unconditional Cash Transfers to the Poor: Experimental Evidence from Kenya". *Quarterly Journal of Economics*, v. 131, n. 4, pp. 1973-2042, 2016.
29. Ercia Field, Rohini Pande, Natalia Rigol, Simone Schaner e Charity Troyer Moore, "On Her Account: Can Strengthening Women's Financial Control Boost Female Labor Supply?". Working Paper, Universidade Harvard, Cambridge, MA, 2016. Disponível em: <http://scholar.harvard.edu/files/rpande/files/on_her_account. can_strengthening_womens_financial_control_boost_female_labor_supply.pdf>. Acesso em: 12 jun. 2019.
30. Abhijit Banerjee, Rema Hanna, Gabriel Kreindler e Ben Olken. "Debunking the Stereotype of the Lazy Welfare Recipient: Evidence from Cash Transfer Programs". *World Bank Research Observer*, v. 32, n. 2, pp. 155-84, ago. 2017. Disponível em: <https://doi.org/10.1093/wbro/lkx002>.
31. Abhijit Banerjee, Karlan Dean e Chris Udry, "Does Poverty Increase Labor Supply? Evidence from Multiple Income Effects". Massachusetts Institute of Technology, 2019. Mimeografado.
32. David Greenberg e Mark Shroder, "Part 1: Introduction. An Overview of Social Experimentation and the Digest". *Digest of Social Experiments*. Disponível em: <https://web.archive.org/web/20111130101109/http://www.urban.org/pubs/digest/ introduction.html#n22>. Acesso em: 25 mar. 2019.
33. Philip K. Robins, "A Comparison of the Labor Supply Findings from the Four Negative Income Tax Experiments". *Journal of Human Resources*, v. 20, n. 4, pp. 567-82, outono 1985.
34. Orley Ashenfelter e Mark W. Plant, "Nonparametric Estimates of the Labor Supply Effects of Negative Income Tax Programs". *Journal of Labor Economics*, v. 8, n. 1, parte 2: Essays in Honor of Albert Rees, pp. S396-S415, jan. 1990.
35. Philip K. Robins, "A Comparison of the Labor Supply Findings from the Four Negative Income Tax Experiments". *Journal of Human Resources*, v. 20, n. 4, pp. 567-82, outono 1985.
36. Ibid.
37. Albert Rees, "An Overview of the Labor-Supply Results". *Journal of Human Resources*, v. 9, n. 2, pp. 158-80, primavera 1974.
38. Damon Jones e Ioana Marinescu, "The Labor Market Impacts of Universal and Permanent Cash Transfers: Evidence from the Alaska Permanent Fund". NBER Working Paper n. 24312.
39. Randall K.Q. Akee, William E. Copeland, Gordon Keeler, Adrian Angold e E. Jane Costello, "Parents' Income and Children's Outcomes: A Quasi-Experiment Using Transfer Payments from Casino Profits". *American Economic Journal: Applied Economics*, v. 2, n. 1, pp. 86-115, 2010.

40. Vivi Alatas, Abhijit Banerjee, Rema Hanna, Matt Wai-poi, Ririn Purnamasari, Benjamin A. Olken e Julia Tobias, "Targeting the Poor: Evidence from a Field Experiment in Indonesia". *American Economic Review*, v. 102, n. 4, pp. 1206-40, 2012, DOI: 10.1257/aer.102.4.1206.

41. Clément Imbert e John Papp, "Labor Market Effects of Social Programs: Evidence from India's Employment Guarantee". *American Economic Journal: Applied Economics*, v. 7, n. 2, pp. 233-63, 2015; Muralidharan Karthik, Paul Niehuas e Sandip Sukhtankar, "General Equilibrium Effects of (Improving) Public Employment Programs: Experimental Evidence from India". NBER Working Paper n. 23 838, 2018, DOI: 10.3386/w23838.

42. Martin Ravalion, "Is a Decentralized Right to Work Policy Feasible?". NBER Working Paper n. 25 687, mar. 2019.

43. Abhijit Banerjee, Esther Duflo, Clement Imbert, Santhos Mattthews e Rohini Pande, "E-Governance, Accountability e Leakage in Public Programs: Experimental Evidence from a Financial Management Reform in India". NBER Working Paper n. 22 803, 2016.

44. "Economic Survey 2016-17". Government of India, Ministry of Finance, Department of Economic Affairs, Economic Division, 2017, pp. 188-90.

45. Nur Cahyadi, Rema Hanna, Benjamin A. Olken, Rizal Adi Prima, Elan Satriawan e Ekki Syamsulhakim, "Cumulative Impacts of Conditional Cash Transfer Programs: Experimental Evidence from Indonesia". NBER Working Paper n. 24 670, 2018.

46. Najy Benhassine, Florencia Devoto, Esther Duflo, Pascaline Dupas e Victor Pouliquen, "Turning a Shove into a Nudge? A 'Labeled Cash Transfer' for Education". *American Economic Journal: Economic Policy*, v. 7, n. 3, pp. 86-125, 2015.

47. Aaron Smith and Monica Anderson, "Americans' Attitudes towards a Future in Which Robots and Computers Can Do Many Human Jobs". Pew Research Center, 4 out. 2017. Disponível em: <http://www.pewinternet.org/2017/10/04/americans--attitudes-toward-a-future-in-which-robots-and-computers-can-do-many-human--jobs>. Acesso em: 3 abr. 2019.

48. Robert B. Reich, "What If the Government Gave Everyone a Paycheck?". 9 jul. 2018. Disponível em: <https://www.nytimes.com/2018/07/09/books/review/annie-lowrey-give-people-money-andrew-yang-war-on-normal-people.html>.

49. Olli Kangas, Signe Jauhiainen, Miska Simanainen e Mina Ylikännö (Orgs.), "The Basic Income Experiment 2017-2018 in Finland. Preliminary Results". Reports and Memorandums of the Ministry of Social Affairs and Health, 2019, p. 9.

50. Abhijit Banerjee, Esther Duflo e Stefanie Stantcheva, "Me and Everyone Else: Do People Think Like Economists?". Massachusetts Institute of Technology, 2019. Mimeografado.

51. Nicole Maestas, Kathleen J. Mullen, David Powell, Till von Wachter e Jeffrey B. Wenger, "Working Conditions in the United States: Results of the 2015 American Working Conditions Survey". Rand Corporation, 2017.

Notas

52. "The State of American Jobs: How the Shifting Economic Landscape Is Reshaping Work and Society and Affecting the Way People Think about the Skills and Training They Need to Get Ahead", cap. 3. Pew Research Center, out. 2016. Disponível em: <http://www.pewsocialtrends.org/2016/10/06/3-how-americans--view-their-jobs/#fn-22004-26>. Acesso em: 21 abr. 2019.

53. Ver Steve Davis e Till Von Wachter, "Recession and the Costs of Job Loss". Brookings Papers on Economic Activity, Brookings Institution, Washington, DC, 2011. Disponível em: <https://www.brookings.edu/wp-content/uploads/2011/09/2011b_bpea_davis.pdf>.

54. Daniel Sullivan e Till Von Wachter, "Job Displacement and Mortality: An Analysis Using Administrative Data". *Quarterly Journal of Economics*, v. 124, n. 3, pp. 1265--306, 2009.

55. Mark Aguiar e Erik Hurst, "Measuring Trends in Leisure: The Allocation of Time over Five Decades". *Quarterly Journal of Economics*, v. 122, n. 3, pp. 969-1000, 2007.

56. Mark Aguiar, Mark Bils, Kerwin Kofi Charles e Erik Hurst, "Leisure Luxuries and the Labor Supply of Young Men". NBER Working Paper n. 23552, jun. 2007.

57. "American Time Use Survey — 2017 Results". News release, Bureau of Labor Statistics, US Department of Labor, 28 jun. 2018. Disponível em: <https://www.bls.gov/news.release/atus.nro.htm>. Acesso em: 19 jun. 2019.

58. Mark Aguiar, Erik Hurst e Loukas Karabarbounis, "Time Us During the Great Recession". *American Economic Review*, v. 103, n. 5, pp. 1664-96, 2013.

59. Daniel Kahneman e Alan G. Krueger, "Developments in the Measurement of Subjective Well-Being". *Journal of Economic Perspectives*, v. 20, n. 1, pp. 3-24, 2006.

60. Aaron Smith e Monica Anderson, "Americans' Attitudes towards a Future in Which Robots and Computers Can Do Many Human Jobs". Pew Research Center, 4 out. 2017. Disponível em: <http://www.pewinternet.org/2017/10/04/americans--attitudes-toward-a-future-in-which-robots-and-computers-can-do-many-human--jobs>. Acesso em: 3 abr. 2019.

61. "Volunteering in the United States, 2015". Economic News Release, 25 fev. 2016. Disponível em: <https://www.bls.gov/news.release/volun.nro.htm>. Acesso em: 21 abr. 2019.

62. David Deming, "The Growing Importance of Social Skills in the Labor Market". *Quarterly Journal of Economics*, v. 132, n. 4, pp. 1593-640, 2017. Disponível em: <https://doi.org/10.1093/qje/qjx022>.

63. Román Zárate, "Social and Cognitive Peer Effects: Experimental Evidence from Selective High Schools in Peru". MIT Economics, 2019. Disponível em: <https://economics.mit.edu/files/16276>. Acesso em: 19 jun. 2019.

64. Raj Chetty, Nathaniel Hendren, Patrick Kline e Emmanuel Saez, "Where Is the Land of Opportunity? The Geography of Intergenerational Mobility in the United States". *Quarterly Journal of Economics*, v. 129, n. 4, pp. 1553-623, 2014. Disponível em: <https://doi.org/10.1093/qje/qju022>.

65. Lawrence F. Katz, Jeffrey R. Kling e Jeffrey B. Liebman, "Moving to Opportunity in Boston: Early Results of a Randomized Mobility Experiment". *Quarterly Journal of Economics*, v. 116 n. 2, pp. 607-54, 2001. Disponível em: <https://doi.org/10.1162/00335530151144113>.

66. Ra Chetty, Nathaniel Hendren e Lawrence F. Katz, "The Effect of Exposure to Better Neighborhoods and Children: New Evidence from the Moving to Opportunity Experiment". *American Economic Review*, v. 106, n. 4, pp. 855-902, 2016.

67. Raj Chetty e Nathaniel Hendren, "The Impacts of Neighborhoods on Intergenerational Mobility II: County-Level Estimates". *Quarterly Journal of Economics*, v. 133, n. 3, pp. 1163-228, 2018.

68. Roland G. Fryer Jr., "The Production of Human Capital in Developed Countries: Evidence from 196 Randomized Field Experiments". In: *Handbook of Economic Field Experiments*, v. 2. Amsterdam: North-Holland, 2017, pp. 95-322.

69. Abhijit Banerjee, Rukmini Banerji, James Berry, Esther Duflo, Harini Kannan, Shobhini Mukerji, Marc Shotland e Michael Walton, "From Proof of Concept to Scalable Policies: Challenges and Solutions, with an Application". *Journal of Economic Perspectives*, v. 31, n. 4, pp. 73-102, 2017.

70. Raj Chetty, John Friedman, Nathaniel Hilger, Emmanuel Saez, Diane Whitmore Schanzenbach e Danny Yagan, "How Does Your Kindergarten Classroom Affect Your Earnings? Evidence from Project Star". *Quarterly Journal of Economics*, v. 126, n. 4, pp. 1593-660, 2011.

71. Ajay Chaudry e Rupa Datta, "The Current Landscape for Public Pre-Kindergarten Programs". In: *The Current State of Scientific Knowledge on Pre-Kindergarten Effects*. Washington, DC: Brookings Institution, 2017. Disponível em: <https://www.brookings.edu/wp-content/uploads/2017/04/duke_prekstudy_final_4-4-17_hires.pdf>. Acesso em: 19 jun. 2019.

72. Maria Stephens, Laura K. Warren e Ariana L. Harner, "Comparative Indicators of Education in the United States and Other G-20 Countries: 2015. NCES 2016-100". National Center for Education Statistics, 2015.

73. Todas as referências à pesquisa de Heckman sobre o impacto a longo prazo da educação pré-escolar podem ser encontradas em: <https://heckmanequation.org>. Entre outras referências, ver Jorge Luis García, James J. Heckman, Duncan Ermini Leaf e María José Prados, "The Life-Cycle Benefits of an Influential Early Childhood Program". NBER Working Paper n. 22993, 2016.

74. Michael Puma, Stephen Bell, Ronna Cook e Camilla Heid, "Head Start Impact Study Final Report". US Department of Health and Human Services, Administration for Children and Families, 2010. Disponível em: <https://www.acf.hhs.gov/sites/default/files/opre/executive_summary_final.pdf>; Mark Lipsey, Dale Farran e Kelley Durkin, "Effects of the Tennessee Prekindergarten Program on Children's Achievement and Behavior through Third Grade". *Early Childhood Research Quarterly*, v. 45, pp. 155-76, 2017.

Notas

75. R. M. Ford, S. J. McDougall e D. Evans, "Parent-Delivered Compensatory Education for Children at Risk of Educational Failure: Improving the Academic and Self-Regulatory Skills of a Sure Start Preschool Sample". *British Journal of Psychology*, v. 100, n. 4, pp. 773-97, 2009; A. J. L. Baker, C. S. Piotrkowski e J. Brooks-Gunn, "The Effects of the Home Instruction Program for Preschool Youngsters on Children's School Performance at the End of the Program and One Year Later". *Early Childhood Research Quarterly*, v. 13, n. 4, pp. 571-86, 1998; K. L. Bierman, J. Welsh, B. S. Heinrichs, R. L. Nix e E. T. Mathis, "Helping Head Start Parents Promote Their Children's Kindergarten Adjustment: The Redi Parent Program". *Child Development*, 2015; James J. Heckman, Margaret L. Holland, Kevin K. Makino, Rodrigo Pinto e Maria Rosales-Rueda, "An Analysis of the Memphis Nurse-Family Partnership Program". NBER Working Paper n. 23 610, jul. 2017. Disponível em: <http://www.nber.org/papers/w23610>; Orazio Attanasio, C. Fernández, E. Fitzsimons, S. M Grantham-McGregor, C. Meghir e M. Rubio-Codina, "Using the Infra-structure of a Conditional Cash Transfer Programme to Deliver a Scalable Integrated Early Child Development Programme in Colombia: A Cluster Randomised Controlled Trial". *British Medical Journal*, v. 349, p. g5785, 29 set. 2014; Paul Gertler, James Heckman, Rodrigo Pinto, Arianna Zanolini, Christel Vermeerch, Susan Walker, Susan Chang-Lopez e Sally Grantham-McGregor, "Labor Market Returns to an Early Childhood Stimulation Intervention in Jamaica". *Science*, v. 344, n. 6187, pp. 998-1001, 2014.

76. Moira R. Dillon, Harini Kannan, Joshua T. Dean, Elizabeth S. Spelke e Esther Duflo, "Cognitive Science in the Field: A Preschool Intervention Durably Enhances Intuitive but Not Formal Mathematics". *Science*, v. 357, n. 6346, pp. 47-55, 2017.

77. Henrik Kleven, Camille Landais, Johanna Posch, Andreas Steinhauer e Josef Zweimüller, "Child Penalties Across Countries: Evidence and Explanations", n. w25524. National Bureau of Economic Research, 2019.

78. Henrik Kleven, Camille Landais e Jakob Egholt Søgaard, "Children and Gender Inequality: Evidence from Denmark", n. w24219. National Bureau of Economic Research, 2018.

79. "Denmark: Long-term Care". Organisation for Economic Co-Operation and Development, 2011. Disponível em: <http://www.oecd.org/denmark/47877588.pdf>.

80. Bruno Crépon e Gerard van den Berg, "Active Labor Market Policies". *Annual Review of Economics*. Disponível em: <https://doi.org/10.1146/annurev-economics-080614-115738>; Bruno Crépon, Esther Duflo, Marc Gurgand, Roland Rathelot e Philippe Zamora, "Do Labor Market Policies Have Displacement Effects? Evidence from a Clustered Randomized Experiment". *Quarterly Journal of Economics*, v. 128, n. 2, pp. 531-80, 2013.

81. Sheila Maguire, Joshua Freely, Carol Clymer, Maureen Conway e Deena Schwartz, "Tuning In to Local Labor Markets: Findings from the Sectoral Employment Impact

Study". Public/Private Ventures, 2010. Disponível em: <http://ppv.issuelab.org/resources/5101/5101.pdf>. Acesso em: 21 abr. 2019.

82. Yann Algan, Bruno Crépon, Dylan Glover, "The Value of a Vacancy: Evidence from a Randomized Evaluation with Local Employment Agencies in France". J-PAL Working Paper, 2018. Disponível em: <https://www.povertyactionlab.org/sites/default/files/publications/5484_The-Value_of_a_vacancy_Algan-Crepon--Glover_June2018.pdf>. Acesso em: 21 abr. 2019.

83. "Employment Database — Labour Market Policies And Institutions". Organisation for Economic Co-operation and Development.

84. "Active Labour Market Policies: Connecting People with Jobs". Organisation for Economic Co-operation and Development. Disponível em: <http://www.oecd.org/employment/activation.htm>.

85. Benjamin Hyman, "Can Displaced Labor Be Retrained? Evidence from Quasi--Random Assignment to Trade Adjustment Assistance". 10 jan. 2018. Disponível em: <https://ssrn.com/abstract=3155386> ou <http://dx.doi.org/10.2139/ssrn.3155386>.

86. Aaron Smith e Monica Anderson, "Automation in Everyday Life: Chapter 2". Pew Research Center, 2017. Disponível em: <https://www.pewinternet.org/2017/10/04/americans-attitudes-toward-a-future-in-which-robots-and-computers-can-do-many--human-jobs>. Acesso em: 21 abr. 2019.

87. Bruno Tardieu, *Quand un people parle*. Paris: La Découverte, 2015.

88. Abhijit Banerjee, Esther Duflo, Nathanael Goldberg, Dean Karlan, Robert Osei, William Parienté, Jeremy Shapiro, Bram Thuysbaert e Christopher Udry, "A Multifaceted Program Causes Lasting Progress for the Very Poor: Evidence from Six Countries". *Science*, v. 348, n. 6236, p. 1260799, 2015.

89. Esther Duflo, Abhijit Banerjee, Raghabendra Chattopadyay, Jeremy Shapiro, "The Long Term Impacts of a 'Graduation' Program: Evidence from West Bengal". Massachussetts Institute of Technology, 2019. Mimeografado.

90. Christopher Blattman, Nathan Fiala e Sebastian Martinez, "The Long Term Impacts of Grants on Poverty: 9-Year Evidence from Uganda's Youth Opportunities Program". 5 abr. 2019. Disponível em: <https://ssrn.com/abstract=3223028> ou <http://dx.doi.org/10.2139/ssrn.3223028>.

91. Bruno Crépon, Esther Duflo, Éllise Huillery, William Pariente, Juliette Seban e Paul-Armand Veillon, "Cream Skimming and the Comparison between Social Interventions Evidence from Entrepreneurship Programs for At-Risk Youth in France". 2018.

92. Ibid.

93. Robert Rosenthal e Lenore Jacobson, "Pygmalion in the Classroom". *Urban Review*, v. 3, n. 1, pp. 16-20, 1968.

94. Angela Duckworth, *Grit: The Power of Passion and Perseverance*. Nova York; Scribner, 2016.

Notas

95. Yann Algan, Adrien Bouguen, Axelle Charpentier, Coralie Chevallier e Élise Huillery, "The Impact of a Large-Scale Mindset Intervention on School Outcomes: Experimental Evidence from France", 2018. Mimeografado.

96. Sara B. Heller, Anuj K. Shah, Jonathan Guryan, Jens Ludwig, Sendhil Mullainathan e Harold A. Pollack, "Thinking, Fast and Slow? Some Field Experiments to Reduce Crime and Dropout in Chicago". *Quarterly Journal of Economics*, v. 132, n. 1, pp. 1-54, 2017.

Conclusão: A boa e a má economia (pp. 393-7)

1. Chang-Tai Hsieh e Peter J. Klenow, "The Life Cycle of Plants in India and Mexico", *Quarterly Journal of Economics*, v. 129, n. 3, pp. 1035-84, ago. 2014. Disponível em: <https://doi.org/10.1093/qje/qju014>.

Índice remissivo

Academia Nacional de Ciências (EUA), 36
ação afirmativa: escolas compartilhadas, 178-9; Estudantes em Prol da Admissão Justa versus Harvard, 174; mérito, 174, 175; propósito, 173; ressentimento, 176
Acemoglu, Daron, 226-7, 247
aço e alumínio, tarifas sobre, 71
Acordo de Kigali (Ruanda, 2016), 262
Acordo de Paris (2015), 256, 262
Affordable Care Act (Obamacare, 2010), 111, 180, 333
África, 13, 67, 116, 231, 396; impacto da mudança climática sobre a, 260; Norte da, 23, 146, 244; Subsaariana, 146, 254
África do Sul, 12, 22, 67; incapacidade das empresas de conseguir os trabalhadores almejados, 243; incompatibilidade e expectativas sobre empregos, 244; percepções irrealistas sobre o mercado de trabalho, 245
afro-americanos nos EUA, discriminação contra, 138-9
Agência Internacional de Energia, 265
Aghion, Philippe, 214, 220-1
agricultura, 26, 67, 118, 120, 210, 229, 259-60, 273, 326, 338, 357, 371; conselhos de comercialização agrícola, 67; Política Agrícola Comum (Europa), 371; trabalhadores agrícolas mexicanos (*braceros*) na Califórnia, 39
agrupamentos de empresas, 65-6, 102-1, 108
Aid for Trade (iniciativa da OMC), 89
Aid to Artisans (ATA), 90-1, 93
Aid to Families with Dependent Children (programa dos EUA), 349
Airbnb, 295
ajuda mútua, sistemas de, 133-4
Akerlof, George, 49
Alasca, Fundo Permanente do, 356
Alemanha, 23, 30, 107, 199, 291, 303, 382, 394; refugiados na, 15; trabalhadores tchecos na, 38, 45
Alibaba, 102, 395

alimentação: alimentos geneticamente modificados, 160; distribuição de cereais, 350; "*food stamps*" (vale-alimentação dos EUA), 343; segurança alimentar, regulamentação da, 89, 350; Snap (Supplemental Nutrition Assistance Program), 340, 342-3, 349
alíquotas tributárias: alíquotas elevadas para as faixas de renda superiores, 302, 305-6; corte de impostos de Trump (2017), 218; cortes de impostos para contribuintes de alta renda, 218; desigualdade pré-tributação, 302; elisão fiscal por parte de grandes empresas, 308; esquemas tributários preferenciais para trabalhadores estrangeiros de alta qualificação, 311; evasão fiscal, 306-7, 310; impacto sobre o crescimento econômico, 216-8; imposto sobre a riqueza, 309-10; imposto sobre o luxo na Major League Baseball dos EUA, 304; Kansas, experiência de corte de impostos, 217; nos EUA (1951 a 1963), 216; resposta de atletas estrangeiros a impostos mais altos, 306-7; resposta ética dos trabalhadores a impostos elevados, 305; resultados de impostos mais baixos, 289; visão dos democratas sobre, 216; visão dos republicanos sobre, 215
Allport, Gordon, 171, 176
Alternative für Deutschland (partido alemão), 22
Amazon, 65, 92-3, 102-3, 208-9, 211, 221, 295-6, 395
Amazon Marketplace, 102
Ambedkar, B. R., 135-6
"ameaça do estereótipo", 145
América Latina, 13, 28, 82, 335-6, 394; alíquotas tributárias máximas, 336-7; estabilidade das rendas mais altas, 336-7; redução da desigualdade, 335
American Time Use Survey (Atus), 366
americanos: hereditariedade (papel na fortuna), 60; mobilidade dos, 60; segregação

Índice remissivo

por nível de qualificação, 61; "sonho americano", 60, 314-5; *ver também* Estados Unidos

anti-imigração, experimento sobre postura, 139-40

Aparajito (filme), 26

aparelho de televisão *versus* comprar comida, 129

Apple, 116, 293, 294-5

aquecimento global *ver* mudança climática

arbitrariedade, experimentos sobre, 154-5

Arcidiacono, Peter, 174-5

Argélia, 35

Argentina, 59; redução de tarifas e aumento da desigualdade na, 81

armadilha da renda média, 251

arrecadação tributária: efeitos do aumento dos impostos sobre a disposição para trabalhar, 323; imposto sobre a riqueza, 322; medo de aumentar impostos, 323; nos Estados Unidos, 322; reforma tributária, 323; Suíça, sistema de imposto estimado, 323-4

Ásia, 13, 257, 368; Leste Asiático, 88, 104, 120, 230; Sudeste Asiático, 116; Sul da, 211

assistência social *ver* políticas sociais; programas sociais

ATD Fourth World, 383-4, 390

Atlantic, The (revista): sobre o impacto do choque chinês no Tennessee, 108

atração de empresas, 208

Austrália, 227, 316, 346

automação: aumento da desigualdade, 284; concentração setorial e monopólios, 285; digitalização, 279; educação universitária, valor da, 283-4, 294; efeito de deslocamento, 282; efeito dos robôs sobre o emprego, 283; empregos em risco nos EUA, 280; excessiva, 284; impacto sobre o Reino Unido (1755-1820), 282-3; imposto sobre robôs, 287; informatização, 294; legislação tributária dos EUA, 285; leis trabalhistas, 287; limitação, 286; recursos de P&D e, 286; substituição de ações humanas por robôs, 288

Autor, David, 105, 279

auxílio-moradia, 349

aversão à perda, 57-8

Bada Imambara (monumento indo-islâmico), 338

Badal, Manpreet Singh, 325-6

bairros e padrões de vizinhança *ver* padrões de vizinhança

"ban the box", impacto de políticas, 142

Banco Mundial, 211-2, 230-1, 251, 263, 341

"bandidos de Washington", 333

Banerjee, Abhijit: ATD Fourth World, reunião na, 383-5; bolsas, experimento de produção de, 352-3; "comportamento de manada", 131; dirigindo um Mercedes-Benz, 76; entrevistas com migrantes em Delhi, 50; facilidade de conversa com paquistaneses, 158; guerra das flores, 190-1; nadando no mar Báltico, 258; reprodutor de DVD, desventuras com, 92

Banerjee, Nirmala, 117

Bangladesh: Brac (Bangladesh Rural Advancement Committee), 386-7; experimento sobre migrações, 31; incerteza dos migrantes, 57; taxa de crescimento, 225

Becker, Gary, 128, 130, 141, 148-50

Becoming a Man, programa (Chicago), 391

Bélgica, 311, 322; proporção das importações da, 115

bem-estar social, 26, 115, 289, 335, 339, 345-8, 356

Bénabou, Roland, 151

Bezos, Jeff, 41, 65

boa economia, exemplos de, 396

bolsas, experimento de produção de, 352-3

Bolsonaro, Jair, 395

Booker, Cory, 372

Booth School of Business (Universidade de Chicago), 14, 217

Borjas, George, 34-5, 37

Brac (Bangladesh Rural Advancement Committee), 386-7

braceros (trabalhadores agrícolas mexicanos na Califórnia), 39

Brasil, 11, 77, 85, 171, 394; redução de tarifas e aumento da desigualdade, 81; rendas mais altas, 337; taxa de crescimento, 225

Brexit, 9, 14, 22, 394-5

Brin, Sergey, 41

Brock, David, 164

Bruceton, Tennessee, 108

Brynjolfsson, Erik, 279

Buffett, Warren, 309

Bush, George H. W., 289

Bush, George W., 71, 216-7

"câmaras de eco": conversa constante com as mesmas pessoas, 159-60; insularidade, 161; papel das mídias sociais, 162-3

Cambridge Analytica, 161

Canadá, 67, 184, 303, 316, 387

capital: crédito apertado, 86-7; de risco, 161, 231-2, 237, 239, 298; economias com escassez de capital, 195; *evergreening* (renovação perpétua de empréstimos), 87; mercado de capitais, 82, 238; no século xxi, 190; países com abundância de capital, 74, 195-6; produtividade do, 195, 202, 207; realocação de recursos, 87; relutância dos bancos em assumir novos riscos, 87

capitalismo, 78, 198, 202, 212, 227-9, 305

Card, David, 33, 174, 178

cascatas informacionais, 131

Case, Anne, 316

Case, Steven, 64

castas, sistema de: lealdade de casta, 137; normas comunitárias e, 134; polarização no voto, 137; preconceito de, 136

causalidade reversa, 79

Center for American Entrepreneurship, 41

cereais, distribuição de, 350

charter cities (enclaves protegidos), 211-3

cherokee (tribo indígena), 356

Chicago: programa Becoming a Man, 391

Chile, 222, 322; redução de tarifas e aumento da desigualdade, 81; rendas mais altas, 337

China: abordagem ao capitalismo, 228-9; agrupamentos manufatureiros, 101; atual desaceleração do crescimento econômico, 248; aumento da desigualdade depois da liberalização econômica, 78; bancos, 238; crescimento acelerado, 247; crescimento do pib impulsionado pelo comércio, 76; emissões de carbono, 257; envelhecimento da população, 249; expectativa de vida, 271; Grande Salto para a Frente, 117; intervenções do governo para promover o crescimento, 249; investimentos pesados em capital humano, 255; manipulação da moeda, 104; mercado de capitais, 238; pessoas ricas, 257-8; política de incentivo às exportações, 103-4; poluição atmosférica, 271, 274; pressão pública sobre o governo para a regulação da poluição atmosférica, 274; produtividade, 73; receitas tributárias, 334-5; reforma econômica, 81; resultados

da guerra comercial com a, 120; uso de recursos, 248

Chloé (grife), 214

choque chinês: ajuda do governo americano a regiões afetadas pelo, 109-11; efeito sobre os Estados Unidos, 112; impactos sobre o mercado de trabalho, 107; indicador, 105-6

"Cidadãos Unidos" (decisão da Suprema Corte dos eua), 312

cidades do Terceiro Mundo, grandes problemas nas, 50

"cidades-jardim", 51

Cingapura, 51, 178, 211, 229

Cinturão da Ferrugem (eua), 154

classe média, 41, 51, 161, 263, 314, 323-4, 345-6, 367

Clinton, Bill, 289, 349

Clinton, Hillary, 152, 167, 340, 381

clusters exportadores, 102

Cohen, Jessica, 254

"coletes amarelos", movimento dos (França, 2018), 9, 275, 310

Colômbia, 85, 310; mudanças na regulação do mercado de trabalho, 82; redução de tarifas e aumento da desigualdade, 81; rendas mais altas, 337

Comeback Cities Tour (excursão de ônibus), 64-6

comércio internacional: ajudando os trabalhadores afetados por choques comerciais, 123-4; aumento da pobreza em decorrência do, 85; benefícios para todos, 75; comparações da política comercial entre países, 80; comunidades aldeãs autossuficientes, 117; efeito da política sobre o crescimento, 79; estabelecimento da reputação pela qualidade, 93-4; ganhos oriundos do, 113-4; guerras comerciais, 12, 119-20; liberalização do, 103; opinião pública sobre o, 71; previsões centrais da teoria do comércio calculando os ganhos resultantes do, 83; problemas dos compradores externos com os vendedores, 91, 93-4; problemas dos vendedores com compradores externos, 93-4; redes ferroviárias e, 118; visão dos economistas sobre, 72

comércio internacional, barreiras ao: baixa qualificação, 116; falta de capital, 116; falta de reputação de qualidade, 97-9; má integração interna, 116

Comissão sobre Crescimento e Desenvolvimento (Banco Mundial), 230
"comportamento de manada", 131, 159-60
comunidades aldeãs autossuficientes, 117
comunismo, 76, 228, 247, 255, 395
conexões, importância das, 49, 52
Conselho de Assessores Econômicos (EUA), 349
conselhos de comercialização agrícola, 67
considerações identitárias, 69
Consip (Itália), 330-1
contexto social, influência do: experimento envolvendo o lançamento de moedas, 150-1
contratos por administração comparado com contratos a preço fixo, 96
Coreia do Norte, 228
Coreia do Sul, 104, 169, 252, 322; controle do governo sobre empresas na, 229; imposto sobre robôs, 287; intervenções do governo para promover o crescimento, 250; investimentos pesados em capital humano, 255
corrupção, 137, 225, 328-31, 333, 347, 351, 359
Costinot, Arnaud, 113, 115
crenças: como previsoras de opiniões políticas, 12; influência do comportamento dos outros sobre as, 132
crenças motivadas: caricaturização do grupo temido, 154; defesa de crenças desafiadas, 153; distorção de crenças sobre os outros, 152; restauração do senso de si próprio, 154
crescimento econômico: armadilha da renda média, 251; benefícios para a elite, 320; concentração da atividade econômica, 219; conectividade pela internet, 231; cortes de impostos para as altas rendas, 218; desaceleração global, 12-3; dificuldade de mensurar, 206; divergência entre taxas de crescimento do capital e da força de trabalho, 196; estratégias para promover o, 249; história do, 188-9; imposto sobre o carbono, 264, 276; induzido pela inovação, 213; mortalidade dos colonos como previsor do, 226; mudanças nas taxas de crescimento, 225; nos países pobres, 230-1; objetivo de melhorar a qualidade de vida da pessoa comum, 252-3; políticas antipobres e pró-ricos, 252; previsão negativa, 188; previsão positiva, 189; regressões de crescimento entre países, 225; renda per capita e, 247;

retornos crescentes, 203; retornos decrescentes, 201; taxas de crescimento nos Estados Unidos e na Europa desde 1870, 184; Vale do Silício, empresas do, 204
crianças: cuidado infantil, 372, 377; educação pré-escolar, 376; em zonas de baixa mobilidade, 374; programa pré-escolar na Índia, 377; trabalho infantil, 84, 89, 186; turmas pequenas nas escolas, 375
Cristiano Ronaldo (jogador), 307
Cuba: êxodo de Mariel (1980), 33; imigrantes cubanos, 33-5, 41
cuidado de idosos, 372-3, 378

Dalberg (empresa de consultoria), 231
Deaton, Angus, 316-7
Delhi ver Nova Delhi (Índia)
democracia, 11, 170, 176, 274; dissenso na, 12
democratas, 11, 71, 112, 160-3, 180, 215-6, 275, 286, 289, 319, 363, 372, 383
Deng Xiaoping, 82
Departamento de Habitação e Desenvolvimento Urbano (EUA), 374
desemprego, 15, 23, 27, 110, 122-3, 142, 153, 243, 281-3, 287-8, 364, 372, 379, 382, 386
desenvolvimento regional, promoção do, 210-1
desigualdade: angústia social e infelicidade nos EUA, 313; ascensão das superestrelas, 295-6; consciência do próprio lugar na distribuição de renda, 313; de renda, 291, 306-7, 335; desigualdade de riqueza na Europa, nos Estados Unidos e no Reino Unido, 291; economia rígida, 296; efeito da política comercial sobre, 80; globalização, 297; mudanças tecnológicas e, 288; necessidade de política comercial eficaz, 320; salários reais, 292
desregulamentação, 82, 290
Dickens, Charles, 13, 282
digitalização, 279
dignidade: ATD Fourth World e, 384; desconsiderada em sistemas de proteção social, 387; políticas sociais e, 154, 171, 320; proteção da, 338
Dinamarca, 291, 297, 301, 303, 308, 311-2, 322, 332, 345, 378, 382; imigrantes na, 36, 39
discriminação autorreforçada: estudantes rotulados ao acaso como superdotados, 146; experimentos com afro-americanos e brancos realizando exercícios de golfe,

147-8; indivíduos de minorias africanas como caixas em supermercados da França, 146; mulheres em posições de liderança em Malaui e Bangladesh, 147; testes de matemática para minorias, mulheres e não asiáticos, 145

discriminação contra afro-americanos nos EUA, 138-9

discriminação estatística, 141-3; correlacionando raça com características, 142; Jogo da Confiança, 143-4; políticas "ban the box", estudo das, 142

dissenso na democracia, 12

Dorn, David, 105-6, 109, 319

Duckworth, Angela, 390

Duflo, Annie, 280

Duflo, Esther, 58-60, 92, 168, 184, 242, 280, 341, 344

Dugast, Didier, 389

Dupas, Pascaline, 254

Earned Income Tax Credit (Eitc), 349

Easterly, Bill, 225, 230, 254

"economia de guardanapo" (Figura 2.1 e 2.2), 24, 38

economia míope e economia cega, exemplos de, 396

economia mundial, 17, 183, 189; mudanças desde 1979, 293

Economic Survey da Índia, 360

educação: ensino médio, 34, 61, 176, 242-3, 246, 292, 329; financiamento, 375-6; pré-escolar, 376; programa de matemática pré-escolar na Índia, 377; superior, valor da, 283-4; turmas pequenas, 375; visitas domiciliares, 376

efeito transbordamento, 207-10, 213, 247

eficiência, salário de, 44, 46

Egito, 251; incompatibilidade de expectativas sobre empregos, 244; programa de subsídio alimentar, 350; tapetes feitos à mão, 90-1; taxa de crescimento, 225

elasticidade-preço cruzada, 114

Electrolux, 208

eletricidade, 95, 185, 187-8, 190, 232-3, 269, 274, 281, 325-6

Eliot, T. S., 393

emprego: efeito dos aumentos de impostos sobre o trabalho, 323; efeito dos programas sociais sobre o, 356; garantia de emprego federal, 358, 372; perda de

empregos, 282, 366; Rand Corporation, estudo sobre satisfação no trabalho, 364; satisfação no trabalho, pesquisa de, 364

Énergie Jeunes, intervenção da, 390

Equador, empréstimo chinês ao, 232

Era uma vez um sonho (Vance), 64, 105, 153

ERCS *ver* estudos randomizados controlados

Escócia, 73

Eslováquia, 22

espaço público, mídias sociais como novo, 162

Espanha, 107, 303, 307-8, 311

espionagem industrial, 214

esportes profissionais, tetos salariais nos, 304

Estado de bem-estar social, 395-6

Estado *ver* governos

Estados Unidos: Academia Nacional de Ciências, 36; alíquotas tributárias (1951 a 1963), 216; angústia social e infelicidade nos, 313; anos dourados nos, 195; arrecadação tributária nos, 322; aumento da mortalidade, 316; choque chinês, impacto sobre as eleições locais nos, 319; "Cidadãos Unidos" (decisão da Suprema Corte dos EUA), 312; Cinturão da Ferrugem, 154; Conselho de Assessores Econômicos, 349; Departamento de Habitação e Desenvolvimento Urbano, 374; desaceleração da PTF, 187; desigualdade de riqueza na Europa, nos Estados Unidos e no Reino Unido, 291; desigualdade de riqueza nos, 291; discriminação contra afro-americanos nos, 138-9; economia dos, 114-5, 118, 345; erosão do bem-estar da classe trabalhadora sem formação superior, 315-7; expectativa de vida, 316; Federal Acquisition Regulation, 333; "food stamps" (vale-alimentação), 343; Grande Migração (1915-1970), 149; ideologia da autossuficiência e independência, 326; imigrantes europeus nos, 35; impacto da mudança climática sobre os, 260; importações na economia dos, 114; Major League Baseball, 304; Medicaid, 111, 180, 349; melhoria da qualidade de vida nos, 187; migrantes; como fundadores das maiores empresas dos, 41; Moving to Opportunity (programa), 374, 379-80; National Origins Act (EUA, 1924), 69-70; necessidade de um bode expiatório, 318; Office of Economic Opportunity, 354; percepções demasiado

Índice remissivo

otimistas da mobilidade, 315; Personal Responsibility and Work Opportunity Reconciliation Act (1996), 349; PIB dos, 184-7, 219; política social, 363; raiva contra imigrantes nos, 139; rebelião contra o sistema, 318; renda básica universal (RBU) nos, 363; Smoot-Hawley Tariff Act (1930), 113; Snap (Supplemental Nutrition Assistance Program), 340, 342-3, 349; Sul dos, 282; Suprema Corte dos, 173, 312; taxa de crescimento da PTF, 186; taxas de crescimento nos Estados Unidos e na Europa desde 1870, 184; trabalhadores agrícolas mexicanos (*braceros*) na Califórnia, 39; Usaid (United States Agency for International Development), 333; Weatherization Assistance Program, 265; *ver também* americanos

estagflação, 183

Estudantes em Prol da Admissão Justa versus Harvard (caso), 174

estudos randomizados controlados (ERCS), 171, 173, 355, 375-6, 387

Etiópia, 119; pedido de emprego na, 43-4

Europa, 319; como sociedade mais igualitária do que os Estados Unidos, 304; desigualdade de riqueza, 291; desigualdade de riqueza na Europa, nos Estados Unidos e no Reino Unido, 291; imigrantes europeus nos EUA, 35; *Les Trente Glorieuses*, 184, 195; melhoria da qualidade de vida, 187; Política Agrícola Comum, 371; programas para mudança de emprego, 382; PTF, taxa de crescimento, 186; taxas de crescimento nos Estados Unidos e na Europa desde 1870, 184; União Europeia, 14, 22, 27, 106, 310, 383

evergreening (renovação perpétua de empréstimos), 87

êxodo de Mariel (Cuba, 1980), 33

experimento natural, 29

experimentos sobre arbitrariedade, 154-5

exportação: clusters exportadores, 102; de rosas do Quênia, 100

expressões de racismo e/ou intolerância por parte de líderes populistas, 126

Facebook, 161-4, 167-8, 191-4, 231, 295, 299, 395

Fairtrade (selo), 89

falhas de mercado, 247, 250

favelas, 27, 50-1, 211, 274, 377

Federal Acquisition Regulation (EUA), 333

Federal Express, 295

ferrovias, 118, 232, 245, 257, 276

Finlândia, 30, 311, 322; substituição de programas de assistência social existentes pela RBU, 363-4

flexisseguridade, 368-9

FMI *ver* Fundo Monetário Internacional

Fogel, Robert, 282

"food stamps" (vale-alimentação dos EUA), 343

Forbes (revista): sobre tetos salariais, 305

Ford, Henry, 41

Fox News, 165-6, 168

Foxconn, 208

França: abolição do imposto sobre a riqueza, 310; "coletes amarelos", movimento dos (2018), 9, 275, 310; custos de recrutamento para as empresas, 380; desconfiança para com a elite, 334; desigualdade, 334; despesas com políticas ativas de suporte ao mercado de trabalho, 382; Énergie Jeunes, intervenção da, 390; França; pré-escolas subsidiadas, 376; imposto sobre a gasolina, 275; indivíduos de minorias africanas como caixas em supermercados da, 146; Institute Supérieur Maria Montessori, 390; migrantes argelinos, 35; Mission Locale, 388; políticas sociais, 385; Rassemblement National (partido francês), 22, 334; trabalho como parte do processo de recuperação, 386; Travailler et Apprendre Ensemble (TAE), 384

Franklin, Benjamin, 140

Friedman, Milton, 290, 323, 340, 354

Fundo Acumen, 231-2

Fundo Monetário Internacional (FMI), 17, 77, 80, 85, 252

Fundo Permanente do Alasca, 356

Galbraith, John Kenneth, 290

Gana: bolsas, experimento de produção de, 352-3; empregos no setor privado atraentes em, 246; impacto do ensino médio sobre os rendimentos médios, 242-3

Gandhi, Mahatma, 117, 135

garantia de emprego federal, 358, 372

Gates, Bill, 215, 287, 339

Gentzkow, Matthew, 160, 164-5

Gingrich, Newt, 165

Glaeser, Edward, 51, 124

Google, 168, 295, 299

Gordon, Robert, 183, 185, 188-9, 192, 294
gotejamento, teoria do, 290
governos: autonomia da comunidade versus intervenções do Estado, 135; ceticismo público sobre intervenções dos, 325; corrupção, 328-30; desconfiança, 325, 327; desperdício nos, 327; efeito da imagem reputação de honestidade de quem deseja trabalhar no serviço público, 332; imagem negativa dos burocratas e políticos, 331; inovação em políticas sociais, 321; intervenção na economia, 321; percepção de não confiável, 321; privatização, 327; relutância em trabalhar para os, 331; restrições que desestimulam o talento, 331; resultados da crença pública na corrupção e na incompetência dos, 333; transparência, 330-1; *ver também* programas sociais
Gramsci, Antonio, 103
Grande Depressão, 113, 184, 189
Grande Migração (eua, 1915-1970), 149
Grande Salto para a Frente (China), 117
Granjon, Albert, 58
Greenstone, Michael, 209, 259, 265
Guatemala, 26, 253
guerras comerciais, 12, 119-20

habilidades sociais, importância das, 373
Hamis Carpets (tapeçaria egípcia), 90-1, 93, 102
Hamon, Benoît, 339-40
Hansen, Alvin, 189
Hanson, Gordon, 105-6, 109, 319
Harlem (Nova York), 65
Harris, Kamala, 372
Head Start (programa nacional), 376
Heckman, James, 376
Henry I. Siegel Company (h.i.s.), 108
hidrofluorcarboneto (hfc), gases de, 261-2
"hipótese do contato", 171
homofilia, 158, 162
Honduras: Zonas de Emprego e Desenvolvimento Econômico (Zedes), 212
Hornbeck, Rick, 209
Howitt, Peter, 214, 220-1
Huang Guoliang, 100
Hungria, 11, 22, 126, 170

identificação com partidos políticos, 11
identificação em comparações, problema de, 28

idosos, cuidado de, 372-3, 378
Iêmen, 26
igm Booth (painel), 15, 71, 218-9, 280
imigrantes: cubanos, 33-5, 41; experimento salientando atitudes anti-imigração, 139-40; raiva contra imigrantes nos eua, 139; rejeição histórica antes da assimilação, 140; *ver também* migração; migrantes
Imperador de todos os males, O (Mukherjee), 19
importações: participação na economia dos Estados Unidos, 114; regulação das, 88
imposto de renda negativo (irn), 354-5, 358
imposto sobre a riqueza, 275, 308-10, 322, 334
incerteza, 56
Índia: Acordo de Paris (2015), 262; aumento da desigualdade, 78; bancos indianos, 239; construção de barcos, impacto dos telefones celulares sobre a, 235; cotas em instituições educacionais, 173; economia rígida, 119, 237; Economic Survey, 360; fabricantes de camisetas, 235-6, 238; governo comunista, 357; impacto da mudança climática, 259; impacto das ferrovias sobre, 118; incompatibilidade de expectativas sobre empregos, 241, 244; lei nacional de segurança alimentar, 350; leis trabalhistas, 87; liga de críquete, estudo de, 176; Lucas, explicação da pobreza, 201; má alocação de terras e construções, 239, 357; mercado de capitais, 238; National Rural Employment Guarantee Act (nrega), 358-9; papel de diferentes reformas, 79; pesca, impacto dos telefones celulares sobre a, 235; pessoas mais ricas na, 257-8; polarização no voto, 137; poluição atmosférica, 271-3; problemas da indústria de software com clientes estrangeiros, 95; produtividade de empresas pequenas, 117; programa de conservação de água no Punjab, 325; programa de consultoria em eficiência energética, 266; programa de matemática pré-escolar, 377; receitas tributárias, 334-5; restrições à habitação, 50; sistema de castas, 134-8; subsídio aos agricultores, 273; taxa de crescimento, 225; transferências diretas de benefícios, 351; uso de recursos do presente para melhorar a qualidade de vida dos cidadãos, 255; vantagens no estabelecimento da indústria de software, 95
Índia, liberalização do comércio: consequências positivas da, 85-6; crescimento do

Índice remissivo

PIB impulsionado pelo comércio, 76; efeitos, 76-9; migrações oriundas de distritos afetados pela liberalização, 87; reforma comercial (1991), 82
"índice de isolamento", 164-5
Indonésia, 11, 116, 141, 201, 327, 362; PKH (programa de transferência condicional de renda), 361; Rastra (programa de distribuição de arroz), 350; taxa de crescimento, 225
inflação, 183, 228, 292
informatização, 294
Infosys, 96
infraestrutura, 50, 95, 149, 210-1, 229, 232, 235, 255, 275-6
Inglaterra ver Reino Unido
inovação como destruição criativa, 214-5
inovações tecnológicas: computadores, 293; economia do tipo "o vencedor fica com tudo", 295, 297; globalização da demanda, 295; inteligência artificial (IA), 13, 15, 188, 278-81; transformação das indústrias existentes, 295
Instagram, 191, 194
Institute Supérieur Maria Montessori (Paris), 390
integração de grupos sociais: bairros mistos, 177-8; escolas compartilhadas, 178-9; estudo sobre liga de críquete, 176
inteligência artificial (IA), 13, 15, 188, 278-81
internet, 167; conectividade pela, 231; ver também mídias sociais
intolerância, 126-7, 141
investimentos em países pobres, 222
Irlanda, 303, 312, 316, 322
IRN ver imposto de renda negativo
Islândia, 308; erupção vulcânica nas Ilhas Westman (1973), 29
Israel, 143; migrantes da União Soviética para, 35
Itália, 11, 22-3, 126, 308, 330; criação da Consip, 330-1

Jacobs, Jane, 210
Japan as Number One (Vogel), 248
Japão, 104, 248-9, 262, 288, 293, 298, 367; controle das empresas pelo governo, 229; envelhecimento rápido da população, 248; queda da taxa de crescimento, 248
Jefferson, Thomas, 140
Jobs, Steve, 41

Jogo da Confiança, 143-4
Johnson, Lyndon B., 347, 354
Johnson, Simon, 226-7, 247
jornais, história da política partidária nos, 164
judeus, 70, 143-4, 170, 175

Kahneman, Daniel, 57, 155, 367
Kansas (EUA), experiência de corte de impostos, 217
Kay, John, 283
Keating, Charles, 347
Kenya Rural Electrification Authority, 233
Keynes, John Maynard, 396
keynesianismo, 201, 217, 290, 371
Kigali (Ruanda), acordo sobre o HFC (hidrofluorcarboneto) em, 262
Kissinger, Henry, 225
Knight, Frank, 56
Krueger, Alan, 367
Krugman, Paul, 71, 104, 168

Lancet Commission on Pollution and Health, 272
Le Pen, Marine, 23
lei da oferta e da demanda, 24-5, 34
Levy, Santiago, 335-6
Libéria, 26, 98; escolas dirigidas por organizações não governamentais, 328
líderes populistas, expressões de racismo e/ou intolerância por parte de, 126
livre-comércio, 72-3, 75, 79, 98, 119, 125, 182
Lombardi, Vince, 306
loterias de vistos, 28
"Loving versus a Virgínia", caso (1967), 158-9
Lowell, Abbott Lawrence, 175
Lucas, Robert, 201-2, 215, 225, 247, 290
luditas, 279, 282

má alocação de recursos: mercado de capitais, 238; mercados fundiários/imobiliários, 239; nos países em desenvolvimento, 234
má economia, exemplo de, 396-7
Macron, Emmanuel, 310, 334, 349
magistério, carreira no, 373
Major League Baseball (EUA), 304
malária, 254; como obstáculo à colonização europeia, 227; mosquiteiros para cama como prevenção da, 254, 396; prevenção da, 253-4; taxas de mortalidade pela, 254

Malásia, 54, 251
Malaui, 147
Mankiw, Greg, 71
mão de obra abundante, país com, 75
Mao Tsé-tung, 117, 395
Mariel, êxodo de (Cuba, 1980), 33
"Market for 'Lemons', The" (Akerlof), 49
marketplaces, 102
Marrocos, 129; conexão ao sistema de
    abastecimento de água, 341; inscrição em
    programa de transferência condicional
    de renda, 344; transferência rotulada de
    renda, 362
Marx, Karl, 43, 202
marxismo, 103, 202
Mayawati (líder indiana), 180
McAfee, Andrew, 279
Medicaid (EUA), 111, 180, 349
mercado de capitais, 82, 238
mercado de trabalho, lei da oferta e da
    demanda, 25
Messi, Lionel, 304, 307
México, 251, 394; braceros (trabalhadores
    agrícolas), 39; impacto da mudança
    climática, 260; programa de transferên-
    cia condicional de renda, 336; Progresa/
    Oportunidades/Prospera (programa),
    336-7, 340; redução de tarifas e aumento
    da desigualdade, 81; reformas do comér-
    cio, 81; sistema de bem-estar social, 26;
    violência, 26
Mianmar, 393; como economia de mercado,
    228
mídias sociais: atribuição de valor mone-
    tário às, 192; como câmaras de eco, 163;
    como novo espaço público, 162; conse-
    quências das, 192-3; customização auto-
    mática, 168; desativação do Facebook,
    193-4; efeitos sobre notícias e análises
    confiáveis, 166; experimento com artigos
    selecionados na Coreia do Sul, 169;
    linguagem abreviada das, 167; repetição
    sem fim, 167
migração: ambiente do primeiro bairro
    e mobilidade, 374; benefícios da, 27;
    conexões de rede, 48, 53; "economia de
    guardanapo" (Figura 2.1 e 2.2), 24, 38;
    encorajamento, 31, 68; experimento em
    Bangladesh, 31; informações disponíveis
    para os migrantes, 31-2; lei da oferta e da
    demanda aplicada à, 34, 37-42, 38 (Figura

2.2); National Origins Act (EUA, 1924),
    69-70; políticas de realocação forçada,
    67; razões econômicas, 67; razões para
    migrar, 24-6; receios dos nativos, 68
migração, estudos sobre: europeus para
    os Estados Unidos, 35; franceses na
    Argélia para a França, 35; imigrantes na
    Dinamarca, 36, 39; União Soviética para
    Israel, 35
migrantes: ambiente do primeiro bairro
    e mobilidade, 374; como empreendedo-
    res, 60; como fundadores das maiores
    empresas dos EUA, 41; como problema
    político, 22; criação de empregos pelos,
    38; dificuldade de conseguir empregos
    já ocupados pelos nativos, 45; distorção
    dos fatos pelos políticos, 23; execução de
    tarefas que os nativos relutam em aceitar,
    39; impacto sobre a mecanização, 38-9;
    impacto sobre as populações locais, 25,
    32-4, 36-7, 39, 41-2; loterias de vistos, 28;
    melhoria ocupacional, 40; noruegueses,
    41; para a União Europeia, 22; percepções
    equivocadas sobre os, 23, 47; porcenta-
    gem da população mundial, 22; qualifica-
    dos, 56; ver também imigrantes; migração
migrantes, contratação de: características
    do empregado desejável, 44; custo para
    trabalhadores e empresas, 44; experiên-
    cia de trabalho, 44; recomendações, 48;
    referências do ex-empregador, 43; relacio-
    namento com o trabalhador, 42; salário
    de eficiência, 44, 46
migrantes, razões para não migrar: aversão
    à perda, 58; cuidado dos filhos, 63-4; falta
    de dinheiro, 394; falta de habitação acessí-
    vel, 50, 62-3; incerteza, 56-9; insegurança
    quanto ao emprego, 63; laços familiares,
    64, 394; medo do fracasso, 52-3, 59
Mission District (San Francisco, Califór-
    nia), 62
Mission Locale (França), 388
Moçambique, 26
Modi, Narendra, 161, 180, 358
modismos, 130-2
Mokyr, Joel, 188-9
Moretti, Enrico, 111, 209-11, 370
Mossack Fonseca (escritório de advocacia
    panamenho), 308
Moving to Opportunity (programa dos
    EUA), 374, 379-80

MSNBC (emissora), 165
mudança climática: Acordo de Paris (2015), 256, 262; aquecimento global, 160, 256, 261-2, 264, 271; ar-condicionado, 261; aumento na renda em comparação com o aumento nas emissões de CO_2, 257; consumo de energia, 268-9; emissões de carbono na China, 257; emissões de CO_2 geradas em/para países ricos, 256; impacto sobre os países mais pobres, 256, 259-60; implicações econômicas, 263; imposto sobre o carbono, 264, 276; impostos mais altos sobre o consumo de energia, 270; incentivos para inovações em tecnologias limpas, 264; Kigali (Ruanda), acordo sobre o HFC (hidrofluorcarboneto) em, 262; medidas de eficiência energética, 265; New Deal Verde, 275, 372; Painel Intergovernamental sobre Mudanças Climáticas, 256; papel dos governos em escolhas mais favoráveis ao meio ambiente, 269; passos para cortar emissões e limitar o aquecimento, 257-8; polarização sobre o aquecimento global, 159-60; poluição atmosférica, 271; produtividade, efeito do clima quente sobre a, 259-60; programa de consultoria sobre eficiência energética na Índia, 266; regra 50-10, 257; subsídio aos agricultores na Índia, 273; taxas de mortalidade, 260; Weatherization Assistance Program, 265
Mukherjee, Siddhartha, 19
mulheres: discriminação contra mulheres em posição de liderança, 147; "pena por ter filhos" (aplicada às mulheres no mercado de trabalho), 377-8
Munshi, Kaivan, 48

National Origins Act (EUA, 1924), 69-70
National Rural Employment Guarantee Act (NREGA, Índia), 358-9
Nature (revista): sobre mosquiteiros para cama tratados com inseticida, 254
negócios/empresas, atração de, 208
Nepal, 132; migração oriunda do, 26, 56; ganhos, estimativa exagerada dos, 55; informações sobre ganhos e custos, 54; riscos, estimativa exagerada dos, 54-5
New Americans National Research Council, 37
New Deal, 347

New Deal Verde, 275, 372
New Geography of Jobs, The (Moretti), 209
New York Times, The (jornal), 168, 310; sobre a Comeback Cities Tour, 65
Nigéria, 116, 119, 240
Nixon, Richard M., 354
Nordhaus, William, 268
Noruega, 40, 107, 303, 308, 313; migrantes noruegueses, 41
notícias falsas, 164, 166-7
Nova Delhi (Índia), 27, 42, 50, 53, 172, 258, 272-5, 277, 341, 360, 377
Nova Jersey (EUA), experimento de manutenção de renda de, 353-4
Nova Zelândia, 28, 171, 227, 346

Obama, Barack, 9, 138, 157, 159, 180, 217, 381
Obamacare (Affordable Care Act, 2010), 111, 180, 333
Ocasio-Cortez, Alexandria, 305
OCDE (Organização para a Cooperação e Desenvolvimento Econômico), 271, 280, 315, 322, 334, 382
oferta e demanda, lei da, 24-5, 34
Office of Economic Opportunity (EUA), 354
ONU (Organização das Nações Unidas): Painel de Pessoas Eminentes, 383
Opep (Organização dos Países Exportadores de Petróleo), 183-4
Orbán, Viktor, 170
Organização Mundial da Saúde, 272
Organização Mundial do Comércio (OMC), 81, 89, 106, 117, 125
Oriente Médio, 23, 26, 76, 244
Ostrom, Elinor, 132-3

padrões de vizinhança (bairros): estudantes hispânicos, oferta de curso gratuito preparatório para o exame de acesso à universidade, 149-50; Grande Migração de negros para cidades brancas (EUA, 1915-70), 149; poder dos, 132
Painel de Pessoas Eminentes das Nações Unidas, 383
Painel Intergovernamental sobre Mudanças Climáticas, 256
país com mão de obra abundante, 75
Países Baixos, 291, 311
países em desenvolvimento: competição por empregos públicos, 245; empresas mal administradas, 240; financiamento

para programas de RBU (renda básica universal), 359; má alocação de recursos, 234; receita tributária, 334; regulações rigorosas do mercado de trabalho, 246; relutância em migrar, 356-7; seleção de pessoas para RBU, 358; vidas não construídas em torno do trabalho, 368

países mais pobres: aumento da pobreza em decorrência do comércio internacional, 85; convergência em, 247; impacto da mudança climática sobre, 259-60; proteção contra os efeitos de altas temperaturas, 258

Panama Papers, 307-8

Panasonic, 208

Paquistão, 135, 158, 262, 308; flexibilidade aos funcionários encarregados das compras em hospitais e escolas, 332

Paris, Acordo de (2015), 256, 262

pársis (indianos zoroastrianos), 48

partidos políticos, identificação com, 11

"pena por ter filhos" (aplicada às mulheres no mercado de trabalho), 377-8

Personal Responsibility and Work Opportunity Reconciliation Act (EUA, 1996), 349

Peru, 251; experimento sobre habilidades sociais, 373

pesca na Índia, impacto dos telefones celulares sobre a, 235

petróleo, 76, 183, 264, 300, 360; embargo pela Opep, 183

Pew Research Center, estudos do: renda garantida, 363; satisfação no trabalho, 364; uso do tempo livre, 366

PIB ver produto interno bruto

Piketty, Thomas, 291, 293, 301

PKH (programa indonésio de transferência condicional de renda), 361

Player Piano (Vonnegut), 278

pobres: aumento da pobreza em decorrência do comércio internacional, 85; constituição como garantia de direitos, 135; exclusão sistemática dos, 385-6; melhorias na qualidade de vida desde 1990, 223; percepção popular dos, 336, 346; vulnerabilidades, 52

polarização política, 11, 166; fatores que levam à, 162; notícias da TV a cabo, 165; por consultores políticos, 165-6

Política Agrícola Comum (Europa), 371

políticas sociais, 70, 125, 154, 321, 339, 355, 363,

386; objetivos das, 391-2; todos podem ter um emprego, 386; trabalho como parte do processo de recuperação, 386; ver também programas sociais

poluição: como risco para a saúde, 272; na China, 257, 271, 274; nas cidades do Sul da Ásia, 211; redução da, 268, 272-3, 329

Poor Economics (Banerjee e Duflo), 129, 254

população afro-americana nos EUA, discriminação contra a, 138-9

população mundial, fração dos migrantes na, 22

Portugal, 73-4, 303, 311

postura anti-imigração, experimento sobre, 139-40

poupança, 195-6, 224, 239, 298, 347, 375

preconceito: como reação defensiva, 179; desviando a atenção dos eleitores para outras questões, 181; expressões de racismo e/ou intolerância por parte de líderes populistas, 126; redução do, 171; reforço de comportamentos racistas, 180; sistema de castas, 134-7

preferências: crenças e, 127; estáveis, 130, 132, 151

preferências sociais: experimento em colônia de férias, 156; Ruanda, mito da superioridade dos tútsis e da inferioridade dos hutus, 157

privatização, 82, 327

problema de identificação em comparações, 28

produtividade: das pequenas empresas, 117; desaceleração da, 192; do capital, 195, 202, 207; do trabalho, 184-5; em climas quentes, 259-60; especialização, 73, 118; ganhos limitados decorrentes da automação de certos setores, 372-3; nova tecnologia, 285; poluição atmosférica e, 273; produtividade total dos fatores (PTF), 185-6; robôs e, 287; trabalhadores de alta produtividade, 296

produto interno bruto (PIB): armadilha da renda média, 251; automação e, 278-83; como medida do crescimento, 191, 195; como os recursos são usados, 247, 253; crescimento do pib impulsionado pelo comércio na China e na Índia, 76; custo da estabilização de emissões para conter o aquecimento global, 264; dos EUA, 184-7, 219; efeito do comércio internacional sobre o, 79, 114-5; grau de abertura co-

Índice remissivo

mercial, 103; nos países pobres, 223; taxa de crescimento medida pelo, 183; teoria de Solow sobre, 195-200
programas sociais: barreiras à inscrição em, 341-2, 383; crença na exclusão injusta dos, 343; efeitos sobre a disposição para o trabalho, 355; estigma de ser identificado como pobre, 343; moralidade da classe média, visão da, 345-6; objetivos dos, 370-1; pagamento de dividendos de cassino a membros de tribo indígena cherokee, 356; requisitos de trabalho aos beneficiários, 349; transferência condicional de renda comparada com transferência incondicional de renda, 344, 351-2; *ver também* políticas sociais
Progresa/Oportunidades/Prospera (programa mexicano), 336-7, 340
propaganda, 164
PTF (produtividade total dos fatores), 185-6

queijo suíço, produtores de (propriedade comum de pastos), 133
Quênia, 50, 199, 228, 233, 361; exportação; de rosas do, 100; Kenya Rural Electrification Authority, 233

racismo, 126-7, 141-2, 152, 171, 387
Radio Télévision Libre des Mille Collines (RTLM, Ruanda), 164
Rand Corporation, estudo sobre satisfação no trabalho, 364
Rassemblement National (partido francês), 22, 334
Rastra (programa indonésio de distribuição de arroz), 350
Rauch, Thierry, 344
Ray, Satyajit, 26
RBU *ver* renda básica universal
Reagan, Ronald, 154, 215-6, 252, 289, 291-3, 303, 305, 308, 320, 325, 347-9, 395
realocação para trabalhadores desempregados, programas de, 379-82
recursos, alocação de, 87, 237
Reddy, Pattabhi Rama, 134
redes sociais *ver* mídias sociais
reforma tributária, 323
regulação das importações, 88
Reino Unido: Brexit, 9, 14, 22, 394-5; ceticismo em relação às intervenções do governo, 325; desigualdade de riqueza,

291; desigualdade de riqueza na Europa, nos Estados Unidos e no Reino Unido, 291; domínio do setor financeiro, 298-300, 302; enquete sobre a confiança nos economistas, 14; impacto da automação sobre o (1755-1820), 282-3; implicações econômicas da mudança climática, 263; Inglaterra, 73-4, 282, 304, 346; políticas propícias aos negócios, 252; revolução tecnológica, 282; taxa de mortalidade, 316; Thatcher e políticas econômicas, 289
Relatório sobre o desenvolvimento mundial (Banco Mundial), 231
Relatório Stern (sobre mudança climática), 263, 264
renda básica universal (RBU): aprovação pelos economistas, 340; disposição para continuar trabalhando, 364; impacto a longo prazo, 360; mencionada em campanhas políticas, 339; nos Estados Unidos, 363; nos países em desenvolvimento, 359; para países ricos, 367; popularidade no Vale do Silício, 288; redução da má alocação de terras e mão de obra, 357; resistência à, 345
renda per capita, 26, 247, 249, 251, 260, 356
renda superbásica universal (RSBU): financiamento, 360; impacto a longo prazo, 361; melhor combinação, 362
República Tcheca: trabalhadores tchecos na Alemanha, 38, 45
republicanos, 11, 71, 111-2, 126, 139, 160, 162-3, 165, 180, 215, 217, 286, 289, 310, 312, 319, 363, 383
reputação de empresas/indústrias, 97-101
retornos: crescentes, 203-4; decrescentes, 202-6, 222
Revolução Industrial, 187, 190, 282
Ricardo, David, 72-4
riqueza, desigualdade de, 291
Rise of the Rest (fundo de investimento), 64-5
Robinson, Jim, 226-7, 247
robôs, 74, 188, 278-80, 283-8, 363, 367, 373, 383; *ver também* automação
Rodríguez-Clare, Andrés, 113, 115
Romer, Paul: ambiente propício à inovação, 213; capital humano, 203; convergência em países mais pobres, 247; cortes de impostos, 215; desenvolvimento de novas ideias, 212; efeito transbordamento, 207;

inovação tecnológica, 220; plano de crescimento para países pobres, 224; produção e troca de novas ideias, 203-5; retornos decrescentes/retornos crescentes, 202; teoria de, 207-8
Roosevelt, Franklin D., 347
Ross, Heather, 354-5
RSBU (renda superbásica universal) ver renda superbásica universal
Ruanda: acordo sobre o HFC (hidrofluorcarboneto) em Kigali, 262; genocídio em, 164; mito da superioridade dos tútsis e da inferioridade dos hutus, 157
Rumsfeld, Donald, 56, 355
Ryan, Paul, 216-7

Sachs, Jeff, 255
Saez, Emmanuel, 218, 291, 305, 322
salário de eficiência, 44, 46
salário mínimo, 46, 62, 289, 348, 358
Samskara (filme), 134
Samuelson, Paul, 73-5, 80, 83-4, 121
San Francisco, Califórnia: Mission District em, 62
Sanders, Bernie, 372
satisfação no trabalho, pesquisa de, 364
Schelling, Tomas, 177-8
Schmidt, Eric, 65
Schumpeter, Joseph, 214
Segunda era das máquinas, A (Brynjolfsson e McAfee), 279
segurança alimentar, regulamentação da, 89, 350
seguro por invalidez, 110
seleção adversa, 49
Sequeira, Sandra, 245
Serra Leoa, 26
setor financeiro: altos salários dos profissionais, 298; remuneração de CEOs associada ao mercado de ações, 300; rendas que distorcem o funcionamento do mercado de trabalho, 299; uso de comparações salariais para negociar aumentos de remuneração, 300
Shapiro, Jesse, 160, 164-5
Sherif, Muzafer, 156
Shire, Warsan, 25
Shrestha, Maheshwor, 55
Síria, 26, 41
Sisodia, Manish, 360
sistemas de ajuda mútua, 133-4

Slemrod, Joel, 218
Smith, Adam, 117
Smoot-Hawley Tariff Act (EUA, 1930), 113
Snap (Supplemental Nutrition Assistance Program, EUA), 340, 342-3, 349
socialismo, 78
Solow, Robert, 185, 195, 230, 247; ver também teoria de Solow
"sonho americano", 60, 314-5
Spelke, Elizabeth, 377
Spence, Michael, 230
Sri Lanka, 36, 132, 253
Steele, Claude, 145
Steinbeck, John, 347
Stern, Nicholas, 263-4
Stigler, George, 128, 130, 141, 148-50
Stiglitz, Joe, 44
sucessões familiares, 235-6
Sudeste Asiático, 116
Suécia, 23, 258, 291-2, 303, 308, 311, 315, 322, 378
Suíça, 132, 291, 303, 311, 323-4, 332, 340, 387; produtores de queijo suíço, 133; sistema de imposto estimado, 323-4
Summers, Larry, 124
Sunstein, Cass, 159, 168
Suprema Corte dos EUA, 173, 312

Tailândia, 236, 251
Taiwan, 104; investimento pesado em capital humano, 255
tapetes feitos no Egito, 90-1
Tardieu, Bruno, 385
tarifas: na Índia, 84; Smoot-Hawley Tariff Act (EUA, 1930), 113; sobre o aço e o alumínio, 71; sobre produtos chineses, 120
Tata Consultancy Services (TCS), 97
Taylor, Linda, 347
telefones celulares, impacto sobre a construção de barcos e a pesca na Índia, 235
Temporary Assistance for Needy Families (programa dos EUA), 349
Tennessee (EUA): experimento pré-escolar do, 376; impacto do choque chinês no, 108
Tennessee Valley Authority (TVA), 210
teorema de Stolper-Samuelson, 75, 81-2, 98, 105
teorema popular, 132, 150
teoria de Solow: convergência de países pobres e ricos, 197-8; desaceleração do

Índice remissivo

crescimento do pós-guerra, 195, 197; disponibilidade de mão de obra em relação ao capital, 206; influência da política nacional sobre a taxa de crescimento equilibrada, 199; poupança e investimento, 224; renda per capita e crescimento, 247

"teoria do cavalo e do pardal" (teoria do gotejamento), 290

Terceiro Mundo, 50-1, 68, 102, 212; grandes problemas nas cidades do, 50

tetos salariais nos esportes profissionais, 304

Thatcher, Margaret, 252, 289-91, 293, 303, 320, 395

Tirole, Jean, 151

Tiruppur (Índia), indústria de vestuário em, 101-2, 107, 235, 238-9

Tocqueville, Alexis de, 60

Topalova, Petia, 83-8, 105

trabalho infantil, 84, 89, 186

Trade Adjustment Assistance (TAA), 110-1, 121-3, 125, 369, 382-3

transferência condicional de renda, programas de, 336, 340, 344, 351, 361-2

transferência incondicional de renda, programas de, 340, 351

Travailler et Apprendre Ensemble (TAE), 384

"tribalização" das opiniões, 12

tributos ver alíquotas tributárias; arrecadação tributária

Triunfo da cidade, O (Glaeser), 51

Trollope, Frances, 282

Trump, Donald J.: apoiadores de, 126; corte de impostos (2017), 218; elogio a racistas, 153; identidade e, 139; migrantes mexicanos, 24, 40, 46; políticas pró-ricos, 312-3; raça e admissão em escolas, 173; tarifas, 71, 88, 112

Turgot, Anne Robert Jacques, 202

Tversky, Amos, 57-8

Twitter, 162-3, 167, 191, 193-4, 295, 395

Uber, 141-2, 295

Ulam, Stanislas, 73

União Europeia, 14, 22, 27, 106, 310, 383

União Soviética, 30, 35, 67, 317, 395; migrantes para Israel, 35

Universidade de Chicago: Booth School of Business, 14, 217

"Unlocking Energy Efficiency in the u.s. Economy" (McKinsey & Company), 265

Usaid (United States Agency for International Development), 333

Vale do Silício (Califórnia), 65, 204, 207-8, 230, 288, 339, 384

Vance, J. D., 64, 105, 153

vantagem absoluta, 73

vantagem comparativa, 73-5, 93, 117, 373

Venezuela, 228, 252

Veolia (empresa francesa), 341

Vietnã, 12, 36, 98, 101, 228; aumento da desigualdade após a liberalização econômica, 78; como economia de mercado, 228; investimentos pesados em capital humano, 255

Vinhas da ira, As (Steinbeck), 347

Vogel, Ezra, 248

voluntariado, 366

Vonnegut, Kurt, 278

Walmart, 221, 295, 394

Warren, Elizabeth, 305, 308, 372

Weatherization Assistance Program, 265

Weibull, Jörgen, 258

Wilson, William Julius, 153-4

Wipro (empresa indiana), 96

Wood, Carolyn, 156

workfare, programas de, 289, 358-9

World Inequality Database, 81, 335, 337

Wresinski, Joseph, padre, 385

Zhili (China), cluster de empresas de roupas para crianças, 101

Zonas de Emprego e Desenvolvimento Econômico (Zedes, Honduras), 212

zoneamento, regras de, 62-3

Zuckerberg, Mark, 231

Zucman, Gabriel, 310-1, 322

ESTA OBRA FOI COMPOSTA POR MARI TABOADA EM DANTE PRO E
IMPRESSA EM OFSETE PELA LIS GRÁFICA SOBRE PAPEL PÓLEN SOFT
DA SUZANO S.A. PARA A EDITORA SCHWARCZ EM JULHO DE 2020

A marca FSC® é a garantia de que a madeira utilizada na fabricação do papel deste livro provém de florestas que foram gerenciadas de maneira ambientalmente correta, socialmente justa e economicamente viável, além de outras fontes de origem controlada.